ELECTRÓNICA E INFORMÁTICA APLICADA

ALBERTO EDUARDO ARIEL ROCHA DIAZ

- PROFESOR EN DISCIPLINAS INDUSTRIALES, ESPECIALIDAD COMPUTACIÓN
- PROFESOR EN DISCIPLINAS INDUSTRIALES ESPECIALIDAD ELECTRÓNICA
- ANALISTA DE SISTEMAS DE INFORMACIÓN
- TÉCNICO SUPERIOR EN ELECTRÓNICA
- PROFESOR EN DISCIPLINAS INDUSTRIALES ESPECIALIDAD ELECTRÓNICA CON ESPECIALIZACIÓN EN INFORMÁTICA EDUCATIVA
- INSTRUCTOR DE FORMACIÓN PROFESIONAL NIVELES I - II - III

ELECTRÓNICA E INFORMÁTICA APLICADA

VOLUMEN I

LIBRERÍA Y EDITORIAL ALSINA
Paraná 137 - (C1017AAC) Buenos Aires
Telefax: (54) (011) 4371-9309 / (54) (011) 4373-2942
info@lealsina.com www.lealsina.com
ARGENTINA

2014

by Librería y Editorial Alsina
Buenos Aires

Diseño de tapa:
OSCAR PASTORINO

ISBN 978-950-553-257-5

Queda hecho el depósito que establece la ley 11.723

Impreso en Argentina - *Printed in Argentina*

Rocha Diaz, Alberto
Electrónica e informática aplicada. - 1a ed. - Ciudad Autónoma de Buenos Aires : Librería y Editorial Alsina, 2014.
398 p. ; 20x29 cm.

ISBN 978-950-553-257-5

1. Electrónica. 2. Aplicaciones Informáticas . I. Título
CDD 005.3

Dedicado al amor de Dios, el cual ha escrito un bello poema en las cosas dispuestas y creadas en la creación, muchas de las cuales el hombre ha sabido interpretar y dominar.

A mis hijos: Máximo y Juliano

Hermanos, cuñadas, sobrinos, primos

Agradecimiento especial: Prof. Lic. Gustavo César Araujo, Lic. Marcelo Fabián Grispino, Ing. Guillermo Gebetsberger, Ing. Jorge Porcellana, Prof. Tito Rotolo, Prof. Julio Patiño, Lic. Walter Salaberry, Cristian Goria, Prof. Fernando Gismondi, Alejandro Alcántara, David Passuelo, Oscar Pastorino, Carlos Otazo, Alfredo Block, Ing. Hernán Castelo, Prof. Roberto Barbato, Prof. Gastón Guerrero, Ing. Carlos Geronimi, Prof. Lic. Hugo Stolfi, Prof. Ariel Scarpa.

"Nosotros hasta el último fin de la vida hemos de trabajar, sin dejar de cuidar del bien común, y de ayudar a todos, y de socorrer aun a los enemigos, y de obrar con nuestras manos. Nosotros somos los que a ninguna edad damos descanso, sino que cubrimos las canas con el morrión.
Nosotros somos los que hasta en la muerte no tenemos descanso, de tal manera que si pudiese ser, aun la misma muerte no será ociosa."

SÉNECA

ÍNDICE

CAPÍTULO III
ELECTRÓNICA DIGITAL 135

CAPÍTULO IV
INFORMÁTICA Y COMPUTACIÓN 175

CAPÍTULO VII
MICROCONTROLADORES EN LENGUAJE ASSEMBLER 297

CAPÍTULO VIII
MICROCONTROLADORES EN LENGUAJE C 345

PRÓLOGO

Queda en evidencia en el desarrollo del lenguaje C, creado por Dennos Ritchie en los laboratorios Bell en el año 1972, que los inicios de la Informática y su evolución, se encuentran fuertemente ligados al desarrollo y la evolución de la Electrónica.

Sin lugar a dudas, desde aquellas máquinas iniciales, cuyo principio de funcionamiento respondía por analogía a procesos mecánicos, los cuales fueron el bastión tecnológico de la humanidad por siglos. Máquinas estas que hallaban fuerte sustento en la aplicación de la física y el cálculo matemático. El advenimiento del Silicio abrió no solamente una puerta inicial, sino también un gran portal en expansión constante en el mundo de la Tecnología y sus aplicaciones.

Fue también fundamental en dicho avance y sostenimiento, la aplicación de obras tales como las de George Boole, en su álgebra de Boole, la cual no cesa de dar fruto, Von Neumann en su arquitectura empleada para los microcontroladores de gigantes como Atmel, Intel y Motorola.

Se estableció de esta forma la mágica combinación entre el sistema de numeración binario, basado en 0's y 1's, y su correspondencia eléctrica, con los niveles low state (estado bajo) = 0 Volts o 0 lógico, y high state (estado alto) = 5 V (volt) o 1 lógico.

Así, cuando el reducido mundo de la programación en los años 50 introduce una luz con la producción de los primeros lenguajes de alto nivel, dada la dificultad de estructurar programas con los lenguajes de bajo nivel, comienza también a gestarse un número cada vez mayor de posibilidades de generar aplicaciones para todos los sectores a fin de satisfacer sus necesidades tecnológicas, contables, o administrativas. Esta nueva brecha tecnológica da cabida entonces en las décadas siguientes, a la creación de un número cada vez mayor de profesionales enfocados en el área de la programación, los cuales toman distancia del Hardware. Luego, el nacimiento en la década de los 90 de la WWW, expande aún más las necesidades y requerimientos, tanto de programadores, herramientas informáticas, como así también genera un canal abierto de oportunidades de generación de aplicaciones y negocios.

Y es aquí donde debemos destacar también, el surgimiento de empresas como Microchip, la cual conquista el mercado de los Microcontroladores de 8 bits, con procesadores de Arquitectura de Harvard, y set de instrucciones RISC.

El presente nos encuentra en la conjunción nuevamente de la Electrónica y la Informática, a través de por ejemplo: el antes mencionado lenguaje C, dado que el desarrollo de nuevos compiladores, ha permitido la consolidación también de familias de microcontroladores como la serie 18 de Microchip. Éstos pueden ser programados en este lenguaje, considerado padre de otros lenguajes y sistemas operativos. También es fundamental destacar en este punto, que la existencia de un número cada vez mayor de circuitos integrados programables, llámese FPGA's, DSP's, ha introducido también la programación como un componente básico y fundamental en el trabajo de la Electrónica. Estrechándose nuevamente el vínculo inicial entre la Electrónica y la Informática.

Finalmente, este libro ofrece al lector en su primer volumen, la posibilidad de adquirir los conocimientos básicos, respecto a Electrotecnia, Electrónica, Informática y Programación, respaldando este presente de la tecnología, y a fin de brindarle al alumno o profesional en los ámbitos de electrónica e informática, la posibilidad de adquirir un marco teórico acompañado con aplicaciones prácticas.

CAPÍTULO I

ELECTROTECNIA

CORRIENTE ELÉCTRICA

El origen y la naturaleza de la corriente eléctrica, está relacionada con la estructura atómica de la materia, y sus elementos de carga.

El átomo está compuesto por Electrones (carga negativa), Protones (carga positiva), y neutrones (carga neutra). Los neutrones, comparten el núcleo con los protones.

Dado que el electrón posee carga eléctrica y movilidad, lo que le permite desplazarse por los materiales, puede producirse entonces, la corriente eléctrica.

Las cargas eléctricas de los átomos, producen fuerzas de atracción o repulsión entre ellas, de esta forma:

- Cargas de igual signo, se repelen.
- Cargas de diferentes signos, se atraen.

La unidad de carga eléctrica, es el coulomb (c), en honor al físico e ingeniero francés Charles-Augustin de Coulomb, quien logro medir la fuerza que desarrollan las cargas eléctricas cuando se encuentran muy próximas.

LEY DE COULOMB

"Dos cargas puntuales q1 y q2 ejercen una sobre otra, fuerzas que son proporcionales al producto de dichas cargas, e inversamente proporcionales al cuadrado de la distancia que las separa".

$$F = K. \frac{q1 \, . \, q2}{d^2}$$

CAMPO ELÉCTRICO

Es una región del espacio, en el que una carga eléctrica, está sometida a una fuerza de carácter eléctrico.

No todos los materiales permiten la circulación de electrones por su interior, de esta forma tenemos cuerpos que son:

CONDUCTORES

Los buenos conductores tienen 1 solo electrón en la órbita de valencia.

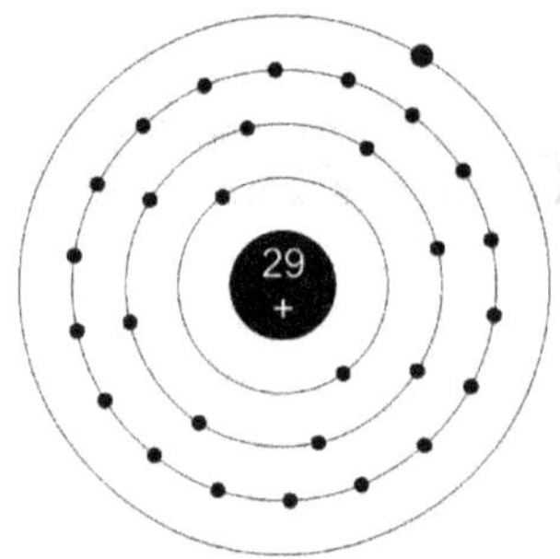

La última órbita, llamada órbita de valencia, es la más alejada del núcleo, causa por la cual los electrones poseen una fuerza de atracción menor, lo que les permite desprenderse con mayor facilidad de su órbita.

Son cuerpos que permiten la circulación de electrones por su interior. Los átomos de estos cuerpos, tienen electrones débilmente atraídos por el núcleo (electrones libres), los cuales pueden moverse dentro del conductor.

Los mejores conductores, son los metales tales como la plata, el cobre, el oro y el aluminio.

SEMICONDUCTORES

Tienen 4 electrones en la órbita de valencia.

Un semiconductor es un elemento que ha de comportarse como un elemento conductor, o como un elemento aislante, dependiendo de factores tales como el campo eléctrico o magnético, la presión, la radiación que sobre el incide, o la temperatura del ambiente en el cual éste se encuentre.

AISLANTES

Tienen 8 electrones en la órbita de valencia.

Los cuerpos aislantes son cuerpos que no permiten la circulación de electrones por su interior. Los átomos de estos cuerpos tienen todos sus electrones fuertemente atraídos por el núcleo.

Ejemplos de materiales aislantes, son: el papel, los plásticos, el vidrio, el aire, el aceite.

CORRIENTE ELÉCTRICA

La corriente eléctrica es la circulación de cargas eléctricas por el interior de un conductor.

INTENSIDAD DE LA CORRIENTE ELÉCTRICA

Es la cantidad de electricidad o carga eléctrica, que recorre un conductor en la unidad de tiempo.

$$\textbf{intensidad} = \frac{\textbf{culombios}}{\textbf{segundo}}$$

La intensidad de corriente se representa por la letra **I**.

La unidad de medida de la intensidad de corriente eléctrica, es el amper, y se representa por la letra **A.** En honor a André-Marie Ampére, físico francés.

De esta forma, cuando en un circuito se mueve una carga de un culombio en un segundo, se dice que la corriente tiene una intensidad de un amperio.

$$I = \frac{Q}{t}$$

$$1\,A = \frac{1\,C}{1\,s}$$

donde:
I = intensidad.
Q = carga.
t = tiempo.

TIPOS DE CORRIENTE ELÉCTRICA:

CORRIENTE CONTINUA (CC)

La corriente continua posee la característica de que los electrones circulan siempre (se mueven) en el mismo sentido con un valor constante.

Se encuentra disponible en dínamos, pilas y baterías. Pero en general, la corriente continua se obtiene de la corriente alterna, empleando un puente de diodos, proceso que se conoce como rectificación (rectificar la corriente alterna en continua).

DÍNAMO

Generador eléctrico de corriente continua que convierte la energía mecánica en eléctrica.

Es importante también destacar en este punto, que existen diversas formas en las que puede ser representada la palabra corriente continua, dado que en inglés se escribe como: direct current, en muchas aplicaciones es representada como DC o CD, dependiendo de la traducción. También suele ser escrita como C.C.

Recordemos que su primera aplicación, se debe al desarrollo por parte del conde y físico italiano Alessandro Volta, de la pila voltaica. Posteriormente, y debido al trabajo desarrollado por Thomas Alva Edison, en el siglo XIX, la corriente continua es empleada para los sistemas de distribución eléctrica.

PERÍODO

El período, es el intervalo de tiempo entre repeticiones sucesivas de una forma de onda periódica. Se representa con la letra ***T***.

Aplicado a la corriente eléctrica, el período es el tiempo mínimo *T*, que tarda la corriente en repetir sus valores.

El período es la inversa de la frecuencia, lo que significa que cuando la frecuencia aumenta, el período disminuye, por tanto:

$$T = \frac{1}{f}$$

***T* = segundos (s)**

CICLO

El ciclo, es parte de una forma de onda contenida en un período.

FRECUENCIA

La frecuencia, es el número de ciclos que se producen en un segundo. Se representa por la letra **f**.

La unidad de frecuencia es el hertz (Hz), en honor al físico alemán Heinrich Rudolph Hertz.

Donde:

$$1 \text{ hertz (Hz)} = 1 \text{ ciclo por segundo (c/s)}$$

$$\mathbf{Hz = \frac{1}{s}}$$

La frecuencia es la inversa del período, lo que significa que cuando el período aumenta, la frecuencia disminuye, por tanto:

$$\mathbf{f = \frac{1}{\mathit{T}}}$$

$$\mathbf{f = Hz}$$

CORRIENTE ALTERNA (CA)

La corriente alterna es aquella en la cual tanto la magnitud como el sentido de la corriente y la tensión, varían a una determinada frecuencia.

Por ejemplo: para la Argentina, las características de la tensión de red domiciliaria, es 220 V (rms – eficaces) y la frecuencia es de 50 Hz y para los EE.UU., la tensión de red es de 110 V – 60 Hz.

Dada la eficiencia en la transmisión de la energía, como así también el comportamiento que esta tiene en los circuitos eléctricos, el tipo de corriente alterna más empleada es la corriente alterna senoidal. Fue fundamental para la adopción de este tipo de corriente, el trabajo desarrollado por Nikola Tesla, físico de origen croata, posteriormente nacionalizado estadounidense, quien desarrolló por ejemplo, el primer motor de inducción de CA.

La corriente alterna se produce mediante alternadores.

ALTERNADOR

Máquina eléctrica que transforma la energía mecánica en energía eléctrica, generando una corriente alterna por inducción electromagnética.

EFECTOS PRODUCIDOS POR LA CORRIENTE ELÉCTRICA

- Efectos Caloríficos: la corriente eléctrica al circular por los conductores eléctricos produce calor.
- Efectos Magnéticos: La corriente eléctrica crea un campo magnético alrededor del conductor por el que circula.
- Efectos Químicos: Electrólisis, proceso que separa los elementos de un compuesto por medio de la electricidad.

FORMAS DE PRODUCCIÓN DE LA ELECTRICIDAD

CENTRALES ELÉCTRICAS

Las centrales eléctricas transforman distintos tipos de forma de energía primaria (energía disponible en la naturaleza) en energía eléctrica. En función de la energía empleada para mover los generadores eléctricos, pueden clasificarse en:

- Centrales Hidroeléctricas.
- Centrales Térmicas.
- Centrales Nucleares.
- Centrales Eólicas.
- Centrales Solares.
- Central Mareomotriz.
- Central Geotérmica.

RESISTENCIA ELÉCTRICA

La resistencia eléctrica es la oposición que ofrece un cuerpo a la circulación de la corriente eléctrica.

La unidad de medida de la resistencia eléctrica es el ohmio (Ω) en honor a Georg Simon Ohm, físico alemán.
Se representa por la letra R.

Su símbolo eléctrico es:

La inversa de la resistencia es la conductancia, y se la representa por la letra G, donde:

$$G = \frac{1}{R}$$

La conductancia brinda entonces una referencia de cómo conduce un conductor eléctrico el paso de la corriente.

SEGUNDA LEY DE OHM

La resistencia de un conductor es directamente proporcional a su longitud e inversamente proporcional a su sección, dependiendo además, de la resistividad propia de cada cuerpo.

$$R = \frac{\rho .\ L}{S}$$

ρ = coeficiente de resistividad (Ω . mm^2/m)
L = longitud del conductor (m)
S = sección del conductor (mm2)
R = Resistencia del conductor (Ω)

EJEMPLO 1.1

¿Cuál es la resistencia de un conductor de cobre de 20 metros de longitud y 4 mm^2 de sección?

Datos:

ρ del cobre (Cu) = 0.017

Si:

$$R = \frac{\rho .\ L}{S}$$

entonces

$$R = 0{,}017 .\ \frac{20}{4} = 0{,}085\ \Omega$$

EJEMPLO 1.2

¿Cuál es la resistencia de un conductor de cobre de 20 metros de longitud y 8 mm^2 de sección?

Datos:

ρ del cobre (Cu) = 0,017

$$R = \frac{\rho \, . \, L}{S}$$

entonces:

$$R = 0{,}017 \, . \, \frac{20}{8} = 0{,}0425 \, \Omega$$

Conclusiones: de los ejemplos anteriores queda en evidencia, que a igual longitud y a mayor sección sobre el mismo material, la resistencia del conductor disminuye. Lo cual se puede atribuir, a que a mayor sección del conductor, menor resistencia tendrán los electrones libres para su desplazamiento.

También podríamos observar que a igual sección de igual conductor, la resistencia aumenta al aumentar la longitud.

EFECTO DE LA TEMPERATURA SOBRE LA RESISTIVIDAD

Al aumentar la temperatura la resistencia de los conductores metálicos aumenta, dando como efecto, que los electrones libres al circular dentro del metal se moverán más desordenadamente, aumentando los roces con los átomos cercanos, lo cual produce también mayor dificultad en su desplazamiento.

Es importante destacar que no todos los materiales, responden de igual forma a los cambios de tempe-

Aleación: dos metales ligados por medio de la fusión.

Empleando la siguiente fórmula, se puede calcular la variación de la resistencia de un conductor con la temperatura:

$$R_{t^0} = R_0 \, (1 + \alpha \, . \, \Delta t^0)$$

Donde:

= Resistencia en caliente.
= Resistencia a 0 ºC.
= Coeficiente de temperatura.
t0 = Elevación o variación de la temperatura en ºC.

EFECTO JOULE

Con la circulación de corriente la temperatura de los conductores aumenta. Este fenómeno es empleado por ejemplo, a fin de generar efectos caloríficos, tal el caso de las estufas de cuarzo.

El físico británico James Prescott Joule, en honor a quien el SI (Sistema Internacional de Unidades) dio su nombre a la unidad de energía, postuló que la cantidad de calor que se desarrolla en un conductor debido al pasaje de la corriente eléctrica, es equivalente a la energía eléctrica que lleva esa corriente, multiplicada por un coeficiente numérico.

$$\mathbf{Q = 0{,}24 \, . \, W \, . \, t}$$

Donde:
Q = Calor.
0,24 = calorías, equivalente a 1 j (joule) de energía.
W = watt.
t = segundos.

TENSIÓN ELÉCTRICA

Se define la tensión eléctrica entre dos puntos de un conductor, como el trabajo necesario para desplazar la unidad de carga entre un punto y el otro. A esta tensión se la llama también diferencia de potencial (d.d.p.) entre dichos puntos.

La unidad de tensión eléctrica o diferencia de potencial es el volt, y se representa por la letra **V**, en honor al físico italiano Alessandro Volta.

Se define entonces el volt, como la diferencia de potencial a lo largo de un conductor, cuando una corriente con una intensidad de un amper utiliza un vatio de potencia.

$$1\,V = \frac{1\,W}{1\,A}$$

Donde:
V = volt.
W = watt.
A = amper.

Tomemos como ejemplo de aplicación conceptual un generador de corriente continua como es la pila. La misma está compuesta de dos terminales: el terminal (+) y el terminal (-), es decir que existe una diferencia de potencial eléctrico, entre dos puntos.

Tengamos también presente para el ejemplo, que en una pila su f.e.m. (fuerza electro motriz) es la diferencia de potencial entre sus bornes a circuito abierto.

Del mismo modo, podemos tomar el ejemplo de la conexión a la red eléctrica (corriente alterna), en la cual de los tres conductores, uno está a un potencial eléctrico, de 220 V sobre otro (neutro), existiendo una diferencia de potencial eléctrico de 220 V eficaces.

PRIMERA LEY DE OHM

Los experimentos realizados por Georg Simon Ohm, físico alemán en honor a quien ya hemos mencionado lleva su nombre la unidad de resistencia eléctrica, determinaron que al aumentar la tensión en una línea, aumenta la intensidad en igual proporción, mientras que al aumentar la resistencia, disminuye la intensidad también en igual proporción.

Por tanto, la ley de ohm establece:

"La corriente que circula por un conductor es directamente proporcional a la tensión V e inversamente proporcional a la resistencia R".

Por tanto:

$$I = \frac{V}{R}$$

Donde:
I = intensidad.
V = tensión.
R = resistencia.

Es muy importante también destacar, que de la ecuación anterior y despejando, obtenemos:

$$V = I\,.\,R$$

y

$$R = \frac{V}{I}$$

TRIÁNGULO DE LA LEY DE OHM

En el siguiente triángulo se encuentran comprendidas las tres magnitudes que intervienen en la ley de Ohm, el cual se aplica a los efectos mnemotécnicos.

Conociendo el valor de dos de las magnitudes, simplemente tapamos la magnitud incógnita, y obtenemos como resultado la operación que debemos realizar (división o multiplicación) para obtener el valor de la misma.

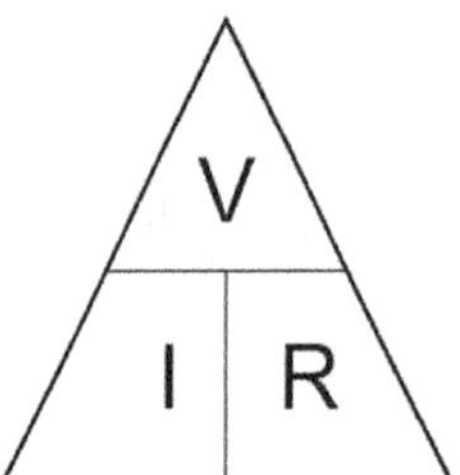

CIRCUITO ELÉCTRICO

Un circuito eléctrico consta como mínimo de una malla (lazo cerrado para el desplazamiento de la corriente eléctrica), una fuente de tensión y/o corriente, y al menos dos o más componentes eléctricos y/o electrónicos (lámpara, interruptor, resistencia, capacitor, inductor, diodo,...), los cuales han sido dispuestos y calculados, a fin de cumplir y/o desarrollar una o varias funciones, en o como parte de una aplicación.

SÍMBOLOS ELÉCTRICOS:

FUENTE DE TENSIÓN DE CORRIENTE CONTINUA

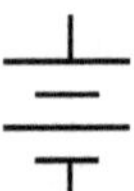

Generalmente, se indica el número de fuente (en caso de existir más de una en el circuito) y el valor de la tensión.

En muchos casos, cuando se trabaja con software de Simulación de electrónica es posible que, para su correcto funcionamiento, el sistema le solicite la conexión de la tierra o Ground.

TIERRA O GROUND (GND)

Su valor de referencia de tensión en un circuito es de 0 V.

No debe confundirse con la masa, cuyo potencial eléctrico no necesariamente puede ser 0 V en un circuito. Además, hay circuitos que emplean masa y la tierra o Ground.

EJEMPLOS

EJEMPLO 1.3

Calcular la corriente que circula en un circuito eléctrico, cuya tensión es de 100 V, y la R es igual a 50 Ω.

Circuito Eléctrico

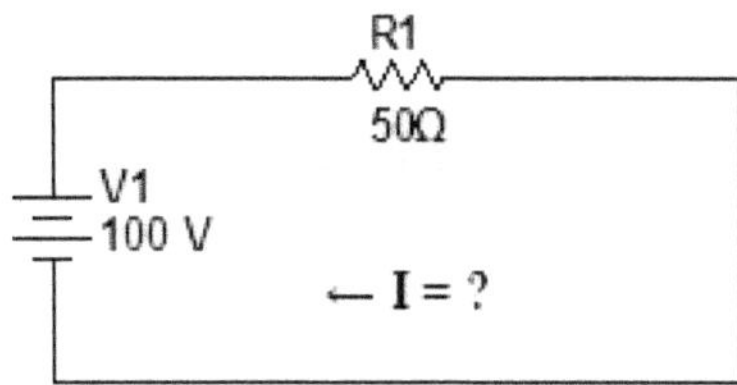

RESOLUCIÓN: aplicando la fórmula

$$I = \frac{V}{R}$$

Obtenemos:

$$I = \frac{100\,V}{50\,\Omega} = 2A$$

EJEMPLO 1.4

Calcular la tensión aplicada a un circuito eléctrico, cuya intensidad de corriente es igual a 5 A, y la resistencia es igual a 25 Ω.

Circuito Eléctrico:

R1
25Ω
V1
?
I = 5 A

RESOLUCIÓN:

Aplicando la fórmula

$$V = I \,.\, R$$

Obtenemos:

$$V = 5\,A \,.\, 25\,\Omega = 125\,V$$

EJEMPLO 1.5

Calcular el valor de la resistencia eléctrica en un circuito cuya intensidad de corriente es de 2 A, y la tensión aplicada al mismo es de 9 V.

Circuito Eléctrico:

R1
?
V1
9 V
I = 2 A

RESOLUCIÓN:

Aplicando la fórmula

$$\mathbf{R} = \frac{\mathbf{V}}{\mathbf{I}}$$

Obtenemos:

$$R = \frac{9\,V}{2\,A} = 4{,}5\,\Omega$$

Conclusión: De los ejemplos anteriores, observamos que conociendo dos de las magnitudes, se puede obtener el valor de la tercera.

POTENCIA ELÉCTRICA

Definición:

Potencia es el trabajo realizado por unidad de tiempo.

La Potencia Eléctrica en corriente continua, es el producto de la tensión por la intensidad de corriente.

P (potencia) = V (tensión) . I (intensidad)

$$\mathbf{P = V\ .\ I}$$

La unidad de Potencia eléctrica es el **watt** (**vatio** en español), y se representa por la letra **W** en honor a James Watt, ingeniero escocés.

Para aplicaciones de microelectrónica, se emplea el submúltiplo milli, el cual equivale a 10^{-3} W o 0,001 W.

Para aplicaciones de Potencia, se emplea el Kilovatio (KW).

$$1\,KW = 1000\,W = 10^3\,W$$

El vatio es la potencia que consume un equipo, si al aplicarle un volt de tensión, circula por él una corriente de un Amper.

Si de la fórmula obtenida anteriormente, la cual establece:

$$P = V\ .\ I$$

sustituimos V = I . R, obtenemos:

$$P = (I\ .\ R)\ .\ I$$

dando como resultante:

$$\mathbf{P = I^2\ .\ R}$$

Luego, si de la ecuación original:

$$P = V\ .\ I$$

sustituimos :

$$I = \frac{V}{R}$$

obtenemos:

$$P = \frac{V \cdot V}{R}$$

dando como resultante:

$$P = \frac{V^2}{R}$$

Por tanto, las tres fórmulas que podemos aplicar para el cálculo de Potencia en corriente continua son:

$$P = V \cdot I$$

$$P = I^2 \cdot R$$

$$P = \frac{V^2}{R}$$

TRIÁNGULO DE POTENCIA

Al igual que ocurre con la ley de Ohm, existe también un triángulo mnemotécnico de potencia, el cual podemos emplear para conocer una de tres magnitudes desconocidas.

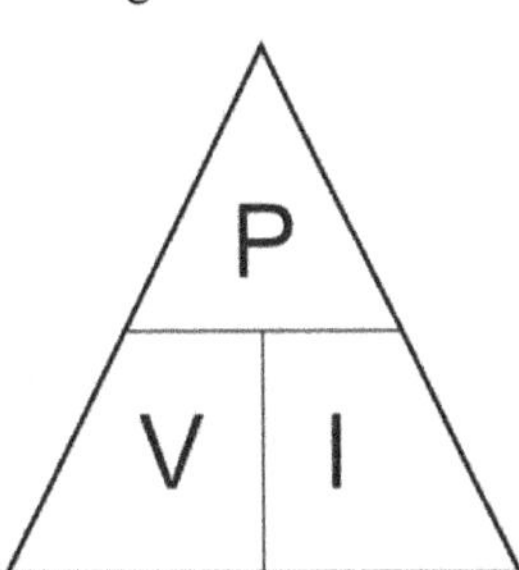

De gran utilidad, y a fin de simplificarnos la resolución y cálculo de circuitos, puede resultarnos también el empleo del **gráfico de sectores**, el cual involucra las unidades vinculadas en la ley de Ohm, y la potencia. Se puede visualizar en el mismo, la forma de hallar cada una de las unidades, mediante la combinación de otras dos.

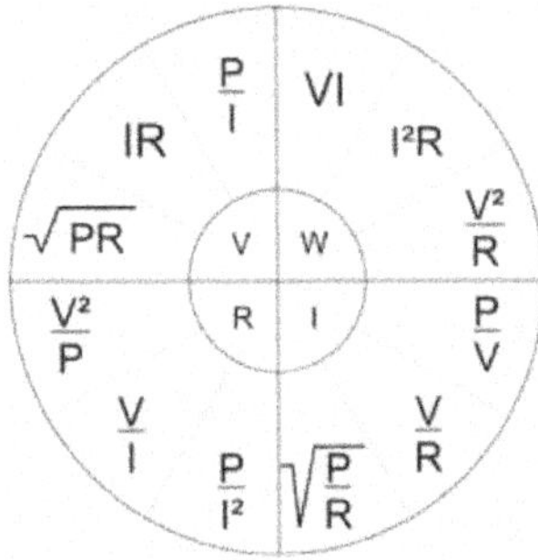

EJERCICIOS

Aplicar las fórmulas de cálculo de potencia, a los ejemplos 3, 4 y 5, vistos en la ley de Ohm.

EJEMPLO 1.6

Calcular la corriente y la potencia entregada por la fuente, en un circuito eléctrico cuya tensión es de 100 V, y la R es igual a 50 Ω.

Circuito Eléctrico:

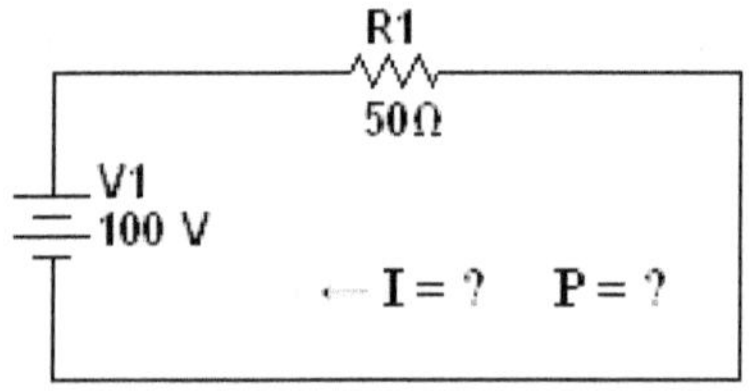

R1
50Ω
V1
100 V
I = ? P = ?

RESOLUCIÓN:

Aplicando la fórmula:

$$I = \frac{V}{R}$$

Obtenemos:

$$I = \frac{100\,V}{50\,\Omega} = 2A$$

Aplicando las fórmulas aprendidas para el cálculo de potencia, obtenemos:

$$P = V \,.\, I = 100\,V \,.\, 2\,A = 200\,W$$

también podemos emplear:

$$P = I^2 \,.\, R = 2^2 A \,.\, 50\,\Omega = 200\,W$$

$$P = \frac{V^2}{R} = \frac{100^2\,V}{50\ \Omega} = 200\,W$$

EJEMPLO 1.7

Calcular la tensión aplicada a un circuito eléctrico, cuya intensidad de corriente es igual a 5 A, y la resistencia es igual a 25 Ω. Calcular también la potencia entregada por la fuente.

Circuito Eléctrico:

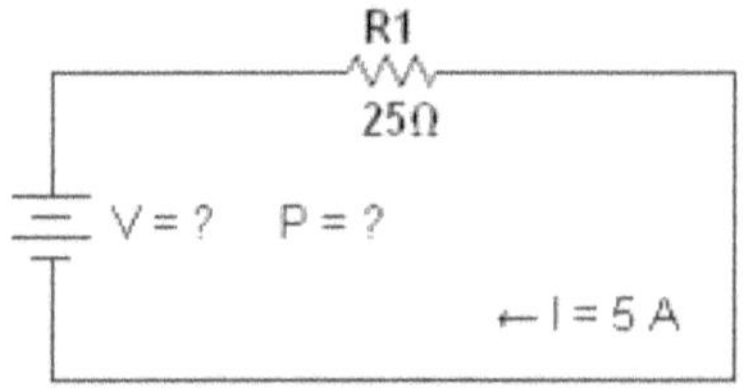

R1
25Ω
V = ? P = ?
I = 5 A

RESOLUCIÓN:

Aplicando la fórmula

$$V = I \,.\, R$$

Obtenemos:

$$V = 5\,A \,.\, 25\,\Omega = 125\,V$$

Aplicando las fórmulas aprendidas para el cálculo de potencia, obtenemos:

$$P = V \,.\, I = 125\,V \,.\, 5A = 625\,W$$

también podemos emplear:

$$P = I^2 \,.\, R = 5^2\,A \,.\, 25\,\Omega = 625\,W$$

o

$$P = \frac{V^2}{R} = \frac{125^2\,V}{25\ \ \Omega} = 625\,W$$

EJEMPLO 1.8

Calcular el valor de la resistencia eléctrica, en un circuito cuya intensidad de corriente es de 2 A, y la tensión aplicada al mismo es de 9 V. Calcular también la potencia entregada por la fuente.

Circuito Eléctrico:

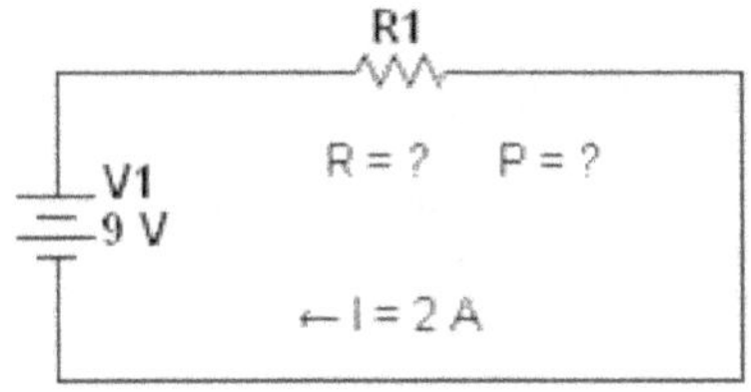

R1
V1
9 V
R = ? P = ?
← I = 2 A

RESOLUCIÓN:

Aplicando la fórmula

$$R = \frac{V}{I}$$

obtenemos:

$$R = \frac{9\,V}{2\,A} = 4{,}5\,\Omega$$

aplicando luego las fórmulas aprendidas para el cálculo de potencia, obtenemos:

$$P = V \,.\, I = 9\,V \,.\, 2A = 18\,W$$

también podemos emplear:

$$P = I^2 \,.\, R = 2^2\,A \,.\, 4{,}5\,\Omega = 18\,W$$

o

$$P = \frac{V^2}{R} = \frac{9^2\,V}{4{,}5\ \ \Omega} = 18\,W$$

Los circuitos vistos en los ejemplos anteriores corresponden al tipo de configuración de circuitos serie.

Las configuraciones de circuitos básicos más empleadas son las configuraciones de circuitos serie, paralelo y mixtos. Estas se emplean en las instalaciones eléctricas, conexión de lámparas, parlantes, componentes de electrónica y un gran número de aplicaciones.

Cada configuración posee sus propias características eléctricas, las cuales abordaremos a continuación.

CIRCUITOS SERIE

Características:

En un circuito serie, sus componentes comparten solamente un terminal, es decir que están seguidos uno de otro.

En un circuito serie, la resistencia total es igual a la suma de todas las resistencias.

$$RT = R1 + R2 + ... + RN$$

En un circuito serie, la corriente es la misma para todos sus elementos.

En un circuito serie, la caída de tensión en cada componente depende de su coeficiente resistivo.

LEYES DE KIRCHHOFF

Las leyes de Kirchhoff, en honor al físico alemán Gustav Kirchhoff, quien desarrolló sus postulados, son dos y representan dos igualdades matemáticas las cuales se basan en la conservación de la energía, y las cargas en los circuitos eléctricos.

PRINCIPIO DE CONSERVACIÓN DE LA CARGA

Establece que no hay destrucción ni creación neta de carga eléctrica y afirma que, en todo proceso electromagnético, la carga total de un sistema aislado se conserva.

SEGUNDA LEY DE KIRCHHOFF

En un circuito cerrado o malla, la sumatoria algebraica de las caídas de tensión es igual a la tensión aplicada.

Es común que se use la sigla **LVK** para referirse a la segunda ley de Kirchhoff, dado que abrevia "Ley de las Tensiones de Kirchhoff".

EJEMPLO 1.9

Dado el siguiente circuito, calcular la RT (resistencia total), la IT (corriente total), calcular la Vc (caída de tensión) en cada resistencia, comprobar los valores obtenidos, aplicando la segunda ley de Kirchhoff. Calcular también la potencia entregada por la fuente, PT (potencia total), y la potencia disipada en cada resistencia.

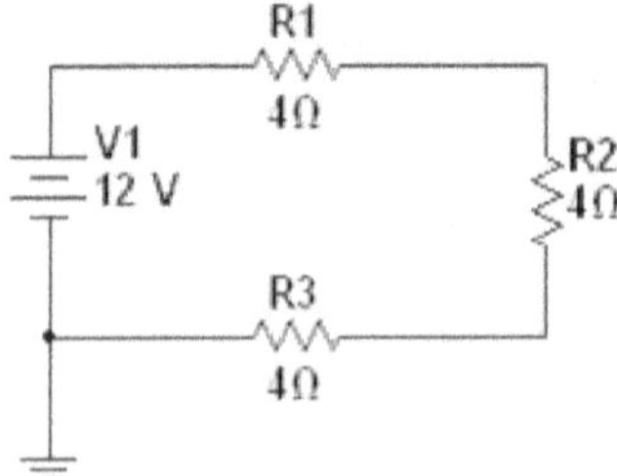

RESOLUCIÓN:

Paso:

Cálculo de la RT

Aplicamos la fórmula:

$$RT = R1 + R2 + ... + RN$$

Y obtenemos:

$$RT = R1 + R2 + R3$$

$$RT = 4\,\Omega + 4\,\Omega + 4\,\Omega = 12\,\Omega$$

2º Paso:
Cálculo de la IT

Aplicamos la fórmula:

$$I = \frac{V}{R}$$

de la siguiente forma:

$$IT = \frac{V1}{RT} = \frac{12\,V}{12\,\Omega} = 1\,A$$

3er Paso:
Para calcular la Vc, caída de tensión en cada resistencia.

Empleamos la fórmula:

$$V = I\,.\,R$$

Indicando para cada caso, la resistencia sobre la que se desarrolla dicho cálculo.

Para nuestro ejemplo, aplicamos:

$$VR1 = I\,.\,R1 = 1\,A\,.\,4\,\Omega = 4\,V$$

$$VR2 = I\,.\,R2 = 1\,A\,.\,4\,\Omega = 4\,V$$

$$VR3 = I\,.\,R3 = 1\,A\,.\,4\,\Omega = 4\,V$$

4º Paso:
Comprobamos el resultado con el postulado de la LVK.

Dado que la tensión cae en cada una de las resistencias, aplicamos:

Sumatoria de las caídas de tensión, es igual a la tensión aplicada.

$$V1 = VR1 + VR2 + VR3$$

$$12\,V = 4\,V + 4\,V + 4\,V$$

lo cual comprueba la exactitud en el resultado.

5º Paso:
Para el cálculo de la Potencia Total del circuito, aplicamos cualquiera de las tres fórmulas aprendidas:

$$P = V\,.\,I$$

$$P = I^2\,.\,R$$

$$P = \frac{V^2}{R}$$

Si aplicamos por ejemplo:

$$PT = V1 . IT$$

obtenemos:

$$PT = 12\,V . 1A = 12\,W$$

6º Paso:
Para el cálculo de la disipación de potencia en cada resistencia, aplicamos la fórmula elegida, referida a los valores obtenidos para la resistencia a calcular.

Obteniendo entonces:

$$PR1 = V\,R1 . I$$

$$PR1 = 4\,V . 1\,A = 4\,W$$

$$PR2 = V\,R2 . I$$

$$PR2 = 4\,V . 1\,A = 4\,W$$

$$PR3 = V\,R3 . I$$

$$PR3 = 4\,V . 1\,A = 4\,W$$

Como comprobación del resultado, podemos aplicar también:

$$PT = 12\,W$$

$$PR1 + PR2 + PR3 = 4\,W + 4\,W + 4\,W = 12\,W$$

lo cual comprueba la exactitud en el resultado.

EJEMPLO 1.10

Dado el siguiente circuito, calcular la RT (resistencia total), la IT (corriente total), calcular la Vc (caída de tensión) en cada resistencia, comprobar los valores obtenidos aplicando la segunda ley de Kirchhoff. Calcular también la PT (potencia total) y la potencia disipada en cada resistencia.

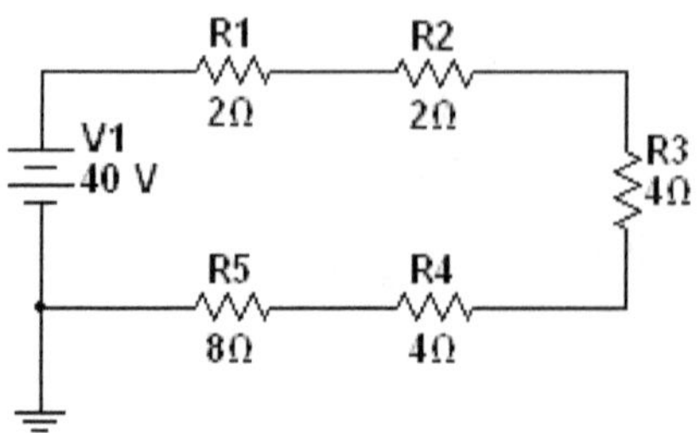

1er Paso:

Cálculo de la RT
Aplicamos la fórmula:

$$\mathbf{RT = R1 + R2 + ... + RN}$$

Y obtenemos:

$$RT = R1 + R2 + R3 + R4 + R5$$

$$RT = 2\,\Omega + 2\Omega + 4\,\Omega + 4\,\Omega + 8\,\Omega = 20\,\Omega$$

2º Paso:
Cálculo de la IT

Aplicamos la fórmula:

$$I = \frac{V}{R}$$

de la siguiente forma:

$$I_T = \frac{V_1}{R_T} = \frac{40\ V}{20\,\Omega} = 2A$$

3er Paso:

Para calcular la Vc, caída de tensión en cada resistencia.

Empleamos la fórmula:

$$V = I\,.\,R$$

Indicando para cada caso, la resistencia sobre la que se desarrolla dicho cálculo.

Para nuestro ejemplo, aplicamos:

$$VR1 = I\,.\,R1 = 2\,A\,.\,2\,\Omega = 4\,V$$

$$VR2 = I\,.\,R2 = 2A\,.\,2\,\Omega = 4\,V$$

$$VR3 = I\,.\,R3 = 2\,A\,.\,4\,\Omega = 8\,V$$

$$VR4 = I\,.\,R4 = 2\,A\,.\,4\,\Omega = 8\,V$$

$$V_{R5} = I\,.\,R5 = 2\,A\,.\,8\,\Omega = 16\,V$$

4º Paso:

Comprobamos el resultado con el postulado de la LVK.

Dado que la tensión cae en cada una de las resistencias, aplicamos:

Sumatoria de las caídas de tensión es igual a la tensión aplicada.

$$V1 = VR1 + VR2 + VR3 + VR4 + VR5$$

$$40\ V = 4\ V + 4\ V + 8\ V + 8\ V + 16\ V$$

$$40\ V = 40\ V$$

lo cual comprueba la exactitud en el resultado.

5º Paso:

Para el cálculo de la Potencia Total del circuito, aplicamos cualquiera de las tres fórmulas aprendidas:

$$P = V\ .\ I$$

$$P = I^2\ .\ R$$

$$P = \frac{V^2}{R}$$

Si aplicamos por ejemplo:

$$PT = V1\ .\ IT$$

obtenemos:

$$PT = 40\ V\ .\ 2\ A = 80\ W$$

6º Paso:

Para el cálculo de la disipación de potencia en cada resistencia, aplicamos la fórmula elegida, referida a los valores obtenidos para la resistencia a calcular.

Obteniendo entonces:

$$PR1 = V\ R1\ .\ I$$

$$PR1 = 4\ V\ .\ 2\ A = 8\ W$$

$$PR2 = V\ R2\ .\ I$$

$$PR2 = 4\ V\ .\ 2\ A = 8\ W$$

$$PR3 = V\ R3\ .\ I$$

$$PR3 = 8\ V\ .\ 2\ A = 16\ W$$

$$PR4 = V\ R4\ .\ I$$

$$PR4 = 8\ V\ .\ 2\ A = 16\ W$$

$$PR5 = V\ R5\ .\ I$$

$$PR5 = 16\ V\ .\ 2\ A = 32\ W$$

Como comprobación del resultado, podemos aplicar también:

$$PT = 80\ W$$

y

$$PR1 + PR2 + PR3 + PR4 + PR5 =$$

$$8\ W + 8\ W + 16\ W + 16\ W + 32\ W = 80\ W$$

lo cual comprueba la exactitud en el resultado.

Conclusiones:

De los ejemplos N° 9 y N° 10 (circuitos serie), observamos que para el primero, la caída de tensión en cada resistencia era la misma, dado que justamente las tres resistencias, son iguales.

En el segundo ejercicio, el N° 10, observamos que por ejemplo R3 vale el doble que R2, y por tanto la caída de tensión en R3, es el doble. Lo mismo ocurre en la relación entre R5 y R3, dado que en R5 que es el doble de R3, cae el doble de tensión.

Es decir:

- "En un circuito serie, cuanto mayor sea el valor de la resistencia (R), mayor será la caída de tensión en ella".

Observamos también, una de las características destacadas para un circuito serie, y es que la corriente es la misma en cada una de las resistencias.

REGLA DEL DIVISOR DE TENSIÓN (RDV).

La regla del divisor de tensión permite determinar el valor de la tensión en cada resistencia (o en Rx), sin tener que hallar previamente la corriente.

$$V_X = \frac{R_X \cdot V}{R_T}$$

Enunciado:

"El voltaje en una resistencia en un circuito serie, es igual al valor de esa resistencia, multiplicado por la tensión total en los elementos en serie, dividido la resistencia total de los elementos en serie".

EJEMPLO 1.11

Calcular la RT (resistencia total) del circuito del ejemplo N° 10, y aplicar la regla del divisor de tensión, para la obtención de las caídas de tensión en cada resistencia. Comprobar los valores obtenidos, aplicando la segunda ley de Kirchhoff. Calcular luego, la IT (corriente total). Calcular también la PT (potencia total), y la potencia disipada en cada resistencia empleando la fórmula

$$P = V^2 / R.$$

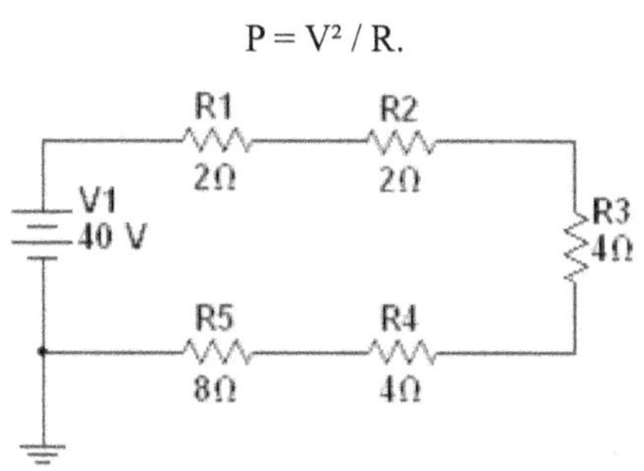

Paso:

Cálculo de la RT

Aplicamos la fórmula:

$$\mathbf{RT = R1 + R2 + ... + RN}$$

Y obtenemos:

$$RT = R1 + R2 + R3 + R4 + R5$$

$$RT = 2\,\Omega + 2\Omega + 4\,\Omega + 4\,\Omega + 8\,\Omega = 20\,\Omega$$

2º Paso:

Calculamos la caída de tensión en cada resistencia, empleando la regla del divisor de tensión:

$$\mathbf{V_X = \frac{R_X \cdot V}{R_T}}$$

$$V_{R1} = \frac{R_1 . V_1}{R_T}$$

$$VR1 = \frac{2\Omega \,.\, 40V}{20\Omega} = \frac{80}{20} = 4V$$

$$V_{R2} = \frac{R_2 . V_1}{R_T}$$

$$VR2 = \frac{2\Omega \,.\, 40V}{20\Omega} = \frac{80}{20} = 4V$$

$$V_{R3} = \frac{R_3 . V_1}{R_T}$$

$$VR3 = \frac{4\Omega \,.\, 40V}{20\Omega} = \frac{160}{20} = 8V$$

$$V_{R4} = \frac{R_4 . V_1}{R_T}$$

$$VR4 = \frac{4\Omega \,.\, 40V}{20\Omega} = \frac{160}{20} = 8V$$

$$V_{R5} = \frac{R_5 . V_1}{R_T}$$

$$VR5 = \frac{8\Omega \,.\, 40V}{20\Omega} = \frac{320}{20} = 16V$$

3er Paso:

Comprobamos el resultado con el postulado de la LVK.

Sumatoria de las caídas de tensión es igual a la tensión aplicada.

$$V1 = VR1 + VR2 + VR3 + VR4 + VR5$$

$$40\ V = 4\ V + 4\ V + 8\ V + 8V + 16V$$

$$40\ V = 40\ V$$

lo cual comprueba la exactitud en el resultado.

4º Paso:

Cálculo de la IT

Aplicamos la fórmula:

$$I = \frac{V}{R}$$

de la siguiente forma:

$$I_T = \frac{V_1}{R_T} = \frac{40\ V}{20\ \Omega} = 2A$$

5º Paso:

Para el cálculo de la Potencia Total del circuito, en este ejemplo aplicamos:

$$P = \frac{V^2}{R}$$

obteniendo:

$$P = \frac{40V^2}{20\Omega} = 80\ W$$

6º Paso:

Para el cálculo de la disipación de potencia en cada resistencia, aplicamos la fórmula elegida de acuerdo a los valores obtenidos para cada resistencia.

Obteniendo entonces:

$$P_{R1} = \frac{V_{R1}^2}{R_1}$$

$$P_{R1} = \frac{4V^2}{2\Omega} = 8\ W$$

$$P_{R2} = \frac{V_{R2}^2}{R_2}$$

$$P_{R2} = \frac{4V^2}{2\Omega} = 8\ W$$

$$P_{R3} = \frac{V_{R3}{}^2}{R_3}$$

$$P_{R3} = \frac{8V^2}{4\Omega} = 16\ W$$

$$P_{R4} = \frac{V_{R4}{}^2}{R_4}$$

$$P_{R4} = \frac{8V^2}{4\Omega} = 16\ W$$

$$P_{R5} = \frac{V_{R5}{}^2}{R_5}$$

$$P_{R5} = \frac{16V^2}{8\Omega} = 32\ W$$

Como comprobación del resultado, podemos aplicar también:

$$P_T = 80\ W$$

$$P_{R1} + P_{R2} + P_{R3} + P_{R4} + P_{R5} =$$

$$8\ W + 8\ W + 16\ W + 16\ W + 32\ W = 80\ W$$

lo cual comprueba la exactitud en el resultado.

FUENTES DE TENSIÓN EN SERIE

Las fuentes de tensión pueden conectarse en serie, a fin de incrementar o disminuir el voltaje total aplicado a un circuito.

El voltaje total se determina sumando las fuentes con la misma polaridad y restando el total de las fuentes con polaridad opuesta. La polaridad final del circuito será la polaridad de la mayor magnitud a operar algebraicamente.

EJEMPLO 1.12

V1 V2

12 V 12 V

donde obtenemos:

$$VT = V1 + V2 = 24\ V$$

VT
24 V

EJEMPLO 1.13

Dado el siguiente circuito, determinar la caída de tensión en R1.

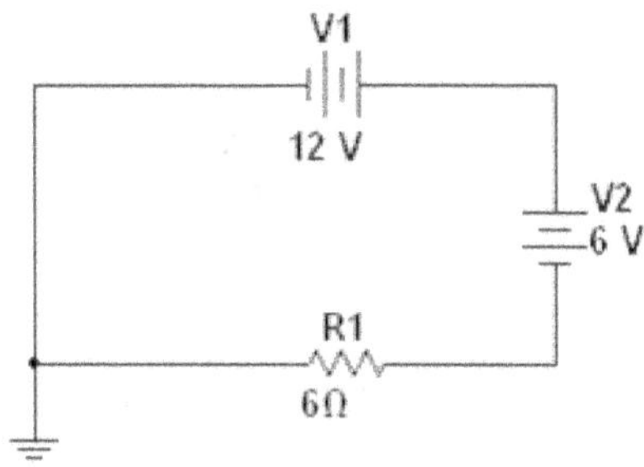

$$VT = V1 - V2 = 6\ V$$

Con polaridad hacia la derecha (sentido horario o de las agujas del reloj), dado que 12 V es la tensión mayor.

Por lo tanto:

$$VR1 = VT = 6\ V$$

dado que el circuito equivalente sería:

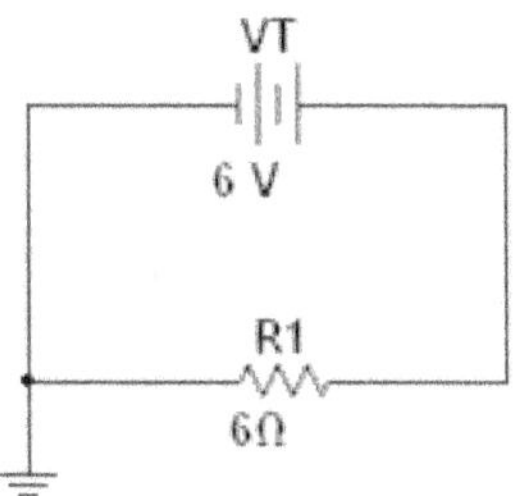

En el ejemplo, también podríamos expresar que la VR1 es igual a 6 V, dado que R1 queda en paralelo con VT.

CIRCUITOS PARALELO

Características:

En un circuito paralelo, sus componentes tienen dos terminales o puntos en común.

En un circuito paralelo, la resistencia total es menor a la menor de todas las resistencias.

$$R_T = \frac{1}{\frac{1}{R_1} + \frac{1}{R_2} + \cdots + \frac{1}{R_N}}$$

En un circuito paralelo, la tensión es la misma para todos sus elementos.
En un circuito paralelo, la corriente en cada componente o rama depende de su coeficiente resistivo.

PRIMERA LEY DE KIRCHHOFF

La suma algebraica de las corrientes entrantes en un nodo es igual a la suma algebraica de las corrientes salientes del mismo.

Es común que se use la sigla LCK para referirse a la primera ley de Kirchhoff, dado que abrevia - Ley de las Corrientes de Kirchhoff.

$$\sum I_{entrante} = \sum I_{saliente}$$

EJEMPLOS

EJEMPLO 1.14

Dado el siguiente circuito paralelo, calcular la RT, la IT, calcular la I en cada resistencia, y comprobar los valores obtenidos, aplicando la primera ley de Kirchhoff. Calcular también la PT, y la potencia disipada en cada resistencia.

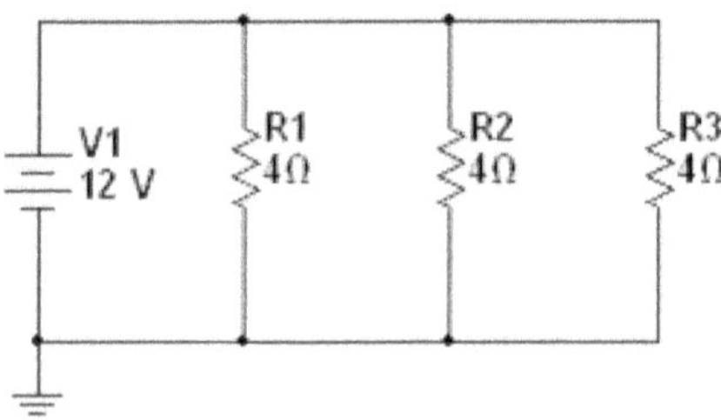

Paso:

Cálculo de la RT

Aplicamos la fórmula:

$$R_T = \frac{1}{\frac{1}{R_1} + \frac{1}{R_2} + \cdots + \frac{1}{R_N}}$$

y reemplazando obtenemos:

$$R_T = \frac{1}{\frac{1}{4\,\Omega}+\frac{1}{4\,\Omega}+\frac{1}{4\,\Omega}}$$

$$R_T = 1{,}33\,\Omega$$

2º Paso:

Cálculo de la IT

Aplicamos la fórmula:

$$I = \frac{V}{R}$$

de la siguiente forma:

$$I_T = \frac{V_1}{R_T} = \frac{12\ V}{1{,}33\ \Omega} \cong 9A$$

3er Paso:

Para calcular la I en cada resistencia.

Empleamos la fórmula:

$$I = \frac{V}{R}$$

Indicando para cada caso, la resistencia sobre la que se desarrolla dicho cálculo.

Para nuestro ejemplo, sabiendo que en paralelo la tensión es la misma para todas las resistencias, aplicamos:

$$I_{R1} = \frac{V_1}{R_1} = \frac{12\ V}{4\,\Omega} = 3\ A$$

$$I_{R2} = \frac{V_1}{R_2} = \frac{12\ V}{4\,\Omega} = 3\ A$$

$$I_{R3} = \frac{V_1}{R_3} = \frac{12\ V}{4\,\Omega} = 3\ A$$

4º Paso:

Comprobamos el resultado con el postulado de la LCK.

La suma algebraica de las corrientes entrantes en un nodo es igual a la suma algebraica de las corrientes salientes del mismo.

$$\uparrow I_{R1} = 3\,A$$

$$\xrightarrow{I\ \textit{entrante al nodo} = 9\,A} \bullet \rightarrow I_{R2} = 3\,A$$

$$\downarrow I_{R3} = 3\,A$$

5º Paso:

Para el cálculo de la Potencia Total del circuito, aplicamos cualquiera de las tres fórmulas aprendidas:

$$P = V\,.\,I$$

$$P = I^2\,.\,R$$

$$P = \frac{V^2}{R}$$

Si aplicamos por ejemplo:

$$PT = V1\,.\,IT$$

obtenemos:

$$PT = 12\,V\,.\,9\,A = 108\,W$$

6º Paso:

Para el cálculo de la disipación de potencia en cada resistencia, aplicamos la fórmula elegida, y referida a los valores obtenidos para la resistencia analizada.

Obteniendo entonces:

$$P_{R1} = V1\,.\,I_{R1}$$

$$P_{R1} = 12\,V\,.\,3\,A = 36\,W$$

$$P_{R2} = V1\,.\,I_{R2}$$

$$P_{R2} = 12\,V\,.\,3\,A = 36\,W$$

$$P_{R3} = V1\,.\,I_{R3}$$

$$P_{R3} = 12\,V\,.\,3\,A = 36\,W$$

Como comprobación de los resultados anteriores, podemos aplicar también:

$$PT = 108\,W$$

$$P_{R1} + P_{R2} + P_{R3} = 36\,W + 36\,W + 36\,W = 108\,W$$

lo cual comprueba la exactitud en el resultado.

EJEMPLO 1.15

Dado el siguiente circuito paralelo, calcular la RT (resistencia total), la IT (corriente total), calcular la I en cada resistencia, y comprobar los valores obtenidos, aplicando la primera ley de Kirchhoff. Calcular también la PT (potencia total), y la potencia disipada en cada resistencia.

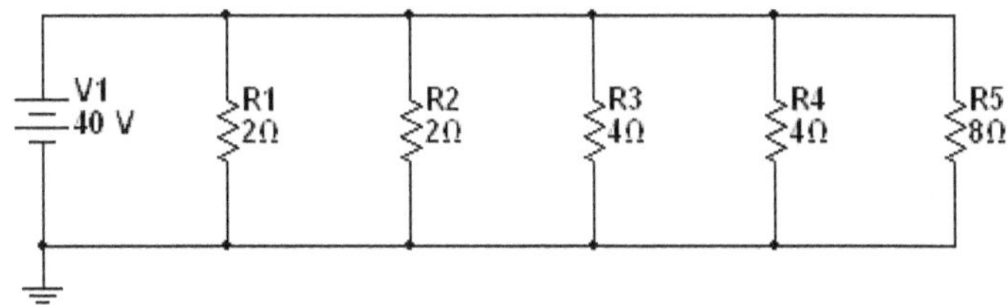

1er Paso:

Cálculo de la RT

Aplicamos la fórmula:

$$R_T = \frac{1}{\frac{1}{R_1} + \frac{1}{R_2} + \cdots + \frac{1}{R_N}}$$

y reemplazando obtenemos:

$$R_T = \frac{1}{\frac{1}{R_1} + \frac{1}{R_2} + \frac{1}{R_3} + \frac{1}{R_4} + \frac{1}{R_5}}$$

$$R_T = \frac{1}{\frac{1}{2\Omega} + \frac{1}{2\Omega} + \frac{1}{4\Omega} + \frac{1}{4\Omega} + \frac{1}{8\Omega}}$$

$$R_T = 0{,}615\,\Omega$$

Tomamos tres dígitos después de la coma, a fin de obtener mayor precisión en el resultado.

2º Paso:

Cálculo de la IT

Aplicamos la fórmula:

$$I = \frac{V}{R}$$

de la siguiente forma:

$$I_T = \frac{V_1}{R_T} = \frac{40\text{ V}}{0{,}615\Omega} \cong 65\text{A}$$

Paso:

Para calcular la I, en cada resistencia, empleamos la fórmula:

$$I = \frac{V}{R}$$

Indicando para cada caso, la resistencia sobre la que se desarrolla dicho cálculo.

Para nuestro ejemplo, sabiendo que en paralelo la tensión es la misma para todas las resistencias, apli-

$$I_{R1} = \frac{V_1}{R_1} = \frac{40\ V}{2\ \Omega} = 20\ A$$

$$I_{R2} = \frac{V_1}{R_2} = \frac{40\ V}{2\ \Omega} = 20\ A$$

$$I_{R3} = \frac{V_1}{R_3} = \frac{40\ V}{4\ \Omega} = 10\ A$$

$$I_{R4} = \frac{V_1}{R_4} = \frac{40\ V}{4\ \Omega} = 10\ A$$

$$I_{R5} = \frac{V_1}{R_5} = \frac{40\ V}{8\ \Omega} = 5\ A$$

4º Paso:

Comprobamos el resultado con el postulado de la LCK.

La suma algebraica de las corrientes entrantes en un nodo es igual a la suma algebraica de las corrientes salientes del mismo.

I entrante al nodo ≅ 65 A → • → ↓ → ↓ → ↓ → ↓

↓ IR1 = 20 A ↓ IR2 = 20 A ↓ IR3 = 10 A ↓ IR4 = 10 A ↓ IR5 = 5 A

5º Paso:

Para el cálculo de la Potencia Total del circuito, aplicamos cualquiera de las tres fórmulas aprendidas:

$$P = V \cdot I$$

$$P = I^2 \cdot R$$

$$P = \frac{V^2}{R}$$

Si aplicamos por ejemplo:

$$PT = V1 . IT$$

obtenemos:

$$PT = 40\ V . 65\ A = 2600\ W$$

6º Paso:

Para el cálculo de la disipación de potencia en cada resistencia, aplicamos la fórmula elegida de acuerdo a los valores obtenidos para cada resistencia.

Obteniendo entonces:

$$PR1 = V1 . IR1$$

$$P_{R1} = 40\ V . 20\ A = 800\ W$$

$$PR2 = V1 . IR2$$

$$P_{R2} = 40\ V . 20\ A = 800\ W$$

$$PR3 = V1 . IR3$$

$$P_{R3} = 40\ V . 10\ A = 400\ W$$

$$PR4 = V1 . IR4$$

$$P_{R4} = 40\ V . 10\ A = 400\ W$$

$$PR5 = V1 . IR5$$

$$P_{R5} = 40\ V . 5\ A = 200\ W$$

$$P_T = 2600\ W$$

y

$$P_{R1} + P_{R2} + P_{R3} + P_{R4} + P_{R5} =$$

$$800\ W + 800\ W + 400\ W + 400\ W + 200\ W = 2600\ W$$

lo cual comprueba la exactitud en el resultado.

CONCLUSIONES

De los ejemplos 1.14 y 1.15 (circuitos paralelo), observamos que para el primero, la corriente en cada resistencia era la misma, dado que justamente las tres resistencias son iguales, y por tanto, la corriente de entrada se divide en las tres ramas en partes iguales.

En el ejemplo 1.15 observamos que por ejemplo R3 tiene el doble de valor que R1, y por tanto, a mayor resistencia, menor circulación de corriente, por lo que el valor de la corriente en R3 es la mitad que en R1.

Lo mismo ocurre en la relación de R5 con R3, en la cual dado que R5 vale el doble, circula por ella la mitad de corriente.

Del mismo modo, dado que R5 es cuatro veces mayor que R1 y R2, circula por ella un cuarto del valor de la corriente en R1 y R2.

Es decir:

En un circuito paralelo, cuanto mayor sea el valor de R, menor será la corriente que circule por ella.

En un circuito paralelo, una resistencia muy grande en paralelo con una pequeña no tiene efecto para la corriente, es decir que prácticamente desaparece.

Observamos también, una de las características destacadas para un circuito paralelo, es que la tensión es la misma en cada una de las resistencias.

REGLA DEL DIVISOR DE CORRIENTE (RDI)

La regla del divisor de corriente nos permite determinar cómo se divide entre sus componentes la corriente que entra a un conjunto de ramas en paralelo.

Ecuación general de la regla del divisor de corriente:

$$I_X = \frac{R_T}{R_X} I$$

Lo que la ecuación general establece es: **la corriente a través de cualquier rama paralela es igual al producto de la resistencia total de las ramas paralelas, y la corriente de entrada, dividida entre la resistencia de la rama a través de la cual la corriente va a ser determinada.**

También, si tuviéramos el caso particular de dos resistencias en paralelo tal cual se observa en la figura:

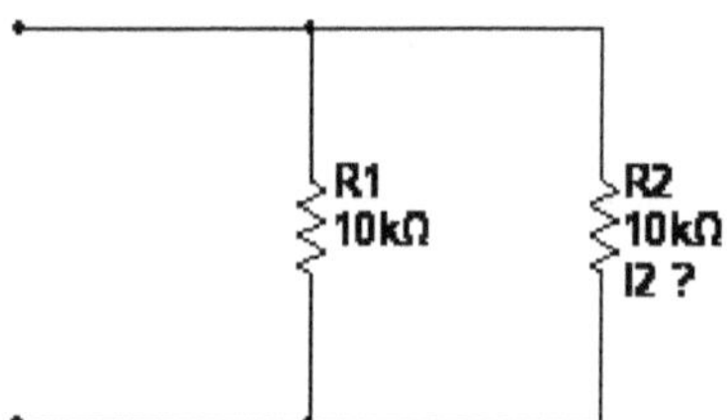

y quisiéramos calcular la corriente I2, podemos aplicar la fórmula:

$$I_2 = \frac{R_1 . I}{R_1 + R_2}$$

la cual podemos definir de la siguiente forma:

La corriente a través de una rama, de dos en paralelo, es igual al producto del equivalente resistivo de la rama opuesta, por la corriente de entrada, dividido entre la suma del equivalente resistivo de ambas ramas.

Tenga presente que la regla anterior, también puede ser aplicada a un número de ramas mayor que dos, tal cual se observa en el siguiente ejemplo:

Con frecuencia, para indicar que dos resistencias están en paralelo, se escribe de la siguiente forma:

$$R_T = R_1 // R_2$$

EJEMPLO 1.16

Hallar la corriente en R2, aplicando la regla del divisor de corriente.

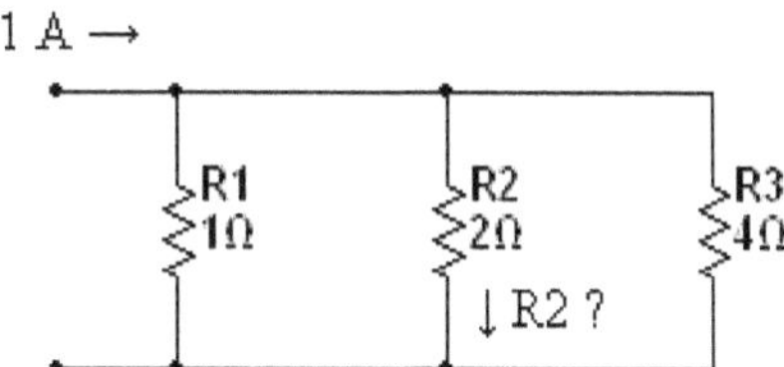

Para la resolución de dicho ejemplo, veamos ahora que a los efectos de la corriente eléctrica o la resistencia equivalente, el circuito eléctrico puede también ser visto de la siguiente forma:

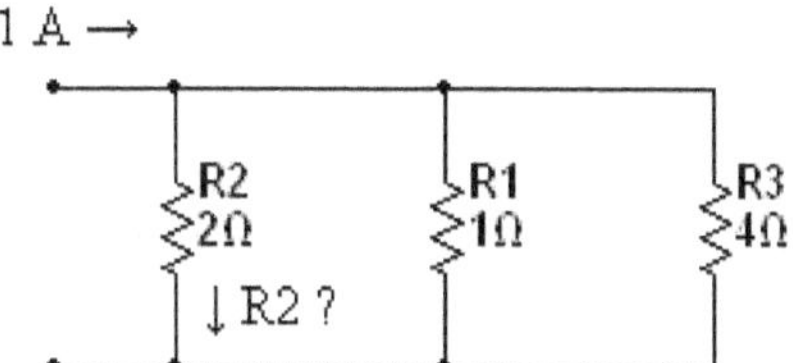

Donde podemos ver de una forma más clara, que R1//R3, es la resistencia opuesta a R2, por lo tanto:

$$R1//R3 = 1\Omega//4\Omega = 0{,}8\Omega$$

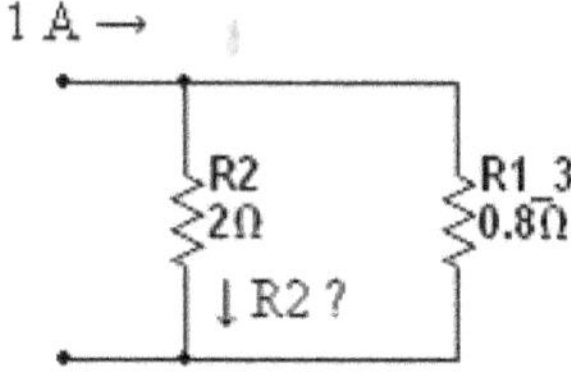

luego:

$$I_{R2} = \frac{R_{1\_3} \cdot I}{R_2 + R_{1\_3}} = \frac{0{,}8\Omega \cdot 1A}{2{,}8\,\Omega} = 0{,}29\,A$$

EJEMPLO 1.17

Resolver el Ejemplo 1.15 empleando la regla del divisor de corriente.

Dado el siguiente circuito paralelo, calcular la RT, la IT, calcular la I en cada resistencia, empleando la regla general del divisor de corriente, y comprobar los valores obtenidos, aplicando la primera ley de Kirchhoff. Calcular también la PT, y la potencia disipada en cada resistencia.

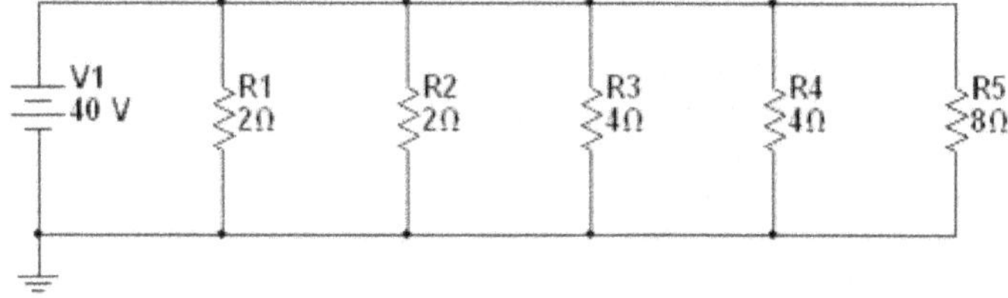

Paso:

Cálculo de la RT

Aplicamos la fórmula:

$$R_T = \frac{1}{\frac{1}{R_1} + \frac{1}{R_2} + \cdots + \frac{1}{R_N}}$$

y reemplazando obtenemos:

$$R_T = \frac{1}{\frac{1}{R_1} + \frac{1}{R_2} + \frac{1}{R_3} + \frac{1}{R_4} + \frac{1}{R_5}}$$

$$R_T = \frac{1}{\frac{1}{2\Omega} + \frac{1}{2\Omega} + \frac{1}{4\Omega} + \frac{1}{4\Omega} + \frac{1}{8\Omega}}$$

$$R_T = 0{,}615\Omega$$

2º Paso:

Cálculo de la IT

Aplicamos la fórmula:

$$I = \frac{V}{R}$$

de la siguiente forma:

$$I_T = \frac{V_1}{R_T} = \frac{40\ V}{0{,}615\ \Omega} \cong 65A$$

Paso:

Cálculo de la I en cada resistencia, empleando la **regla del divisor de corriente:**

$$I_X = \frac{R_T}{R_X} I$$

Recordemos que para aproximar decimales, existen dos métodos: Truncamiento y Redondeo. El primero consiste simplemente en cortar la cifra en el decimal elegido. El segundo, es más preciso que el anterior y establece que si luego de la coma, la cifra siguiente a aquel decimal en el que se pretende hacer el corte es mayor o igual a 5, se le suma una unidad a la anterior. Esto se lleva a cabo a fin de acotar el número de cifras decimales con las que se trabaja. Tenga presente también, que lo negativo de acotar el número de dígitos decimales en una operación, es que reducimos la exactitud del resultado.

$$I_{R1} = \frac{R_T}{R_1} I$$

$$I_{R1} = \frac{0{,}62\,\Omega}{2\,\Omega} \,.\, 65A \cong 20A$$

$$I_{R2} = \frac{R_T}{R_2} I$$

$$I_{R2} = \frac{0{,}62\,\Omega}{2\,\Omega} \,.\, 65A \cong 20A$$

$$I_{R3} = \frac{R_T}{R_3} I$$

$$I_{R3} = \frac{0{,}62\,\Omega}{4\,\Omega} \,.\, 65A \cong 10A$$

$$I_{R4} = \frac{R_T}{R_4} I$$

$$I_{R4} = \frac{0{,}62\,\Omega}{4\,\Omega} \,.\, 65A \cong 10A$$

$$I_{R5} = \frac{R_T}{R_5} I$$

$$I_{R5} = \frac{0{,}62\,\Omega}{8\,\Omega} \,.\, 65A \cong 5A$$

4º Paso:

Comprobamos el resultado con el postulado de la LCK.

La suma algebraica de las corrientes entrantes en un nodo es igual a la suma algebraica de las corrientes salientes del mismo.

I entrante al nodo ≅ 65 A → • → ↓ → ↓ → ↓ → ↓

↓ IR1 = 20 A ↓IR2 = 20 A ↓ IR3 = 10 A ↓IR4 = 10 A ↓ IR5 = 5 A

5º Paso:

Para el cálculo de la Potencia Total del circuito, aplicamos cualquiera de las tres fórmulas aprendidas:

$$P = V \,.\, I$$

$$P = I^2 \,.\, R$$

$$P = \frac{V^2}{R}$$

Si aplicamos por ejemplo:

$$P_T = V1 \,.\, I_T$$

obtenemos:

$$P_T = 40\ V \,.\, 65\ A = 2600\ W$$

6º Paso:

Para el cálculo de la disipación de potencia en cada resistencia, aplicamos la fórmula elegida, referida a los valores obtenidos para la resistencia analizada.

Obteniendo entonces:

$$P_{R1} = V1 \,.\, I_{R1}$$

$$P_{R1} = 40\ V \,.\, 20\ A = 800\ W$$

$$P_{R2} = V1 \,.\, I_{R2}$$

$$P_{R2} = 40\ V \,.\, 20\ A = 800\ W$$

$$P_{R3} = V1 \,.\, I_{R3}$$

$$P_{R3} = 40\ V \,.\, 10\ A = 400\ W$$

$$P_{R4} = V1 \,.\, I_{R4}$$

$$P_{R4} = 40\ V \,.\, 10\ A = 400\ W$$

$$P_{R5} = V1 \,.\, I_{R5}$$

$$P_{R5} = 40\ V \,.\, 5\ A = 200\ W$$

Como comprobación del resultado, podemos aplicar también:

$$P_T = 2600\ W$$

$$P_{R1} + P_{R2} + P_{R3} + P_{R4} + P_{R5} =$$

$$800\ W + 800\ W + 400\ W + 400\ W + 200\ W = 2600\ W$$

CÁLCULO DE LA RT DE DOS O TRES RESISTENCIAS EN PARALELO

En gran cantidad de aplicaciones, nos vemos en situación de trabajar con solo dos o tres resistencias en paralelo. Por lo tanto, podemos emplear las siguientes ecuaciones, a fin de reducir el efecto del trabajo con inversas en el cálculo de la RT.

ECUACIONES

Para circuitos con dos resistencias en paralelo, las ecuaciones son las siguientes:

1)

$$R_T = \frac{R_1 \,.\, R_2}{R_1 + R_2}$$

Esta ecuación determina:

La resistencia total de dos resistencias en paralelo es igual al producto de las dos resistencias, dividido por la suma de ambas.

Para circuitos con tres resistencias en paralelo, las ecuaciones para el cálculo de la RT (resistencia total o equivalente) son las siguientes:

2)

$$R_T = \frac{1}{\frac{1}{R_1} + \frac{1}{R_2} + \frac{1}{R_3}}$$

3)

$$RT = \frac{R1.R2.R3}{R1.R2 + R1.R3 + R2.R3}$$

la ecuación 3, muestra en el denominador todas las posibles combinaciones de productos entre las resistencias, tomando de a dos por vez.

EJEMPLO 1.18

Dado el siguiente circuito, hallar la corriente en R1 y R2, aplicando la fórmula del divisor de corriente, para dos elementos.

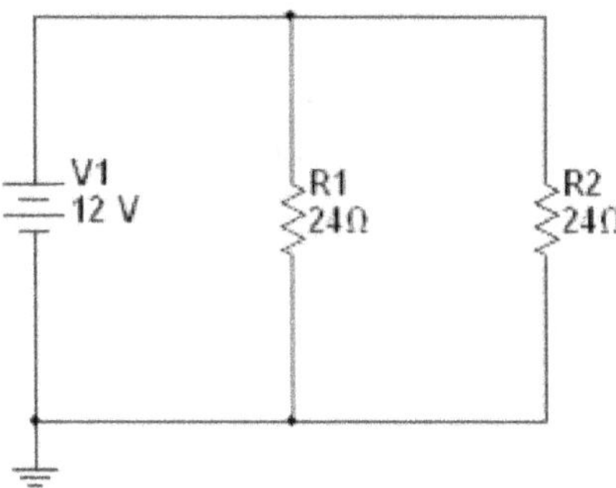

1er Paso:

Cálculo de la RT

Aplicamos la fórmula:

$$R_T = \frac{R_1 \,.\, R_2}{R_1 + R_2}$$

y reemplazando tenemos:

$$RT = \frac{24\Omega \,.\, 24\Omega}{24\Omega + 24\Omega}$$

$$RT = 12\Omega$$

2º Paso:

Cálculo de la IT

Aplicamos la fórmula:

$$I = \frac{V}{R}$$

de la siguiente forma:

$$IT = \frac{V1}{RT} = \frac{12\,V}{12\,\Omega} = 1A$$

Paso:

Cálculo de la I en cada resistencia, empleando la regla del divisor de corriente para dos resistencias:

$$IR1 = \frac{R2.I}{R1+R2}$$

$$IR1 = \frac{24\Omega.1A}{48\Omega} = 0{,}5A$$

$$IR2 = \frac{R1.I}{R1+R2}$$

$$IR2 = \frac{24\Omega.1A}{48\Omega} = 0{,}5A$$

Cuando inicialmente definimos resistencia vimos que:

La inversa de la resistencia es la conductancia, y se representa por la letra G, donde:

$$G = \frac{1}{R}$$

Podemos agregar entonces, que dado que la conductancia es la inversa de la resistencia de un material, la conductancia nos dará una medida de cuánto conduce un material la corriente eléctrica a través de sí.

El cuánto conduce es la conductancia, la cual ya vimos tiene el símbolo G, y se mide en Siemens (S) en honor al ingeniero alemán Werner von Siemens.

Podemos definir también, que un siemens es la conductancia eléctrica que existe entre dos puntos de un conductor que tiene un ohmio de resistencia.

$$S = \frac{1}{\Omega}$$

Para elementos en paralelo, la conductancia total es la suma de las conductancias individuales.

$$GT = G1 + G2 + ... + GN$$

EJEMPLO 1.19

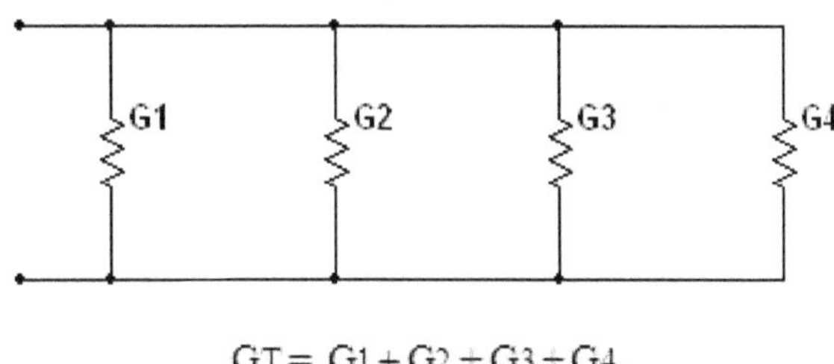

$$GT = G1 + G2 + G3 + G4$$

EJEMPLO 1.20

Dado el siguiente circuito, determine la conductancia y la resistencia total.

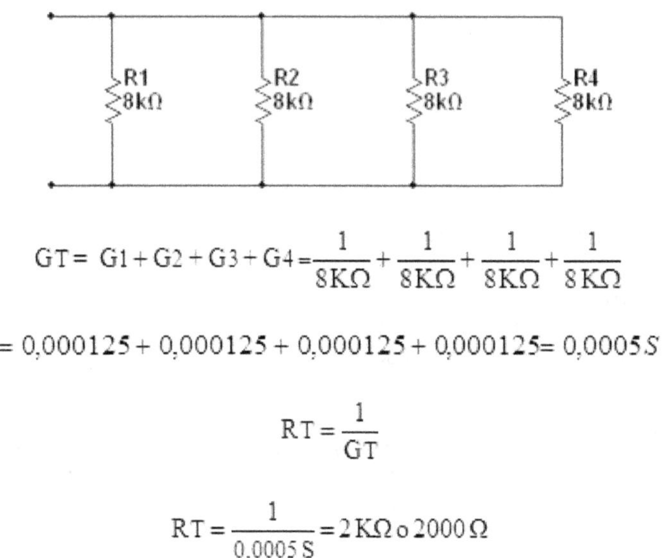

$$GT = G1 + G2 + G3 + G4 = \frac{1}{8K\Omega} + \frac{1}{8K\Omega} + \frac{1}{8K\Omega} + \frac{1}{8K\Omega}$$

$$= 0{,}000125 + 0{,}000125 + 0{,}000125 + 0{,}000125 = 0{,}0005\,S$$

$$RT = \frac{1}{GT}$$

$$RT = \frac{1}{0{,}0005\,S} = 2\,K\Omega \text{ o } 2000\,\Omega$$

Conclusiones:

Dado el ejemplo anterior, podemos enunciar también las siguientes reglas:

Para N, cantidad de resistencias iguales en paralelo, la resistencia total o equivalente es igual al valor de una de ellas dividido por la cantidad de resistencias (N).

$$RT = \frac{R}{N}$$

Para N, cantidad de conductancias en paralelo, la conductancia total es igual a N, multiplicado por el valor de una de ellas.

$$GT = N.G$$

FUENTES DE TENSIÓN EN PARALELO

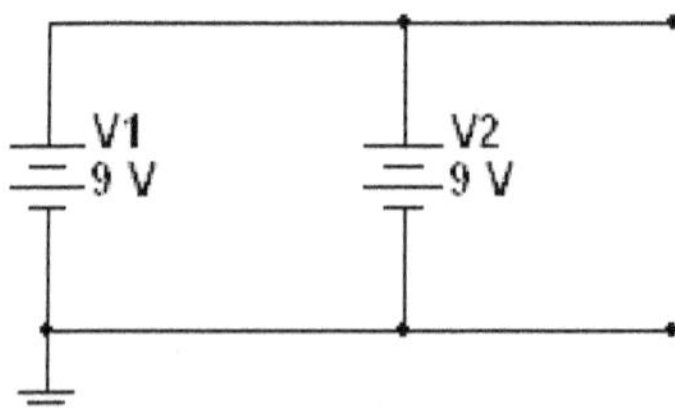

Las fuentes de tensión se pueden conectar en paralelo únicamente si tienen el mismo voltaje. Las fuentes de tensión se conectan en paralelo, a fin de incrementar la corriente, lo cual significa también aumentar la potencia de la fuente.

Vs
9 V

$$IS = I1 + I2$$

Si conectáramos dos fuentes de voltajes distintas en paralelo, la fuente de mayor valor de V caería al valor de la más pequeña. Y dado que, tal cual ampliaremos más adelante, las fuentes de tensión poseen una resistencia interna en serie con la fuente denominada Rs, o Rint, por esta causa. La corriente resultante de la tensión final dividido la Rs, la cual es muy pequeña, genera un valor de corriente muy alto, excedente al diseñado y especificado en la relación Ah (Amper hora).

CIRCUITOS MIXTOS

Los circuitos mixtos, son circuitos que combinan las características eléctricas aprendidas anteriormente, para los circuitos serie y paralelo.

Para trabajar con ellos, lo único que debemos de tener en cuenta entonces es a que tipo de configuración corresponde la parte del circuito en la cual estemos trabajando, a fin de emplear las reglas que sean más convenientes para la resolución del circuito.

Pasos para la simplificación y resolución de circuitos

Es conveniente crearnos un método de análisis, a fin de simplificar la resolución de los circuitos mixtos. Por ejemplo, podemos adoptar los siguientes pasos:

1º) Analizar el circuito de derecha a izquierda.

2º) Ir simplificando el circuito con los datos obtenidos a fin de facilitar el análisis del mismo.

3º) En los nodos que sea necesario o conveniente, identificarlos con letras minúsculas (ejemplo a, b), a fin de identificar los valores de V o I, obtenidos en dichos puntos.

EJEMPLO 1.21

Dado el siguiente circuito mixto, calcular RT, la IT, la Vc en R1, R4, la V y la I en R2-3, la PT, y la potencia disipada en cada R.

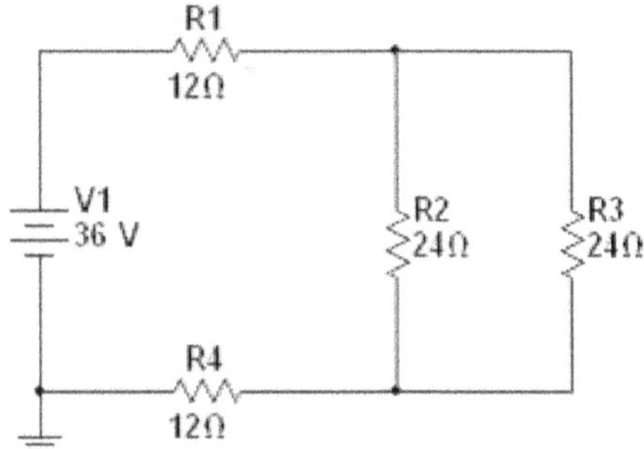

Recuerde que a esta altura, damos por entendido que:

RT = Resistencia Total.
IT = Corriente Total. O por ejemplo IR1 = Corriente en R1.
VC = Caída de Tensión. O por ejemplo VR1 = Caída de tensión en R1.
PT = Potencia Total. O PR1 = Potencia disipada en R1.

RESOLUCIÓN:

1er Paso:

Cálculo de la RT:

En este punto, es importante entonces para el inicio del análisis, comenzar a resolver el circuito de derecha a izquierda.

Para el ejemplo, vemos a R2 en paralelo con R3.

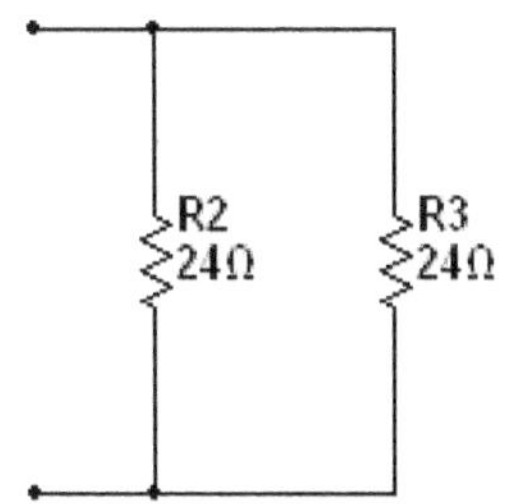

Y podemos aplicar en este caso, la fórmula aprendida anteriormente, para el cálculo de dos resistencias en paralelo.

$$RT = \frac{R1 . R2}{R1+R2}$$

$$R2\_3 = \frac{24\Omega . 24\Omega}{24\Omega + 24\Omega}$$

$$=12\Omega$$

Por tanto, podríamos redibujar el circuito de la siguiente forma:

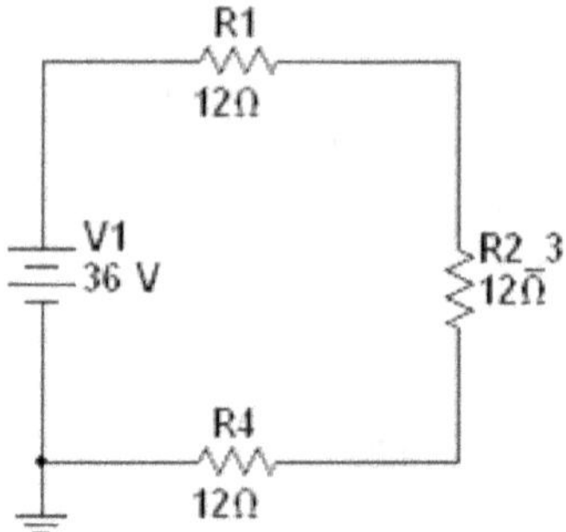

Lo que nos permite ver de forma muy simple, que al hallar la R equivalente de R2//R3 (R2 en paralelo con R3), el circuito equivalente son tres resistencias en serie, lo cual resulta en una simple resolución, ya que aplicamos:

$$RT = R1 + R2\_3 + R4$$

$$RT = 12\Omega + 12\Omega + 12\Omega = 36\Omega$$

2º Paso:

Cálculo de la IT:

Si aplicamos ahora el método anterior, y redibujamos el circuito equivalente, obtenemos:

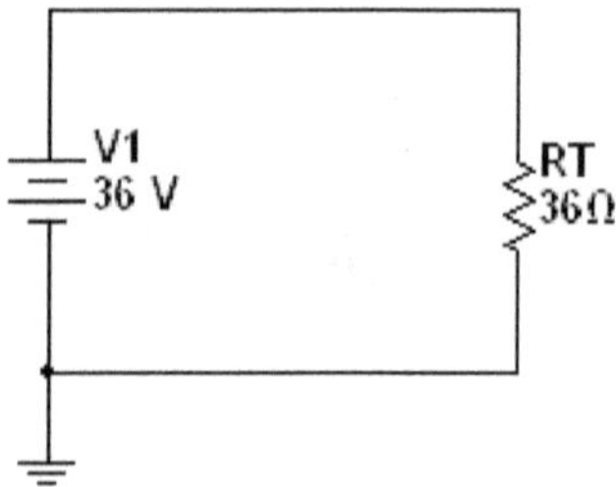

Y aplicamos la fórmula:

$$IT = \frac{V1}{RT} = \frac{36\ V}{36\ \Omega} = 1A$$

3er Paso:

Cálculo de las caídas de tensión en R1, R4 y la tensión en R2_3:

Para el cálculo de VR1 y VR4, conociendo el valor de las resistencias, y la corriente que circula por ellas, aplicamos:

$$VR1 = I\ .\ R1 = 1\ A\ .\ 12\ \Omega = 12\ V$$

$$VR4 = I\ .\ R4 = 1A\ .\ 12\ \Omega = 12\ V$$

También podríamos haber aplicado la regla del divisor de tensión, la cual establece:

$$VX = \frac{RX.\ V}{RT}$$

de la siguiente forma:

$$VR1 = \frac{R1\ .\ V}{RT} = \frac{12\Omega\ .\ 36V}{36\Omega} = 12\ V$$

$$VR4 = \frac{R4\ .\ V}{RT} = \frac{12\Omega\ .\ 36V}{36\Omega} = 12\ V$$

lo cual demuestra que el resultado es exactamente el mismo.

Para el cálculo de la tensión en R2_3, son múltiples las opciones de cálculo, dado que en función de lo que hemos aprendido hasta aquí, podemos aplicar:

1ª ley de Kirchhoff.
2ª ley de Kirchhoff.
Regla del divisor de Corriente.
Regla del divisor de tensión en el circuito equivalente serie, sobre R2_3, y luego sabiendo que R2 y R3 están en paralelo, conocemos que la tensión es la misma para ambas.

Apliquemos todas las posibilidades, a fin de poder ejercitarnos en esta disciplina.

Cálculo de la tensión en R2_3, aplicando la 1ª ley de Kirchhoff y la regla del divisor de corriente

Cuando calculamos la IT, vimos que la corriente total era de 1 A, lo cual significa, que si R1 está en serie con la fuente, necesariamente el Amper que se le demanda a la fuente, circulara por R1, por tanto, ya podemos asegurar que R1 = 1 A (luego lo demostraremos).

Del mismo modo, mirando el circuito equivalente, podemos observar que la corriente a través de R4, la cual cierra al negativo de la fuente, será de un amper también, dado que si aplicamos a la entrada del nodo de R2//R3, la denominación **a** para la entrada, y la denominación **b** para la salida, de acuerdo a lo establecido en la 1ª ley de Kirchhoff, la magnitud de la corriente entrante, debe ser igual a la magnitud de la corriente saliente. Por tanto, si ingresa 1 A, sale 1 A, valor de corriente que atraviesa R4 (luego lo hemos de comprobar).

Por tanto, si aplicamos la 1ª ley de Kirchhoff al circuito:

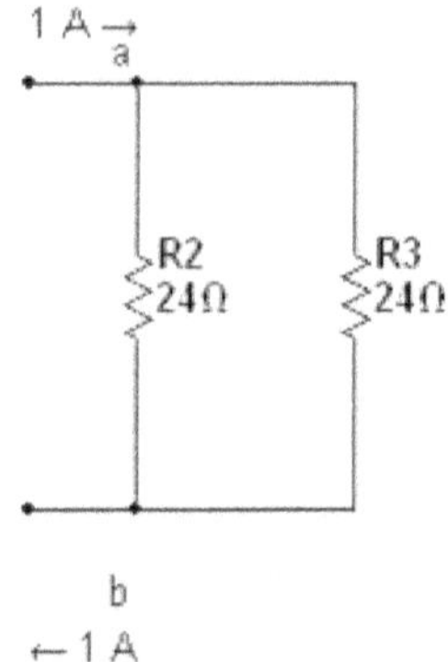

Podríamos ahora también, suponer que dado que la corriente entrante al nodo a, se debe dividir en las dos resistencias, y dado que las dos resistencias son iguales, la corriente se ha de dividir en dos partes iguales, es decir 1 A / 2 = 0,5 A en cada resistencia.

Pero apliquemos la regla del divisor de corriente para calcular la I en R2 y en R3.

$$IX = \frac{RT}{RX} I$$

donde, IR2 es igual a:

$$I_{R2} = \frac{12\Omega}{24\Omega} \cdot 1A = 0{,}5A$$

y la IR3, es igual a:

$$I_{R3} = \frac{12\Omega}{24\Omega} \cdot 1A = 0{,}5A$$

Por tanto, ahora que conocemos el valor de cada resistencia, y la corriente que la circula, podemos aplicar la ley de ohm, de la siguiente forma:

$$V_{R2} = I_{R2} \cdot R_2 = 0{,}5A \cdot 24\Omega = 12V$$

$$V_{R3} = I_{R3} \cdot R_3 = 0{,}5A \cdot 24\Omega = 12V$$

Cálculo de la tensión en R2_3, aplicando la 2ª ley de Kirchhoff:

Si ahora aplicamos la 2ª ley de Kirchhoff, para el cálculo de la tensión en R2_3, obtenemos:

Dado que la caída de tensión en R1 y R4, es igual a 12 V en cada una, y dado que el valor de la fuente es de 36 V, aplicamos:

"En un circuito cerrado o malla, la sumatoria algebraica de las caídas de tensión, es igual a la tensión aplicada".

En forma de ecuación:

$$V1 = VR1 + VR2\_3 + VR4$$

$$36\,V = 12\,V + 12\,V + 12\,V$$

y despejando:

$$VR2\_3 = 36V - 12V - 12V = 12V$$

Lo cual coincide con el resultado obtenido, aplicando la primera ley de Kirchhoff, y la regla del divisor de corriente.

Cálculo de la tensión en R2_3, aplicando la regla del divisor de tensión

Sabiendo que R2 está en paralelo con R3, y que por lo tanto, la tensión es la misma para ambas, podemos aplicar la regla del divisor de tensión, de la siguiente forma:

$$VX = \frac{RX.V}{RT}$$

donde VR2_3 es igual a:

$$VR2\_3 = \frac{12\Omega \,.\, 36V}{36\Omega} = 12\,V$$

Lo cual coincide con el resultado obtenido, aplicando la primera ley de Kirchhoff, la regla del divisor de corriente, y la segunda ley de Kirchhoff.

4º Paso:

Cálculo de la I en R2 y R3:
Como ya hemos aprendido, para elementos que están en serie la corriente es la misma. Este es el motivo por el cual, no hace falta calcular la IR1 y la IR4.

Aunque podríamos calcularla de una forma muy simple aplicando ley de ohm, ya que:

$$IR1 = \frac{VR1}{R1} = \frac{12\,V}{12\,\Omega} = 1\,A$$

$$IR4 = \frac{VR4}{R4} = \frac{12\,V}{12\,\Omega} = 1\,A$$

En cuanto a la I en R2 y R3, ya las hemos calculado cuando aplicamos en el 3er paso, la regla del divisor de corriente, de la siguiente forma:

$$IX = \frac{RT}{RX} I$$

donde IR2 es igual a:

$$I_{R2} = \frac{12\,\Omega}{24\,\Omega} \cdot 1A = 0{,}5\,A$$

y la IR3 es igual a:

$$I_{R3} = \frac{12\,\Omega}{24\,\Omega} \cdot 1A = 0{,}5\,A$$

5º Paso:

Para el cálculo de la PT, podemos aplicar cualquiera de las tres fórmulas aprendidas, para el cálculo de potencia en corriente continua:

$$P = V \cdot I \quad o \quad P = I^2 \cdot R \quad o \quad P = \frac{V^2}{R}$$

Si empleamos:

$$P = V \cdot I$$

obtenemos:

$$PT = V1 \cdot I$$

$$PT = 36\,V \cdot 1\,A = 36\,W$$

6º Paso:

Para el cálculo de la Potencia disipada en cada resistencia, podemos aplicar cualquiera de las tres fórmulas aprendidas para el cálculo de potencia en corriente continua, aplicada a la resistencia en cuestión:

$$P = V \cdot I \quad o \quad P = I^2 \cdot R \quad o \quad P = \frac{V^2}{R}$$

Si empleamos:

$$P = V \cdot I$$

obtenemos:

$$P_{R1} = 12V \cdot 1A = 12W$$

$$P_{R2} = 12V \cdot 0{,}5A = 6\,W$$

$$P_{R3} = 12V \cdot 0{,}5A = 6W$$

$$P_{R4} = 12V \cdot 1A = 12\,W$$

Como comprobación del resultado, podemos aplicar también:

$$PT = 36\ W$$

y

$$PR1 + PR2 + PR3 + PR4 =$$

$$12\ W + 6\ W + 6\ W + 12\ W = 36\ W$$

dando como comprobación también, de la exactitud del resultado.

EJEMPLO 1.22

Dado el siguiente circuito mixto, calcular RT, la IT, la Vc en R3, R5, la V y la I en R8, la PT, y la potencia disipada en R4, R6 y R8.

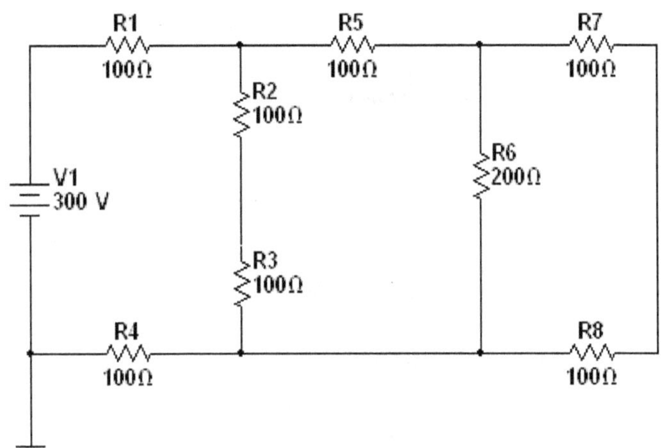

RESOLUCIÓN:

1er Paso:
Cálculo de la RT:

En este punto, es importante entonces para el inicio del análisis, comenzar a resolver el circuito de derecha a izquierda.

Para el ejemplo entonces, vemos que R7 está en serie con R8, y que el equivalente de ambas, está en paralelo con R6.

R7 R8
100Ω 100Ω

$$R7\_8 = R7 + R8 = 100\,\Omega + 100\,\Omega = 200\,\Omega$$

Luego, podemos comenzar a simplificar el circuito, de la siguiente forma:

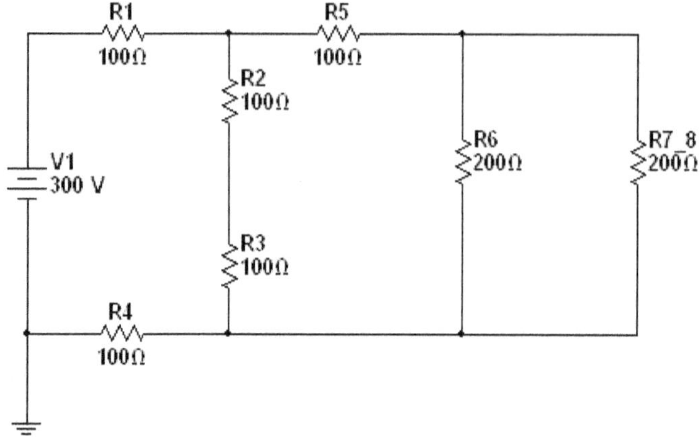

Ahora simplificamos R6 con el equivalente de R7-8:

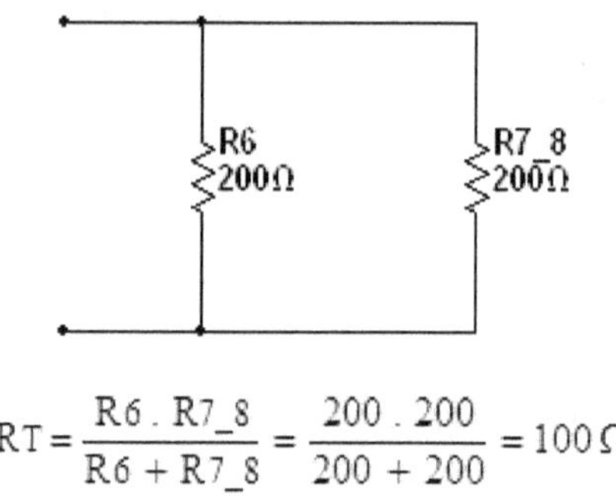

$$RT = \frac{R6 \,.\, R7\_8}{R6 + R7\_8} = \frac{200 \,.\, 200}{200 + 200} = 100\,\Omega$$

Y simplificando nuevamente el circuito, tenemos:

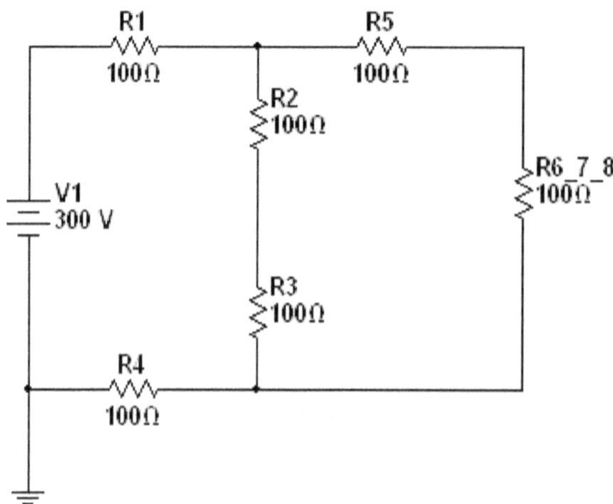

Lo cual nos permite observar nuevamente el circuito, de derecha a izquierda y ver que la resistencia equivalente R6-7-8, está ahora en serie con R5 de 100 Ω y en paralelo con R2 y R3, que están en serie

Por tanto, simplificamos R5 con R6-7-8:

$$R5\_6\_7\_8 = R5 + R6\_7\_8 = 100\Omega + 100\Omega = 200\Omega$$

Dibujando nuevamente el circuito equivalente, obtenemos:

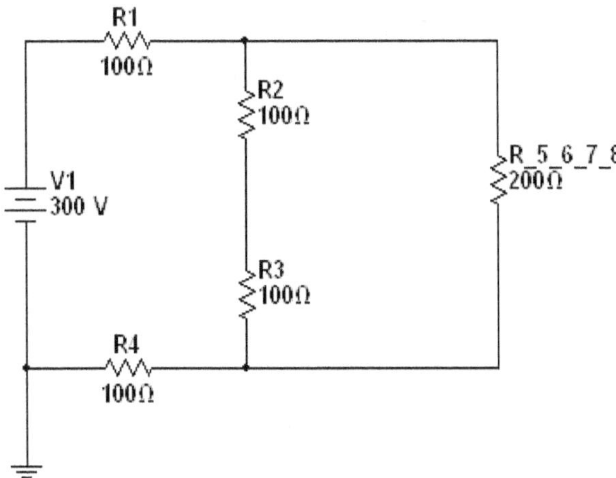

Aplicando nuevamente el método y continuando con la simplificación del circuito de derecha a izquierda, observamos que ahora la resistencia equivalente R-5-6-7-8 está en paralelo con R2, en serie con R3. Por tanto, calculamos la R equivalente de R2 + R3, para posteriormente calcular el paralelo de dicho valor, con R-5-6-7-8, y volver a simplificar el circuito, a fin de hallar, la RT.

$$R2\_3 = R2 + R3 = 100\Omega + 100\Omega = 200\Omega$$

Lo que nos quedaría entonces, de la siguiente forma:

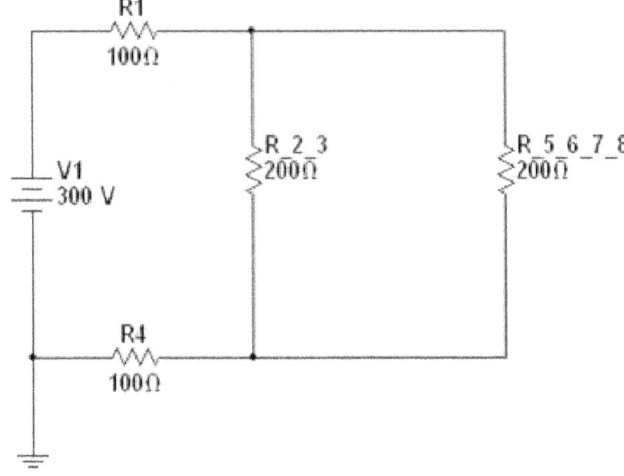

Ahora debemos simplificar R2_3 con R5_6_7_8, las cuales como dijimos antes, están en paralelo.

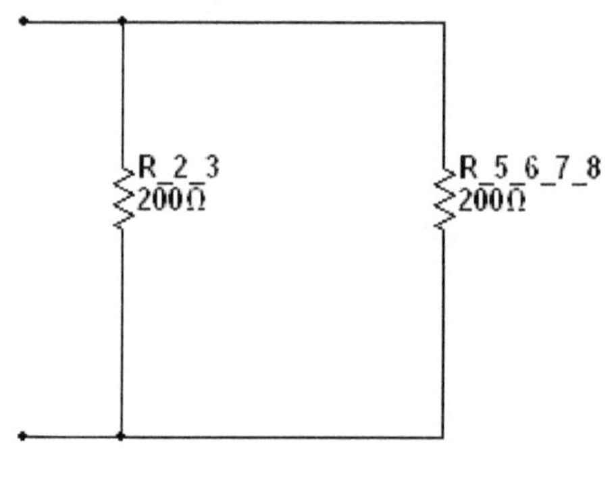

$$RT = \frac{R2\_3 \,.\, R5\_6\_7\_8}{R2\_3 + R5\_6\_7\_8} = \frac{200 \,.\, 200}{200 + 200} = 100\,\Omega$$

Redibujando el circuito equivalente, obtenemos:

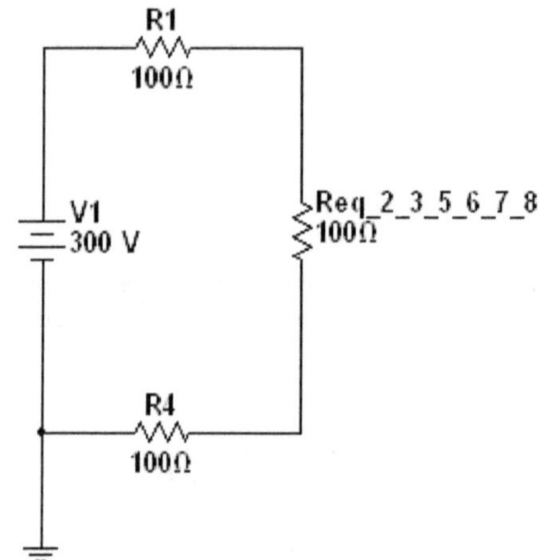

Lo que nos permite deducir a simple vista, que el circuito ha quedado reducido a un circuito con tres resistencias en serie.

R1 100Ω — Req_2_3_5_6_7_8 100Ω — R4 100Ω

$$RT = R1 + R2\_3\_5\_6\_7\_8 + R4 = 100\,\Omega + 100\,\Omega + 100\,\Omega = 300\,\Omega$$

2º Paso:

Cálculo de la corriente total del circuito IT.

Aplico la fórmula:

$$IT = \frac{V1}{RT} = \frac{300\ V}{300\,\Omega} = 1A$$

3er Paso:

Cálculo de la caída de tensión en R3.

Existen varias formas de hallar la caída de tensión en R3. Una forma muy simple es recordar que cuando calculamos la RT, vimos que R3 está en serie con R2, y que ambas están en paralelo con todos los elementos hacia la derecha del circuito, los cuales tienen el mismo valor resistivo, que la serie R2 + R3. Por tanto, y tal cual observamos nuevamente en la figura, la IT del circuito (1A), se va a dividir en este punto en dos partes iguales, siendo la corriente en la serie R2 + R3, igual a 0,5 A.

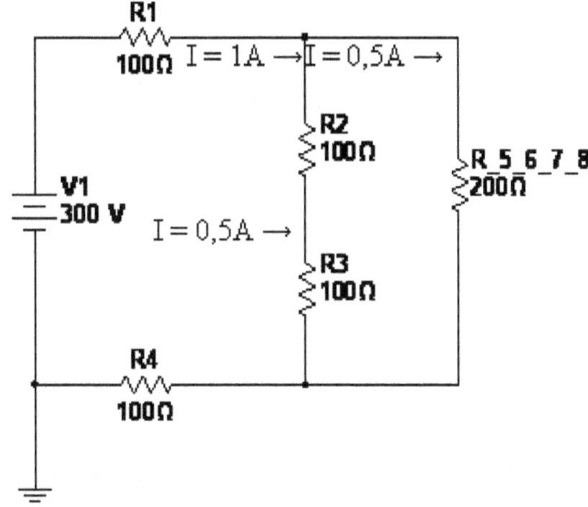

Por tanto, podemos aplicar en este punto la ley de ohm, para calcular con los datos obtenidos, el valor de la caída de tensión en R3.

$$V_{R3} = I_{R3} \cdot R3$$

$$V_{R3} = 0{,}5A \cdot 100\Omega = 50V$$

Otra forma muy simple de calcular la caída de tensión en R3, hubiera sido tomar la parte de circuito anterior, y aplicando la segunda ley de Kirchhoff, "sumatoria algebraica de las caídas de tensión, es igual a la tensión aplicada".

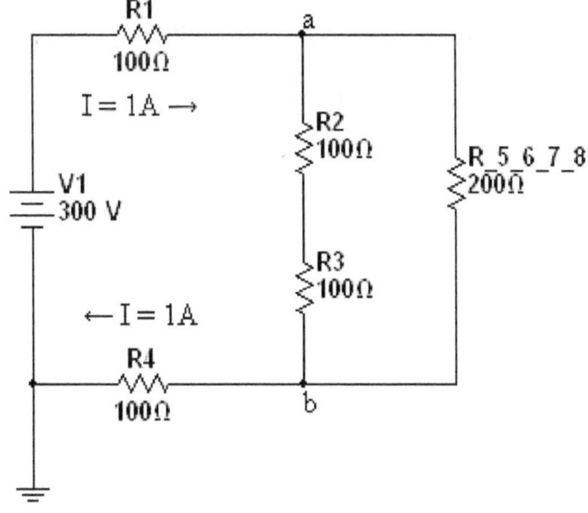

Aplicar que dada la I en R1 = 1A, por ley de ohm tenemos:

$$V_{R1} = I_{R1} \cdot R_1$$

$$V_{R1} = 1A \cdot 100\Omega = 100V$$

Lo mismo ocurre para la caída de tensión en R4, dado que los valores de I y R son iguales a los de R1, obteniendo por tanto:

$$V_{R4} = I_{R4} \cdot R_4$$

$$V_{R4} = 1A \cdot 100\Omega = 100V$$

Aplicando ahora la LVK (2ª ley de Kirchhoff), obtenemos:

$$V1 - Vab - VR1 - VR4 = 0V$$

despejando:

$$Vab = 300V - 100V - 100V = 100V$$

decir que entre a y b, hay una tensión de 100 V, y como R2 y R3 son iguales, cae 50 V en cada una, lo que comprueba también el resultado obtenido anteriormente.

4º Paso:

Cálculo de la caída de tensión en R5.

Otra forma muy simple de hallar la tensión en R5, es tomar la parte del circuito trabajada para el cálculo de la tensión en R3, en la cual vimos que ingresa al nodo a, un valor de corriente de 0,5 A, y dado que R5 se encuentra en serie a la entrada del nodo, los 0,5 A, han de circular por ella. Pudiendo aplicar luego la ley de ohm (tenga presente la simplificación inicial del circuito).

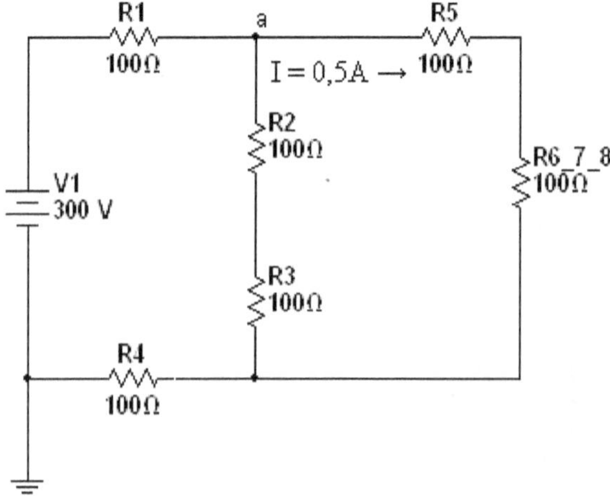

En la figura, se observa entonces que ingresan al nodo a, 0,5 A, en serie con R5.

Aplicando entonces la ley de ohm, obtenemos:

$$V_{R5} = I \, . \, R5$$

$$V_{R5} = 0{,}5A \, . \, 100\,\Omega = 50V$$

5° Paso:

Cálculo de la caída de tensión y la corriente en R8.

Como vimos en el paso anterior, cuando calculamos la caída de tensión en R5, la corriente que sale del nodo a, y atraviesa a R5, es de 0.5 A. Luego, esa corriente ingresa al nodo que hemos de denominar c, donde nuevamente se divide en dos ramas, tal cual se observa en la siguiente figura:

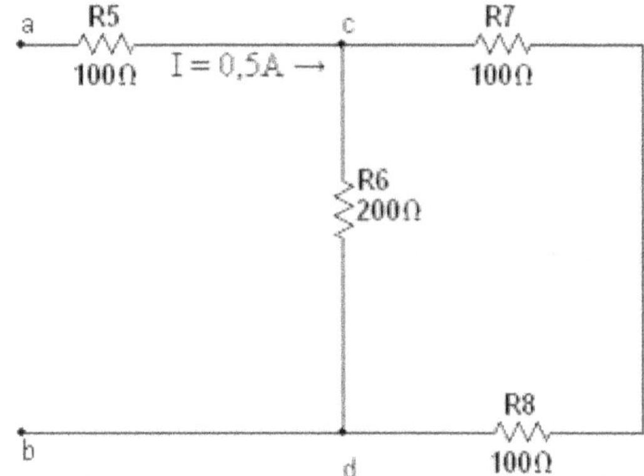

En este punto, podemos de forma simple observar que dado que R7 + R8, es igual a R6, y que ambas están en paralelo, la corriente ha de dividirse en partes iguales, es decir 0,25 A en cada rama.

De todas formas, hemos de aplicar la regla del divisor de corriente a fin de justificar dicha observación, obteniendo:

$$I_{R7\_8} = \frac{R6}{R6 + R7\_8} \, . \, I$$

$$I_{R7\_8} = \frac{200\ \Omega}{200\ \Omega + 200\ \Omega} \, . \, 0{,}50\,A = 0{,}25\,A$$

Cálculo de la caída de tensión en R8.

Ahora estamos en condiciones con los datos obtenidos, de aplicar la ley de ohm a fin de calcular la caída de tensión en R8.

$$V_{R8} = I \,.\, R_8$$

$$V_{R8} = 0{,}25A \,.\, 100\,\Omega = 25\,V$$

6º Paso:

Cálculo de la Potencia Total.

Aplicamos:

$$P_T = V_1 \,.\, I_T$$

$$P_T = 300\,V \,.\, 1\,A = 300\,W$$

7º Paso:

Cálculo de la Potencia disipada en R4, R6 y R8.

Aplicamos:

$$P_{R4} = V_{R4} \,.\, I_{R4} = 100V \,.\, 1A = 100\,W$$

$$P_{R6} = I^2 \,.\, R_6 = 0{,}25^2 \,.\, 200\,\Omega = 12{,}5\,W$$

$$P_{R8} = I^2 \,.\, R_8 = 0{,}25^2 \,.\, 100\,\Omega = 6{,}25\,W$$

CIRCUITOS RESISTIVOS EN CORRIENTE ALTERNA

Si bien hemos manifestado que este primer volumen trata de circuitos de corriente continua, debido a que su objetivo es la introducción con fundamento en los principios básicos de la electrotecnia, los cuales también dijimos y vimos se aplican a un sin fin de actividades, quisiera a modo de introducción, y debido a que hay escuelas técnicas que trabajan en los primeros años del ciclo de taller con circuitos resistivos de corriente alterna, dar algunos ejemplos de los mismos anticipando también las grandes diferencias en el trabajo con corriente alterna.

Al trabajar con corriente continua, vimos que el valor de su frecuencia es cero, lo cual difiere de una de las características básicas de la corriente alterna, que es la de poseer una determinada frecuencia.

Ahora bien, en el trabajo que nosotros hemos realizado, dijimos también que empleábamos el modelo ideal de los componentes (casos de las fuentes de tensión). Esto aplicado a las resistencias, significa que su modelo real posee tanto valores de capacitancias parásitas, como así también inductancia de terminales, ambos elementos sensibles a la frecuencia, pero que a su vez, suelen ser tan pequeños que su efecto puede ser perceptible en el trabajo con frecuencias de varios MHz (millones de Hertz). Por otra parte, de los componentes básicos R-L-C (Resistencia-Bobina-Capacitor), la resistencia es el único componente en el cual la tensión y la corriente se encuentran en fase, lo cual, sobre los otros componentes simplifica su análisis, y nos permite también aplicar la ya aprendida ley de ohm de una forma muy similar, dado que expresar que la corriente y la tensión están en fase, significa que no debemos tener en cuenta elementos tales como la diferencia de fase, en dicho trabajo.

En el trabajo con corriente alterna, el valor instantáneo de la tensión, se representa como:

$$v = Vm.Sen\omega t$$

donde:

v = valor instantáneo de la tensión.
Vm = valor máximo o pico.

Valor instantáneo: es el valor que toma la tensión en cualquier instante de tiempo siguiendo la función senoidal.

Valor máximo: es el valor pico de la señal.

Ahora bien, de los infinitos valores instantáneos que presenta una señal senoidal, debemos tener uno que podamos tomar como referencia en nuestro trabajo. Para lo cual tomamos un valor intermedio en el cual se producen los mismos efectos caloríficos que en el trabajo con una tensión de C.C. A este valor, se lo conoce como valor eficaz.

Luego, tanto matemática como experimentalmente, se puede demostrar que en el trabajo con una señal alterna senoidal, la relación que existe entre el valor máximo y el valor eficaz es de $\sqrt{2}$.

$$V = \frac{Vm}{\sqrt{2}}$$

Donde si tomamos como ejemplo la red eléctrica, obtenemos que:

$$V = \frac{311}{\sqrt{2}} = 220\,V$$

Entiendo también que para muchos lectores, el valor de 311 V, les resulta desconocido, respecto a la red eléctrica. Y esto se debe a que por ejemplo debemos remarcar que el tester, es un instrumento de medición, el cual indica el valor eficaz de la señal, pero si en cambio empleáramos un osciloscopio (altamente empleado en electrónica, para el análisis de señales en función del tiempo), observaríamos que el osciloscopio, indica valores picos o máximos por lo que podemos deducir que a diferencia del tester, y con la fórmula vista anteriormente, tenemos que:

$$Vm = 220V \cdot 1{,}41 = 311V$$

Recuerde también que $\sqrt{2}$ es igual a 1,41.

CIRCUITO SERIE

Las propiedades generales de los circuitos de ca en serie, son similares a las que hemos empleado para los circuitos de CC.

EJEMPLO 1.23

Circuito de corriente alterna con 2 lámparas en serie.

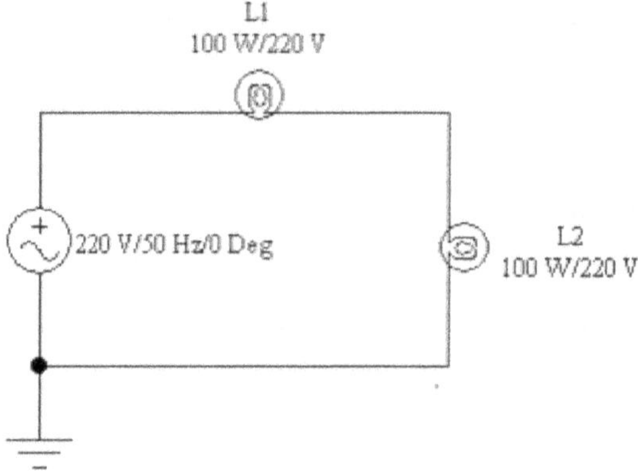

Podemos expresar entonces la ley de ohm para circuitos de corriente alterna de la siguiente forma:

$$I = \frac{V}{Z}$$

Donde Z, es la oposición al flujo de carga del circuito y se mide en ohms.

$$Z = \frac{V}{I}$$

Como se observa entonces en la ecuación anterior, la impedancia desempeña en los circuitos eléctricos, el mismo papel que la resistencia en los circuitos resistivos.

Tengamos presente también que a fines prácticos, hemos de usar el valor eficaz (aquel que medimos con un tester).

Si tomamos por ejemplo un tester, y medimos el valor de la resistencia de cada lámpara:

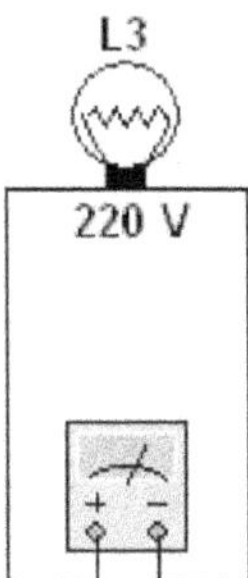

Obtenemos para la simulación, un valor de la resistencia del filamento de la lámpara de 484 Ω, es decir que la RT del circuito, es igual a:

$$RT = 484\,\Omega + 484\,\Omega = 968\,\Omega$$

Por tanto, el valor de la corriente en el circuito será de:

$$IT = \frac{V}{ZT\,(RT)}$$

$$IT = \frac{220\,V}{968\,\Omega} = 227\,mA$$

Destaquemos de forma práctica en este punto y como importante, que si bien para el circuito las lámparas son de 100 V, al poseer el mismo la configuración de circuito serie, la tensión se ha de dividir de forma similar entre las dos lámparas, dado que ambas poseen las mismas características, siendo entonces la caída de tensión en cada lámpara igual a:

$$VL1 = RL1\,.\,I = 484\,\Omega\,.\,227\,mA = 110\,V$$

$$VL2 = RL2\,.\,I = 484\,\Omega\,.\,227\,mA = 110\,V$$

Destacamos luego, que si bien la indicación de la lámpara es la de 100 W de potencia, dicha potencia es para una tensión de 220 V, por tanto, la potencia total y la potencia disipada por cada lámpara, es de:

$$PT = Vca\,.\,IT = 220\,V\,.\,227\,mA = 50\,W$$

$$PL1 = Vca\,.\,IT = 110\,V\,.\,227\,mA = 25\,W$$

$$PL2 = Vca\,.\,IT = 110\,V\,.\,227\,mA = 25\,W$$

CIRCUITO PARALELO

Las propiedades generales de los circuitos de CA en paralelo, son similares a las que hemos empleado para los circuitos de CC.

EJEMPLO 1.24

Circuito de corriente alterna con 2 lámparas en paralelo.

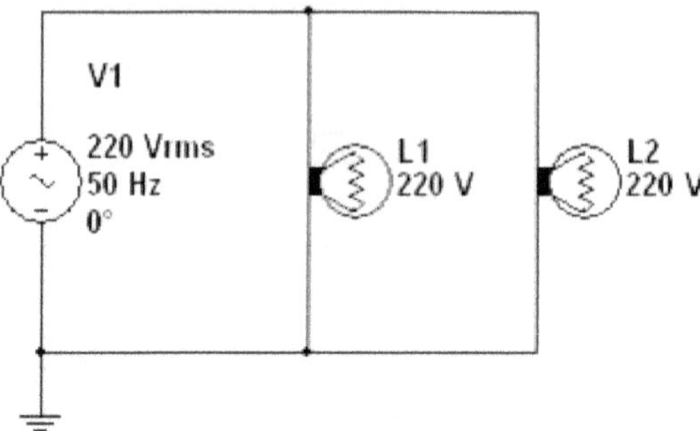

Dado que seguimos trabajando con las mismas lámparas, tenemos ahora dos resistencias de filamento de 484 Ω en paralelo, lo que aplicando la ya aprendida fórmula:

$$R_T = \frac{1}{\frac{1}{R_1} + \frac{1}{R_2} + \dots + \frac{1}{R_N}}$$

Nos da un valor de RT igual a:

$$242\,\Omega$$

Por tanto, la IT del circuito es igual a:

$$I_T = \frac{V}{Z_T\,(R_T)}$$

$$I_T = \frac{220\,V}{242\,\Omega} = 909\,mA$$

De forma práctica esta vez, aplicando la primera ley de Kirchhoff sabemos que la sumatoria algebraica de la corriente entrante en un nodo, es igual a la sumatoria algebraica de la corriente saliente del mismo. Lo que significa que si por el nodo A, ingresan 909 mA, y dado que las 2 lámparas poseen el mismo coeficiente resistivo, la corriente se separara en partes iguales en cada rama.

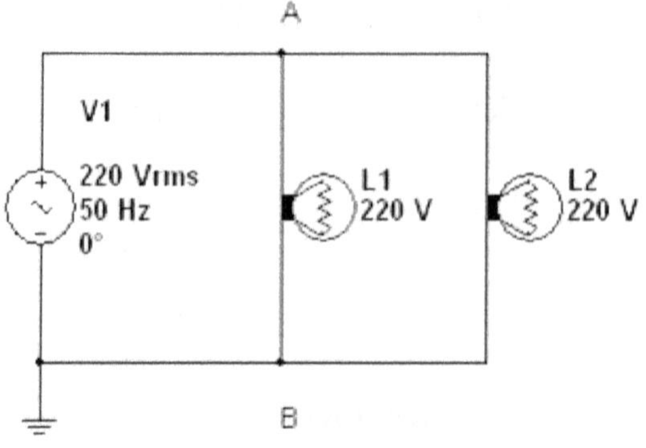

Por tanto, la I en la lámpara 1 (L1), es igual a:

$$909\ mA / 2 = 454{,}5\ mA.$$

Y la corriente a través de la lámpara 2 (L2), será también igual a:

$$909\ mA / 2 = 454{,}5\ mA.$$

Recordamos que como característica de un circuito paralelo, la tensión en cada lámpara, es la misma, por tanto, cada lámpara trabaja ahora a una tensión de 220 V, y el valor de la potencia total y la potencia disipada por cada lámpara, será igual a:

$$P_T = V_{ca} \,.\, I_T = 220\ V \,.\, 909\ mA = 200\ W$$

$$P_{L1} = V_{ca} \,.\, I_T = 220\ V \,.\, 454{,}5\ mA = 100\ W$$

$$P_{L2} = V_{ca} \,.\, I_T = 220\ V \,.\, 454{,}5\ mA = 100\ W$$

ELECTRÓNICA

Podemos definir la Electrónica como la rama de la Física, y una de las áreas de especialización de la Ingeniería, la cual estudia y emplea sistemas cuyo funcionamiento se basa en la conducción y el control de flujo microscópico de los electrones.

La electrónica actual y moderna emplea para su trabajo y funcionamiento gran cantidad de materiales y dispositivos, siendo cada vez más amplio el espectro de su incumbencia. La hidráulica, neumática, áreas antes de incumbencia mecánica, han sido convertidas a electromecánica. La informática a través de la programación de dispositivos, y software de control, forma también uno de los brazos fuertes de la electrónica, la cual sustenta el avance tecnológico constante, a través de áreas como la física (ingeniería de materiales), y la matemática.

INICIO DE LA ELECTRÓNICA

Podemos considerar que la electrónica comienza en el año 1904, con el diodo de vacío, invento de John Ambrose Fleming, físico e ingeniero británico, quien se basó para su invento en el efecto Edison. Thomas Alva Edison, inventor norteamericano, observó en el año 1883 la emisión termoiónica (propiedad que tienen los metales en caliente de liberar electrones desde su superficie), en su trabajo con las lámparas incandescentes. Este diodo permitía rectificar la corriente alterna a continua.

Poco tiempo después, en el año 1906, la Electrónica recibe otro gran impulso, con el invento de Lee De Forest, quien inventa el triodo. El triodo es un componente de tres electrodos (ánodo, cátodo y rejilla de control), empleado para amplificar señales eléctricas.

Con el tiempo, las válvulas de vacío se fueron perfeccionando, apareciendo otros tipos como los tetrodos, las cuales corregían un defecto de las válvulas de triodo, en las cuales se producía una capacidad parásita que limitaba el funcionamiento de la válvula en alta frecuencia. Podemos mencionar también la válvula pentodo, la cual corrige un defecto de la válvula tetrodo, las cuales aumentaban la amplificación, pero generaban una amplificación secundaria, la cual derivaba en una distorsión en las señales amplificadas.

También y tal cual ocurre en la actualidad, el avance en la Ingeniería de Componentes, permitió ir reduciendo el tamaño de las válvulas. Pero es realmente con el transistor, con quien se produce una nueva revolución en el mundo de la Electrónica.

El transistor bipolar fue inventado en los Laboratorios de la compañía Bell Telephone, en los EE.UU. a fines de 1947, por William Bradford Shockley, John Bardeen y Walter Brattain. Y fue el sustituto de la válvula termoiónica de tres electrodos.

El próximo gran salto cualitativo, se daría en el año 1959 con el invento del ingeniero Jack Kilby: el circuito integrado, el cual se trataba de un dispositivo de germanio, que integraba seis transistores en una base semiconductora para formar un oscilador de rotación de fase. El desarrollo de los circuitos integrados se hizo posible debido a que el trabajo experimental con los semiconductores, demostró que éstos podían realizar algunas de las funciones de las válvulas de vacío, pero integrando claro, en grandes escalas, y reduciendo el tamaño de los componentes discretos.

En el año 1971 para el proyecto de una calculadora de la empresa Busicom, Intel desarrolla el primer Microprocesador, el 4004 Microprocesador de 4 bits. Hasta este momento, no era posible desarrollar los microprocesadores con un único circuito Integrado, por lo que era necesario utilizar dos o tres integrados para realizar una CPU.

En el año 1972, se introduce en el mercado el 8008, Microprocesador también de Intel pero de 8 bits. Se puede considerar que es con este microprocesador, con el cual se inicia tanto el mercado como así también, la historia de los microprocesadores. La empresa Intel, fue cofundada por Gordon Moore y Bob Noyce, quienes provenían de Fairchild.

En 1978, aparecieron los primeros microprocesadores de 16 bits, el Intel 8086, el 68000 de Motorola y el Z8000 de Zilog (los microprocesadores de última generación, son capaces de manejar datos de 64 bits).

En la actualidad los dispositivos provistos de una o varias CPU se denominan microcontroladores, microprocesadores y DSP, caracterizándose cada uno de ellos, por tener la capacidad de ejecutar programas, que están ubicados en la memoria.

En 1978, AMI anuncia el primer circuito integrado diseñado específicamente para el procesamiento de señales en tiempo real, el S2811, con capacidad de procesar datos de 12 bits. Un DSP (procesador de señal digital) es un dispositivo con capacidad de procesamiento en línea o en tiempo real de información, y que presenta a la vez, características de un microcontrolador y un microprocesador.

En 1984 Ross Freeman y Bernard Vonderschmitt, co-fundadores de xilinx inventan la FPGA (Field Programmable Gate Array – matriz de puertas programables). A diferencia de los microprocesadores, no realizan su trabajo mediante la ejecución secuencial de instrucciones, sino que se programa su circuitería

DIFERENTES RAMAS DE LA ELECTRÓNICA

La electrónica profesional está dividida en dos ramas: Analógica y Digital.

Electrónica analógica

La electrónica analógica, emplea magnitudes con valores continuos.

Un ejemplo típico de una señal analógica es una señal senoidal, la cual posee infinitos valores.

Analógico proviene de análogo, y se aplica al tratamiento de señales continuas, dado que si por ejemplo ingresamos una señal senoidal a un amplificador lineal, obtenemos a la salida, una señal con las mismas características que la señal de entrada, pero con diferente amplitud.

Señal senoidal visualizada en un osciloscopio analógico.

En nuestra vida diaria, podemos observar que las leyes básicas de la naturaleza responden a procesos analógicos, dado que por ejemplo el tiempo, la temperatura, el ciclo de vida y biológico del hombre mismo, pueden ser graficados como funciones continuas. Ningún ser humano puede por ejemplo, ser niño durante la mañana, adulto por la tarde, y anciano por la noche.

Del mismo modo, no se puede pensar la posibilidad de pasar de las 20 hs. a las 24 hs. con un intervalo en el tiempo. Tampoco se puede pasar de una temperatura de 2 ºC, a una temperatura de 33 ºC de forma instantánea.

Para quienes ejecutan un instrumento musical como la guitarra eléctrica, pueden encontrar una aplicación actual de componentes analógicos, en los equipos amplificadores valvulares, los cuales aún emplean válvulas en las etapas de preamplificación y las de potencia, debido a que la distorsión armónica de estas, es más dulce y agradable al oído, que la que producen los transistores de estado sólido.

Electrónica digital

Una magnitud digital, es aquella que toma un conjunto de valores discretos.

La palabra discreto proviene del latín *discretus*, y significa separado.

La palabra digital también deriva del latín, y significa *digitus*, es decir dedo, ya que por analogía los dedos se empleaban para contar.

El prototipo de una señal digital es una señal cuadrada, la cual podemos generar al igual que hicimos con la señal senoidal, con un instrumento llamado generador de funciones. La misma posee un valor mínimo y un valor máximo bien definidos, separados por un flanco ascendente y su flanco descendente.

Señal cuadrada visualizada en un osciloscopio digital.

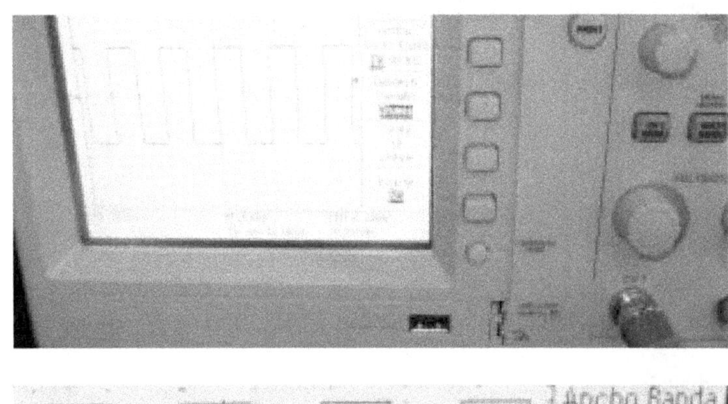

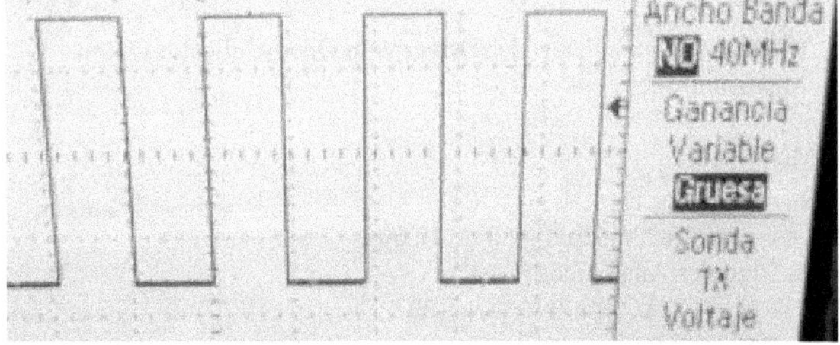

VENTAJAS Y DESVENTAJAS DE LAS SEÑALES:

ANALÓGICAS Y DIGITALES

Digitalizar una señal, da como resultado una mejor calidad de transmisión, con una reducción de la distorsión, y una mejora en la relación señal ruido.

Los efectos del ruido y la distorsión en señales analógicas, por ejemplo, es muy difícil eliminarlos una vez presentes. Además, los efectos del ruido son acumulativos, dado que si por ejemplo en un sistema de transmisión, el ruido se introduce en el transmisor, luego se introduce también en el canal y en el receptor. Reduciéndose la relación señal ruido, al aumentar la distancia.

La relación señal/ruido, es la diferencia en db (decibeles) entre el nivel de la señal útil y el nivel de ruido. Resultando por tanto, una medida de la calidad de la señal procesada. El decibelio es la unidad de medida utilizada para el nivel de potencia y el nivel de intensidad de ruido.

Los sistemas digitales no son inmunes al ruido y a la distorsión, pero es posible y más fácil reducir su efecto, dado que si por ejemplo un transmisor genera 1 V para un estado alto o 1 binario, y genera un 0 V para un estado bajo o 0 binario. En el receptor, cualquier señal de ruido o distorsión que se acople a la señal original, al estar los valores ponderados, de acuerdo a su umbral de decisión, no tiene dificultad para decidir si la señal es uno o cero, y de esta forma, la única información es la señal, dejando sin efecto la distorsión, interferencia o ruido.

Es importante destacar también, y dado que por ejemplo nuestro primer proyecto es la construcción de una fuente de tensión TTL, el que existen dos tecnologías dominantes en la construcción de circuitos integrados:

- TTL.
- CMOS.

Estas dos tecnologías se introdujeron fuertemente en el mercado, en los años setenta (1970).

De forma simple, podemos definir a un CI como un circuito electrónico ensamblado en un encapsulado de múltiples pines, integrado en una o más laminas semiconductoras, y con diversas cantidades de entradas y salidas, de acuerdo a la función para la cual, el circuito integrado ha sido desarrollado.

De acuerdo al tipo de señal a procesar, los CI pueden ser de tipo:

- Lineales (analógicos).
- Digitales.
- Mixtos.

Ejemplo de CI analógico:

- NE 555 – Single Timer.
- LM 741CM – Single Operational Amplifier.

Ejemplo de CI digital:

- 74LS47 – BCD to 7 Segment Decoder/Driver with Open-Collector Outpus.
- 16F84A – Microcontroller.

Ejemplo de CI Mixto:

- Conversores Analógicos/Digitales (ADC).
  MCP 3208 conversor analógico/digital de 12 bits.
- Conversores Digitales/Analógicos (DAC).
  MCP 4291/92 12-Bit DAC con Interface SPI.

Los circuitos lineales presentan la característica de proporcionar a la salida, una señal que es proporcional a la señal (analógica) de entrada, con las características ya descritas de poseer valores continuos.

Los circuitos digitales en cambio, trabajan y reconocen únicamente dos estados posibles, "bajo = 0 lógico = 0 V", o "alto = 1 lógico = 5 V". Aunque debemos tener presente, que existen para los CI cuatro especificaciones diferentes, para indicar los niveles lógicos. Dos son referidas a las tensiones de entradas, y las dos restantes, son referidas a los niveles de tensión de salida para representar los estados bajo o alto.

Especificaciones para los niveles de entrada:

= LOW Level Input Voltage (voltaje de entrada de nivel bajo), el cual indica el nivel de tensión a partir del cual se considera que comienza el nivel lógico 0 o estado bajo.

= HIGH Level Input Voltage (voltaje de entrada de nivel alto), el cual indica el nivel de tensión a partir del cual se considera que comienza el nivel lógico 1 o estado alto.

Tenga presente en este punto que existe una franja intermedia de valores de tensión, la cual está comprendida entre V_{IL} y V_{IH}, dentro de la cual el fabricante no puede garantizar su funcionamiento, y es conocida como zona indeterminada.

Especificaciones para los niveles de salida:

- V_{OL} = LOW Level Output Voltage (voltaje de salida de nivel bajo), representa el valor de tensión a partir del cual tenemos un nivel lógico 0, o estado bajo.
- V_{OH} = HIGH Level Output Voltage (voltaje de salida de nivel alto), representa el valor de tensión a partir del cual tenemos un nivel lógico 1, o estado alto.

Queda claro entonces, que no existe un solapamiento entre los niveles de tensión y/o niveles lógicos, alto y bajo.

Tenga siempre presente que es fundamental la lectura y el trabajo con la hoja de datos del CI a emplear, dadas las diferencias existentes tanto entre las tecnologías CMOS y TTL, como así también, las existentes dentro de las propias tecnologías, ejemplo: TTL – Estándar y TTL LS.

También, es importante destacar en este punto, que el principio de funcionamiento o la tabla de verdad, tanto para un CI CMOS, como para un CI TTL es la misma. Hallándose la diferencia entre ambas, en algunas de sus características eléctricas tales como: disipación de potencia, velocidad de conmutación e inmunidad al ruido.

Las características más importantes de cada una de las tecnologías dominantes en la fabricación de CI, son las siguientes:

TECNOLOGÍA TTL

TTL es un acrónimo del inglés, que significa Transistor-Transistor Logic o traducido, Lógica Transistor-Transistor. Y como su nombre lo indica, está basada en la tecnología del transistor bipolar.

Básicamente podemos definir al transistor bipolar, como un dispositivo semiconductor, capaz de amplificar señales. Un semiconductor como dijimos en el capítulo I, es un elemento de valencia 4 (4 electrones en su órbita exterior). El semiconductor más empleado en la actualidad, es el silicio. Por otra parte, un semiconductor intrínseco es un conductor puro, el cual tiene el mismo número de electrones libres que huecos. Luego, a fin de aumentar la conductividad de un semiconductor, se añaden átomos de impurezas, proceso que se denomina dopado, y luego del cual el semiconductor se llama extrínseco.

Del mismo modo, es necesario entonces dopar al semiconductor para que posea exceso de electrones y huecos, a fin de obtener semiconductores tipo p y tipo n. De la unión de un material tipo p con un material tipo n, surgen el diodo (empleado en el proyecto de fuente TTL, para rectificar la corriente alterna a corriente continua), y los transistores bipolares, los cuales pueden ser una unión de materiales tipo npn o pnp. Todos estos dispositivos y conceptos, serán ampliados en ediciones siguientes.

Un circuito integrado TTL, se puede identificar de forma rápida por la denominación empleada para la familia de CI digitales serie "74". Ejemplo de lo anterior, es el empleo del CI 74LS47N en nuestro proyecto del "Decodificador binario a 7 segmentos con indicación de peso binario en led".

Las características eléctricas más importantes de un circuito integrado TTL, se pueden observar en los siguientes ítems de la hoja de datos del circuito integrado DM74LS47, junto a las condiciones de operación recomendadas.

Recommended Operating Conditions					
Symbol	**Parameter**	**Min**	**Nom**	**Max**	**Units**
VCC	Supply Voltage	4.75	5	5.25	V
VIH	HIGH Level Input Voltage	2			V
VIL	LOW Level Input Voltage			0.8	V
IOH	HIGH Level Output Current a – g @ 15V = VOH(Note 7)			-250	μA
IOH	HIGH Level Output Current ˜BI/˜RB0			-50	μA
IOL	LOW Level Output Current			24	mA
TA	Free Air Operating Temperature	0		70	°C

Tal cual observamos en las características más importantes, los circuitos integrados TTL, presentan entonces la gran ventaja de funcionar con una fuente de tensión única de 5 V, interconectándose unos con otros de una forma directa y simple.

TECNOLOGÍA CMOS

CMOS es una abreviatura de Complementary MOSFET o Complementary Metal-Oxide Semiconductor, traducido metal óxido semiconductor complementario.

Vayamos asimilando que tal cual vimos antes, los transistores bipolares son la base de la electrónica lineal, y su funcionamiento se basa en dos tipos de cargas, electrones y huecos. Pero debido a sus características, y para otro tipo de aplicaciones, es más adecuado el uso del transistor unipolar, el cual depende de una sola carga. Un tipo de transistor de una sola carga, es el FET – Field Effect transistor, traducido: transistor de efecto de campo.

Dentro de los FET básicos, encontramos:

- el FET de unión, o JFET.
- el MOSFET de empobrecimiento – FET de semiconductor óxido metal, también llamado IGFET (IG significa insulated gate, puerta aislada en inglés).
- El MOSFET de enriquecimiento o acumulación, empleado en la fabricación de circuitos integrados.

Complementary Metal-Oxide Semiconductor (Semiconductor de Metal Oxido Complementario), define entonces que emplea dos tipos de transistores en el circuito de salida, uno de canal n, y otro de canal p tipo MOSFET (un transistor tipo p es complementario de un tipo n y viceversa). MOSFET significa Metal Oxide Semiconductor Field Effect Transistor (Transistor de Efecto de Campo Semiconductor de Metal Oxido).

Los CI CMOS, pueden ser diferenciados mediante la denominación 4000.

Ejemplos:

- CI CD4081B Triple 3-Input AND Gate.
- CI CD4511BC BCD-to-7 Segment Latch/Decoder/Driver.

Como características principales de la tecnología CMOS, podemos mencionar:

- Bajo consumo.
- Amplio margen de tensión de alimentación.
- Alta inmunidad al ruido.

Las características eléctricas más importantes de un circuito integrado CMOS CD4511BC, BCD-to-7 Segment Latch/Decoder/Driver (el modelo CMOS del CI TTL DM74LS47) se pueden observar en los siguientes ítems de la hoja de datos, junto a las condiciones de operación recomendadas.

Recommended Operating Conditions	
DC Supply Voltage (VDD)	3v to 15V
Input Voltage(VIN)	0V to VDD
Operating Temperature Range(TA)	-40ºC to

INTRODUCCIÓN AL CAMPO TÉCNICO ESPECÍFICO

Tal cual su nombre lo indica, la finalidad de este libro es la de integrar los conocimientos que hacen al fundamento de Áreas de Especialización como la Electrónica y la Informática, a fin de estudiarlas, abordarlas, y luego dominarlas.

En la parte inicial del libro, el Capítulo I hace una introducción general a gran cantidad de conceptos de Electrotecnia, dado que es menester su aplicación futura en las aplicaciones prácticas de electrónica. Del mismo modo, el autor entiende la necesidad de adquirir el fundamento de los conocimientos brindados, dado que tal cual veremos más adelante en el trabajo mismo con sistemas digitales, los procesadores trabajan con señales eléctricas. Asimismo, no solo el técnico o ingeniero electrónico, sino también el técnico o ingeniero informático, cuentan para su trabajo con una fuente para su notebook, o una fuente en su PC de banco como parte inicial de su sistema de trabajo, cualquier circuito integrado o dispositivo, necesita de alimentación eléctrica para poder funcionar.

Ahora nos hemos de introducir en las ramas de la Electrónica, es decir la Electrónica Analógica y la Electrónica Digital. Recuerde entonces que este es el primer tomo de una colección que le permitirá ir abordando el conocimiento de los diversos componentes y teoremas, e integrando los mismos de la misma forma que lo hemos realizado en el capítulo I, obteniendo inicialmente una base sólida de las diferentes áreas.

CAPÍTULO II

ELECTRÓNICA ANALÓGICA

ELECTRÓNICA ANALÓGICA

Para el trabajo inicial en esta área de la Electrónica, necesitamos conocer los distintos tipos de componentes discretos, las leyes y las propiedades que los rigen. Es por eso que en nuestro primer contacto con la actividad, vamos a introducirnos en esta fantástica área, a través de la implementación de una Fuente de tensión para circuitos de tecnología TTL (5 Vcc), dado que como dijimos anteriormente, aún desde la más simple de las actividades que desarrollamos, requiere inicialmente de una fuente de alimentación. A medida que avanzamos en el diseño de la fuente, iremos describiendo el principio de funcionamiento de los distintos componentes que la integran.

SISTEMA DE MONTAJE

Es muy importante destacar en este punto, que durante la siguiente serie han de ser varios los métodos que hemos de aprender y emplear, para el armado y montaje de circuitos.

En este primer capítulo y a modo de presentación, hemos de emplear el método de **montaje cableado**. Dicho método aporta por ejemplo en esta etapa de aprendizaje y trabajo, el beneficio de poder soldar, dada la necesidad de esta actividad en la electrónica, del mismo modo que aporta también la posibilidad de reconocimiento y manipulación de componentes, para la adquisición de destreza manual, y técnicas de montaje.

Otra forma muy empleada de trabajo en montaje y diseño de circuitos, es el diseño de **circuitos impresos**. Un circuito impreso **PCB** (Printed Circuit Board) es una placa de material aislante, la cual sobre la cantidad de caras que esta posea, se extienden líneas de cobre llamadas pistas. Las pistas, y justamente en comparación del método que hemos de emplear inicialmente, cumplen la función de un cable.

Abordaremos entonces el diseño de circuitos impresos, en los capítulos siguientes de esta serie.

FUENTE DE TENSIÓN TTL - 5 Vcc.

CIRCUITO ELÉCTRICO

Tanto para la implementación como para el seguimiento de un circuito eléctrico, y a fin de detectar fallas o averías, necesitamos conocer o disponer del circuito eléctrico del mismo.

Un circuito eléctrico, es la representación gráfica de la composición circuital de una aplicación o dispositivo.

CIRCUITO ELÉCTRICO DE LA FUENTE DE TENSIÓN TTL - 5 Vcc

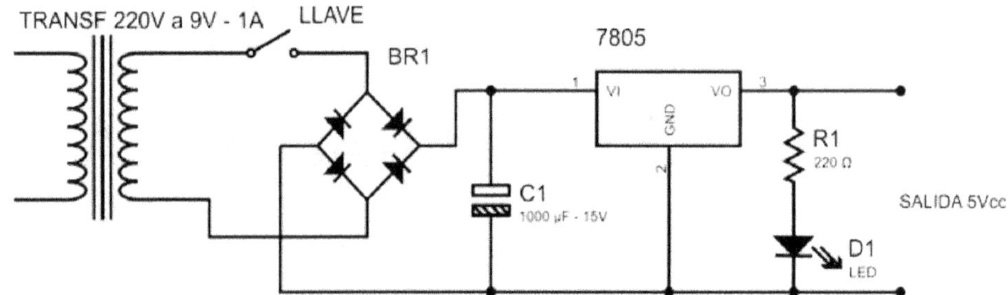

LISTADO DE MATERIALES

- 1 Transformador monofásico – 220 V a 7,5 o 9 Vca – 1 A.
- 1 Puente de diodos rectificador en circuito integrado, por 1 A.
- 1 Capacitor electrolítico – 15 V o 25 V – 1000 µF.
- 1 Circuito Integrado Regulador 7805.
- 1 Disipador de potencia.
- 1 Jeringa de grasa siliconada.
- 1 Resistencia de carbón ¼ de Watt – 120 Ω.
- 1 Diodo LED Rojo 5 mm.
- 1 Porta diodo.
- 2 Borneras de 2 terminales
- 1 Placa experimental o multipropósito – epoxi – 5 x 10 cm.
- 4 Patas metálicas para plaqueta: por 20 mm.
- 1 Pata metálica para plaqueta por 10 mm.
- 1 Ficha bipolar con toma de tierra.
- 1 mt. de termocontraíble de distintas secciones.
- 1 Gabinete plástico 6 cm x 15 cm x 11 cm.
- 1 llave tipo palanca o rocker switch.
- 2 Fichas banana hembra para chasis (1 roja y 1 negra).
- 1 mt. de cable de Wire wrapping o cable 025 (rojo).
- 1 mt. de cable de Wire wrapping o cable 025 (negro).
- 1 mt. de cable tripolar por 1 mm^2.

HERRAMIENTAS DE TRABAJO

Para el trabajo en electrónica es necesario poseer un set de herramientas, inicialmente vamos a detallar cuáles son las herramientas básicas para comenzar a trabajar.

- 1 alicate.
- 1 pinza de punta plana.
- 1 soldador.
- 1 soporte para soldador con esponja.
- 1 rollo de estaño 60 x 40 – 0,7 mm.
- 1 Cúter.
- 1 lima de matricero.

ACCESORIOS

- 1 lámpara con lupa (opcional).
- 1 Torno de mano (mandril y mechas varias).
- 1 Calibre.

INSTRUMENTAL DE MEDICIÓN

- 1 Tester o multímetro.

Los proyectos de Fuente TTL y Decodificador (empleado en el Capítulo III), han sido implementados por los alumnos de la Unidad Curricular Digitales.

VISTA FINAL DEL PROYECTO

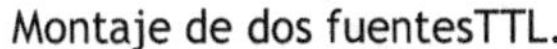

Montaje de dos fuentesTTL.

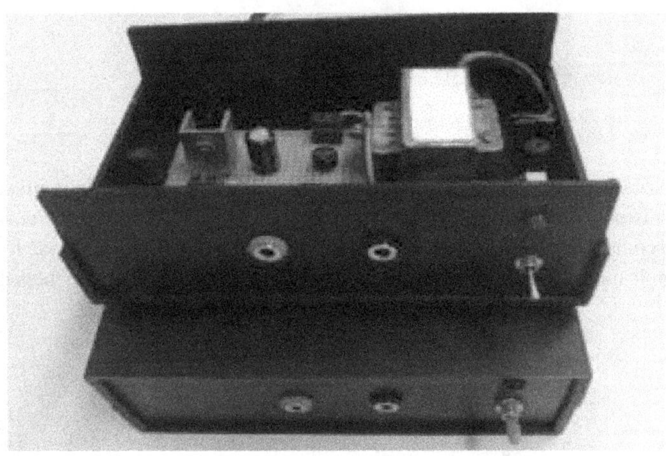

Fuente TTL con tester para medir la tensión.

FUENTE TTL - MONTAJE DE COMPONENTES

Para el montaje de componentes en el proyecto de fuente TTL, Ud. debe primeramente observar cual es la distribución de componentes más adecuada. Una posibilidad, es seguir el orden físico de componentes tal cual están dispuesto en el circuito eléctrico, agregando a la entrada y salida, las borneras para conexión de transformador (entrada) y salida de 5 Vcc.

Montaje y distribución de componentes.

Como Ud. puede observar, los componentes se insertan sobre la parte lisa de la placa. Las opciones de distribución de los mismos, depende también de factores tales como el tamaño del transformador.

El soldado de los componentes, se realiza en la parte trasera (islas de cobre), donde los componentes deben ser soldados empleando estaño. Posteriormente los terminales de los componentes deben ser cortados.

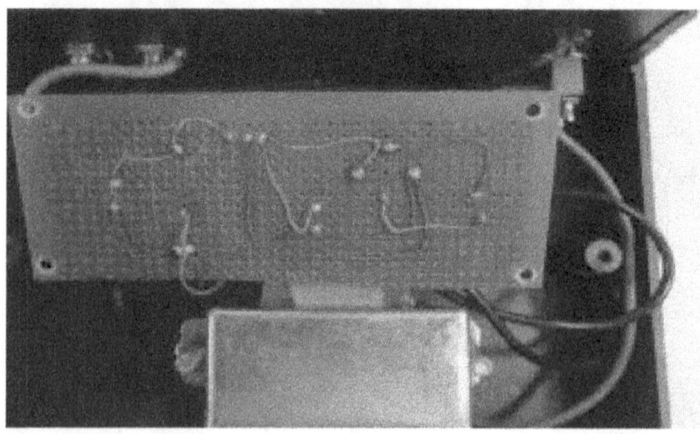

Recuerde entonces que para la implementación de la placa, Ud. simplemente debe montar los componentes, estañarlos, y una vez sujetos, debe calcular el largo de cable necesario para unir un pin o pata de un componente a otro, siguiendo el circuito eléctrico.

Tenga presente también que el gabinete plástico, viene de fábrica sin ningún tipo de perforaciones, debiéndose realizar las mismas para la inserción del interruptor, LED testigo, fichas banana y cable de alimentación (con prensa cable).

Para el montaje de componentes en el gabinete plástico, se debe medir el diámetro de los componentes (puede emplear calibre) a fin de elegir la mecha correcta. Luego debe insertar y ajustar la mecha en el torno de mano, regular la velocidad de trabajo del torno (RPM - revoluciones por minuto), y luego de haber marcado con un lápiz sobre el gabinete los lugares correspondientes y los diámetros a perforar, iniciar las mismas. Se recomienda antes de agujerear con la mecha, realizar una marca con punzón.

SISTEMA DE MONTAJE WIRE WRAPPING

Wire Wrapping es una técnica de montaje de componentes electrónicos, muy empleada para el diseño y desarrollo de prototipos, la cual permite unir dos o más puntos (nodo) eléctricos o de transmisión de datos. Fue muy empleada en la producción de prototipos en los años 60 y 70, dado que su empleo podía ser más fiable que los circuitos impresos, debido a que las conexiones de wire wrapping, son menos afectadas por la vibración o presión física en la placa, reduciendo también la resistencia eléctrica, debido a la ausencia de un material de soldadura.

Si bien es cierto que en la actualidad se cuenta con diferentes métodos de montaje y ensamblado de plaquetas y circuitos electrónicos, como ser la tecnología de montaje superficial (SMT – Surface Mount Tecnology), la cual emplea componentes denominados SMD (Surface Mount Device – Dispositivo de Montaje Superficial). El empleo de wire wrapping, permite aun la producción de prototipos o circuitos finales, tanto permanentes como aun modificables, lo cual y como sabemos, no ocurre por ejemplo con el diseño de una placa impresa, en la cual ante alguna modificación debemos cablear (hacer puentes).

Imagen: Proyecto de Teclado de Estenotipia Digitalizado. Para la construcción del prototipo del teclado, se emplea sistema de Wire Wrapping.

Front View

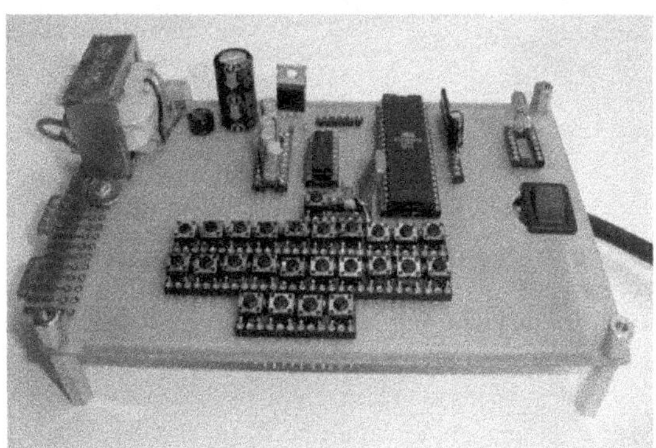

Back. View

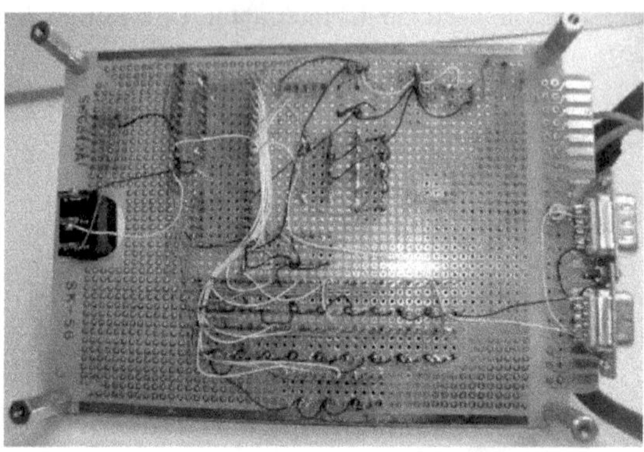

En el ejemplo se observa que como dijimos antes, no existe soldadura entre los zócalos, ya que en este sistema se le saca la vaina al cable con el cúter que posee la pinza de wire wrapping (ver imagen), luego se sigue el circuito eléctrico, y para la fijación del cable, simplemente se lo enrolla sobre la pata en cuestión del zócalo de wire wrapping empleado. De esta forma se ha logrado un contacto eléctrico o pista, de una forma rápida, segura y con posibilidad de modificación, dado que en caso de tener que modificar alguna de las conexiones, lo único que se debe hacer es tomar la pinza, y hacerla girar en sentido contrario al de fijación, es decir que empleo el sentido de giro horario para la fijación de una conexión, y el sentido antihorario, para la desconexión de la misma.

Pinza de wire wrapping.

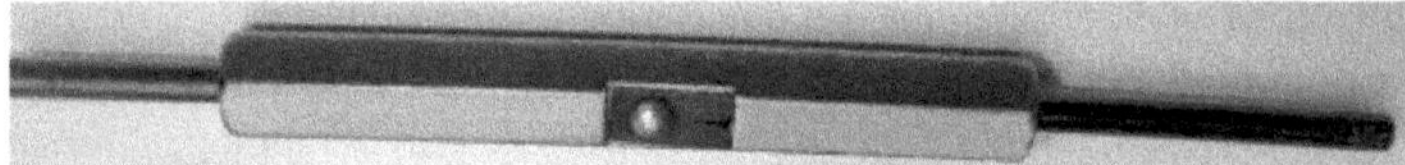

En el centro de la pinza, se observa el cúter que ésta posee para retirar la vaina o protector aislante del cable, y enrollar el conector a la hendidura superior, a fin de generar la conexión eléctrica.

Zócalos de wire wrapping.

Tal cual se observa en la imagen, existen comercialmente diferentes tipos de zócalos, los cuales podemos adquirir dependiendo de la cantidad de pines del CI. (circuito integrado) con el que estemos trabajando. Del mismo modo, es importante destacar que toda actividad que desarrollemos en el área Técnica, la Ingeniería, como así también en las actividades de aficionados o hobbistas, han de requerir siempre de nuestra cuota de ingenio, motivo por el cual, en la imagen del prototipo de teclado de estenotipia, se observa que para la conexión de algunos componentes de dos terminales, se ha cortado un zócalo a fin de generar una fila de pines de conexión.

"La capacidad y el dominio teórico, requieren del ingenio y la inventiva, para el desarrollo de aplicaciones que brinden soluciones al hombre, fin este de la Tecnología".

Encastre de la pinza de wire wrapping en el pin de un zócalo.

Cable de wire wrapping enhebrado a la pinza.

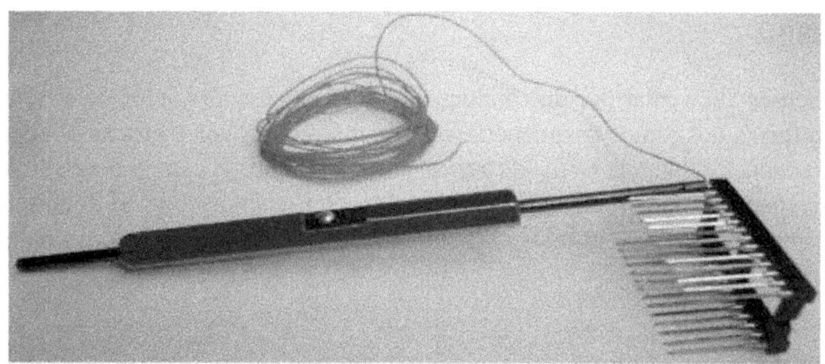

Cables de wire wrapping.

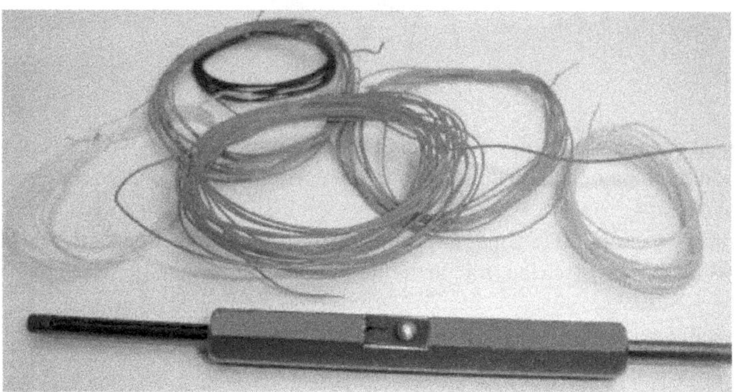

Ante un sistema de trabajo tan eficiente como wire wrapping, cabe preguntarse entonces, el por qué del aumento de su popularidad pero no, el de su empleo masivo, y la respuesta se traduce a una cuestión de costo, dado que al momento de iniciación en la actividad, es necesaria la adquisición del instrumental de trabajo, como ser la pinza, la cual posee un costo elevado.

Del mismo modo, los zócalos para wire wrapping son zócalos especiales, los cuales poseen también un elevado costo, variando por supuesto el costo según la cantidad de pines a emplear.

El cable de wire wrapping además de ser empleado en sistemas que funcionen en un cien por ciento wire wrapping, es empleado para el trabajo con placas multipropósitos, como la que hemos de emplear en nuestro proyecto de Fuente TTL.

En la actualidad, wire wrapping es empleado también en telecomunicaciones, del mismo modo que es empleado en la industria de video juegos.

PRINCIPIO DE FUNCIONAMIENTO

Ahora vamos a describir el principio de funcionamiento de los componentes involucrados en el proyecto de FUENTE TTL. Es importante destacar que a medida que avancemos en los volúmenes del presente libro, profundizaremos en el funcionamiento y las propiedades de cada componente.

TRANSFORMADOR MONOFÁSICO

Básicamente un transformador está construido con dos bobinas enrolladas de forma tal, que el flujo variable desarrollado por una de ellas, enlace a la otra.

INDUCTOR O BOBINA

La corriente eléctrica al circular por un conductor rectilíneo, crea alrededor de éste un campo magnético. Las líneas de fuerza del campo magnético, son circunferencias concéntricas al conductor. Luego, si dobláramos dicho conductor dándole forma de espira, aumentaríamos el campo magnético debido a que las líneas de fuerza se concentrarían en el centro de la espira. Del mismo modo, si doblásemos el conductor formando varias espiras sucesivas, logramos reforzar aun más el campo magnético, y habremos construido de esta forma una bobina.

SÍMBOLO ELÉCTRICO DE LA BOBINA

La bobina, al igual que la resistencia y el capacitor, es un componente pasivo. Los componentes pasivos son aquellos que a diferencia de las fuentes de voltaje y corriente (componentes activos), no suministran energía eléctrica al circuito.

La resistencia, tal cual vimos en la Unidad I, disipa energía eléctrica. El capacitor en cambio, almacena la energía en forma de campo eléctrico, mientras que la bobina almacena la energía en forma de campo magnético.

Ahora bien, dado que tal cual lo establece la ley de Lenz:

"El sentido de la corriente inducida sería tal, que su flujo se opone a la causa que la produce".

En una bobina, cuando la corriente aumenta en magnitud, aumenta también el flujo magnético que enlaza sus espiras. Al mismo tiempo, este flujo magnético variable de la bobina, induce un voltaje en ella debido al cambio de corriente. La polaridad de este voltaje inducido, tiende a establecer en la bobina una corriente, la cual produce un flujo que se opondrá a cualquier cambio en el flujo original.

Esta capacidad que posee entonces una bobina de oponerse a cualquier cambio en la corriente, es una medida de lo que se conoce como la autoinductancia L, de la bobina.

Generalmente se la denomina simplemente inductancia, y su unidad en el SI, es el henrio (H).

Tenga presente que a fin de aumentar la inductancia, se le agregan a las bobinas núcleos de materiales ferromagnéticos (hierro), los cuales aumentan el flujo de acoplamiento. El material empleado para el núcleo, dependerá también de la frecuencia de trabajo, por ejemplo las bobinas con núcleo de aire, se emplean para altas frecuencias.

Recuerde también que las bobinas están hechas con varias vueltas de un alambre conductor aislado (por lo general cobre esmaltado) sobre un núcleo.

En corriente continua la bobina no tiene aplicación, debido a que si la corriente por la bobina no cambia en función del tiempo, el voltaje inducido será cero (di/dt = 0, una vez cumplido el régimen transitorio). En régimen permanente, luego de cinco constantes de tiempo (5τ) un inductor ideal presenta una $R_L = 0$, lo que equivale a una llave cerrada o cortocircuito (cable).

$$\tau = \frac{L}{R} \text{ (segundos, s)}$$

En corriente alterna, la tensión (V_L) adelanta a la corriente (I_L) por 90º, o I_L atrasa a V_L por 90º. Y dado que como vimos anteriormente, la bobina presenta una oposición (resistencia) a los cambios de corriente, dicha resistencia medida en ohms (Ω), se puede representar de la siguiente forma:

$$X_L = \omega . L \text{ (ohms, } \Omega)$$

Donde:
X_L = reactancia inductiva ohms, Ω)
ω = 2πf = velocidad angular (rad/s)
L = valor del inductor (henrios, H)

O en términos de la ley de ohm:

$$X_L = \frac{V_m}{I_m} \text{ (ohms, } \Omega)$$

SÍMBOLO ELÉCTRICO DEL TRANSFORMADOR

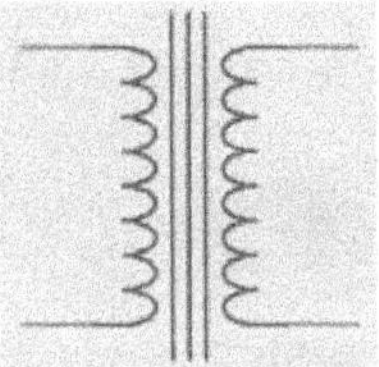

Una de las bobinas se denomina primario, y la otra recibe el nombre de secundario.
El primario, es la bobina a la que se aplica o conecta, la tensión eléctrica de corriente alterna.
El secundario, es la bobina a la que se aplica la carga.
El coeficiente de acoplamiento entre las dos bobinas, se representa con la letra (K) y está determinado por:

ϕm = Parte del flujo primario ϕp que enlaza al bobinado secundario

$$K = \frac{\phi m}{\phi p}$$

Dada la relación anterior, el coeficiente de acoplamiento máximo entre dos bobinas, puede valer 1.

Otro factor importante entre las dos bobinas, es la inductancia mutua, la cual se representa por la letra M. La inductancia mutua, da referencia de la proporcionalidad que existe entre el cambio instantáneo en el flujo que enlaza una bobina, debido a un cambio instantáneo en la corriente a través de la otra.

Si tomamos en cuenta el coeficiente de acoplamiento, y la inductancia de cada bobina, podemos determinar la inductancia mutua, de la siguiente forma:

$$M = K \sqrt{L_p L_s} = (\text{henrios, H})$$

Recuerde que el Henry o henrio (H), es la unidad de inductancia eléctrica.

Imagen de un Transformador Monofásico.

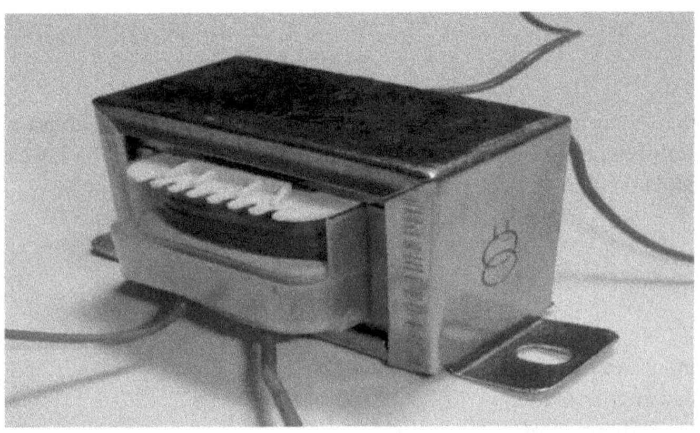

Lectura de las características eléctricas del transformador a emplear.

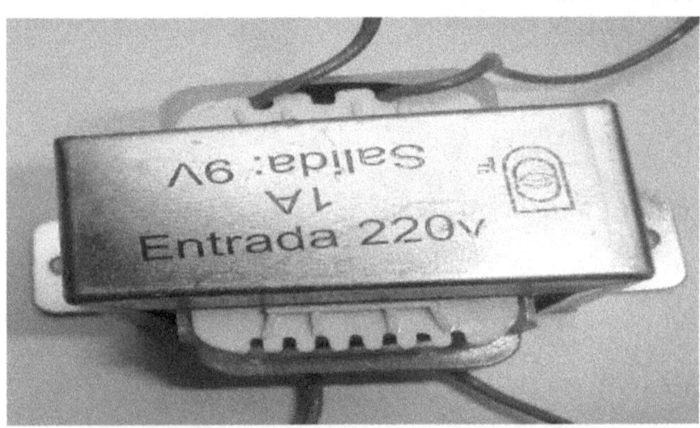

"La relación de las magnitudes de los voltajes inducidos en un transformador, es igual a la relación del número de vueltas, entre la bobina del primario y la bobina del secundario"

Esto es:

$$\frac{Ep}{Es} = \frac{Np}{Ns}$$

Donde:
Ep = Tensión del Primario.
Es = Tensión del Secundario.
Np = Vueltas del Primario.
Ns = Vueltas del Secundario.

Método práctico de Identificación de Primario y Secundario.

- Seleccionando el tester en la unidad de Resistencia (Ω), medimos una bobina a la vez. La bobina que posea la resistencia más alta, es la bobina del primario, o primario del transformador (debe ser conectada a la tensión de entrada 220 Vca).

Método práctico de verificación del estado del transformador.

- Seleccionando el tester en la unidad de Resistencia (Ω), medimos las bobinas del primario y secundario. En caso de que la lectura nos de un valor de resistencia muy bajo, es una referencia de que las bobinas no están en corto circuito.
- Del mismo modo, la lectura de una resistencia muy baja, es una indicación también de que las bobinas no están cortadas, y por tanto circula la corriente de prueba que el tester emite. Si las bobinas estuvieran cortadas y no circula corriente, daría una indicación de resistencia infinita, lo cual en la indicación del tester se representa con el número 1.

Parámetros básicos importantes entonces para la adquisición del transformador para el proyecto, son:

1º Tensión de trabajo.
2º Corriente máxima de trabajo.

PUENTE DE DIODOS

Tal cual hemos definido al inicio del capítulo II, un diodo es un dispositivo semiconductor, cuya función principal es la de convertir la corriente alterna en corriente continua, proceso que se conoce como rectificación.

En nuestro primer proyecto, se emplea un puente de diodos en circuito integrado, pero es importante destacar que antes se empleaban 4 diodos rectificadores, para desarrollar dicho puente de diodos.

SÍMBOLO ELÉCTRICO DEL PUENTE DE DIODOS

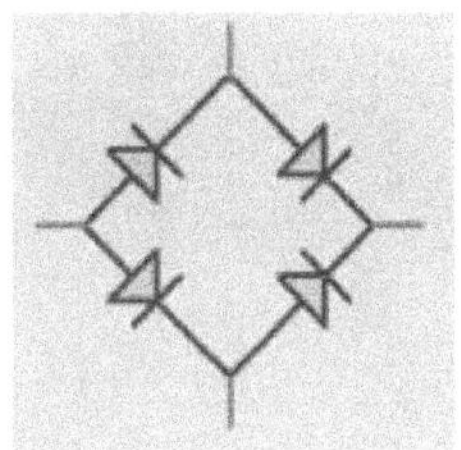

Imagen de puentes de diodos en circuitos integrados (CI).

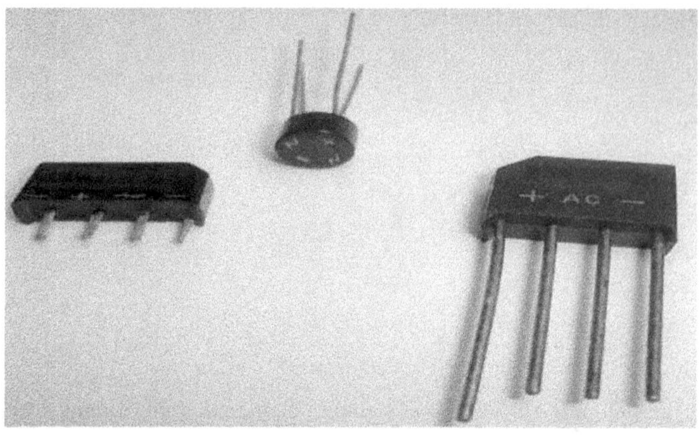

Observe que en la imagen queda establecido de forma clara, que el puente de diodos tiene identificados cada uno de sus terminales, es decir, las dos entradas de corriente alterna provenientes del transformador y las salidas ya rectificadas a corriente continua, en la cual se indica el terminal positivo y el terminal negativo.

Recuerde que en corriente continua, es muy crítico el no tener en cuenta o respetar las polaridades, dado que hay dispositivos que si no cuentan con la protección necesaria, pueden llegar a quemarse al invertir la polaridad.

Recuerde también que en corriente continua, hablar de + (positivo) y – (negativo), es hablar de pola-

Polaridad proviene de polo, lo cual está asociado a dirección, y se asume como polo positivo y polo negativo, en alusión a la dirección o trayectoria del flujo de electrones.

Cuando se emplean diodos discretos, para el armado del puente de diodos, se emplean las familias de diodos rectificadores 4001/7 o 4148, diodos éstos de silicio.

Imagen de un diodo rectificador de silicio

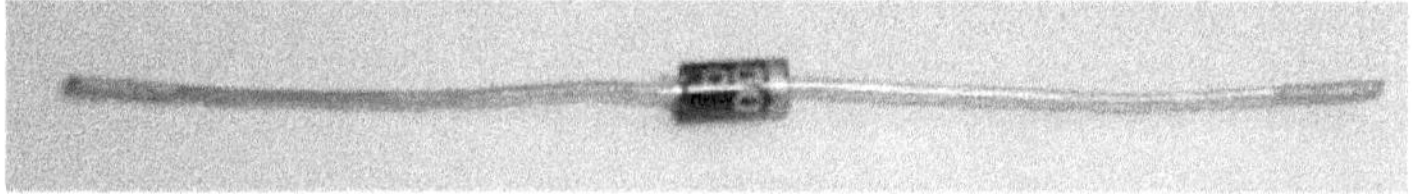

Imagen del puente de diodos a emplear en nuestro proyecto.

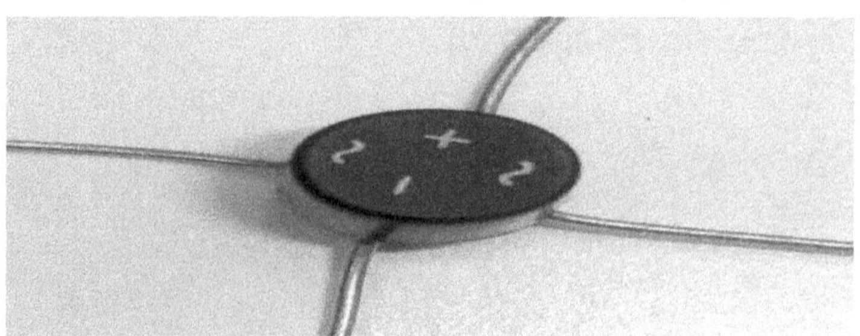

CAPACITOR ELECTROLÍTICO

Podemos definir conceptualmente al capacitor como "dos placas eléctricas, separadas entre sí por un dieléctrico".

SÍMBOLO ELÉCTRICO - CAPACITOR NO POLARIZADO

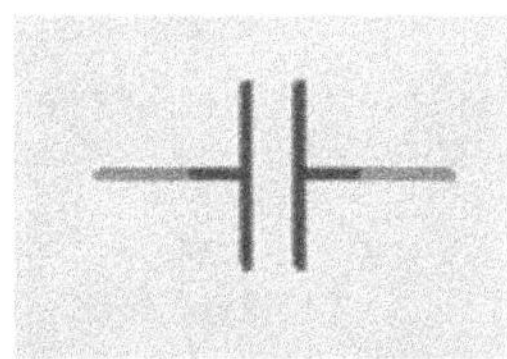

SÍMBOLO ELÉCTRICO - CAPACITOR POLARIZADO

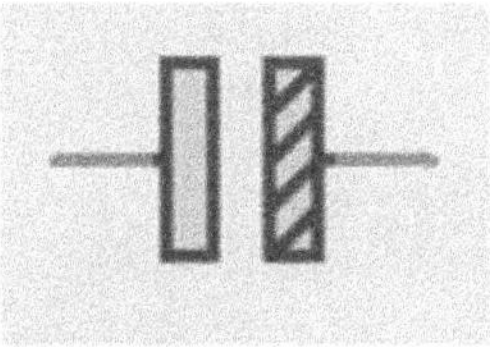

Imagen de un capacitor electrolítico.

El dieléctrico, es una sustancia o material aislante entre las cargas eléctricas de una placa y la otra. De acuerdo al tipo de dieléctrico empleado, es generalmente la denominación y el tipo de capacitor. Entre los tipos de capacitores que podemos encontrar, tenemos por ejemplo:

- Blindados.
- Cerámicos Disco.
- Cerámicos Multicapa.
- Electrolíticos de Aluminio.
  - Radiales Standard.
  - Radiales Ultraminiatura.
  - Radiales No Polarizados.
  - Electrolíticos SMD.
- Film de propileno metalizado.
- Mica-Plata.
- Multicapa.
- Policarbonato.
- Poliéster Metalizado.
- Poliestireno.
- Polipropileno.
- Tantalio.
- Variables.

Imagen de distintos tipos de capacitores.

La unidad de capacidad es el faradio (F), en honor a Michel Faraday.

Capacitancia o capacidad: es una indicación de la cantidad de carga eléctrica que puede almacenar un capacitor.

Un capacitor tendrá una capacitancia de 1 faradio si 1 coulomb de carga se deposita sobre las placas mediante una diferencia de potencial de 1 volt en las placas.

Si llamamos Q a la cantidad de carga almacenada por el capacitor, C a la capacidad del capacitor y V a la tensión entre sus placas, la ecuación para representar la capacitancia, es la siguiente:

$$C = \frac{Q}{V}$$

C = faradios (F).
Q = Culombios (C).
V = Volts (V).

Además, cuanto mayor sea la superficie de las placas, menor sea la distancia que las separa y mejor la calidad del aislante, mayor será la capacidad de almacenar cargas eléctricas del capacitor.

S = superficie de las placas en m^2.
d = espesor del dieléctrico en m.
ε = constante dieléctrica de la sustancia aislante.

La expresión matemática que liga a estos componentes es:

$$C = \varepsilon \frac{S}{d}$$

Dado que una capacidad de 1 faradio es una capacidad muy grande, se emplean en general los siguientes

μF = microfaradio = 1×10^{-6} faradios.
nF = nanofaradio = 1×10^{-9} faradios.
pF = picofaradio = 1×10^{-12} faradios.

Básicamente, la función de un capacitor es la de almacenar carga eléctrica, aunque tiene muchas aplicaciones más, como por ejemplo: en los filtros pasivos, apaga chispa en los circuitos digitales, los capacitores de arranque se emplean para mejorar el arranque de los motores monofásicos, entre otras aplicaciones.

En nuestro proyecto, el capacitor se emplea para mejorar "filtrar" la corriente continua a la salida del puente diodos, dado que la misma, presenta una fluctuación o rizado, producto de la pequeña componente de alterna que queda luego de rectificarse una corriente alterna, a corriente continua.

El no filtrar esta señal, es lo que provoca por ejemplo en los equipos de audio, un zumbido molesto a 60 o 50 Hz.

Para tecnología THT (Through Hole Technology – Tecnología de agujeros pasantes), de acuerdo a la distribución de sus patas, se pueden adquirir comercialmente dos tipos de capacitores, axial y radial.

Imagen de un capacitor axial.

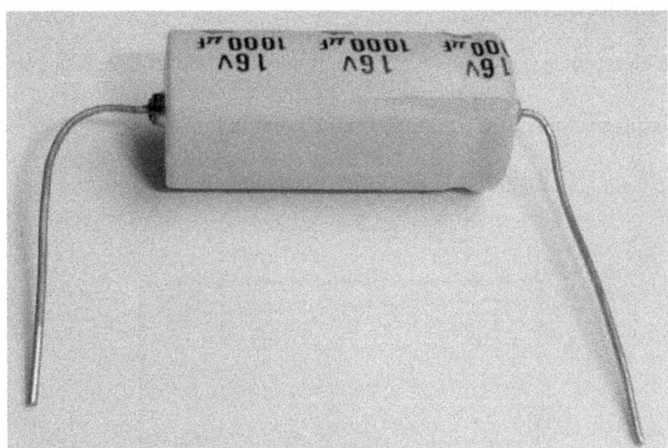

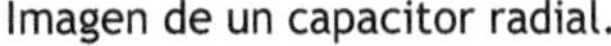

Imagen de un capacitor radial.

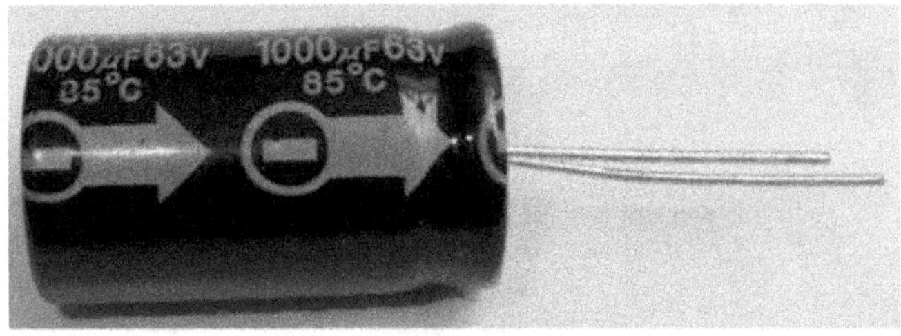

Podemos observar la imagen del capacitor radial, éste es el tipo de capacitor que hemos de emplear para nuestro proyecto.

Tensión de Trabajo: Es la tensión a la que puede trabajar un capacitor de forma permanente, sin que sufra deterioro. Esta es la tensión que viene indicada en el cuerpo del capacitor.

Tensión de Perforación: Es la tensión máxima que puede soportar un capacitor, sin que se destruya su dieléctrico.

Generalmente, la tensión de trabajo coincide con la tensión de ruptura.

Tolerancia: la tolerancia es una indicación de cuanto puede variar un componente, respecto a su valor original. Las tolerancias más comunes, suelen ser del 5%, 10%, 20% indicándose como ±. Las tolerancias mayores, la tienen los capacitares electrolíticos.

Esta tolerancia, significa que un capacitor de 1000 μF con una indicación de ±. 5%, puede valer 950 μF o 1050 μF.

Muy importante: tenga presente que para nuestro proyecto, hemos de emplear el capacitor para trabajar en corriente continua. En nuestros siguientes volúmenes, hemos de trabajar también con el capacitor en corriente alterna, donde veremos por ejemplo que de forma ideal, ofrece una resistencia al paso de la corriente, la cual recibe en nombre de reactancia capacitiva.

$$X_c = \frac{1}{\omega . C}$$

CIRCUITO INTEGRADO REGULADOR

En la historia de la electrónica, ya hemos hecho referencia al Circuito Integrado, abreviado CI.

Para nuestro primer proyecto, hemos de emplear un CI regulador.

SÍMBOLO ELÉCTRICO DEL CI REGULADOR

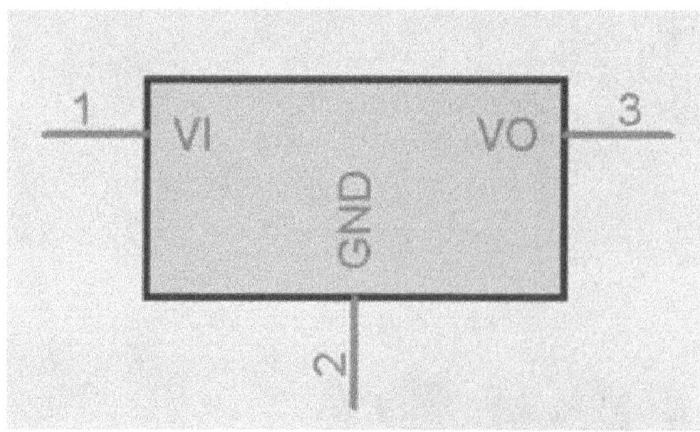

Imagen del circuito integrado regulador 7805

El circuito integrado regulador 7805, es un circuito integrado regulador de tensión positivo. La función de los circuitos integrados reguladores, es la de entregar a la salida un valor de tensión regulado, es decir "fijo" respecto a un valor de tensión de entrada.

La denominación 7805, significa lo siguiente:

- 78 → Regulador de tensión positivo.
- 05 → Tensión de salida.

Por tanto el 7805 es un regulador de tensión positivo de 5 volt de salida.

En los volúmenes siguientes hemos de agregar un detalle mayor del significado y las denominaciones empleadas para los circuitos integrados.

Cuando se trabaja con circuitos integrados, es importante conocer lo que se conoce como, el **"Pinout"**, término cuya traducción significa "pines de salida" o conceptualmente, "descripción de pines".

Cuando hablamos de pines, nos referimos a cada una de las patitas del circuito integrado. Una traducción común de pin, es la de alfiler, debido a su similitud con los mismos. De todas formas, es importante también destacar que en el lenguaje técnico cotidiano, se dice entonces, "pin o pata".

Recuerde del inicio del capítulo, otro detalle técnico importante a tener en cuenta para iniciarnos en el conocimiento con fundamento de esta actividad, y es que si necesitamos conocer detalles de un CI o su pinout, debemos tener acceso a lo que se conoce como Data Sheet, que traducido significa "hoja de datos", debido a que una vez impreso, es una hoja con los datos o referencias técnicas del circuito integrado a emplear.

También es importante por supuesto, tener una referencia de cuales son los lugares a los que podemos o debemos recurrir para acceder a las data sheets u hojas de datos. Tradicionalmente, cuando Internet no era todavía un canal de comunicación masivo, se empleaba por ejemplo la guía de reemplazos, en la cual se buscaba el componente, tomando como guía un número de parte, y posteriormente se accedía al pin out del mismo.

En la actualidad, existen en la WEB muchas páginas destinadas a la consulta y búsqueda de hojas de datos, en las cuales se encuentran presentes los iconos de las grandes marcas mundiales de fabricación de componentes electrónicos, y sus productos por índice o denominación de componente.

Para la búsqueda de la hoja de datos de un componente o circuito integrado, simplemente debemos tomar como referencia el Part name "nombre de pieza", por ejemplo 7805. Luego, se listará el nombre de pieza, con todos los fabricantes de dicho circuito integrado, cargado en la base de datos de la página, con la o las distintas series del circuito integrado, disponibles comercialmente.

Otra posibilidad, una vez familiarizado con los fabricantes de componentes electrónicos, es acceder directamente a su página Web.

Características del circuito integrado 7805.

KA78XX/KA78XXA

3-Terminal 1A Positive Voltage Regulator (Regulador de Voltaje Positivo de 3 terminales por 1A).

Features (Especificaciones)

- Output Current up to 1A (Corriente de Salida hasta 1A).
- Output Voltages of (Voltajes de Salida de 5, 6, 8, 9, 10, 12, 15, 18, 24V).
- Thermal Overload Protection (Protección contra Sobrecarga Térmica).
- Short Circuit Protection (Protección de Corto Circuito).
- Output Transistor Safe Operating Area Protection (Seguro de Protección del Área de Salida del Transistor).

Dos consideraciones muy importantes, respecto a los datos que observamos al leer la primera parte de la hoja de datos del CI regulador, son la descripción del pinout, el cual en la parte inferior de la imagen detalla:

Patas o pines – view front (visto de frente)

1. Input (entrada de tensión).
2. GND (ground o negativo).
3. Output (salida de tensión).

Y el segundo dato a tener en cuenta de la parte inferior de la hoja de datos, es la descripción del tipo de encapsulado. Para nuestro primer proyecto, debemos emplear el tipo de encapsulado **TO-220**.

DISIPADOR DE POTENCIA

Los disipadores de potencia, se emplean a fin de aumentar la superficie del tab (parte metálica del CI regulador), y de esta forma reducir la temperatura interior del CI, para que éste no se queme por exceso de temperatura.

Existen diferentes modelos de disipadores, en función también del tipo de encapsulado de los circuitos integrados.

Algunos encapsulados como por ejemplo el TO3 (chasis metálico), emplean el propio cuerpo del encapsulado como disipador.

Imagen de un disipador para encapsulado TO-220.

Tal cual se observa en la figura siguiente, el orificio central en el disipador, tiene como finalidad el paso de un tornillo, a fin de sujetar el disipador con el circuito integrado. Entre medio del disipador y el regulador, debe aplicarse también grasa siliconada.

Regulador 7805 con disipador puesto en el circuito de fuente.

GRASA SILICONADA

Imagen de grasa siliconada en packaging jeringa.

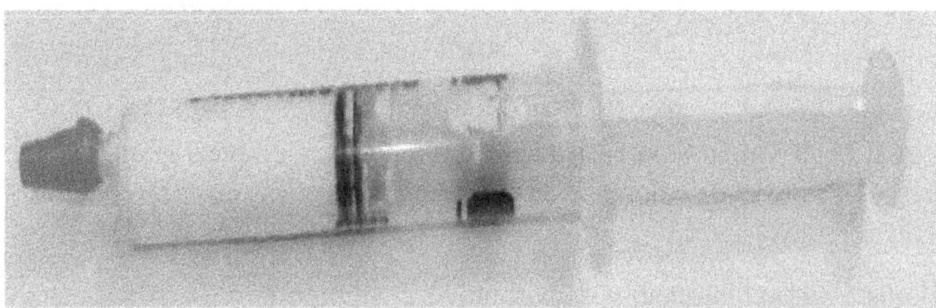

La grasa siliconada al igual que el disipador de potencia, es empleada para la disipación de calor (transferencia térmica de semiconductores). Por cuestiones de practicidad, es muy empleado como packaging (envase), la jeringa aplicadora.

La grasa siliconada, es recomendable para el trabajo con transistores de potencia, disipadores de microprocesadores, coolers de PC, amplificadores integrados, rectificadores, triacs y SRCs.

RESISTENCIA

Como definimos en la Unidad N° 1, "la Resistencia se opone al paso de la corriente eléctrica".

SÍMBOLO ELÉCTRICO DE LA RESISTENCIA

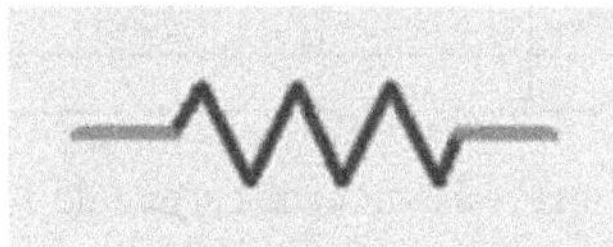

Del mismo modo que ocurre con los capacitores, existen diferentes tipos de resistencias.

Imagen de distintos tipos de resistencias.

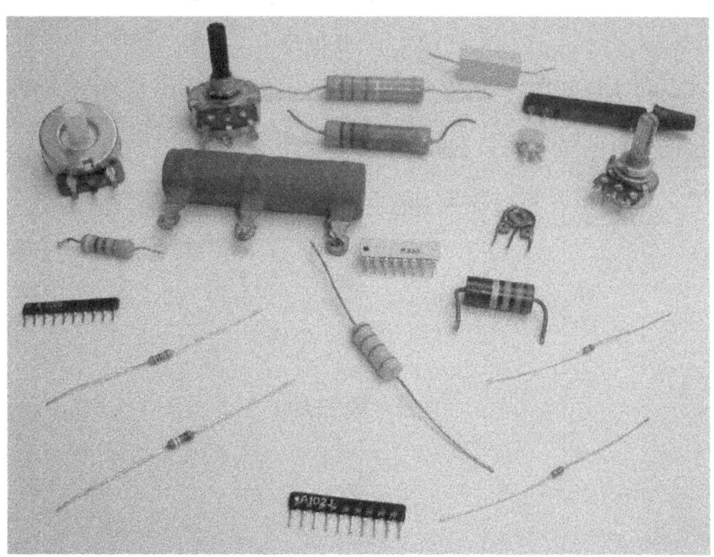

La resistencia que hemos de emplear en nuestro proyecto, es la resistencia de carbón, la cual se observa en la siguiente figura:

Imagen de una resistencia de carbón de 120 Ω.

Para identificar cual es el valor de la resistencia que debemos emplear para trabajar, las resistencias poseen sobre su cuerpo unas tiras de colores. A la unión de dichas tiras de colores, se las denomina **código de colores**.

El código de colores para las resistencias de carbón, es el siguiente:

Color	A 1ª cifra	B 2ª cifra	C 3ª cifra	TOLERANCIA
Negro	0	0	X1	
Marrón	1	1	X10	± 1%
Rojo	2	2	X100	± 2%
Naranja	3	3	X1000	
Amarillo	4	4	X10000	
Verde	5	5	X100000	
Azul	6	6	X1000000	
Violeta	7	7	X10000000	
Gris	8	8	X100000000	
Blanco	9	9	X1000000000	
Oro	-	-	X0,1	± 5%
Plata	-	-	X0,01	± 10%
Sin color	-	-		± 20%

Para nuestro proyecto, necesitamos una resistencia de carbón de 120 Ω. El color que debe poseer entonces dicha resistencia sobre su cuerpo, es:

1ª banda – Marrón (1).
2ª banda – Rojo (2).
3ª banda – Marrón (multiplicador x10).

Obteniendo:

$$12 \times 10 = 120\ \Omega$$

El valor de 120 Ω, proviene del cálculo de la Vin (tensión de entrada) a la serie entre la resistencia y el diodo LED, la Vc (caída de tensión) en el diodo led, estimada en 2 V para el color rojo, y 25 mA aproximadamente de la corriente que circula por el diodo.

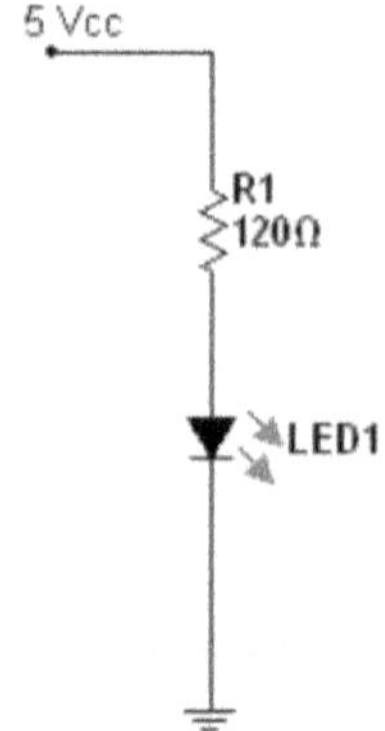

Ecuación para el cálculo de la resistencia serie del diodo:

$$R_D = \frac{Vin - V_D}{I_D}$$

Donde:
R_D = resistencia del diodo.
Vin = tensión de entrada.
V_D = Tensión en el diodo.
I_D = Corriente del diodo.

Destacamos también que debido al bajo costo que tienen las resistencias de carbón, al momento de adquirirlas en las casas de electrónica, se venden por tira, tal cual se observa en la siguiente figura:

Tira de resistencias de carbón.

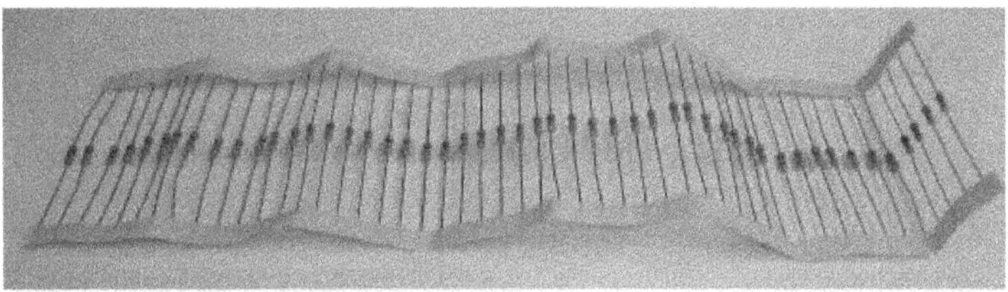

Otro detalle importante a tener en cuenta, es la potencia que puede disipar dicha resistencia, lo cual motiva que al momento de ir a la casa de electrónica a comprarlas, debamos pedirlas como ½, ¼, o ⅛ de W.

Recuerde que dicho valor, se obtiene de la relación entre el valor de la resistencia, la caída de tensión en la resistencia y la corriente a través de la misma, de acuerdo a las fórmulas trabajadas en la unidad 1, de potencia en corriente continua.

DIODO LED

El diodo LED es una clase especial de diodo, y su nombre proviene de la abreviatura de la palabra "diodo emisor de luz" o "light emitting diode" en inglés, dado que emiten luz cuando son atravesados por una corriente eléctrica.

Al igual que indicamos para la resistencia, puede emplearse también el siguiente símbolo eléctrico para el diodo LED.

SÍMBOLO ELÉCTRICO DEL DIODO LED

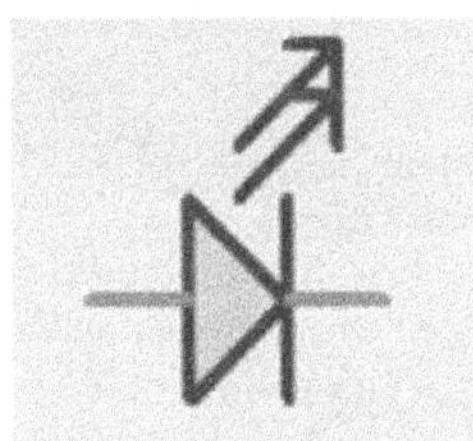

El diodo LED es muy empleado en equipos e instrumental, como "diodo testigo" dado que su estado (OFF/ON – prendido/apagado) indica el estado de un circuito o equipo. En nuestro proyecto de fuente, el diodo LED se emplea entonces a fin de indicar que la fuente está prendida.

Los diodos LED presentan físicamente dos terminales, y en su estado original, el terminal más largo es el ánodo (positivo), mientras que el cátodo (negativo) presenta un borde plano, a fin de identificarlo sensitivamente con el tacto de los dedos.

Imagen de distintos tipos de diodos LED.

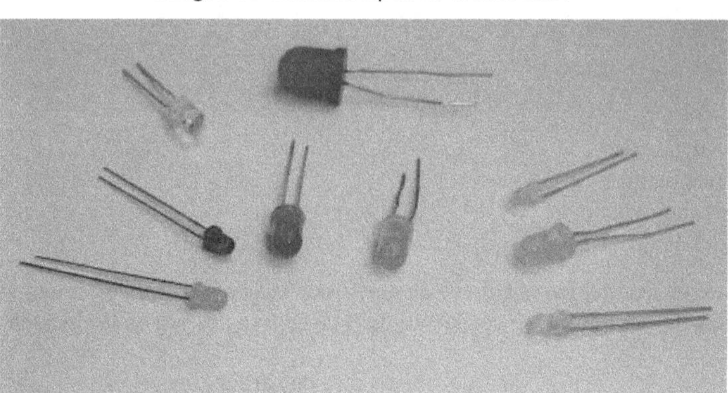

El principio de funcionamiento de estos diodos es muy simple, dado que los diodos LED emiten luz, al momento de ser polarizados en directa.

Polarizar un diodo en directa, significa asignar el polo positivo de la fuente de tensión, o salida positiva de un regulador de tensión o nodo, al terminal positivo (ánodo) del diodo, y el terminal negativo o 0 volt del circuito, al terminal negativo del diodo o cátodo.

El material de fabricación depende del tipo de diodo en cuestión, siendo por ejemplo para el caso de los diodos de emisión de infrarrojo (INFRARED EMITTING DIODE) el arseniuro de galio (GaAs). Los diodos tipo lámpara (LED Lamps), pueden ser fabricados de AlGaLnP, para la emisión de color hiper rojo (red), GaP para la emisión de colores rojo (red), verde (green).

El color del diodo depende del material del que está fabricado (GaAs, GaAsP o GaP), y de la longitud de onda de emisión.

Características eléctricas para el caso del diodo LED rojo:

Color	VF	IF
ROJO	1.8 a 2.2 V max.	20mA

Lo cual se lee como:

= Forward Voltage (Tensión Directa o Continua). Y es el voltaje entre ánodo y cátodo para una especificación de corriente continua.

= Forward Current (Corriente Directa o Continua). Y es la corriente que fluye en un diodo, de ánodo a cátodo.

Es importante también tener en cuenta, que cuando se lee la indicación o características técnicas dadas por el fabricante, se especifica la temperatura para la cual se referencia dichos valores. En electrónica, la temperatura de referencia se denomina temperatura ambiente, y se abrevia Ta, siendo el valor de temperatura ambiente, 25 ºC. Para el ejemplo entonces, tenemos que Ta = 25 ºC.

Para un diodo LED Lamps de 5 mm, la disipación de potencia (Power Dissipation) Pd, es de aproximadamente 45 mW.

Comercialmente, se pueden adquirir también en diferentes tamaños, por ejemplo: 3 mm, 5 mm, 8 mm,

Del mismo modo existen diferentes tipos de encapsulados, como por ejemplo: Piraña, Barra, cuadrados, rectangulares.

Los diodos LED, se encuentran también disponibles para montaje superficial o SMD.

Recuerde entonces que las características opto - eléctricas de los diodos LED, pueden variar de un fabricante a otro, y del material empleado para la fabricación de los LED.

BORNERA

La bornera, como su nombre lo indica, proviene de la palabra borne. Un borne es un extremo o terminal de conexión eléctrica. Recuerde por ejemplo los bornes de la batería de los autos, y los bornes de la batería de 9V entre otros.

La bornera se emplea en plaquetas, para conectar las entradas de señal o de tensión.

La bornera puede ser considerada tanto un accesorio como un componente. Podemos considerarla un accesorio, en sentido de que el circuito puede funcionar de todas formas si decidiéramos no emplearla, dado que podríamos para nuestro ejemplo soldar los cables de entrada de la alimentación directamente al puente de diodos. Y podríamos considerarla un componente, en el sentido de que en caso de empleo de la misma, es un componente más del circuito.

Existen diferentes tipos de borneras, de acuerdo a la necesidad del proyecto a desarrollar.

Imagen de distintos tipos de borneras.

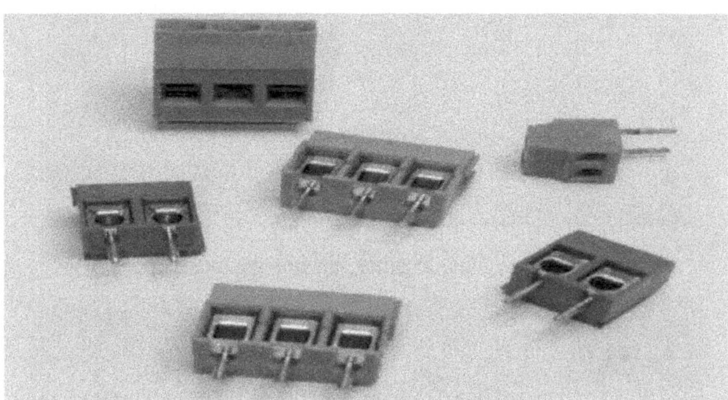

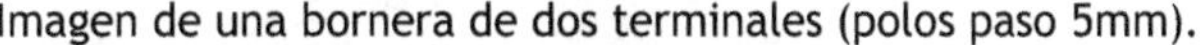

Imagen de una bornera de dos terminales (polos paso 5mm).

PLAQUETA EXPERIMENTAL O MULTIPROPÓSITO

Tal cual hemos considerado al inicio, existen diferentes tipos de métodos para el diseño de un prototipo o equipo. En la descripción del sistema de wire wrupping por ejemplo, vimos que para dar soporte físico a los zócalos, empleábamos diferentes tipos de plaquetas multipropósitos o experimentales.

Como su nombre lo indica, a dichas plaquetas se las denomina multipropósitos, dada la flexibidad que las mismas poseen para el diseño de circuitos. Del mismo modo, se les denomina experimentales, debido a que se puede desarrollar con ellas un prototipo, y luego desarrollar una placa impresa.

Los distintos tipos de materiales de las placas experimentales existentes actualmente en el mercado, son:

Epoxi – El epoxi es un polímero, material empleado en la actualidad, para un sin fin de campos y apli-

Pertinax – Nombre comercial empleado para los sustratos de circuitos impresos, hechos de papel impregnados en resina fenólica.

Imagen de una placa de Epoxi (abajo) y una placa de Pertinax (arriba).

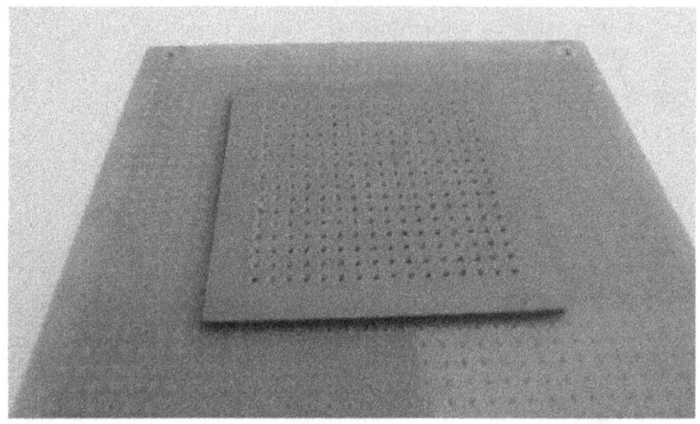

Imagen de las filas de pines, de una placa de Epoxi.

Imagen de frente (front) y trasera (back) de una placa de Pertinax.

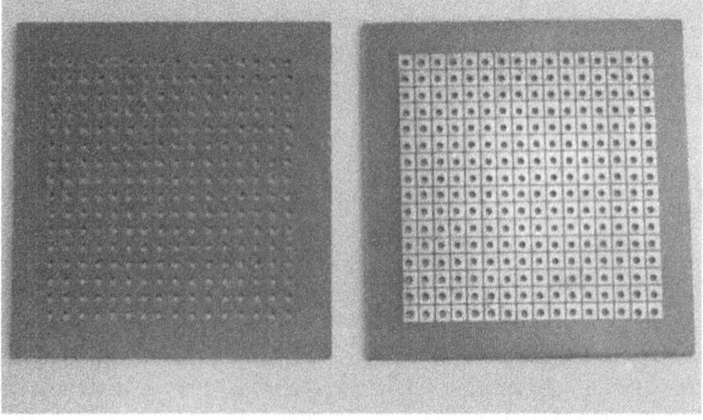

PATAS METÁLICAS

Las patas metálicas se emplean cuando debemos separar la parte de abajo de la plaqueta (donde están soldados los componentes), del gabinete plástico. En la recomendación práctica, requerimos el empleo de patas metálicas de 10 o 20 mm, aunque también puede Ud. tener en cuenta otro tipo de patas, como las patas de plástico.

Imagen de patas metálicas de 20 mm.

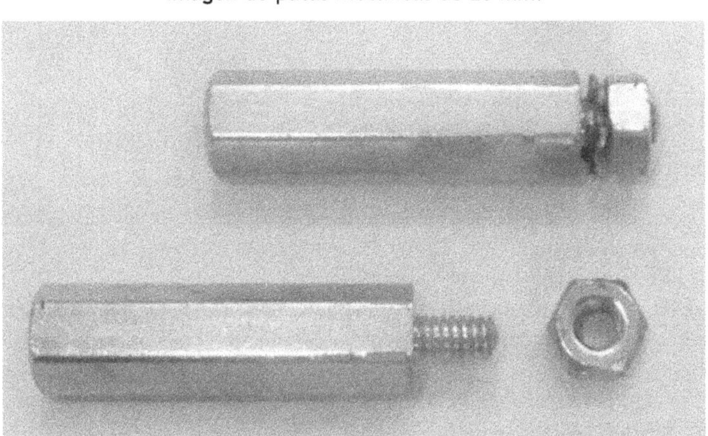

Dependiendo del tipo de placa y del fabricante, muchos modelos no traen las perforaciones laterales para las patas, por lo que debemos de realizarlas nosotros, empleando el torno de mano.

FICHA BIPOLAR CON TOMA DE TIERRA

La ficha macho bipolar con toma de tierra, se emplea para la conexión del circuito eléctrico, a la línea de alimentación de 220V eficaces de corriente alterna (el tipo de corriente eléctrica, existente en las líneas domiciliarias).

Imágenes:

Ficha bipolar con toma a tierra 10A - 250V (izquierda)
Toma corriente con toma a tierra 10A - 250V (derecha). Ambas de salida lateral.

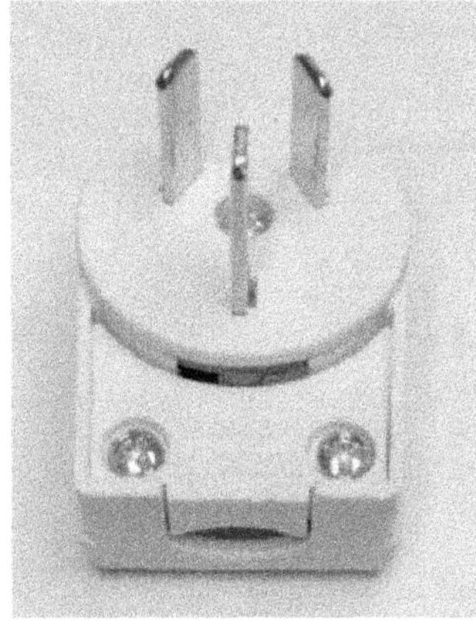

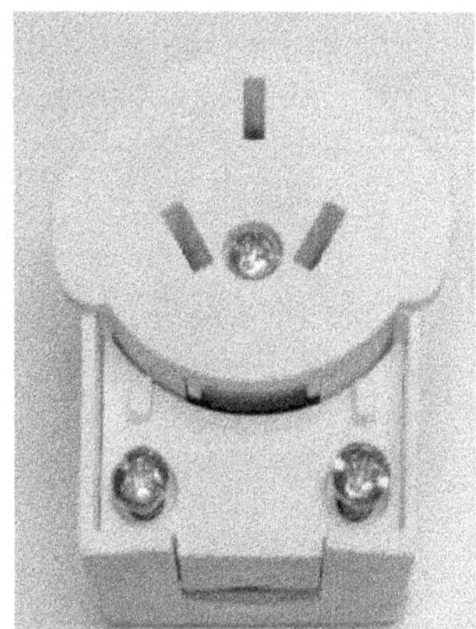

LLAVE TIPO PALANCA Y ROCKER SWITCH

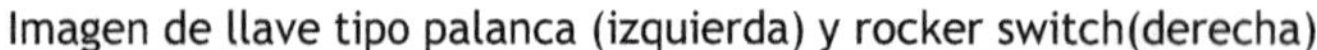
Imagen de llave tipo palanca (izquierda) y rocker switch(derecha)

La llave tipo palanca, es muy empleada como llave de on-off (encendido-apagado). La llave tipo palanca de la imagen, es del tipo on-off-on, lo que significa que se puede tomar cualquiera de sus dos terminales, superior o inferior (on), respecto al terminal central (off).

Si Ud. quisiera identificar los terminales entre sí, simplemente debe seleccionar el tester en la posición de continuidad (la que posee el símbolo del beeper), y basculando la palanca, verificar los estados de encendido y apagado.

La llave rocker switch, es también conocida como llave tecla. La llave de la imagen, es del tipo on-on simple inversora de 3 patas.

CABLE DE WIRE WRAPPING

El cable de wire wrapping, ha sido presentado en la sección dedicada a la tecnología de wire wrapping. Podemos agregar en este punto que existen comercialmente diferentes colores, los cuales se emplean para separar las diferentes pistas, etapas del circuito, o la alimentación de tensión.

En caso de poseer una pinza de wire wrapping, lo único que debemos hacer para emplear el mismo, es apoyar el cable con el mallado en la hendidura de la guillotina, y tirar hacia atrás, de esta forma habremos descubierto entonces el conductor del cable, y estamos ya en condiciones de soldar el mismo a la parte correspondiente del circuito.

Si no poseemos pinza de wire wrapping, debemos entonces emplear un alicate para retirar el mallado

CABLE 025

Imagen de un rollo de cable tipo 025

Una opción al empleo del cable de wire wrapping, es el cable 025, el cual puede resultar más fácil de manipular, aunque de forma inversa, su mayor sección significa mayor espacio entre soldaduras y en la placa.

CABLE TRIPOLAR

Para el empalme de los cables del primario del transformador, al toma corriente macho para la conexión a la red eléctrica, necesitamos emplear al menos un metro o metro y medio de cable.

Al igual que ocurre con otros componentes del circuito, existen muchas variantes a tener en cuenta a la hora de elegir un cable, como por ejemplo:

- La cantidad de conductores.
- La sección.
- El tipo de cable.

Imagen de un cable tripolar.

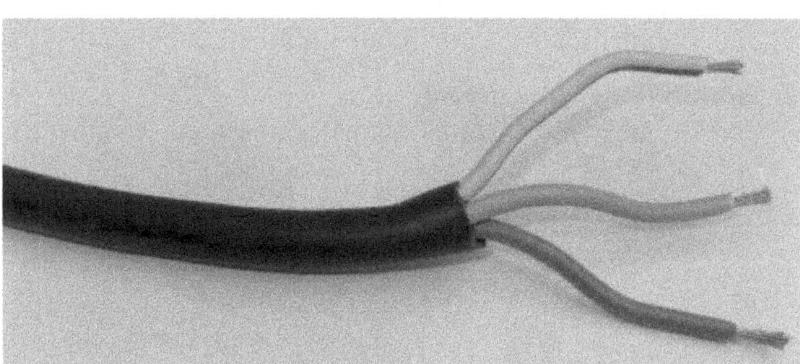

CANTIDAD DE CONDUCTORES: cuando hablamos de la cantidad de conductores, podemos recordar la definición dada en el capítulo I sobre tensión eléctrica, donde se define como la diferencia de potencial entre dos puntos eléctricos, lo cual en la aplicación práctica, explica por qué el toma corriente posee 3 conductores, dado que al igual que el cable de la imagen, y para corriente alterna, un conductor pertenece al vivo o fase, otro conductor pertenece al neutro y el tercer conductor pertenece a la tierra o ground.

CÓDIGO DE COLORES:

Los conductores se identifican con los siguientes colores:

Neutro: celeste.

Ground (conductor de protección): bicolor verde-amarillo.

Fase R: marrón.

SECCIÓN: Cuando en el capítulo I, dimos también la definición de corriente eléctrica, definimos la corriente eléctrica como la circulación de electrones por un conductor eléctrico. Del mismo modo, explicamos también que debido a la circulación de dichos electrones, a la velocidad con la que estos se mueven dentro del conductor, y al rozamiento entre ellos, se producía un efecto llamado efecto Joule, el cual está asociado a la temperatura. Aplicado a la elección de la sección de un cable, debemos tener en cuenta cual es la corriente que debemos manejar en nuestro proyecto, para en función de ella, emplear la sección de cable que de acuerdo a la tabla dada por el fabricante de cables, corriente versus sección, nos permita tener la seguridad de que por efecto Joule, nuestro cable no se ha de prender fuego, o deteriorar.

La sección de un cable, también está asociada en largas distancias, a la caída de tensión, tal cual vimos en la segunda Ley de Ohm.

Los valores de sección de cables existentes comercialmente, o más empleados para nuestra actividad, son: 0,75 mm², 1 mm², 1,5 mm², 2,5 mm², 4 mm² (es empleado para la bajada a la entrada del medidor eléctrico de una casa).

TIPO DE CABLE: Al hablar de tipo de cable, nos referimos a que existen comercialmente gran variedad de cables, dependiendo cada uno de ellos, de la actividad que necesitemos desarrollar. Para el caso de los cables empleados para las instalaciones eléctricas, o como en nuestro caso, para conectarnos a la red eléctrica, se emplea el cable llamado "**tipo taller**", el cual posee sus filamentos de cobre, y ha sido fabricado para el manejo de corriente eléctrica. Se emplea también para la conexión de parlantes, en aplicaciones de audio profesional. Para trabajar con señales de audio, se emplean los denominados **cables de señal**, los cuales poseen dependiendo del tipo, un mallado desarrollado para la inmunización de la señal respecto al ruido, el cual no es deseable amplificar. Si empleamos este tipo de cabes para la conexión eléctrica, aceleramos el deterioro del mismo.

PRENSACABLE

Imagen de prensacables de distintas secciones.

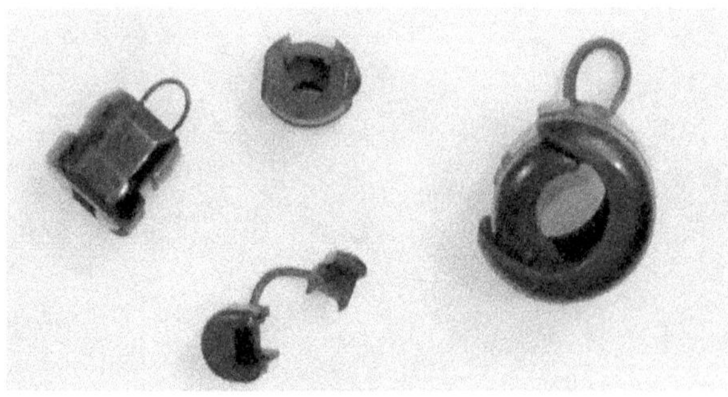

El prensacable nos permitirá sujetar el cable de alimentación al gabinete, de forma tal que si accidentalmente tiráramos de él, no corriéramos riesgo de rotura o desconexión.

Existen muchos tipos y modelos de prensacables, dependiendo los mismos del material de fabricación, tipo de rosca, y diámetro entre otros.

Los prensacables de la imagen, son de ajuste a presión.

TERMOCONTRAÍBLE

El termocontraíble como su nombre lo indica, es un material que se contrae térmicamente, y se emplea entre otras cosas para recubrir terminales, o uniones de soldaduras, a fin de evitar cortocircuitos.

Imagen de distintas secciones de termocontraíble.

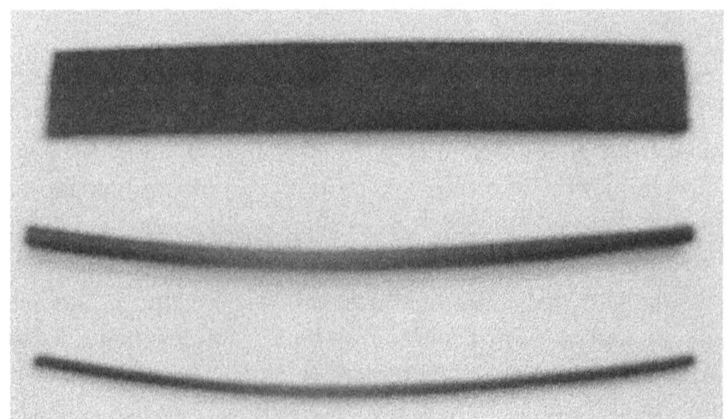

GABINETE PLÁSTICO

Los gabinetes se emplean para generar la interfase exterior con el usuario, donde es fundamental también la buena terminación del proyecto realizado.

Existen diferentes tipos de gabinetes, los cuales pueden ser plásticos o metálicos, tal cual se observa en la imagen siguiente.

Imagen de distintos tipos de gabinetes.

Al referirnos a las dimensiones empleadas para nuestro gabinete, resulta importante destacar, que hemos de emplear para la descripción de las mismas, la concepción de forma tridimensional, la cual establece: largo (altura), ancho y profundidad.

HERRAMIENTAS DE TRABAJO

ALICATE

El alicate es del tipo de herramientas de corte, existen alicates para diferentes diámetros de corte, lo que les confiere la denominación de alicate de corte blando, semiduro o duro. Del mismo modo, existen también diferentes tipos de alicates.

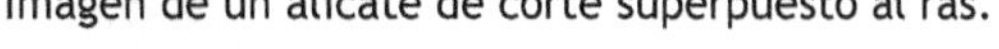

Imagen de un alicate de corte superpuesto al ras.

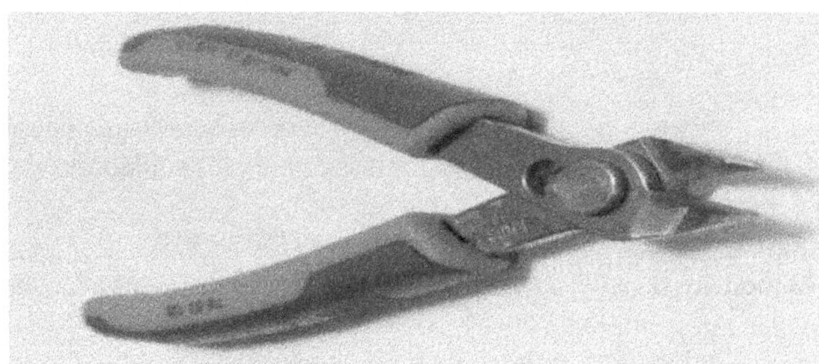

Entre los diferentes tipos de alicates empleados para electrónica, se encuentran:

- Alicate de corte diagonal.
- Alicate de corte frontal.
- Alicate de corte frontal al ras.
- Alicate de corte frontal con bisel semiduro.
- Alicate de corte frontal templado semiduro.
- Alicate de corte oblicuo.
- Alicate de corte superpuesto.

El diámetro de corte está expresado en mm, siendo la especificación del alicate de la figura por ejemplo: max Cu 1,6 – Fe 1,0.

PINZA DE PUNTA PLANA

La pinza de punta plana, presenta la particularidad de ser plana en sus extremos, y es empleada para la sujeción del cable a cortar. Del mismo modo, la pinza de punta plana se puede emplear también para enderezar los terminales de los componentes.

Imagen de una pinza de punta plana.

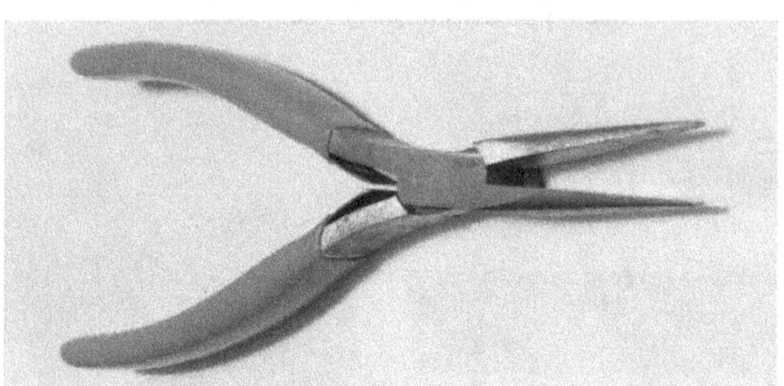

SOLDADOR

El soldador es una herramienta empleada para derretir el estaño, y de esta forma poder soldar o fijar los componentes a las plaquetas.

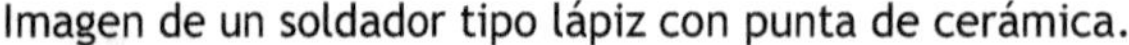
Imagen de un soldador tipo lápiz con punta de cerámica.

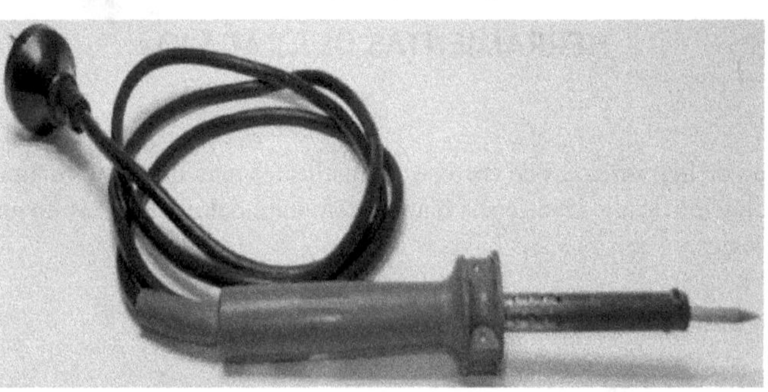

Un detalle muy importante a tener en cuenta, es la potencia de trabajo del soldador, siendo los modelos más comunes, los de 30 o 40 W (watt). Luego encontramos también los soldadores de doble potencia, cuyo rango de potencia está comprendido entre los 20W-130W.

Para el trabajo en microelectrónica, recomendamos un soldador de 30W.

Existen también otros modelos de soldador, como por ejemplo los de tipo pistola, entre los que encontramos en el mercado modelos por ejemplo de 100W, 275W.

Existen también líneas de soldadores de baja potencia, como por ejemplo 9W, los cuales funcionan a pila, y son empleados para trabajar con equipos que requieren muy baja potencia. Existen también modelos de 40W con alimentación de 12 VCC, con conector para encendedor de auto.

Queda para las ediciones siguientes, la descripción y el trabajo con estaciones de soldado.

DIFERENTES TIPOS DE PUNTAS PARA SOLDADOR

Destacamos también como muy importante al momento de adquirir un soldador, la elección de la punta de trabajo correcta, siendo las más comunes las de metal y las de cerámica.

En la actualidad, la mayoría de los soldadores que se pueden adquirir vienen provistos de punta de cerámica, la cual es más apropiada dadas las características térmicas, durabilidad y de conducción eléctrica que estas poseen.

Imagen de una punta de cerámica.

Imagen de una punta de metal.

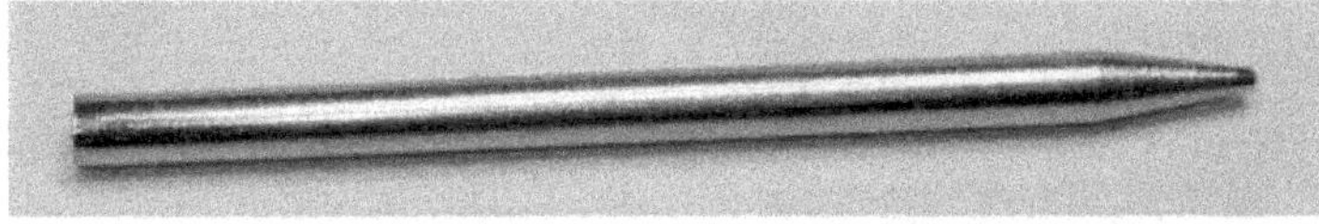

Imagen superior (punta de metal), Imagen inferior (punta de cerámica).

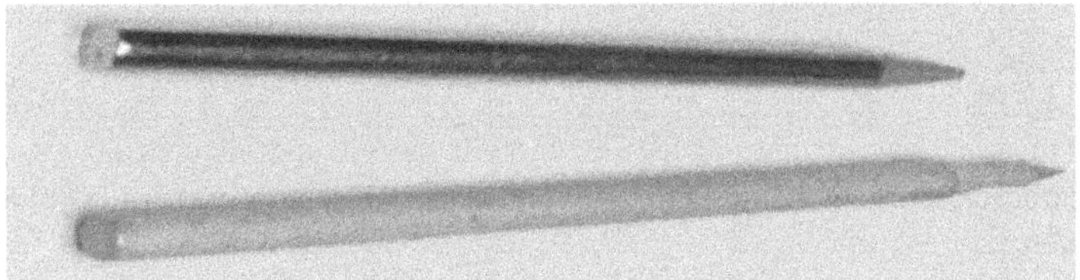

SOPORTE DE SOLDADOR CON ESPONJA

Un accesorio muy importante a la hora de realizar cualquier trabajo de electrónica, es el soporte de soldador, el cual es fundamental tanto para apoyar el soldador y que nos resulte más cómodo el trabajo con el mismo, como así también para prevenir accidentes o quemaduras innecesarias.

Imagen de un soporte de soldador con esponja.

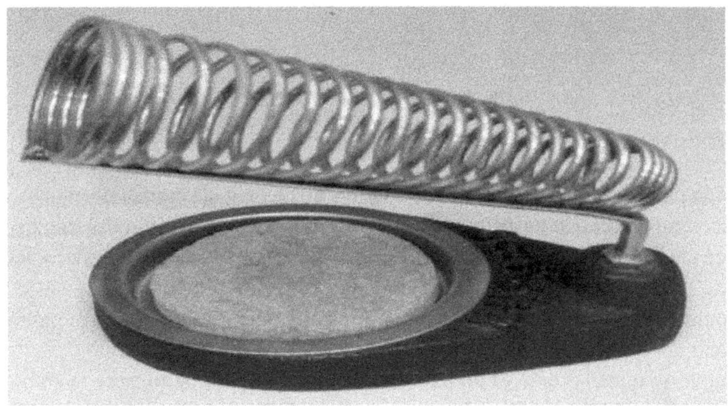

Otro accesorio importante el cual está contemplado en el soporte de la mayoría de los soldadores, es la esponja, la cual se emplea para limpiar la punta del soldador, sin utilizar otro tipo de métodos, los cuales pueden llegar a dañarla y/o acelerar su deterioro. Existen también resinas limpiadoras para puntas de soldador.

Para el empleo de la esponja, simplemente se debe aplicar agua sobre la misma, adquiriendo ésta mayor volumen y humedad, debiendo luego presionar la punta del soldador sobre la esponja, tal cual se observa en la siguiente imagen.

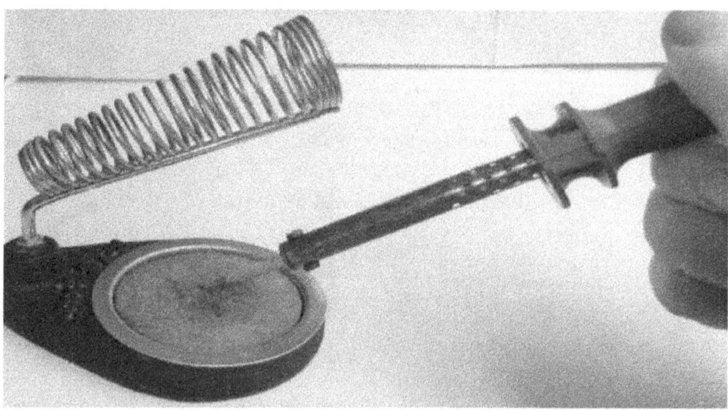

Respecto a su aplicación práctica, el estaño es un material que se emplea para la soldadura de componentes y/o conductores.

Imagen de un rollo de estaño.

Debemos también destacar en este punto, que existen diferentes secciones de estaño, siendo necesaria nuevamente la elección correcta de la sección de estaño a emplear, en función del trabajo a realizar.

Para el trabajo en electrónica de baja potencia, como así también el trabajo en microelectrónica, es aconsejable el empleo de estaño de una sección de 0,7 mm, dado que con dicha sección y de acuerdo a la sección de los pines o terminales de los componentes, aseguramos una buena soldadura, y evitamos la acumulación innecesaria de estaño en la plaqueta.

Recuerde por supuesto que el estaño es un material conductor, y por tanto, ante la abundancia del mismo en las soldaduras, se pueden producir cortocircuitos entre las distintas pistas, o los componentes.

En la actualidad, y al momento de adquirir un rollo de estaño, existen en el mercado las indicaciones de por ejemplo: 60/40, lo cual da indicación de que el estaño en cuestión posee un 60% de estaño, y un 40% de plomo. En este punto, es importante destacar varias cosas también, como por ejemplo, que dicha combinación está calculada para una temperatura de fusión del estaño de 200 ºC. También es importante destacar que cuanto mayor sea el porcentaje de plomo, menor será la calidad del estaño, y además, debemos tener en cuenta que en Europa por ejemplo, ya no está permitida la comercialización de estaño con contenido de plomo, comercializándose las llamadas líneas Green (verde), libres de plomo. En nuestro país también se tiene acceso a dichas líneas, las cuales debemos tener en cuenta que cambian la respuesta del estaño al momento del trabajo. Ejemplo: 0,7 mm 62/36/2% PLATA (se reduce el empleo de plomo). Otra indicación importante, es la cantidad de almas del estaño, la cual generalmente indica 5 almas. Cada alma es un hilo de resina, el cual al fundirse por efecto del contacto con el soldador, desoxida y desengrasa los metales a soldar, facilitando de esta forma la soldadura.

LIMA DE MATRICERO

La lima de matricero es un tipo especial de lima, la cual es empleada en el trabajo en electrónica, a fin de limar los terminales de los componentes, y lograr un mayor rozamiento al momento de la soldadura, facilitando de esta forma la soldadura de los mismos, evitando también el empleo innecesario de estaño.

Imagen de una lima de matricero.

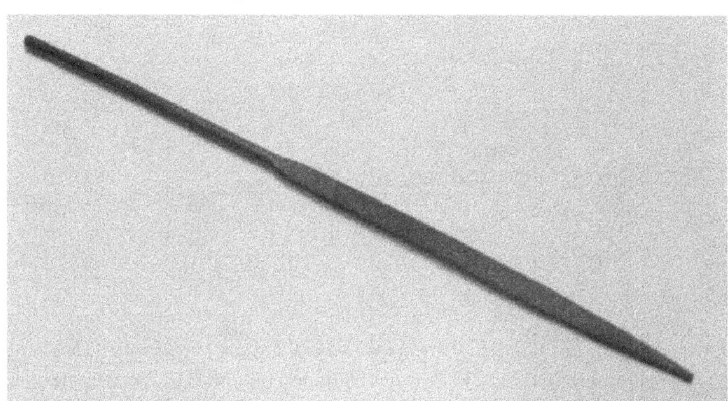

CÚTER

El Cúter (Cutter – en inglés), es una herramienta de corte.

Imagen de un Cúter de cuchilla segmentada.

Para nuestro trabajo puede resultarnos útil, a fin de asegurarnos por ejemplo, de que no existe conexión eléctrica entre una soldadura y otra. Para lo cual, en caso de detectar continuidad eléctrica (corto) entre dos soldaduras o más, simplemente pasamos la hoja de corte entre medio de los surcos de la plaqueta, removiendo con cuidado la parte de estaño que pudo haberse rebalsado.

El cuerpo plástico del Cúter sirve como aislante eléctrico, aunque de todas formas no se debe emplear el cúter con el circuito (proyecto) conectado a la red eléctrica (encendido).

ACCESORIOS

LÁMPARA CON LUPA

La lámpara con lupa es un doble accesorio, el cual puede resultarnos útil tanto para ampliarnos la vista en caso de no resultar visible una característica técnica de un componente, o tal cual expresamos anteriormente, para el caso de detectar por ejemplo, si existe continuidad eléctrica entre dos pistas de la plaqueta. Del mismo modo, también puede resultarnos útil para el trabajo en aquellos lugares en los cuales, no poseamos la luz necesaria para desarrollar nuestro trabajo con comodidad.

Imagen de una lámpara con lupa.

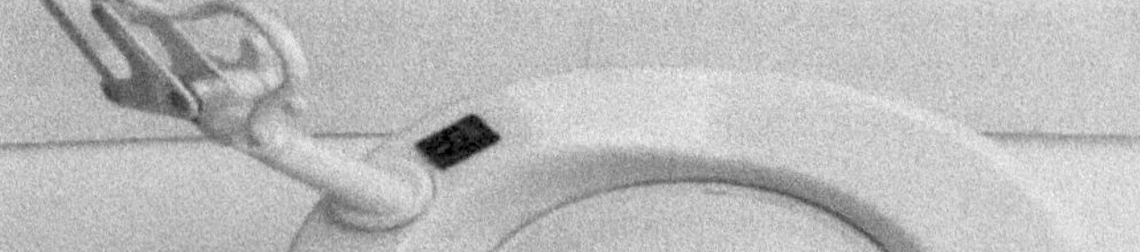

TORNO DE MANO

Tal cual indicamos al inicio del capítulo, los gabinetes plásticos vienen de fábrica sin ningún tipo de perforación, motivo por el cual debemos ser nosotros, quienes teniendo en cuenta elementos tales como el tamaño del transformador, realicemos la medición de la sección del componente a montar en el gabinete (podemos emplear el calibre). Luego, debemos seleccionar la mecha correspondiente, y ajustarla al mini mandril del torno de mano.

Entre los mini mandriles más empleados, encontramos como característica el poder trabajar con mechas o accesorios con vástago de 0,8 mm a 3,2 mm (abertura mínima de 1/32 de pulgada, y máxima de 1/8 de

Para mechas de mayor sección, podemos emplear un taladro atornillador, con abertura de 10 mm, o empleando el torno de mano, redondear la perforación hasta alcanzar la sección necesaria.

Imagen de torno de mano con distintas mechas y mini mandril.

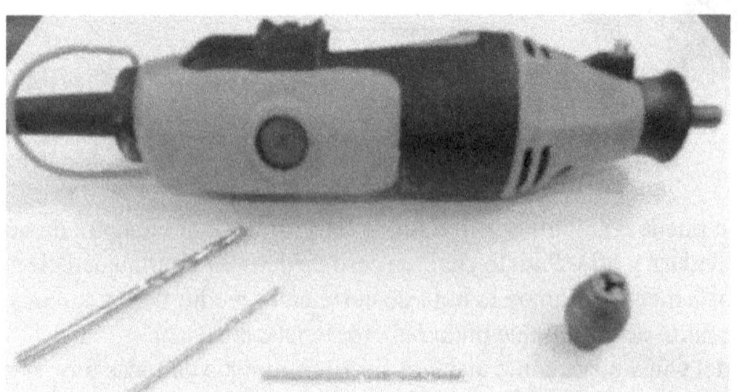

CALIBRE

El calibre Vernier es un instrumento mecánico empleado para la medición de diámetros interiores, exteriores, y profundidad, con gran precisión.

La parte inferior (figura), es empleada para mediciones exteriores, la parte superior, a la izquierda del tornillo de fijación, es empleada para mediciones interiores. Al final del brazo principal (derecha), se encuentra la barra de profundidad.

En la actualidad, contamos también con calibres digitales, algunos modelos, poseen rango de 0 a 300 mm, botón de reset con puesta a cero en cualquier punto, y display de cristal líquido entre otras características.

Imagen de un calibre Vernier 0 - 150 mm.

INSTRUMENTAL DE MEDICIÓN

TESTER

El tester, también llamado multímetro o polímetro, es un instrumento de medición. La denominación multímetro, está asociada a la capacidad del mismo de poder realizar múltiples mediciones, como por ejemplo tensión, corriente, resistencia.

De la medición de estas tres magnitudes básicas, justamente nace el antecesor del tester, un instrumento de medición llamado AVO (Amperímetro-Voltímetro-Ohmetro).

En la actualidad, los tester poseen cada vez mayor cantidad de opciones de medición, y a menor costo, debido a que el avance tecnológico, y su aplicación a la industria, han permitido reducir considerablemente el costo de producción.

Existen dos tipos de testers empleados para el trabajo en electrónica, los de tipo analógico, y los de tipo digital.

Imágenes: tester digital (izquierda) - tester analógico (derecha).

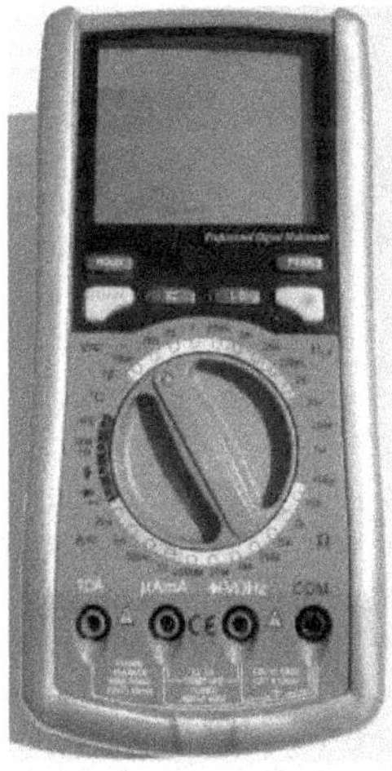

En la actualidad, son más comunes y empleados los testers digitales, debido a que pueden ser auto rango, lo que significa que para el caso que quisiéramos medir la resistencia de 120Ω empleada en el proyecto, no debemos realizar una selección de escala (rango) de la resistencia, sino que simplemente la conectamos a los terminales del tester (ver imágenes), y obtenemos en el display una indicación numérica directa y precisa, del valor de la resistencia. En caso de emplear un tester analógico, deberemos en cambio cortocircuitar las puntas del mismo antes de realizar dicha medición, y calibrar el tester (llevarlo a la posición de 0), a fin de no acarrear error en la medición con el mismo. Luego, y de acuerdo a la escala seleccionada, debemos hacer una lectura del valor sobre el que está posicionada la aguja, lo cual y dependiendo del lugar desde donde estemos mirando la deflexión de la aguja, se puede producir lo que se conoce como error de paralaje.

Imagen de la lectura del valor de una resistencia de 120Ω con un tester digital.

Como vemos en la imagen (izquierda, ángulo superior), el tester empleado para la medición de la resistencia, tiene la indicación "auto", lo que lo identifica como auto rango. Recuerde también que cuando describimos el código de colores de las resistencias, vimos que las resistencias de carbón poseen un margen de tolerancia, lo cual está asociado a que el valor de la resistencia puede tener un valor mayor o menor del leído en el código de colores, y dentro del porcentaje indicado por la ultima línea o banda.

Imagen: calibración a cero de un tester analógico, antes de realizar la medición.

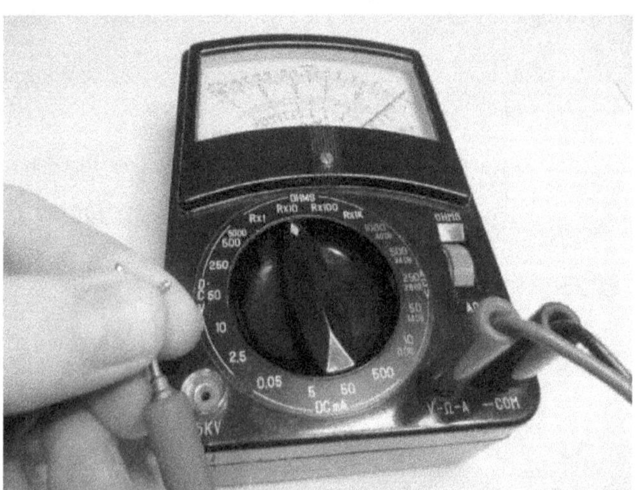

Para calibrar el tester a cero antes de realizar la medición de una resistencia, debemos seleccionar la magnitud a medir (Ohms). Debemos también seleccionar una escala, vemos que para nuestro ejemplo hemos seleccionado RX10, lo cual significa que cada línea tiene un valor de diez, debiendo contar entonces 12 líneas para obtener 12 x 10 = 120Ω. Luego, debemos cortocircuitar las puntas del tester, y hacer girar la rueda de ajuste de OΩ, hasta que la aguja se posicione en el valor cero, sobre la derecha.

Imagen del tester calibrado a cero.

Imagen de la lectura del valor de una resistencia de 120Ω con un tester analógico.

En la imagen anterior se observa la selección de escala Rx10, y la cuenta de aproximadamente 12 líneas, lo cual representa 12 x 10 $\cong$ 120Ω.

Imagen interior de un tester digital (izquierda) y un tester analógico (derecha).

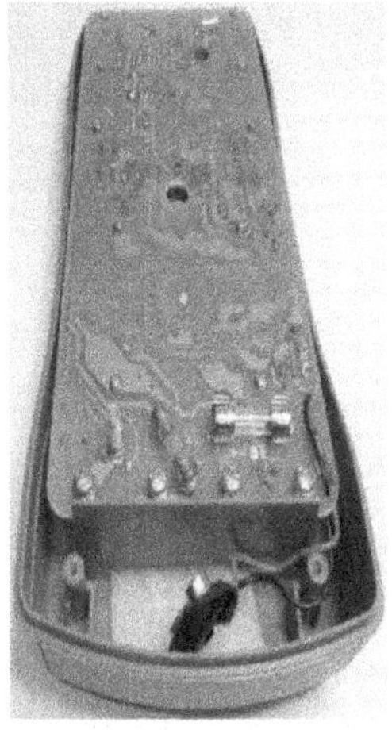

Hasta este punto, hemos realizado una introducción a los testers analógicos y digitales, del mismo modo que hemos visto también como se debe medir una resistencia, tanto empleando un tester analógico, como empleando un tester digital. Ahora hemos de aprender cuáles son las opciones restantes con las que contamos en el tester digital, dado que es el que hemos elegido para nuestro trabajo. Destacamos también que por el momento, no nos hemos de introducir en el principio de funcionamiento de los mismos (circuitos eléctricos y mecanismos), quedando esta actividad destinada a los capítulos siguientes.

DESCRIPCIÓN DEL TESTER DIGITAL EMPLEADO.

DISPLAY DE CRISTAL LÍQUIDO.

PANEL FRONTAL.

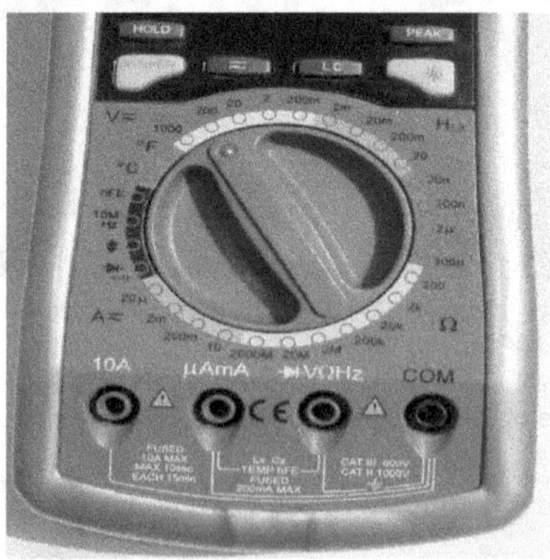

BOTONES DE SELECCIÓN DE FUNCIONES

HOLD - RETENCIÓN DE LECTURA.

La traducción de HOLD es mantenimiento (retención), y lo empleamos cuando queremos retener el valor de una magnitud medida.

PEAK - RETENCIÓN DE PICO.

La traducción de PEAK es pico, y se refiere al valor pico (máximo) de una magnitud medida. Lo empleamos entonces para tomar lectura del valor máximo de la señal y retenerlo.

POWER

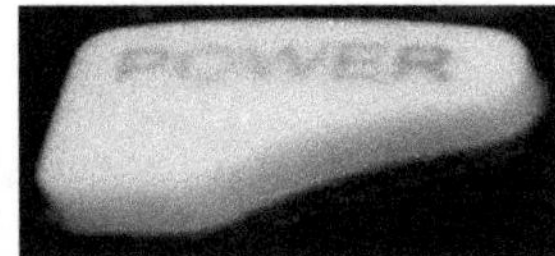

La traducción de POWER, es potencia o energía. Este botón, se debe pulsar entonces para prender o apagar el tester.

ALTERNA-CONTINUA

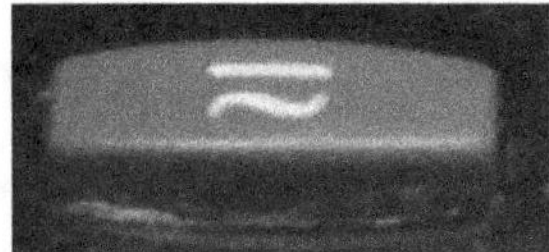

Este botón se emplea para seleccionar el tipo de tensión o corriente con la que hemos de trabajar. En el display aparece una indicación de la posición seleccionada.

Recuerde que si seleccionamos mal el tipo de corriente, se produce error en la lectura, dado que como veremos más adelante, si quisiéramos medir una tensión de corriente alterna de 5V, y tuviéramos seleccionado el tester en la posición de continua, el tester nos daría una indicación de 0V, y esto es así porque el valor medio de una señal de corriente alterna, es 0V.

Estos son conceptos que hemos de ampliar en los capítulos siguientes.

LC (L = INDUCTOR - C = CAPACITOR)

Este botón se emplea para seleccionar si hemos de medir una bobina (inductor) o un capacitor.

BACKLIGHT (LUZ DE FONDO)

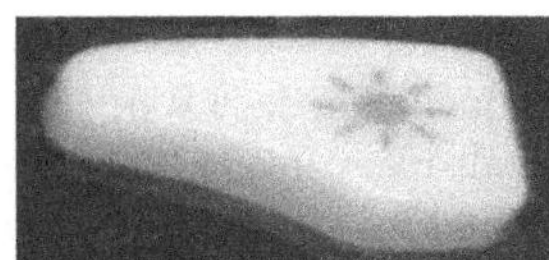

Este botón se emplea para iluminar el display en los casos en los que nos encontremos por ejemplo, en lugares donde no tenemos la luz suficiente para leer el resultado de la medición.

CONEXIÓN DE TERMINALES

En los ejemplos siguientes, los terminales rojo y negro del tester, se muestran como referencia de donde deben ser conectados, para cada una de las posibilidades de medición.

Tenga presente que en la parte inferior del tester (terminales de entrada) podemos encontrar las siguientes opciones de conexión:

TERMINALES DE ENTRADA

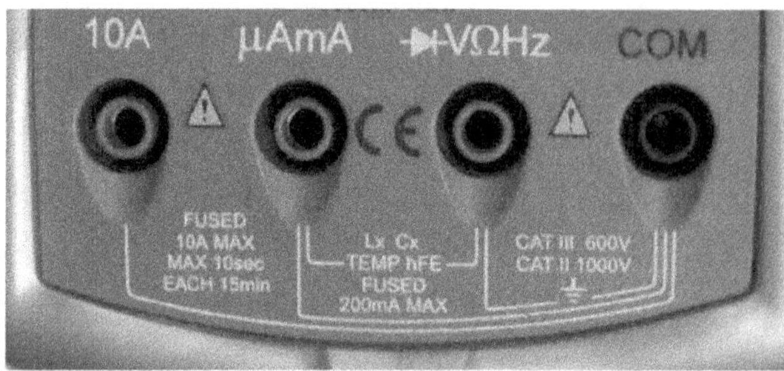

(RESISTENCIA)

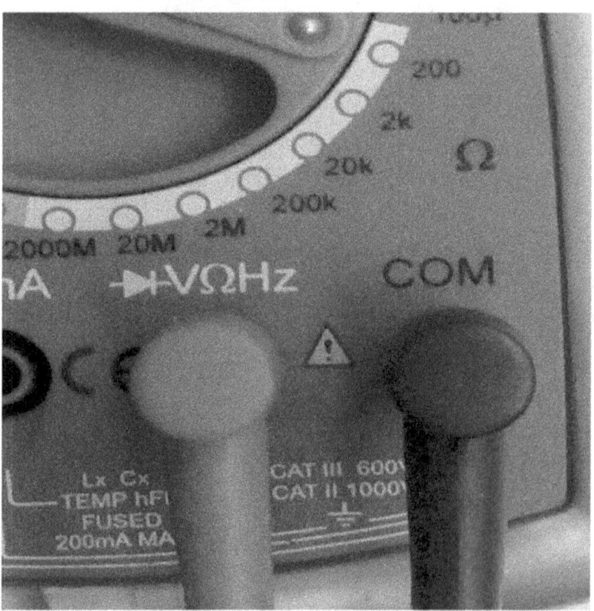

El símbolo omega tal cual lo hemos aprendido en el capítulo I, representa la unidad de resistencia. En la imagen se observa que en el tester elegido para trabajar, el rango de resistencias a medir va desde 200Ω hasta 2000M (2 GΩ).

Este es también el rango elegido para la medición de la R de 120 Ω de nuestro proyecto, dado que conociendo el valor de la R, se debe elegir la escala más cercana, a fin de obtener mayor precisión en la medición.

Como se observa en la imagen, el terminal rojo del tester (*a la izquierda*) debe ser conectado de la siguiente forma:

Terminal Negro: COM (común).

Terminal Rojo: en el conector que identifique el tipo de medición a realizar, en este caso Ω

TENSIÓN DE ALTERNA O CONTINUA

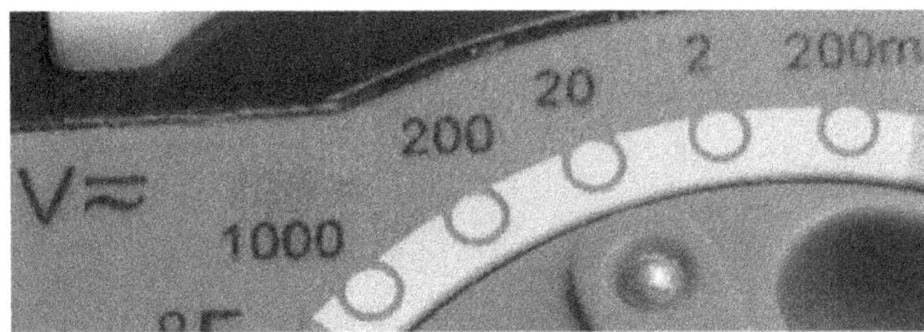

Para la medición de una tensión de corriente alterna o continua, deberemos tener en cuenta los siguientes pasos:

1° Realizar la selección de corriente alterna o continua.

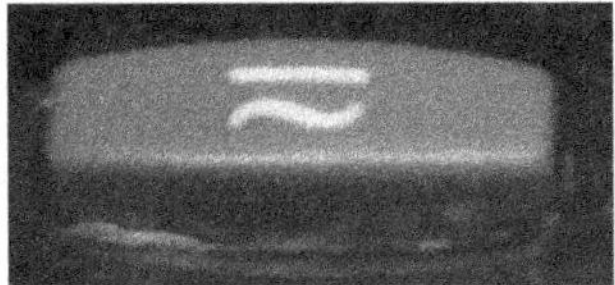

2° Para los casos en que el tester no sea auto rango, se debe realizar la selección del rango de tensión a medir.

Para el tester de la figura, los rangos de tensión de trabajo son:

Vcc (tensión de corriente continua) → 200mV a 1000V.
Vca (tensión de corriente alterna) → 750V en autorango.

3° Para la medición de tensión, tanto de corriente alterna como de corriente continua, los terminales rojo y negro deben estar conectados de la siguiente forma:

MEDICIÓN DE CORRIENTE ALTERNA O CONTINUA

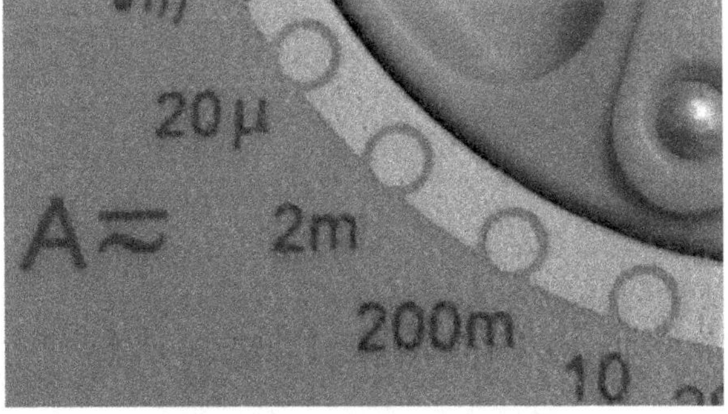

En la figura, se observa que el rango de corriente que podemos medir con el tester elegido para nuestro trabajo, es de 20µA a 10A.

Para la medición de corriente alterna o continua, deberemos tener en cuenta los siguientes pasos:

1º Realizar la selección de corriente alterna o continua.

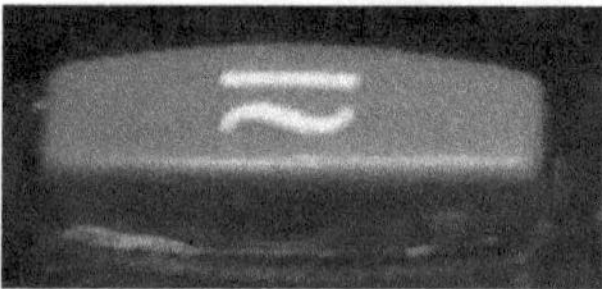

2º Seleccionar la escala dentro del valor de corriente a medir.

3º En el panel de terminales de entrada, deberá tener presente lo siguiente:

Para la medición de pequeñas corrientes, en el rango de 20µA a 200ma, las puntas deben ser conectadas en la siguiente posición:

Para la medición en cambio de corrientes mayores, y dentro del rango de 10A, las puntas deben ser conectadas en la siguiente posición.

MEDICIÓN DE BOBINAS

Lo primero que debemos hacer para la medición de una bobina (L), es seleccionar dicho componente. A esta opción ya la hemos descrito líneas arriba.

Luego y tal cual hemos definido al momento de presentar el transformador, las bobinas también llamadas inductores, se representan por la letra L, y su unidad es el Henrio.

Como identificación entonces de la unidad Henrio, es que observamos en la siguiente figura, la denominación H para la identificación de medición de bobinas o inductores. La denominación LX, a continuación de la letra H, significa "reactancia inductiva" lo cual es una referencia del valor resistivo que posee una bobina, en corriente alterna.

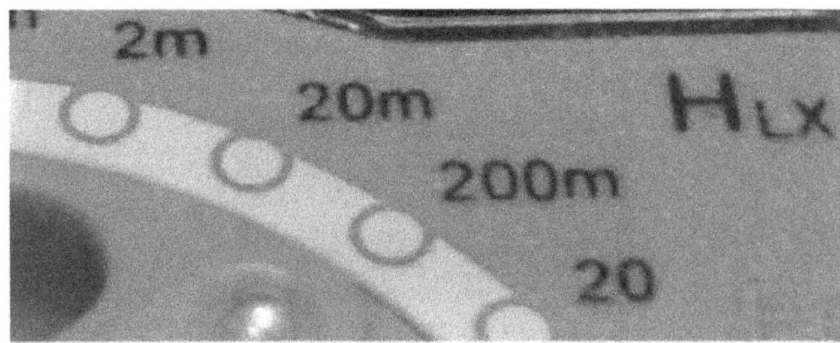

En la figura observamos también, que el rango de bobinas a medir con el tester elegido para nuestro trabajo, es de 2mH a 20H.

En la imagen siguiente, observamos la posición que deben de tener las puntas del tester en los terminales de entrada, para realizar la medición de una bobina.

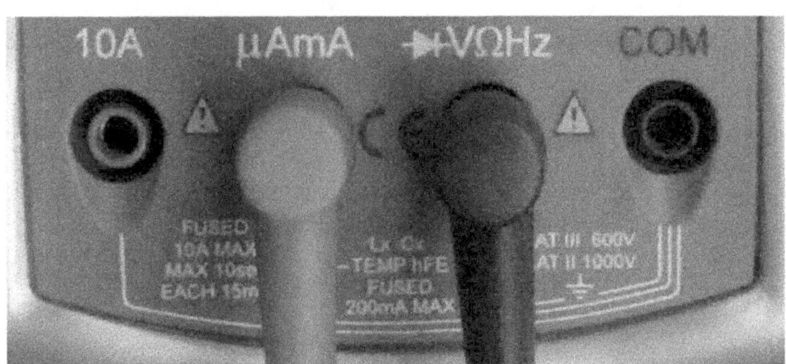

A fin de que aquellos lectores que se introducen en el conocimiento de la electrónica, puedan tal cual es el objetivo de este libro, formarse con un concepto profundo en esta maravillosa ciencia, voy a adelantar algunos conceptos los cuales deben ser profundizados en los volúmenes siguientes de Electrónica e Informática Aplicada, respecto al comportamiento de los elementos R-L-C, en corriente alterna.

Para lo cual vamos a recordar que en nuestro trabajo con resistencias en corriente alterna, en la unidad N° 1, dijimos que en una resistencia, la corriente y la tensión están en fase, lo cual y tal cual vimos, simplifica su análisis. Pero debemos tener en cuenta, que antes de iniciar nuestro trabajo con corriente alterna, deberemos a futuro conocer tanto la naturaleza de la misma, como los elementos de la matemática que intervienen en su análisis, y es en dicho análisis por ejemplo, donde vemos que tanto el comportamiento de la tensión como el de la corriente, pueden ser representados vectorialmente. Del mismo modo, veremos también, que el movimiento que los mismos realizan cubre un ángulo de 360° o 2π, y a su vez, la velocidad con que ese vector se mueve se llama velocidad angular, y se representa con la letra ω, siendo dependiente de la frecuencia, por lo que se expresa:

$$\omega = 2\pi.f$$

Y también veremos más adelante entonces, el significado de:

$$XL = \omega L$$

Con lo que podemos ir pensando que la resistencia de una bobina en corriente alterna, depende de la frecuencia. Recuerde también que la reactancia inductiva es la oposición al flujo de corriente y, que a diferencia de lo que también ocurre en la resistencia, si ignoramos su resistencia interna, la bobina no disipa

MEDICIÓN DE CAPACITORES

Lo primero que debemos hacer para la medición de un capacitor (C), es la selección de medición de capacitor, acción que ya ha sido representada.

Luego, y tal cual vimos también en el presente capítulo cuando presentamos los capacitores, la unidad de capacidad es el Faradio, motivo por el cual en la imagen del panel de selección de medición de capacitores, observamos la letra F. Donde al igual que vimos sucedía para las bobinas, seguido a la identificación, aparece la denominación CX, lo cual significa reactancia de un capacitor o reactancia capacitiva, y puede medirse en ohms. La reactancia capacitiva es la oposición al flujo de carga, la cual da por resultado el intercambio continuo de energía entre la fuente y el campo eléctrico del capacitor.

Al igual que hicimos con el inductor, podemos adelantar que la reactancia capacitiva, es igual a:

$$XC = \frac{1}{\omega C}$$

Fórmula de la que podemos deducir que a mayor frecuencia, menor resistencia. Dado que también definimos que $\omega = 2\pi.f$, donde f es la frecuencia y ω es la velocidad angular.

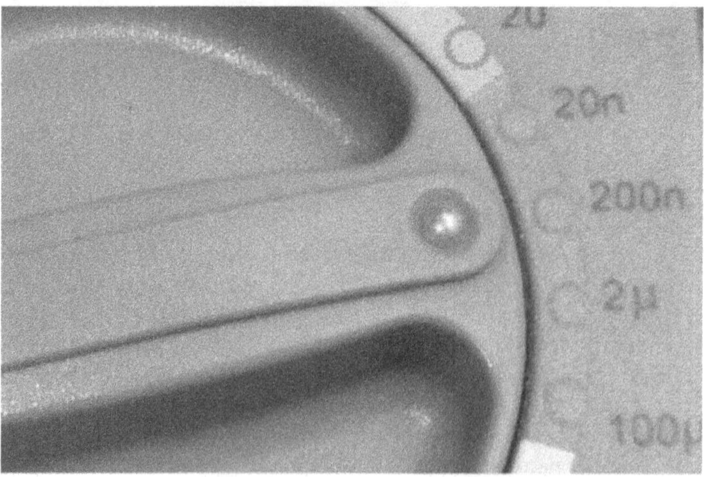

En la figura anterior observamos que el rango de capacitores a medir con el tester elegido para nuestro trabajo, es de 20nF a 100μF.

En la imagen siguiente, observamos la posición que deben de tener las puntas del tester en el panel de bornes de conexión, para realizar la medición de un capacitor.

CONTINUIDAD Y DIODOS

Ya sea para testear continuidad o diodos, se debe posicionar la llave selectora giratoria en la siguiente posición:

Del mismo modo, tanto para testeo de continuidad como para el testeo de diodos, la posición que deben de tener las puntas del tester en el panel de bornes de conexión, es la siguiente:

CONTINUIDAD

Medir continuidad eléctrica, significa comprobar si por ejemplo en una pista de un circuito, o un cable, existe circulación de corriente eléctrica. En caso contrario, la pista está abierta y/o el cable cortado en algún punto.

De lo dicho anteriormente, se deduce entonces, que si por ejemplo tomáramos un cable y pusiéramos en un extremo del cable uno de los terminales del tester, y en el otro extremo el segundo terminal, si el cable no está cortado, el tester debería emitir un pitido (beep).

Ahora bien, el pitido que emite el tester, lo emiten aquellos testers que al momento de adquirirlos, dan la indicación de tester con beeper. La traducción y/o significado de la palabra beeper, es: dispositivo emisor de tonos breves.

Debemos tener en cuenta también que en muchos testers, para poder emplear la opción beeper, además de la selección de beeper, debemos seleccionar también la opción de corriente continua.

Para el ejemplo anterior de testeo de cable con beeper, debemos apreciar también que en caso de existir continuidad (conducción), el tester indicaría en el display 000, y en caso de que el cable testeado estuviera cortado, el tester daría la indicación OL o un valor tipo 216, dependiendo esto del modelo de tester empleado. OL significa out limit (fuera de límite), es decir, que para este caso, el tester emite (hace circular) a través de su circuitería interna una corriente, pero debido a que el cable está cortado, el tester percibe la existencia de una resistencia tan alta, que la corriente no puede circular.

Los testers analógicos por ejemplo, no poseen la opción de beeper, siendo empleado para el testeo de cables o continuidad, el tester como ohmetro en una escala baja. En caso de no existir rotura en el cable, el tester marcaría un valor cercano a los 0Ω, y un valor tendiendo a infinito ∞, en caso de corte o rotura del

El símbolo o imagen de la opción beeper, es:

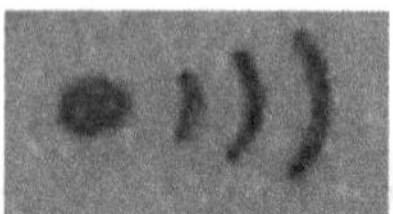

En el presente capítulo, hemos definido tanto que es un diodo, como así también cual es su símbolo eléctrico. La función diodo del tester, nos permite comprobar el estado tanto de los diodos LED, como así también el de los diodos rectificadores, pudiendo inclusive realizar la identificación de sus terminales, ánodo o cátodo.

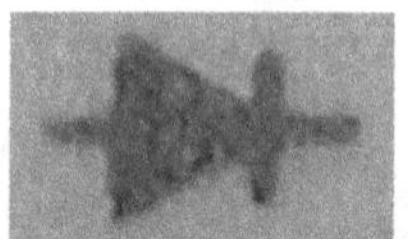

Imagen de la comprobación del estado de un diodo LED.

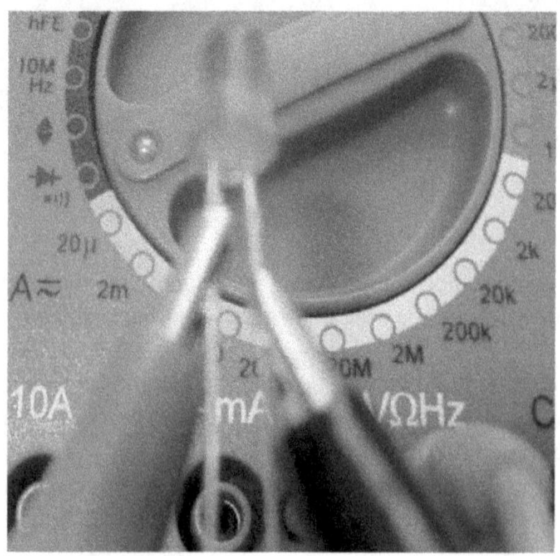

Imagen de la comprobación del estado de un diodo rectificador.

Modo de testeo de diodos LED:

El tester emite internamente una corriente, la cual en caso de que el diodo este polarizado en directa (ánodo + con la punta roja, y cátodo – con la punta negra), si su estado es bueno, enciende (emite luz).

Modo de testeo de un diodo rectificador:

Para el caso de diodos rectificadores, recuerde que el cátodo posee una mueca (línea generalmente de color blanco o gris), la cual permite su identificación. Del mismo modo, para el testeo de estos diodos, se debe conectar la punta negra a la parte que posee la mueca, y la punta roja al otro extremo. En caso de que el estado del diodo sea bueno, el display del tester da la indicación 0,7. Tenga presente que cuando tratemos en las ediciones posteriores sobre semiconductores, veremos que en la juntura de un material tipo p, y la juntura de un material tipo n (conformación de un diodo), se produce lo que se conoce como zona de deplexión, en la cual existe una barrera de potencial. Para superar esta barrera de potencial se debe aplicar una tensión de 0,7 V para que los electrones puedan pasar de una zona a la otra.

En caso de que el diodo estuviera en mal estado, el tester daría la indicación 1 (indicación también de resistencia tendiendo a infinito, lo cual no permite la circulación de corriente).

TTL LOGIC TEST

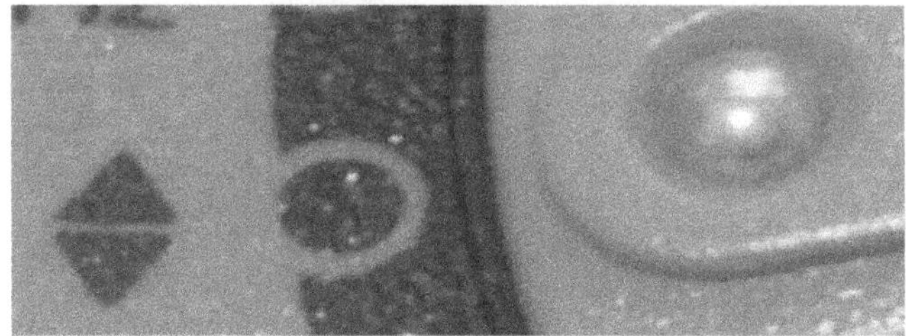

Tal cual hemos definido en la introducción del capítulo, la tecnología TTL tiene como una de sus principales características el empleo de valores de tensión discretos, 0 V (low state) y 5 V (high state). Con esta opción de testeo podemos entonces identificar un nivel lógico alto, o un nivel lógico bajo en cualquier nodo, pin o terminal de un componente en un circuito que emplea valores TTL.

FRECUENCIA

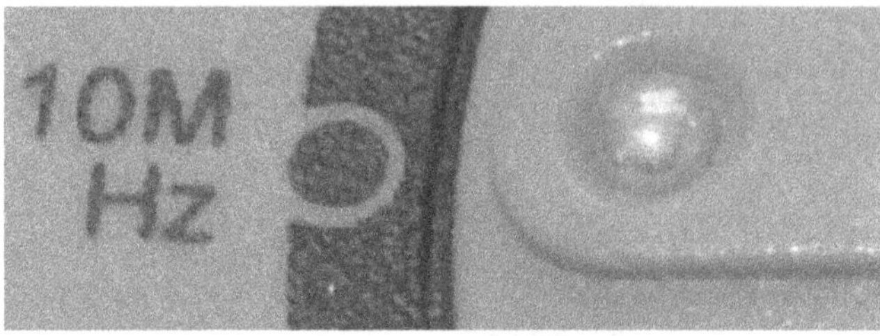

Esta opción de tester nos permite medir frecuencias hasta un valor de 10 MHz. Como ejemplo de aplicación de esta opción tenemos la de medir la frecuencia de trabajo de un cristal de cuarzo, en el circuito básico de configuración de un microcontrolador.

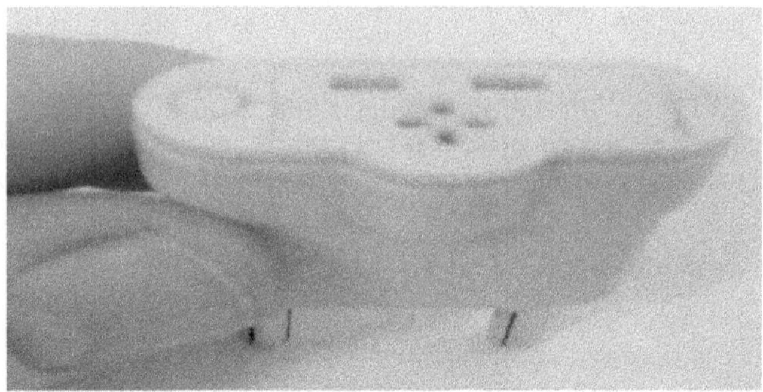

El hFE, es la ganancia de corriente de un transistor. En los volúmenes siguientes, veremos que el transistor es un dispositivo semiconductor, amplificador de corriente. El hFE por tanto, es una indicación de las veces que un transistor amplifica (gana) corriente. De acuerdo a su fabricación, en transistores de baja potencia, tenemos transistores PNP y NPN, lo cual queda de manifiesto en la indicación de la ficha banana (ficha provista para la inserción de transistores, de acuerdo a su tipo, para su posterior medición).

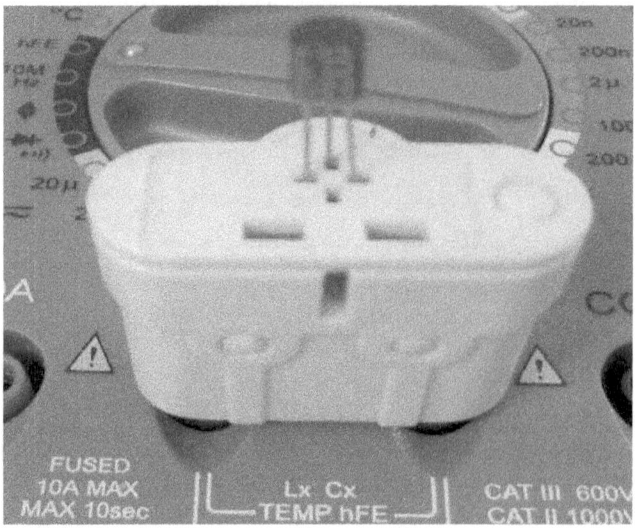

TEMPERATURA

Cotidianamente estamos acostumbrados a leer los grados centígrados cuando buscamos una referencia de la temperatura. Sin embargo, existe también confusión en la gente cuando se habla de grados Celsius, y más aun cuando se menciona que la unidad de temperatura en el Sistema Internacional de Unidades, es el Kelvin.

Debemos tener en cuenta que el grado Celsius se simboliza como °C, y es el empleado en la actualidad. Y que dicha unidad fue creada como escala de temperatura por Anders Celsius, perteneciendo al Sistema Internacional de Unidades, como unidad derivada, dado que la Unidad Básica de Temperatura es el Kelvin. La escala Celsius, asigna el valor 0 °C al agua en proceso de fusión, y asigna el valor 100 °C, al agua en proceso de ebullición.

La relación para la conversión entre grados Celsius y Kelvin, es la siguiente:

$$t(°C) = T(K) - 273{,}15$$

El grado Fahrenheit, se emplea como unidad, principalmente en países de origen anglosajón, y fue propuesta por Daniel Gabriel Fahrenheit, estableciendo la temperatura de congelación del agua en 32 °F, y la temperatura de evaporación en 212 °F.

La relación para la conversión entre grados Fahrenheit y grados Kelvin, es la siguiente:

$$t(°C) = t(°F) - 32/1{,}8$$

°C - GRADO CELSIUS

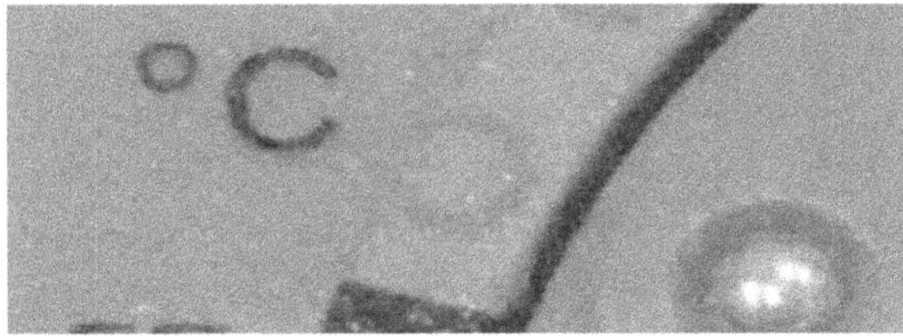

Para la medición de temperatura, se debe emplear la termocupla, tal cual se observa en la siguiente figura:

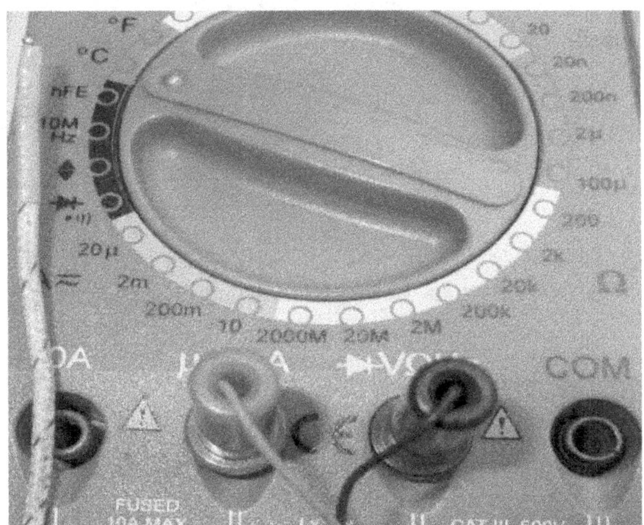

GRADOS FAHRENHEIT

También para la medición de temperatura en grados Fahrenheit, se debe emplear la termocupla.

TECNOLOGÍA DE MONTAJE SUPERFICIAL - SMT

La Tecnología de Montaje Superficial (Surface Mount Technology) emplea componentes SMD (Surface Mount Device).

Los componentes o dispositivos SMD, se diferencian básicamente de los componentes de inserción (tecnología THT), en que no poseen pines de conexión lo que redunda entre otras cosas en la disminución de tamaño.

Imagen de un diodo LED de inserción (arriba), y un diodo LED SMD (abajo).

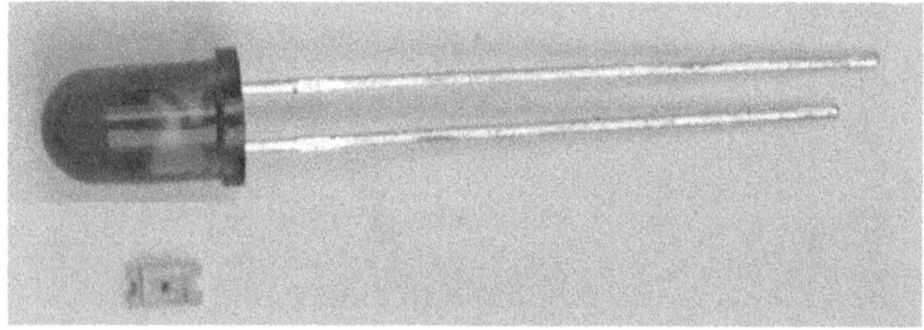

Imagen de un Capacitor de inserción (arriba), y un Capacitor SMD (abajo).

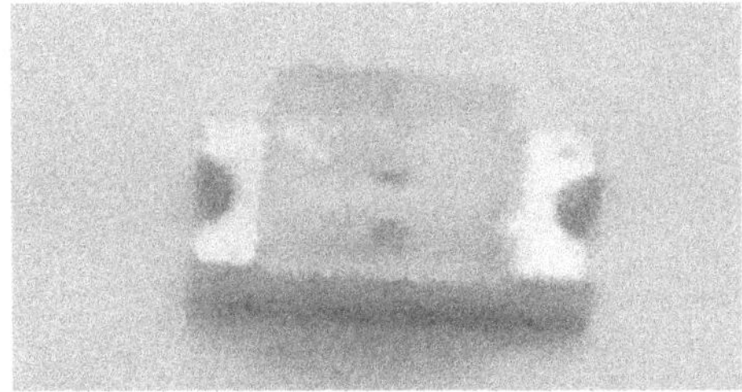

Tal cual se observa en la imagen, los componentes de montaje superficial, poseen en el propio encapsulado (laterales), los extremos metalizados para la soldadura del componente.

Es posible combinar los componentes SMD con componentes THT, obteniendo de esta forma una técnica de montaje mixta.

A los dispositivos SMD, se los denomina en función de su largo y ancho.

Ejemplo: Capacitor Cerámico SMD 1206, significa 0,12 x 0,06 de pulgada.

A la hora de adquirir un componente de montaje superficial, debemos tener presente de acuerdo a nuestra necesidad, y al fabricante de componentes que empleemos, características tales como:

- Tipos de pines.
- Tipos de encapsulados.

CAPÍTULO III

ELECTRÓNICA DIGITAL

En este tercer capítulo, vamos a introducirnos nuevamente en el estudio y trabajo de esta segunda área o rama de la electrónica, llamada electrónica digital, a través de un nuevo proyecto práctico, denominado "DECODIFICADOR BINARIO A SIETE SEGMENTOS CON INDICACIÓN DE PESO BINARIO EN LED". Destacamos también que al igual que hicimos en el CAPÍTULO II de Electrónica Analógica, necesitamos adquirir para el desarrollo de dicho proyecto, la base o fundamento del trabajo en electrónica digital, por lo que hemos de aprender y familiarizarnos con los sistemas de numeración, los métodos de conversión entre los distintos sistemas de numeración, y la aplicación de los mismos.

DECODIFICADOR BCD A 7 SEGMENTOS CON INDICACIÓN DE PESO BINARIO EN LED

CIRCUITO ELÉCTRICO

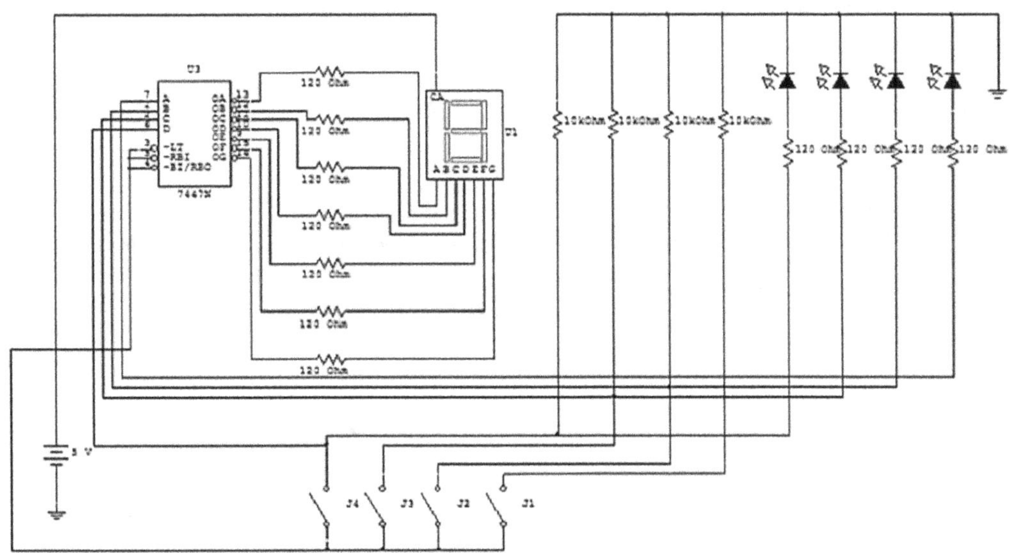

Listado de materiales: 1 CI 74L547N; 1 display de 7 segmentos Ánodo común; 1 zócalo para CI-2x8 tipo DIP; 5 llaves tipo tecla; 5 diodos LED's rojos; 5 R de 120 Ω; 4 R de 10 K Ω; 1 conector Bahana Hembra Rojo y 1 Negro; 1 gabinete plástico.

FOTO DEL MONTAJE FINAL DEL PROYECTO

Figura 3.1. Circuito decodificador.

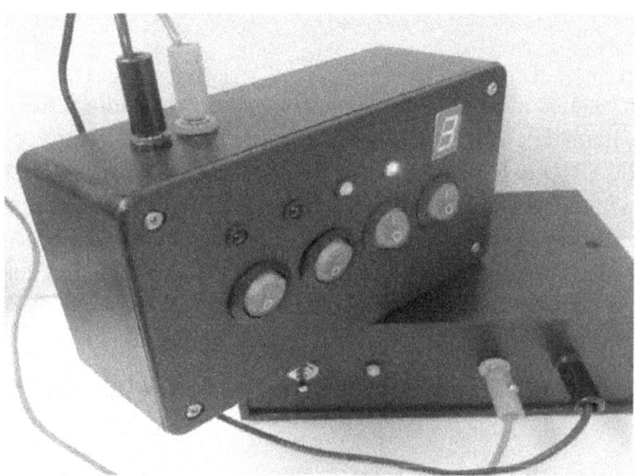

Figura 3.2. Circuito decodificador conectado a fuente TTL.

PRINCIPIO DE FUNCIONAMIENTO

Este segundo proyecto, posee como finalidad la de emplear entre otros el circuito integrado decodificador 74LS47, para controlar un display de 7 segmentos. El proyecto posee 4 llaves, las cuales representan los pesos o potencias binarias del 0 al 3. Cuando el usuario introduce un código, tal cual se observa en la figura 3.2 (0011), dicho valor es introducido a las 4 líneas de entrada correspondientes del circuito integrado decodificador, el cual decodifica el valor de salida correspondiente (3 decimal para este caso). Y donde además de ser visualizado el valor decimal correspondiente al valor binario ingresado, se emplean 4 diodos LED, los cuales dan una indicación del peso o potencia binaria que ha sido ingresado. Para el ejemplo de la figura 3.2, se encienden el primer y segundo diodos, los cuales corresponden a las potencias 0 y 1. Recuerde que tal cual se ejercitará en el presente capítulo $2^0 = 1$ y $2^1 = 2$, y $2 + 1 = 3$.

Observe también que para la alimentación del proyecto, se emplea la fuente de tensión TTL, la cual hemos implementado en el capítulo II.

INTRODUCCIÓN

Sin lugar a dudas es importante destacar aquello que hemos dicho en el prefacio del presente libro, respecto a la relación existente en la tecnología actual, entre la electrónica analógica, la electrónica digital, la electrotecnia, la informática y la programación. A este respecto, es fundamental destacar también la importancia que tiene tanto en el trabajo con las computadoras, como en las aplicaciones de electrónica digital y microcontroladores, el empleo del sistema de numeración binario, ya sea para la transmisión de información, como así también para el trabajo entre operandos. De igual modo, debemos destacar el empleo del sistema de numeración hexadecimal para el mapeo de memoria en los microcontroladores y la selección de color en la programación en HTML, entre otros.

DISPLAY DE 7 SEGMENTOS

El display de 7 segmentos, es un componente electrónico el cual se emplea para la visualización de números o determinados caracteres. En su composición básica, está compuesto de 7 segmentos, los cuales se denominan con las letras 'a' a la 'g ', y el punto decimal 'dp', empleado en aplicaciones con varios display de 7 segmentos, para indicar el punto decimal.

Figura 3.3. Imagen de un display de 7 segmentos.

Figura 3.4. Aspecto físico - Superior e Inferior.

DISTRIBUCIÓN DE SEGMENTOS

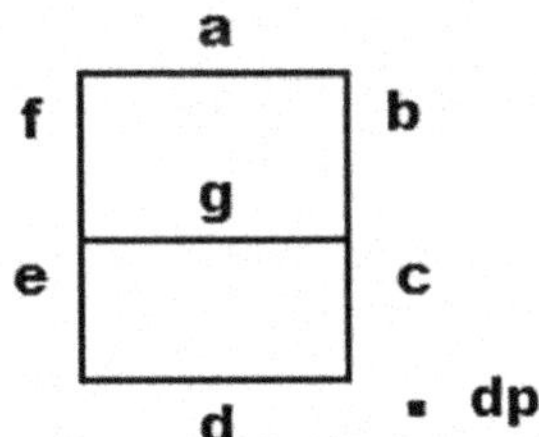

Figura 3.5. Distribución de segmentos.

En su implementación física, un display de 7 segmentos equivale a 8 diodos LEDs (contando el dp). Conectados internamente entre sí a su Ánodo o Cátodo, de acuerdo al 7 segmentos necesario o requerido para el proyecto en cuestión. Comercialmente, podemos emplear entonces displays Ánodo o Cátodo común.

MODO DE IDENTIFICACIÓN DE TIPO Y SEGMENTOS

Debemos tener en cuenta también que los display de 7 segmentos, difieren de acuerdo al fabricante, en su distribución de pines (pin out) motivo por el cual antes de emplear los mismos, debemos identificar a que pin corresponde cada segmento.

Un método práctico para el reconocimiento del tipo (ánodo o cátodo común) y el de cada segmento. Consiste en conectar en serie a la salida de la fuente TTL de 5Vcc, una resistencia tal cual la empleada para el diodo testigo en el proyecto de fuente, y de los 5 pines superiores o inferiores (ver imagen), tocar con el extremo libre de la resistencia el pin central, y con el terminal negativo de la fuente, alguno de los pines restantes. Si dicho pin se enciende, habremos identificado que el 7 segmentos en cuestión es Ánodo Común.

Si el contacto con dicho pin no enciende ningún segmento, debemos invertir la polaridad elegida para la prueba, es decir, conectar el terminal negativo de la fuente al pin central, y tocar el pin elegido con el terminal libre de la resistencia. Si se enciende un segmento, habremos hallado que el 7 segmentos en cuestión es Cátodo Común.

Puede darse el caso de que habiendo probado con positivo y negativo al pin de alimentación, no encienda ningún segmento, lo cual es una indicación de que el 7 segmentos está quemado.

A medida que vamos encontrando el pin correspondiente a cada segmento, debemos ir anotándolo en una hoja, a fin de recordarlo para las conexiones siguientes.

Otro detalle de implementación importante, es que si bien cada 7 segmentos posee 2 pines de alimentación (uno arriba y otro en la hilera de pines inferior) debemos emplear uno solo.

DECIMAL CODIFICADO EN BINARIO (BCD)

BCD = Binary Coded Decimal.

Un tipo de código BCD es el código 8421, el cual se emplea para representar los dígitos o números decimales del 0 al 9, empleando un código binario de cuatro bits.

La denominación 8421, proviene de los pesos o potencias de los cuatro bits necesarios para representar el sistema BCD:

$$2^3 = \mathbf{8},\ 2^2 = \mathbf{4},\ 2^1 = \mathbf{2},\ 2^0 = \mathbf{1}$$

Debemos tener en cuenta que con cuatro bits, podemos obtener:

$$\mathbf{2^4} = 16 \text{ bits o estados.}$$

Donde corresponde:

Número decimal	0	1	2	3	4	5	6	7	8	9
Número binario	0000	0001	0010	0011	0100	0101	0110	0111	1000	1001

Figura 3.6. Equivalente decimal - binario, del 0 al 9.

Observemos también que debido a que los elementos básicos del sistema decimal son diez (0 al 9), las seis combinaciones restantes (1010, 1011, 1100, 1101, 1110, 1111), son consideradas como no válidas.

SISTEMAS DE NUMERACIÓN

Recordemos que un sistema de numeración, es un conjunto de símbolos y reglas de generación, las cuales permiten construir todos los números válidos. Cada sistema de numeración posee sus propias reglas.

Es importante también destacar que en nuestro trabajo en electrónica digital, hemos de trabajar con diferentes sistemas de numeración, decimal (para alguna indicación de posición o cantidad), binario, hexadecimal. Por lo que deberemos dar indicación del sistema de numeración que estamos empleando, y a fin de evitar confusiones o errores, añadir al representar una cantidad, un subíndice a la derecha de la misma, con la identificación del sistema de numeración empleado.

Así por ejemplo, para representar el número diez del sistema decimal (10), lo indicamos como10_{10}, debido a que si lo representáramos simplemente como 10, podría quedarnos la duda de que se tratara del número binario 2, el cual se representa como 10. Del mismo modo que podríamos considerar también, que se tratara del número 16 en el sistema hexadecimal, el cual también se representa como 10.

Por consiguiente, si quisiéramos entonces indicar el número 2 del sistema binario, lo indicaríamos como 10_2, o para representar el número 16 del sistema hexadecimal, lo representamos como 10_{16}.

La base de un sistema de numeración posicional, es el número de símbolos permitidos.

Que un sistema de numeración sea posicional, significa que el valor de un dígito, depende tanto del símbolo utilizado, como de la posición que ese símbolo ocupa en el número.

Recuerde también que a los números de una cifra, se los llama números dígitos, a los de más de una cifra polidígitos.

SISTEMA DE NUMERACIÓN DECIMAL

Podemos definir al sistema de numeración decimal, también llamado sistema decimal, como un sistema de numeración posicional, en el cual las cantidades se representan empleando como base aritmética, las potencias del número diez.

Los diez símbolos (cifras), que componen el sistema decimal, son: 0, 1, 2, 3, 4, 5, 6, 7, 8, 9. Por tanto, el sistema de numeración decimal es un sistema en base 10 (tiene 10 símbolos). Estos símbolos son atribuidos a los árabes y se los llama por esta razón cifras arábigas. Recuerde también que el nombre dígito, proviene de la palabra latina "digitus", que quiere decir dedo, y se debe a que los números dígitos, pueden contarse con las manos.

La potenciación, es una operación matemática entre dos términos denominados base a y exponente n, y se escribe como a^n.

Los pesos para los números enteros, son las potencias positivas de base diez, las cuales aumentan de derecha a izquierda, comenzando por $10^0 = 1$.

$$\ldots\ 10^3 \quad 10^2 \quad 10^1 \quad 10^0$$

Para números fraccionarios, los pesos son las potencias negativas de base diez, las cuales decrecen de izquierda a derecha, comenzando por 10^{-1}.

$$\ldots\ 10^3 \quad 10^2 \quad 10^1 \quad 10^0 \quad 10^{-1} \quad 10^{-2} \quad 10^{-3}$$

Es importante también destacar en este punto, que como sabemos, los diez símbolos (dígitos) del sistema decimal, no se limitan a expresar únicamente diez cantidades diferentes, dado que para indicar la magnitud de una cantidad, empleamos varios dígitos en las posiciones adecuadas.

EJEMPLO 3.1

Si quisiéramos expresar la cantidad 39, emplearíamos en sus respectivas posiciones dentro del número, el dígito 3 para representar la cantidad treinta, y el dígito 9, para representar la cantidad de 9.

"La posición de cada dígito en un número decimal, indica la magnitud de la cantidad representada, en concordancia también con la potencia o peso".

3 9

Si recordamos las potencias de diez vistas líneas arriba, tenemos:

$$10^1 \quad 10^0$$

Para lo cual nos será útil también, el empleo de la siguiente tabla:

Potencia	Valor
10^0	1
10^1	10
10^2	100
10^3	1000
10^4	10000
10^5	100000

Figura 3.7. Potencias de diez y su valor equivalente.

Entonces:

$$3 \text{ x } (10^1) = 3 \text{ x } 10 = \mathbf{30} \text{ y } 9 \text{ x } (10^0) = 9 \text{ x } 1 = \mathbf{9}$$

$$30 + 9 = 39$$

EJEMPLO 3.2

Representar la conformación del número $\mathbf{54}_{10}$, empleando el método de las potencias de diez, aplicadas a la posición de cada digito o número.

5 4

RESOLUCIÓN:

$$5 \text{ x } (10^1) = 5 \text{ x } 10 = \mathbf{50} \text{ y } 4 \text{ x } (10^0) = 4 \text{ x } 1 = \mathbf{4}$$

$$50 + 4 = 54$$

EJEMPLO 3.3

Representar la conformación del número 1093_{10}, empleando el método de las potencias de diez, aplicadas a la posición de cada digito o número.

1 0 9 3

RESOLUCIÓN:

$$^{3}) = 1 \text{ x } 1000 = \mathbf{1000} \text{ - } 0 \text{ x } (10^2) = 0 \text{ x } 100 = \mathbf{0} \text{ - } 9 \text{ x } (10^1) = 9 \text{ x } 10 = \mathbf{90} \text{ - } 3 \text{ x } (10^0) = 3 \text{ x } 1 = 3.$$

$$1000 + 0 + 90 + 3 = 1093$$

SISTEMA DE NUMERACIÓN BINARIO

Podemos también definir al sistema de numeración binario, como un sistema de numeración posicional, en el cual las cantidades se representan empleando como base aritmética, las potencias del número dos.

La palabra Binar, del latín *binarius*, significa doble. Binario significa compuesto de dos elementos, lo cual y aplicado al sistema de numeración binario, significa que el mismo está compuesto de dos elementos, a los cuales se les suele llamar también bits, o dígitos.

Los dos dígitos que componen el sistema binario, son: 0 y 1. Por tanto, el sistema de numeración binario, es un sistema de base 2 (tiene 2 símbolos).

Para la comprensión del trabajo y la electrónica digital, resulta fundamental e imprescindible tanto la correcta asimilación del sistema de numeración binario, como así también la familiarización con el mismo por medio de la ejercitación y su empleo.

Recuerde que en el prefacio del libro, hemos dicho que en el trabajo en electrónica digital, la cual lleva en el presente la vanguardia con el empleo en sistemas de televisión, comunicaciones, informáticos, sistemas microcontrolados, el sistema de numeración binario tiene un doble rol (o función), debido a que se emplea tanto en la manipulación de datos, como así también en la detección o identificación de valores eléctricos, los cuales se traducen como 5V igual a '1' lógico, y 0V igual a '0' lógico, o un sistema que conmuta entre '1' o 5 V (on), y un '0' o 0 V (off).

En cuanto al trabajo con el sistema de numeración binario, debemos tener en cuenta que es similar al trabajo que cotidianamente realizamos al emplear el sistema decimal. Cuando empleamos el sistema de numeración decimal, y debemos adicionar una unidad al número 9. Dado que 9 es el valor máximo en las unidades, se genera un cero (0) en las unidades, y se acarrea un 1, a las decenas.

$$\begin{array}{r} 9 \\ + \quad 1 \\ \hline 10 \end{array}$$

De esta forma y tal cual sabemos, se logra incrementar el valor de forma infinita, dado que el proceso se repite.

Al trabajar con números binarios, ocurre exactamente lo mismo, es decir que si al primer elemento, 0 le incremento 1, obtengo:

$$\begin{array}{r} 0 \\ + \quad 1 \\ \hline 1 \end{array}$$

Si luego a este resultado le sumo 1, no poseo ya más elementos en la primera posición o peso, por tanto, al igual que ocurre en el sistema decimal cuando no poseo más elementos en las unidades, debo producir el acarreo de una unidad (dígito o bit) al peso siguiente, obteniendo:

$$\begin{array}{r} 1 \\ + \quad 1 \\ \hline 10 \end{array}$$

Recuerde que el sistema binario es un sistema de base dos, es decir que posee solamente dos elementos que lo componen, por tanto los valores siguientes, habrán de formarse siempre empleando únicamente 0s y 1s.

En la siguiente tabla, se representan los números binarios hasta el equivalente decimal 15.

Número Decimal	Número Binario
0	0 0 0 0
1	0 0 0 1
2	0 0 1 0
3	0 0 1 1
4	0 1 0 0
5	0 1 0 1
6	0 1 1 0
7	0 1 1 1
8	1 0 0 0
9	1 0 0 1
10	1 0 1 0
11	1 0 1 1
12	1 1 0 0
13	1 1 0 1
14	1 1 1 0
15	1 1 1 1

Figura 3.8. Equivalente decimal - binario, del 0 al 15.

De la observación de la tabla, podemos obtener varias conclusiones:

1°) El sistema empleado para la obtención de la misma, es el tomado en el ejemplo anterior, en el cual la conformación del número siguiente, se obtiene adicionando una unidad al anterior.

Tal como:

$$\begin{array}{r} 0111 \\ + \quad 1 \\ \hline 1000 \end{array}$$

2º) Si observa la tabla con atención, verá que un método que podemos emplear para la comprobación del resultado de la misma, es que dado que cada dígito o bit empleado representa un peso o posición, el primero de la derecha por ejemplo, corresponderá al valor del dígito, multiplicado por $2^0 = 1$, lo cual significa que siempre que el dígito sea cero, al multiplicarlo por uno, obtendremos como resultado cero, y siempre que el dígito empleado sea uno, el resultado será uno multiplicado por uno, igual a uno. Lo cual sugiere que = 1 y que cada valor, tiene posibilidad de generarse una sola vez, por tanto en la primer columna desde la derecha, el primer valor será 0, el segundo un 1, y de esta forma obtendremos consecutivamente un 0 y luego un 1. Del mismo modo, y dado que estamos trabajando con potencias de dos, en $2^1 = 2$, tenemos 2 posibilidades consecutivas de repetición de cada número, en $2^2 = 4$, tenemos 4 posibilidades de repetición consecutiva de cada número, y así sucesivamente.

3º) Para el ejemplo de la tabla, no hemos indicado los valores obtenidos, con los subíndices 10 (decimal) o 2 (binario), debido a que hemos identificado en el encabezado de la tabla, a que sistema de numeración corresponde cada columna.

4º) Podemos observar también de la tabla, que debemos emplear cuatro bits, para contar de 0 a 15, lo que indica que con n bits se puede contar hasta un número igual a:

$$2^n - 1$$

EJEMPLO 3.4

¿Cuántos bits necesitaríamos para contar desde 0 hasta 127?

RESOLUCIÓN:

Dado que trabajamos con potencias de 2, y que $2^7 = 128$, si aplicamos la fórmula anterior, obtenemos:

$$2^n - 1 \rightarrow 2^7 = 128 - 1 = 127$$

ESTRUCTURA DE PESOS DE LOS NÚMEROS BINARIOS

Al igual que ocurre en el sistema decimal, en el sistema binario, el peso o valor de un bit aumenta de derecha a izquierda.

En un número binario entero, el primer bit desde la derecha, se llama **LSB** (Least Significant Bit – bit menos significativo).

Asimismo, en un número binario entero, el bit más a la izquierda se llama **MSB** (Most Significant Bit – bit más significativo).

EJEMPLO 3.5

Dado el siguiente número binario, exprese que dígito corresponde al LSB, y que dígito corresponde al MSB, exprese también, que peso le corresponde a cada uno.

$$10^2$$

RESOLUCIÓN:

Dado que el número representado es un número entero, y dado que el primer valor desde la derecha, es el cero. Cero corresponde entonces al LSB, cuyo peso además, es 2^0.

Del mismo modo, dado que el número más a la izquierda es 1. 'Uno' es el MSB, y su peso correspondiente es 2^1.

A fin de que nos sirva como guía, la siguiente tabla representa las potencias positivas de 2, es decir números enteros.

2^9	2^8	2^7	2^6	2^5	2^4	2^3	2^2	2^1	2^0
512	256	128	64	32	16	8	4	2	1

Figura 3.9. Potencias positivas de 2.

NÚMEROS FRACCIONARIOS

Como sabemos, una fracción o número fraccionario, es la expresión de una cantidad dividida entre otra, es decir que representa un cociente no efectuado de números.

Ahora bien, los números fraccionarios pueden también ser representados en el sistema binario, colocando bits a la derecha de la coma decimal. La coma decimal se considera a partir de 2^0, los bits situados a la derecha de la coma binaria tienen pesos que son potencias negativas de dos o pesos fraccionarios.

En un número binario con parte fraccionaria, el primer bit a partir de la coma binaria (el primero desde la izquierda), representa el MSB, y su peso se representa como 2^{-1}.

A fin de que nos sirva como guía, la siguiente tabla representa las potencias negativas de dos, es decir números fraccionarios.

2^{-1}	2^{-2}	2^{-3}	2^{-4}	2^{-5}	2^{-6}	2^{-7}	2^{-8}
1/2	1/4	1/8	1/16	1/32	1/64	1/128	1/256
0,5	0,25	0,125	0,0625	0,03125	0,015625	0,007812	0.003906

Figura 3.10. Potencias negativas de 2.

Entre las operaciones que frecuentemente debemos realizar cuando trabajamos con y en sistemas digitales, se encuentra la de convertir números binarios a su equivalente decimal. A continuación veremos cual es el método empleado para realizar dicha conversión.

CONVERSIÓN BINARIO A DECIMAL

El valor decimal de cualquier número binario, puede hallarse sumando los pesos de todos los bits que son 1, y descartando los pesos de todos los bits que son 0.

EJEMPLO 3.6

Convertir a decimal, el siguiente número binario.

10101

RESOLUCIÓN:

Lo primero que debemos hacer, es determinar el peso de cada bit que vale 1, para obtener el número decimal en función de la suma de los pesos de dichos bits.

Recuerde la figura 3.9 Potencias de 2.

2^9	2^8	2^7	2^6	2^5	2^4	2^3	2^2	2^1	2^0
512	256	128	64	32	16	8	4	2	1

Peso	2^4	2^3	2^2	2^1	2^0	
Número Binario	1	0	1	0	1	
Valor de peso	16	-	4	-	1	
Valor Decimal						21_{10}

Es importante resaltar entonces, que en este método los pesos de los bits que valen cero se desechan, dado que en la operación que realizamos aplicamos:

$$\begin{array}{ccccccccc} 1 & & 0 & & 1 & & 0 & & 1 \\ \downarrow & & \downarrow & & \downarrow & & \downarrow & & \downarrow \\ (1 \times 2^4) & & (0 \times 2^3) & & (1 \times 2^2) & & (0 \times 2^1) & & (1 \times 2^0) \\ \downarrow & & \downarrow & & \downarrow & & \downarrow & & \downarrow \\ (1 \times 16) & + & (0 \times 8) & + & (1 \times 4) & + & (0 \times 2) & + & (1 \times 1) \\ \downarrow & & \downarrow & & \downarrow & & \downarrow & & \downarrow \\ 16 & + & 0 & + & 4 & + & 0 & + & 1 = 21_{10} \end{array}$$

EJEMPLO 3.7

Convertir a decimal, el siguiente número binario.

1001010

RESOLUCIÓN:

$$\begin{array}{rccccccc} \text{Peso:} & 2^6 & 2^5 & 2^4 & 2^3 & 2^2 & 2^1 & 2^0 \\ \text{Número binario:} & 1 & 0 & 0 & 1 & 0 & 1 & 0 \\ & \downarrow & & & \downarrow & & \downarrow & \end{array}$$

Equivalente: $(1x64) + (1x8) + (1x2) = 74_{10}$

A fin de asimilar lo aprendido, realicemos ahora la conversión a decimal, del siguiente número fraccionario binario.

EJEMPLO 3.8

Convertir a decimal, el siguiente número binario fraccionario.

0,1010

RESOLUCIÓN:

Recuerde la figura 3.10. Potencias negativas de 2.

2^{-1}	2^{-2}	2^{-3}	2^{-4}	2^{-5}	2^{-6}	2^{-7}	2^{-8}
1/2	1/4	1/8	1/16	1/32	1/64	1/128	1/256
0,5	0,25	0,125	0,0625	0,03125	0,015625	0,007812	0.003906

$$\begin{array}{rccccc} \text{Peso:} & & 2^{-1} & 2^{-2} & 2^{-3} & 2^{-4} \\ \text{Número binario:} & 0, & 1 & 0 & 1 & 0 \\ & & \downarrow & & \downarrow & \end{array}$$

Equivalente: $(1 \times 0{,}5) + (1 \times 0{,}125) = 0{,}625_{10}$

Del mismo modo que hemos aprendido cómo realizar una conversión de un número binario a su equivalente decimal, ahora hemos de aprender cuales son los dos métodos empleados para convertir un número decimal, a su equivalente binario. Dichos métodos son:

- Método de la suma de los pesos.
- Método de la división sucesiva por 2.

CONVERSIÓN DECIMAL A BINARIO

MÉTODO DE LA SUMA DE LOS PESOS

Este método consiste en determinar el conjunto de pesos binarios, cuya suma es igual al número decimal.

Para aplicar este método, podemos emplear nuevamente la tabla del equivalente de los pesos binarios, a fin de recordar que a partir de $2^0 = 1$, los valores siguientes son múltiplos de 2.

EJEMPLO 3.9

$$7_{10} = 4_{10} + 2_{10} + 1_{10} \text{ equivalente a } 2^2 + 2^1 + 2^0$$

Si ahora colocamos los 1s en las posiciones de los pesos apropiados (en este ejemplo, no corresponden 0s), determinamos el número binario, correspondiente al número decimal 7.

$$7_{10} = 111_2$$

EJEMPLO 3.10

Convertir a binario el número decimal 74.

RESOLUCIÓN:

$$74_{10} = 2^6\,(64) + 2^3\,(8) + 2^1\,(2)$$

Si ahora escribimos los 1s del peso que debemos emplear, obtenemos:

2^6	2^5	2^4	2^3	2^2	2^1	2^0
1	0	0	1	0	1	0

Por tanto,

$$74_{10} = 1001010_2$$

MÉTODO DE LA DIVISIÓN SUCESIVA POR 2

En este método como su nombre lo indica, se divide sucesivamente por dos, hasta obtener un cociente cuya parte entera sea igual a 0. Los **restos** generados en cada división forman el número binario. El primer resto es el bit menos significativo (LSB) del número binario y el último resto es el bit más significativo (MSB).

	Resto	
$\frac{21}{2} = 10$	1	→ LSB
$\frac{10}{2} = 5$	0	
$\frac{5}{2} = 2$	1	
$\frac{2}{2} = 1$	0	
$\frac{1}{2} = 0$	1	→ MSB

Número binario equivalente entonces: 1 0 1 0 1

En la ecuación se observa que una vez que el cociente ha sido cero, la operación termina, y se toma luego el primer resto como bit menos significativo (LSB), y el último resto como bit más significativo o (MSB).

EJEMPLO 3.11

Dado el siguiente número decimal, convertir a binario empleando el método de la división sucesiva por 2.

$$42_{10}$$

	Resto	
$\frac{42}{2} = 21$	0	→ LSB
$\frac{21}{2} = 10$	1	
$\frac{10}{2} = 5$	0	
$\frac{5}{2} = 2$	1	
$\frac{2}{2} = 1$	0	
$\frac{1}{2} = 0$	1	→ MSB

Número binario equivalente entonces: 1 0 1 0 1 0

Del mismo modo que hemos aprendido hasta aquí como convertir a binario números decimales enteros, ahora aprenderemos la forma de convertir a binario, números decimales fraccionarios.

Los métodos con los que contamos para dicha conversión, son:

Método de la **Suma de pesos**.
Método de la **Multiplicación sucesiva por 2**.

CONVERSIÓN DE FRACCIONES DECIMALES A BINARIO

MÉTODO DE LA SUMA DE PESOS

El método de la suma de los pesos, se puede aplicar a los números fraccionarios, de la siguiente forma:

Recuerde la figura 3.10. Potencias negativas de 2.

2^{-1}	2^{-2}	2^{-3}	2^{-4}	2^{-5}	2^{-6}	2^{-7}	2^{-8}
1/2	1/4	1/8	1/16	1/32	1/64	1/128	1/256
0,5	0,25	0,125	0,0625	0,03125	0,015625	0,007812	0.003906

De esta forma, si tenemos el número decimal fraccionario

$$0{,}75_{10}$$

Podemos aplicar que:

$$0{,}75_{10} = 0{,}5_{10} + 0{,}25_{10} = 2^{-1} + 2^{-2} = 0{,}11_2$$

EJEMPLO 3.12

Convertir a binario, el siguiente número decimal fraccionario, aplicando el método de la suma de los pesos.

$$0{,}5625_{10}$$

RESOLUCIÓN:
Podemos aplicar:

$$0{,}5625_{10} = 0{,}5_{10} + 0{,}0625_{10} = 2^{-1} + 2^{-4} = 0{,}1001_2$$

MÉTODO DE LA MULTIPLICACIÓN SUCESIVA POR 2

Del mismo modo que los números decimales enteros, pueden convertirse a fraccionarios dividiendo sucesivamente por 2, los números decimales fraccionarios pueden convertirse a números binarios, multiplicando sucesivamente por 2, hasta que la parte fraccionaria sea cero, o hasta alcanzar el número de posiciones decimales que elijamos. Los dígitos enteros generados por la multiplicación, y que se acarrean (carry), son los que dan lugar a la conformación del número binario. El primer acarreo que se produce, representa el MSB, y el último acarreo que se produce representa el LSB.

EJEMPLO 3.13

$$0{,}75_{10}$$

	Acarreo
$0{,}75 \times 2 = 1{,}50 \therefore$	1 → MSB
$(1{,}50 - 1 \text{ acarreado})\ 0{,}50 \times 2 = 1{,}00 \therefore$	1 → LSB

Número binario equivalente entonces: 0,11

Recuerde: que el símbolo $\therefore$ significa "en consecuencia", lo cual, y para la primera línea de nuestro ejemplo, se puede leer de la siguiente forma: 0,75 x 2 = 1,50 "en consecuencia" (o entonces) acarreo 1.

EJEMPLO 3.14

Convertir a binario el siguiente número decimal fraccionario, aplicando el método de la multiplicación sucesiva por 2.

$$0{,}875$$

RESOLUCIÓN:

	Acarreo
$0{,}875 \times 2 = 1{,}750 \therefore$	1 → MSB
$0{,}750 \times 2 = 1{,}50 \therefore$	1
$0{,}50 \times 2 = 1{,}00 \therefore$	1 → LSB

Número binario equivalente entonces: 0,111

Recuerde la figura 3.10. Potencias negativas de 2, como comprobación.

2^{-1}	2^{-2}	2^{-3}	2^{-4}	2^{-5}	2^{-6}	2^{-7}	2^{-8}
1/2	1/4	1/8	1/16	1/32	1/64	1/128	1/256
0,5	0,25	0,125	0,0625	0,03125	0,015625	0,007812	0.003906

$$0{,}875_{10} = 0{,}5_{10} + 0{,}25_{10} + 0{,}125_{10} = 2^{-1} + 2^{-2} + 2^{-3} = 0{,}111_2$$

Hasta este punto, hemos hecho un repaso del sistema de numeración decimal, analizándolo desde su estructura de pesos, del mismo modo que hemos conocido el sistema de numeración binario, las reglas del mismo, y las formas que tenemos de convertir un número de un sistema de numeración a otro. Ahora nos hemos de introducir al conocimiento de la aritmética binaria, la cual es fundamental en el funcionamiento de los sistemas digitales.

ARITMÉTICA BINARIA

Como sabemos, la aritmética, palabra cuyo origen proviene del latín "**arithmeticus**" (del griego arithmos) y cuyo significado es **número**, es la rama de la matemática cuyo objeto de estudio, son los números y las operaciones elementales hechas con ellos, es decir: suma, resta, multiplicación y división.

SUMA BINARIA

Las cuatro reglas básicas para la suma de números binarios son:

0 + 0 = 0
0 + 1 = 1
1 + 0 = 1
1 + 1 = 10 obtengo 0 en el LSB, y acarreo 1.

También podemos emplear las siguientes reglas, a fin de simplificar nuestro trabajo con sumas binarias:

1º Si el número de unos (en la columna a sumar) es par, el resultado (en dicha columna o peso) es cero.
2º Si el número de unos (en la columna a sumar) es impar, el resultado (en dicha columna o peso) es uno.
3º Se acarrean tantos unos como parejas de números unos haya.

Como primer ejemplo, y a fin de reafirmar lo aprendido, podemos emplear el ejemplo trabajado al inicio del capítulo:

EJEMPLO 3.15

Sumar los números binarios: 0111 + 1.

$$\begin{array}{r} 0111 \\ + \quad 1 \\ \hline 1000 \end{array}$$

EJEMPLO 3.16

Sumar los números binarios: 11111 + 01011.

$$\begin{array}{r} 11111 \\ + \; 01011 \\ \hline 101010 \end{array}$$

RESTA BINARIA

Las cuatro reglas básicas para la resta de números binarios son:

0 - 0 = 0
0 - 1 = 1 con acarreo negativo de 1
1 - 0 = 1
1 - 1 = 0

Como vemos en la regla Nº 2, al restar números binarios, puede generarse un acarreo negativo de 1 (Borrow), el cual pasa a la siguiente columna de la izquierda. Con números binarios, este caso ocurre únicamente cuando debemos restarle 1 a 0.

Borrow, significa pedir prestado.

EJEMPLO 3.17

Realizar la siguiente resta binaria:

Restarle 100 a 111.

$$\begin{array}{r} 111 \\ - \quad 100 \\ \hline 011 \end{array}$$

Si bien lo correcto cuando trabajamos con números binarios, es pensar los números como tales, podemos también como comprobación inicial, realizar la resta anterior empleando el equivalente decimal de dichos números, es decir:

$$111_2 = 7_{10} \text{ y } 100_2 = 4_{10}$$

Por tanto:

$$\begin{array}{r} 7 \\ - \quad 4 \\ \hline 3 \end{array}$$

Resultando entonces como comprobación, que:

$$011_2 = 3_{10}$$

EJEMPLO 3.18

En el siguiente ejemplo, hemos de aplicar la regla Nº 2:

Restar 011 a 101.

$$\begin{array}{r} 101 \\ - \quad 011 \\ \hline 010 \end{array}$$

Análisis de la operación:

1º en la primera columna desde la derecha, restamos 1 – 1 = 0 (regla 4).

2º en la columna del medio, aplicamos la regla Nº 2 (0 -1 = 1 con borrow).

3º en la columna de la izquierda, la correspondiente al MSB, obtenemos que 1 – 1 del acarreo negativo, es igual a 0.

MULTIPLICACIÓN BINARIA

En sistema binario, veremos a continuación que la multiplicación es más fácil que en cualquier otro sistema de numeración, debido a que como hemos aprendido, en el sistema binario los factores o coeficientes únicamente pueden ser ceros o unos, del mismo modo que el producto.

En la siguiente tabla Pitagórica, se observa lo simple de esta operación.

X	0	1
0	0	0
1	0	1

Como hemos descrito para las operaciones básicas anteriores, las cuatro reglas básicas de la multiplicación de bits, son:

$$0 \cdot 0 = 0$$
$$0 \cdot 1 = 0$$
$$1 \cdot 0 = 0$$
$$1 \cdot 1 = 1$$

Recuerde que la multiplicación, es una operación matemática que consiste en sumar el operando, tantas veces como indica el multiplicador. La multiplicación con números binarios se realiza de igual forma que con números decimales, es decir que primero se realizan los productos parciales, desplazando cada producto parcial sucesivo una posición hacia la izquierda, sumando luego todos los productos parciales.

EJEMPLO 3.19

Realizar la siguiente multiplicación binaria:

11 x 11

RESOLUCIÓN:

```
   11
×
   11
  ---
   11
+ 11
 ----
 1001
```

Si inicialmente hiciéramos la comprobación empleando números decimales, obtendríamos:

$$11_2 = 3_{10} \quad \text{por tanto} \quad 3 \times 3 = 9 = 1001_2$$

EJEMPLO 3.20

Realizar la siguiente multiplicación binaria:

11100111 × 1011

RESOLUCIÓN:

```
         11100111
×
             1011
         --------
         11100111
+
        11100111
+
       00000000
+
      11100111
     ------------
     100111101101
```

Si quisiéramos realizar la comprobación del resultado, podríamos aplicar:

$$11100111_2 = 231_{10} \text{ y } 1011_2 = 11_{10}$$

Por tanto, si multiplicamos los números decimales:

```
   231
×
    11
  ----
   231
+
  231
  ----
  2541
```

Y si repasando la conversión binario a decimal, convertimos el valor binario del producto, obtenemos:

2^{11}	2^{10}	2^9	2^8	2^7	2^6	2^5	2^4	2^3	2^2	2^1	2^0
1	0	0	1	1	1	1	0	1	1	0	1
2048	0	0	256	128	64	32	0	8	4	0	1

$$2048 + 256 + 128 + 64 + 32 + 8 + 4 + 1 = 2541$$

Lo cual concuerda.

DIVISIÓN BINARIA

Recordemos que en matemática, la división es una operación aritmética de descomposición que consiste en averiguar cuantas veces un número (divisor) está contenido en otro (dividendo), el resultado es el cociente. Ahora bien, la división binaria emplea el mismo mecanismo usado en la división decimal, salvo que en la división binaria, se multiplica y resta en binario.

EJEMPLO 3.21

Realizar la siguiente división binaria:

$$100011 \div 101$$

Explicación:

Comenzando desde el MSB (izquierda), se intenta dividir el dividendo por el divisor, tomando inicialmente para ambos, el mismo número de cifras. Si no se puede dividir, se intenta dividir tomando un dígito más. Si la división es posible, entonces el divisor solo puede estar contenido una vez en el dividendo, es decir, la primera cifra del cociente es uno. En ese caso, el resultado de multiplicar el divisor por 1 es el propio divisor. Restamos las cifras del dividendo del divisor y bajamos la cifra siguiente y así sucesivamente.

```
100011 /101
-101    111
  111
 -101
   101
  -101
   000
```

Si quisiéramos realizar la comprobación del resultado, obtendríamos:

$$100011_2 = 35_{10} \text{ y } 101_2 = 5_{10} \text{ por tanto } 35_{10} \div 5_{10} = 7_{10}$$

Lo cual concuerda con el resultado, ya que como sabemos:

$$111_2 = 7_{10}$$

EJEMPLO 3.22

Realizar la siguiente división binaria:

$$100001110 \div 11011$$

RESOLUCIÓN:

Observe que en el ejercicio, tenemos ahora la posibilidad de aprender como se realiza una división, cuando el bit a generarse en el cociente es cero.

```
 100001110 /11011
- 00000     01010
 100001
- 11011
    1101
  - 0000
    11011
  - 11011
    000000
   -000000
    000000
```

Como comprobación, podemos aplicar:

$$100001110_2 = 270_{10} \text{ y } 11011_2 = 27_{10} \quad \text{por tanto } 270_{10} \div 27_{10} = 10_{10}$$

Lo cual concuerda con el resultado, ya que como sabemos:

$$01010_2 = 10_{10}$$

Posiblemente en nuestro trabajo hasta este punto, Ud. se ha preguntado que ocurre en el trabajo por ejemplo con números negativos, actividad para la cual, es de fundamental importancia la adquisición del conocimiento sobre complemento a 1 y el complemento a 2, de un número binario.

También por supuesto es importante destacar, que como veremos a continuación, el complemento a 1 por ejemplo, tiene una implementación física en la compuerta NOT (inversora), la cual invierte o niega, su valor inicial o de entrada. Del mismo modo, en el trabajo con microcontroladores, existe en la mayoría de los Set de Instrucciones (Instruction Set) la instrucción COMF (complementar registro), lo que nos permite por ejemplo cambiar el estado de los pines del microcontrolador.

COMPLEMENTO A 1 DE UN NÚMERO BINARIO

El complemento a 1 de un número binario, es su inverso, es decir:

El complemento del 0, es el 1.
El complemento del 1, es el 0.

Para hallar entonces el complemento a 1 de un número binario, se debe cambiar todos los 0s por 1s y todos los 1s por 0s.

EJEMPLO 3.23

Hallar el complemento a 1 del siguiente número binario:

0 0 0 0 1 1 1 1
↓ ↓ ↓ ↓ ↓ ↓ ↓ ↓
1 1 1 1 0 0 0 0

EJEMPLO 3.24

Hallar el complemento a 1 del siguiente número binario:

1 1 0 1 0 1 1 0

RESOLUCIÓN:

Se cambian los 0s por 1s y los 1s por 0s.

1 1 0 1 0 1 1 0
↓ ↓ ↓ ↓ ↓ ↓ ↓ ↓
0 0 1 0 1 0 0 1

COMPLEMENTO A 2 DE UN NÚMERO BINARIO

Para calcular el complemento a 2 de un número binario, tenemos dos métodos.

PRIMER MÉTODO

En este método se establece que "el complemento a 2 de un número binario, se obtiene sumando 1 al bit menos significativo del complemento a 1".

Complemento a 2 = Complemento a 1 + 1

EJEMPLO 3.25

Hallar el complemento a 2, del siguiente número binario:

1 1 0 1 0 1 1 0

RESOLUCIÓN:

1° obtenemos el complemento a 1 para el número dado.

1 1 0 1 0 1 1 0

0 0 1 0 1 0 0 1

2º Sumamos 1 al LSB del complemento a 1.

```
  0 0 1 0 1 0 0 1
+
                1
-----------------
  0 0 1 0 1 0 1 0
```

EJEMPLO 3.26

Hallar el complemento a 2,

1 0 1 1 0 1 0 1

RESOLUCIÓN:

```
  1 0 1 1 0 1 0 1    Número binario.
  0 1 0 0 1 0 1 0    Complemento a 1.
+
                1    Sumo 1 al LSB.
-----------------
  0 1 0 0 1 0 1 1    Complemento a 2.
```

SEGUNDO MÉTODO

El segundo método para obtener el complemento a 2 de un número binario, consta de dos pasos:

1º Se comienza desde la derecha (LSB) y se escriben los bits como están, hasta encontrar el primer 1, éste incluido.

2º Se calcula el complemento a 1 de los bits restantes.

EJEMPLO 3.27

Hallar el complemento a 2 del siguiente número binario, empleando el segundo método:

1 1 0 1 0 1 1 0

RESOLUCIÓN:

Se comienza desde la derecha (LSB) y se escriben los bits como están, hasta encontrar el primer 1, éste incluido, y luego se calcula el complemento a 1 de los bits restantes.

1 1 0 1 0 1 1 0

0 0 1 0 1 0 1 0

EJEMPLO 3.28

Hallar el complemento a 2 del siguiente número binario, empleando el segundo método:

1 0 1 1 0 1 0 1

RESOLUCIÓN:

1 0 1 1 0 1 0 1

0 1 0 0 1 0 1 1

SISTEMA DE NUMERACIÓN HEXADECIMAL

Podemos también definir al sistema de numeración hexadecimal, como un sistema de numeración posicional, en el cual las cantidades se representan empleando como base aritmética, las potencias del número dieciséis, dado que posee 16 elementos como base del sistema.

El sistema de numeración hexadecimal, es muy empleado en los sistemas digitales, como una forma de simplificar la representación con números binarios, donde además, resulta muy simple la conversión de un sistema a otro.

El sistema de numeración hexadecimal consta de los dígitos: 0 al 9, y de las letras A a la F. Es decir que los elementos que lo conforman son:

0, 1, 2, 3, 4, 5, 6, 7, 8, 9, A, B, C, D, E, F.

El empleo de las letras desde el elemento 10 (A), hasta el 15 (F), permite simplificar la representación (ahorrar bits), al emplear un solo carácter.

Como veremos en la Unidad Nº 7, en el trabajo con Microcontroladores, el sistema de numeración hexadecimal, se emplea en el trabajo con los bancos y direcciones de memoria.

En otras aplicaciones, como por ejemplo en programación con HTML, se emplea para la selección de color.

Al igual que hicimos con los sistemas de numeración decimal y binario, para el trabajo con caracteres hexadecimales, empleamos en este caso la letra (h) o subíndice 16, para la identificación de los mismos.

En cuanto al trabajo con el sistema de numeración hexadecimal, debemos tener en cuenta también, las reglas de acarreo que hemos visto para los sistemas de numeración tanto decimal como binario.

Recuerde:

Cuando empleamos el sistema de numeración decimal, y debemos adicionar una unidad al número 9, dado que 9 es el valor máximo en las unidades, se genera un cero (0) en las unidades, y se acarrea un 1, a las decenas.

$$\begin{array}{r} 9 \\ + \quad 1 \\ \hline 10 \end{array}$$

Cuando empleamos el sistema de numeración binario, y debemos adicionar una unidad al dígito 1, dado que 1 es el valor máximo del primer peso o potencia binaria, se genera un cero (0) en la columna correspondiente a la primer potencia de 2 (2^0), y se acarrea un 1, a la potencia o peso siguiente (2^1).

$$\begin{array}{r} 1 \\ + \quad 1 \\ \hline 10 \end{array}$$

Del mismo modo entonces, cuando trabajamos con el sistema de numeración hexadecimal, al llegar al valor máximo de cuenta del primero peso o potencia de 16 (el carácter F), si le sumamos uno, generamos un cero en el peso correspondiente a (16^0), y acarreamos un 1 al peso o potencia de 16 siguiente (16^1):

$$\begin{array}{r} F \\ + \quad 1 \\ \hline 10 \end{array}$$

En la siguiente tabla, se representan los números hexadecimales y binarios, hasta el equivalente decimal 15.

Número Decimal	Número Binario	Número Hexadecimal
0	0 0 0 0	0
1	0 0 0 1	1
2	0 0 1 0	2
3	0 0 1 1	3
4	0 1 0 0	4
5	0 1 0 1	5
6	0 1 1 0	6
7	0 1 1 1	7
8	1 0 0 0	8
9	1 0 0 1	9
10	1 0 1 0	A
11	1 0 1 1	B
12	1 1 0 0	C
13	1 1 0 1	D
14	1 1 1 0	E
15	1 1 1 1	F

POTENCIAS DE 16

16^4	16^3	16^2	16^1	16^0
65536	4096	256	16	1

Figura 3.11. Potencias positivas de base 16.

Recuerde que tal cual hemos aprendido para los números binarios, el primer bit desde la derecha es el (Least Significant Bit – bit menos significativo). Y el último bit desde la derecha, o primero desde la izquierda, se llama **MSB** (Most Significant Bit – bit más significativo).

EJEMPLO 3.29

Realizar una tabla con los números hexadecimales 16 al 32, indicando también el equivalente decimal

Número Decimal	Número Binario	Número Hexadecimal
16	10000	10
17	10001	11
18	10010	12
19	10011	13
20	10100	14
21	10101	15
22	10110	16
23	10111	17
24	11000	18
25	11001	19
26	11010	1A
27	11011	1B
28	11100	1C
29	11101	1D
30	11110	1E
31	11111	1F
32	100000	20

CONVERSIÓN DE BINARIO A HEXADECIMAL

Para convertir un número binario a hexadecimal, simplemente debemos separar el número binario en grupos de a 4 bits, comenzando desde la derecha (LSB), reemplazando luego cada grupo de 4 bits, por su símbolo hexadecimal equivalente.

EJEMPLO 3.30

Convertir a hexadecimal, el siguiente número binario.

10000101

1° separamos el número binario en grupos de 4 bits, comenzando desde la derecha.
2° reemplazamos los grupos de 4 bits, por su equivalente hexadecimal.

1000	0101
↓	↓
8	5_{16}

EJEMPLO 3.31

Convertir a hexadecimal el siguiente número binario.

101011111010

1010	1111	1010
↓	↓	↓
A	F	A_{16}

EJEMPLO 3.32

Convertir a hexadecimal el siguiente número binario.

11101110111

Puede darse el caso, en que al número binario a convertir le falte un dígito, en dicha situación, simplemente debemos separar como siempre los dígitos, comenzando desde la derecha y completar con ceros los bits de la izquierda faltantes.

0111	0111	0111
↓	↓	↓
7	7	7_{16}

CONVERSIÓN DE HEXADECIMAL A BINARIO

Para convertir un número hexadecimal a binario, simplemente debemos realizar el proceso inverso a la conversión de binario a hexadecimal. Es decir que comenzando desde la derecha, tomamos el primer número hexadecimal y lo reemplazamos por su equivalente binario de 4 bits.

EJEMPLO 3.33

Convertir a binario el siguiente número hexadecimal.

$$\begin{array}{c} F \\ \hline \downarrow \\ 1111_2 \end{array}$$

EJEMPLO 3.34

Convertir a binario el siguiente número hexadecimal.

$$\begin{array}{ccc} C & 1 & A \\ \hline \downarrow & \downarrow & \downarrow \\ 1100 & 0001 & 1010_2 \end{array}$$

EJEMPLO 3.35

Convertir a binario el siguiente número hexadecimal.

$$\begin{array}{cccc} A & B & C & D \\ \hline \downarrow & \downarrow & \downarrow & \downarrow \\ 1010 & 1011 & 1100 & 1101_2 \end{array}$$

CONVERSIÓN DE HEXADECIMAL A DECIMAL

Existen dos métodos para convertir un número hexadecimal a decimal. El primer método consiste en convertir el número hexadecimal a binario, y posteriormente, hallar el equivalente decimal del número binario. El segundo método, el cual puede resultar más directo, consiste en multiplicar el valor decimal de cada dígito hexadecimal por su peso, y realizar luego, la suma de estos.

PRIMER MÉTODO:

EJEMPLO 3.36

Convertir a decimal el siguiente número hexadecimal.

$$F_{16}$$

RESOLUCIÓN:

1° Convierto el número hexadecimal a binario.
2° Convierto el número binario a decimal.

$$\begin{array}{c} F \\ \hline \downarrow \\ 1111_2 \end{array}$$

$$1111_2 = 2^3 + 2^2 + 2^1 + 2^0 = 8+4+2+1 = 15_{10}$$

EJEMPLO 3.37

Convertir a decimal el siguiente número hexadecimal.

$$1\,B_{16}$$

$$\underline{1} \quad \underline{B}$$

$$\downarrow \quad \downarrow$$

$$0001 \quad 1011_2$$

$$00011011_2 = 2^4 + 2^3 + 2^2 + 2^1 + 2^0 = 16+8+2+1 = 27_{10}$$

EJEMPLO 3.38

Convertir a decimal el siguiente número hexadecimal.

$$5A3_{16}$$

$$\underline{5} \quad \underline{A} \quad \underline{3}$$

$$\downarrow \quad \downarrow \quad \downarrow$$

$$0101 \quad 1010 \quad 0011_2$$

$$010110100011_2 = 2^{10} + 2^8 + 2^7 + 2^5 + 2^1 + 2^0 = 1024 + 256 + 128 + 32 + 2 + 1 = 1443_{10}$$

SEGUNDO MÉTODO:

- Multiplicamos el valor decimal de cada dígito hexadecimal por su peso.
- Realizamos la suma de los valores obtenidos.

EJEMPLO 3.39

Convertir a decimal el siguiente número hexadecimal, empleando el segundo método aprendido.

$$F_{16}$$

$$(15 \times 16^0) = (15 \times 1) = 15_{10}$$

EJEMPLO 3.40

Convertir a decimal el siguiente número hexadecimal, empleando el segundo método aprendido.

$$1\,B_{16}$$

$$(1 \times 16^1) + (11 \times 16^0) = (1 \times 16) + (11 \times 1) = 16_{10} + 11_{10} = 27_{10}$$

EJEMPLO 3.41

Convertir a decimal el siguiente número hexadecimal, empleando el segundo método aprendido.

$$5\,A3_{16}$$

$$(5 \times 16^2) + (A \times 16^1) + (3 \times 16^0) = (5 \times 256) + (10 \times 16) + (3 \times 1) = 1280+160+3 = 1443_{10}$$

CONVERSIÓN DE DECIMAL A HEXADECIMAL

Para convertir a hexadecimal un número decimal, empleamos el método de la división sucesiva por 16 (similar a la división sucesiva por 2, en la conversión decimal – binario). Cada división sucesiva por 16, dará un resto correspondiente a un dígito del número hexadecimal. El primer resto que se genera, corresponde al dígito menos significativo (LSD). En los casos en que el cociente tiene parte fraccionaria, la misma se multiplica por el divisor para obtener el resto.

EJEMPLO 3.42

Convertir a hexadecimal el siguiente número decimal.

$$32_{10}$$

$$\frac{32}{16} = 2 \qquad \text{Resto } 0$$

$$20_{16}$$

EJEMPLO 3.43

Convertir a hexadecimal el siguiente número decimal.

$$777_{10}$$

		Resto
$\frac{777}{16} = 48{,}5625$	$\rightarrow 0{,}5625 \times 16$	$= 9$
$\frac{48}{16} = 3{,}0$	$\rightarrow 0 \times 16$	$= 0$
$\frac{3}{16} = 0{,}1875$	$\rightarrow 0{,}1875 \times 16$	$= 3$
		309_{16}

EJEMPLO 3.44

Convertir a hexadecimal el siguiente número decimal.

$$1443_{10}$$

		Resto
$\frac{1443}{16} = 90{,}1875$	$\rightarrow 0{,}1875 \times 16$	$= 3$
$\frac{90}{16} = 5{,}625$	$\rightarrow 0{,}625 \times 16 = (10)$	$= A$
$\frac{5}{16} = 0{,}3125$	$\rightarrow 0{,}3125 \times 16$	$= 5$
		$5A3_{16}$

SUMA Y RESTA DE NÚMEROS HEXADECIMALES

Como hemos visto y expresado, trabajar con números hexadecimales simplifica la actividad, dado que podemos reemplazar un paquete de 4 bits, por uno solo. También, y como veremos en el capítulo número siete dedicado a Microcontroladores, las posiciones de memoria, están representadas en sistema de numeración hexadecimal.

Ahora bien, si tomáramos por ejemplo el Data Memory Organization (Organización de la memoria de datos), del microcontrolador 16F84A, veríamos que a partir de la posición de memoria 0Ch, el fabricante nos da la indicación de que tenemos 68 General Purpose Registers (Registros de Propósito General), culminando en la posición de memoria 4Fh. Para lo cual, podemos realizar la resta de dichas posiciones de memoria, a fin de comprobar la existencia de 68 registros.

En la aplicación y práctica, ejemplos como el anteriormente dado, son los que requieren que poseamos la destreza necesaria para el trabajo en las operaciones aritméticas básicas con números hexadecimales, tales como la suma y la resta.

SUMA HEXADECIMAL

Una forma simple de realizar operaciones de suma con números hexadecimales, consiste en cuando fuere necesario a fin de simplificar el análisis, pensar los mismos en términos de sus equivalentes decimales, teniendo en cuenta también los acarreos que han de producirse, siempre que el resultado sea mayor a 15_{10} (F) o exceda el mayor valor de cada peso hexadecimal, lo que también produce acarreo.

EJEMPLO 3.45

Realizar la suma de los siguientes números hexadecimales.

$$5_{16} + 3_{16}$$

$$\begin{array}{r} + \; 5_{16} \\ \underline{3_{16}} \\ 8_{16} \end{array}$$

EJEMPLO 3.46

Realizar la suma de los siguientes números hexadecimales.

$$\begin{array}{r} + \; 29_{16} \\ \underline{31_{16}} \\ 5A_{16} \end{array}$$

Recuerde que $9_{10} + 1_{10} = 10_{10} = A_{16}$.

EJEMPLO 3.47

Realizar la suma de los siguientes números hexadecimales.

$$3C_{16} + 25_{16}$$

$$\begin{array}{rr} \text{carry} \rightarrow & 1 \\ & 3C_{16} \\ + & 25_{16} \\ \hline & 61_{16} \end{array}$$

$_{16} = 12_{10} + 5_{10} = 17_{10} \rightarrow$ acarreo 1, y me quedan dos elementos en el primer peso.

Recuerde también que el segundo elemento, es 1(0,1, ...).

RESTA HEXADECIMAL

Un método simple y común para restar números hexadecimales, consiste en:

Paso 1: convierto a binario el operando o valor a restar.
Paso 2: calculo el complemento a 2 de dicho operando.
Paso 3: convierto a hexadecimal el valor binario obtenido.
Paso 4: sumo los operandos (en caso de acarreo, no se tiene en cuenta).

EJEMPLO 3.48

Realizar la resta de los siguientes números hexadecimales:

$$5_{16} - 3_{16}$$

1º convertimos a binario el valor a restar:

$$3_{16} = 0011_2$$

2º hallamos el complemento a 2 de dicho valor binario:

Empleamos el segundo método para hallar el complemento a 2:

$$1101_2$$

3º Convertimos el valor complementado a 2 a hexadecimal:

$$1101_2 = D_{16}$$

4º Sumo los operandos ignorando el carry:

$$\begin{array}{rl} & 1 \text{ (ignoro acarreo)} \\ + & 5_{16} \\ & D_{16} \\ \hline & 2_{16} \end{array}$$

EJEMPLO 3.49

Realizar la resta de los siguientes números hexadecimales:

$$10_{16} - 1_{16}$$

1º convertimos a binario el valor a restar:

$$1_{16} = 00000001_2$$

2º hallamos el complemento a 2 de dicho valor binario:

$$11111111_2$$

3° Convertimos el valor complementado a 2 a hexadecimal:

$$11111111_2 = FF_{16}$$

4° Sumo los operandos ignorando el carry:

1 (ignoro acarreo)

$$\begin{array}{r} 10_{16} \\ + \; FF_{16} \\ \hline 0F_{16} \end{array}$$

SISTEMA DE NUMERACIÓN OCTAL

Al igual que ocurre con el sistema hexadecimal, el sistema octal es un sistema numérico, el cual permite simplificar en muchos casos la lectura de números binarios. Esto significa que es más fácil de representar.

EJEMPLO 3.50

El valor binario 1000000000 puede ser representado en hexadecimal como 200, y en octal como 1000. Lo cual demuestra que es más simple para el hombre en muchos casos, leer y trabajar con sistema hexadecimal u octal.

Es importante también destacar que el sistema octal es menos empleado que el sistema hexadecimal, tanto en el trabajo con electrónica digital, como así también en el trabajo con microcontroladores, en el cual y básicamente, no posee un empleo directo.

El sistema octal es un sistema cuya base es ocho, lo que significa que está compuesto por ocho símbolos o dígitos. Los dígitos que componen el sistema octal, son los siguientes:

0, 1, 2. 3, 4, 5, 6, 7

En el sistema octal, no se emplean los dígitos 8 y 9, por lo que para contar por encima de 7, debemos añadir una columna y continuar de la siguiente forma:

10, 11, 12, 13, 14, 15, 16, 17, 20, 21, 22, 23, 24, 25, 26, 27, 30

Al igual que hemos hecho con el sistema decimal, el sistema binario y el sistema hexadecimal, para distinguir los números octales, hemos de emplear el subíndice 8.

Antes de introducirnos en la conversión entre sistemas, recuerde entonces, que el interés respecto al sistema octal, consiste en que el número 8 es potencia de 2 ($8 = 2^3$), lo cual simplifica, la conversión de un sistema a otro.

Los métodos de conversión que hemos de emplear, son similares a los que hemos aprendido anteriormente.

CONVERSIÓN DE OCTAL A DECIMAL

Dado que el sistema octal es un sistema de base ocho, cada posición sucesiva de dígito representa una potencia creciente de ocho, comenzando desde el LSD (8°) de derecha a izquierda. Luego, para convertir un número octal a decimal, simplemente debemos multiplicar cada dígito por su peso y sumar finalmente los productos obtenidos.

EJEMPLO 3.51

Convertir a decimal el siguiente número octal.

0777

$$
\begin{aligned}
0777_8 &= (0\times 8^3) + (7\times 8^2) + (7\times 8^1) + (7\times 8^0) \\
&= (0\times 512) + (7\times 64) + (7\times 8) + (7\times 1) \\
&= (0) + (448) + (56) + (7) = 511_{10}
\end{aligned}
$$

CONVERSIÓN DE DECIMAL A OCTAL

Para convertir un número decimal a octal, podemos emplear el método de la división sucesiva por 8, donde cada división sucesiva por 8 genera un resto, el cual representa un dígito del número octal correspondiente.

El primer resto generado representa al (LSD) dígito menos significativo.

EJEMPLO 3.52

Convertir a octal el siguiente número decimal.

777

Resto

$$\frac{777}{8} = 97{,}125 \rightarrow 0{,}125 \quad \times 8 \quad 1 \rightarrow \text{LSD}$$

$$\frac{97}{8} = 12{,}125 \rightarrow 0{,}125 \quad \times 8 \quad 1$$

$$\frac{12}{8} = 1{,}5 \rightarrow 0{,}5 \quad \times 8 \quad 4$$

$$\frac{1}{8} = 0{,}125 \rightarrow 0{,}125 \quad \times 8 = 1 \rightarrow \text{MSD}$$

El proceso finaliza cuando el cociente de la parte entera es cero.

1411_8

CONVERSIÓN DE OCTAL A BINARIO

El método para convertir un número octal a binario, es muy sencillo, dado que simplemente debemos reemplazar cada número o dígito octal, por su equivalente binario de tres dígitos.

EJEMPLO 3.53

Convertir a binario el siguiente número octal.

2006

2 0 0 6

↧ ↧ ↧ ↧

010 000 000 110

$= 010000000110_2$

CONVERSIÓN DE BINARIO A OCTAL

El proceso de conversión de binario a octal, es el inverso de la conversión de octal a binario, es decir que simplemente debemos descomponer el número binario de a grupos de 3 bits, y reemplazarlos por su equivalente octal. El proceso se realiza de derecha a izquierda, y si se diera el caso de que para conformar el último grupo de 3 bits faltaran elementos, deberemos agregar ceros en dicho grupo, hasta llegar a la cantidad de tres bits.

EJEMPLO 3.54

Convertir a octal el siguiente número binario.

111101001

111 101 001

$7 \quad 5 \quad 1_8$

EJEMPLO 3.55

Convertir a octal el siguiente número binario.

1101011111

001 101 011 111

$1 \quad 5 \quad 3 \quad 7_8$

Completamos con ceros los bits faltantes, lo cual no altera el resultado.

COMPUERTAS LÓGICAS

En la introducción al capítulo II, nos referimos a los circuitos integrados, describiendo sus tecnologías de diseño como así también sus características básicas. En este punto podemos agregar que los circuitos integrados, se fabrican empleando diversas tecnologías discretas o integradas.

Las compuertas lógicas, son circuitos que básicamente entregan un determinado valor en su salida (alto o bajo), en función del tipo de operación lógico matemática que desarrollen (suma, multiplicación) y de acuerdo también a la combinación de estados presentes en sus entradas.

Las entradas de las compuertas lógicas, se representan con letras mayúsculas, como A, B, dependiendo del tipo de compuerta y de la cantidad de entradas que ésta posea. La salida de una compuerta lógica, puede representarse con la letra mayúscula X, Y o Z, generalmente, se emplea la letra Y.

Las compuertas TTL están compuestas por transistores, motivo por el cual, cuando se habla de la escala de integración de los microprocesadores por ejemplo, se menciona la cantidad de transistores que posee, del mismo modo que en ocasiones, se habla de la escala de integración, en función de la cantidad de compuertas.

Las compuertas lógicas básicas son tres:

NOT, OR, AND

De las cuales derivan las compuertas:

NOR, NAND, XOR, XNOR

El estudio de las compuertas lógicas es fundamental, dado que las mismas se emplean por ejemplo para la fabricación de los circuitos integrados, tal es el caso del circuito integrado decodificador BCD a 7 segmentos, empleado para nuestro proyecto, los microprocesadores, microcontroladores, latches, flip flops, entre otros.

Vea como ejemplo el Data Sheet del 74LS47, donde se aprecia su construcción con compuertas lógicas. Para el trabajo con una compuerta lógica, debemos tener en cuenta las siguientes cuatro propiedades:

Expresión.
Símbolo lógico.
Tabla de verdad.
Tren de impulsos o diagrama temporal.

Expresión: la expresión es la representación de la operación lógico aritmética que desarrolla la com-

Símbolo eléctrico o lógico: como hemos visto anteriormente, el símbolo eléctrico o lógico, es el símbolo (imagen) que representa al componente.

Tabla de verdad: las compuertas lógicas surgen como implementación de las reglas del algebra de Boole. Básicamente, la tabla de verdad de una compuerta lógica, representa el nivel en la salida de ésta, en función de sus valores de entrada. Cada compuerta lógica posee su propia tabla de verdad. A diferencia del empleo clásico de la lógica, en las aplicaciones de Electrónica y Digitales, el estado Verdadero (V), es representado por el nivel alto (1), y el estado Falso (F), es representado por el nivel bajo (0).

Tren de impulsos o diagrama temporal: representan el comportamiento de las entradas y la salida en función del tiempo.

DESCRIPCIÓN Y MODO DE FUNCIONAMIENTO:

COMPUERTA INVERSORA (NOT)

La compuerta NOT, también conocida como buffer inversor, representa la función de complemento, es decir que invierte o niega el valor presente en su entrada.

EXPRESIÓN

$$Y = \overline{A} = NOT(A)$$

SÍMBOLO LÓGICO

TABLA DE VERDAD

$$Y = \overline{A}$$

Input	Output
A	Y
L	H
H	L

H = HIGH Logic Level
L = LOW Logic Level

TREN DE IMPULSOS

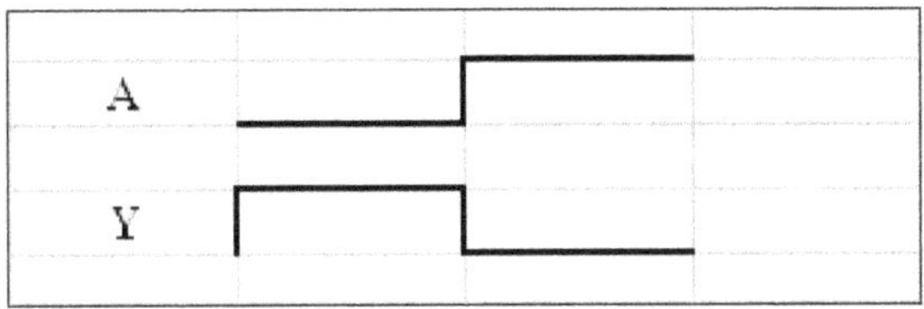

Circuito integrado: la compuerta inversora se encuentra disponible en circuitos integrados para tecnología TTL, con el nombre de pieza (Part Name) 74LS04. Dicho encapsulado posee seis compuertas inversoras (Hex Inverting Gates).

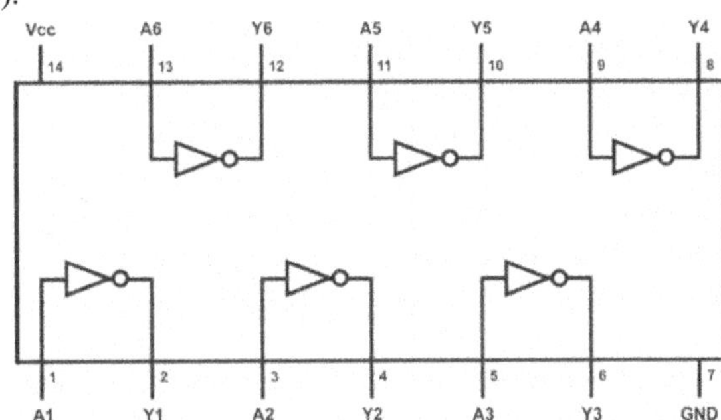

CIRCUITO DE LA COMPUERTA NOT

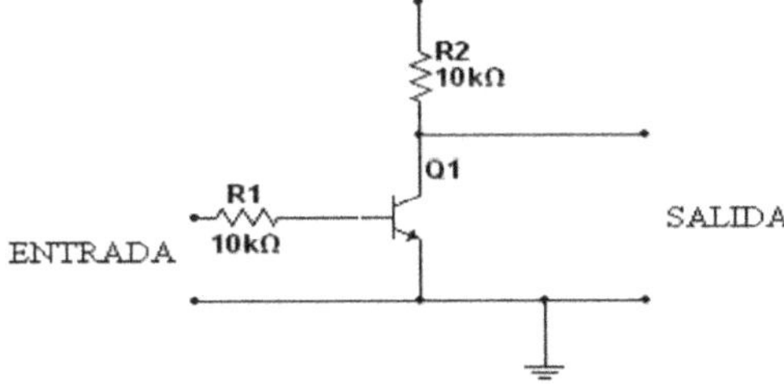

COMPUERTA OR

La compuerta OR (O) representa la función algebraica de suma. Es decir que independientemente del número de entradas que posea la compuerta, basta que una de sus entradas sea uno (verdadero o nivel alto 5Vcc), para que la salida tenga un estado alto (verdadero o alto 5 Vcc).

EXPRESIÓN

$$Y = A + B$$

SÍMBOLO LÓGICO

TABLA DE VERDAD

Y = A + B

Inputs		Output
A	B	Y
L	L	L
L	H	H
H	L	H
H	H	H

H = HIGH Logic Level
L = LOW Logic Level

TREN DE IMPULSOS

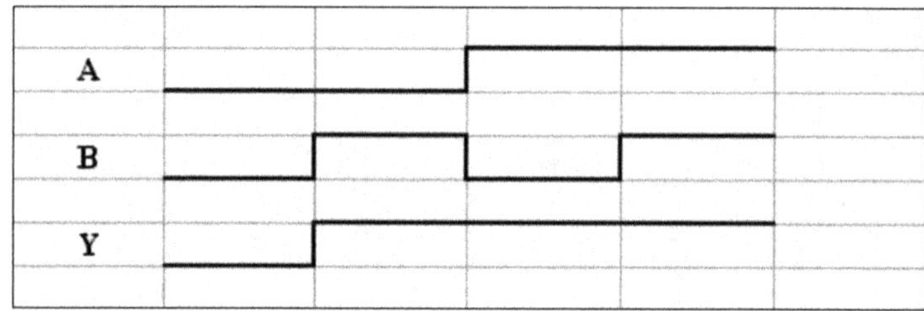

Circuito integrado: la compuerta OR se encuentra disponible en circuitos integrados para tecnología TTL, con el nombre de pieza (Part Name) 74LS32. Dicho encapsulado posee cuatro compuertas OR de 2 entradas (Quad 2-Input OR Gate).

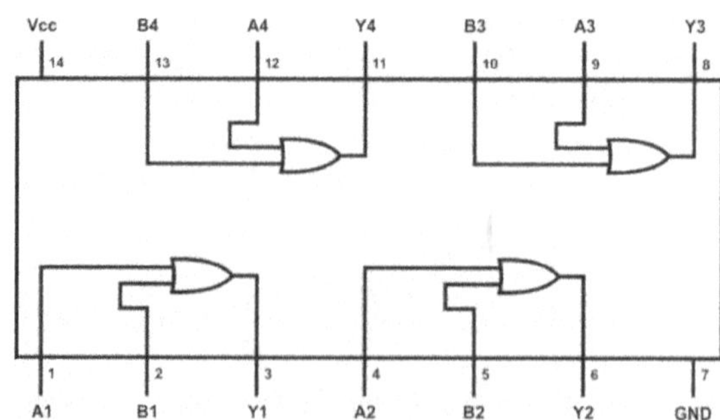

COMPUERTA AND

La compuerta AND (Y), representa la función algebraica de multiplicación. Es decir que para esta compuerta, basta que el valor de una de sus entradas sea cero (falso o nivel bajo 0 Vcc), para que la salida tenga un estado bajo, (falso o 0 Vcc).

EXPRESIÓN

$$Y = AB$$

SÍMBOLO LÓGICO

TABLA DE VERDAD

Y = AB

Inputs		Output
A	B	Y
L	L	L
L	H	L
H	L	L
H	H	H

H = HIGH Logic Level
L = LOW Logic Level

TREN DE IMPULSOS

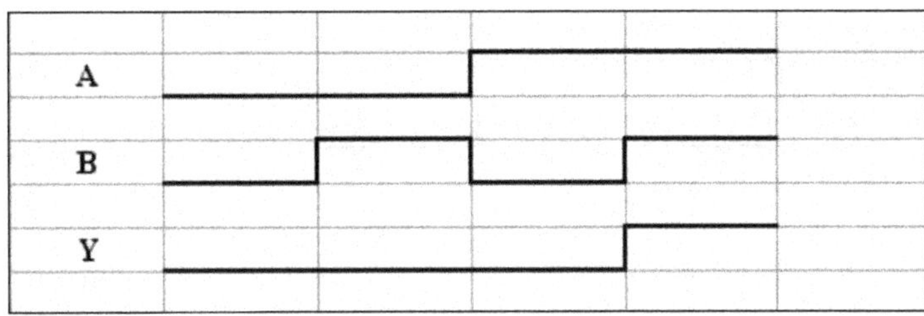

Circuito integrado: la compuerta AND se encuentra disponible en circuitos integrados para tecnología TTL, con el nombre de pieza (Part Name) 74LS08. Dicho encapsulado posee cuatro compuertas AND de 2 entradas (Quad 2-Input AND Gate).

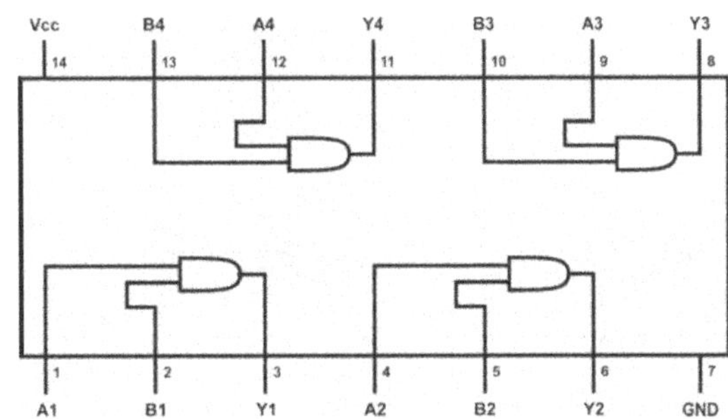

COMPUERTA NOR

La compuerta NOR, representa la negación (inverso o complemento), a la salida de la compuerta OR. Tenga presente que el círculo a la salida de la compuerta NOR, y tal cual se observa en el símbolo eléctrico, representa negación. En esta compuerta entonces, basta que a la entrada exista un 1, para que su salida, esté en estado bajo.

EXPRESIÓN

$$Y = \overline{A + B}$$

SÍMBOLO LÓGICO

TABLA DE VERDAD

$$\mathbf{Y = \overline{A + B}}$$

Inputs		Output
A	B	Y
L	L	H
L	H	L
H	L	L
H	H	L

H = HIGH Logic Level

L = LOW Logic Level

TREN DE IMPULSOS

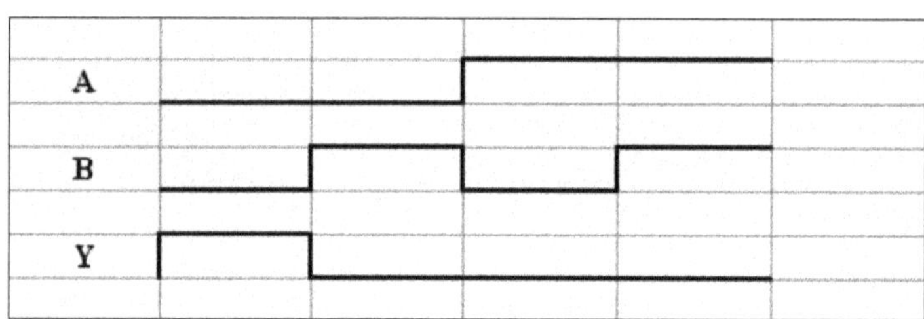

Circuito integrado: la compuerta NOR se encuentra disponible en circuitos integrados para tecnología TTL, con el nombre de pieza (Part Name) 74LS02. Dicho encapsulado posee cuatro compuertas NOR de 2 entradas (Quad 2-Input NOR Gate).

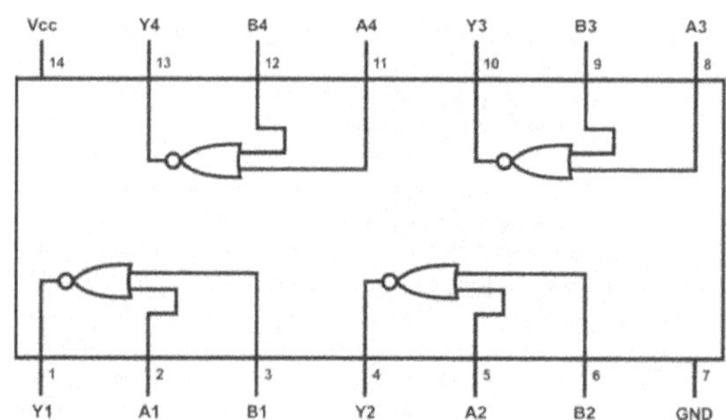

COMPUERTA NAND

La compuerta NAND, representa la negación (inverso o complemento) a la salida de la compuerta AND. Recuerde que el círculo a la salida de la compuerta NAND, y tal cual se observa en el símbolo lógico, representa negación. En esta compuerta entonces, basta que a la entrada exista un 0, para que su salida esté en estado alto.

EXPRESIÓN

$$Y = \overline{A\,B}$$

SÍMBOLO LÓGICO

TABLA DE VERDAD

$$\boldsymbol{Y = \overline{A\,B}}$$

Inputs		Output
A	B	Y
L	L	H
L	H	H
H	L	H
H	H	L

H = HIGH Logic Level
L = LOW Logic Level

TREN DE IMPULSOS

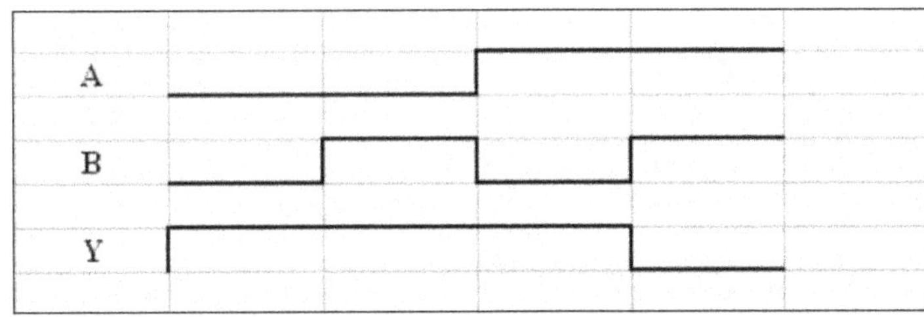

Circuito integrado: la compuerta NAND, se encuentra disponible en circuitos integrados para tecnología TTL, con el nombre de pieza (Part Name) 74LS00. Dicho encapsulado, posee cuatro compuertas NAND de 2 entradas (Quad 2-Input NAND Gate).

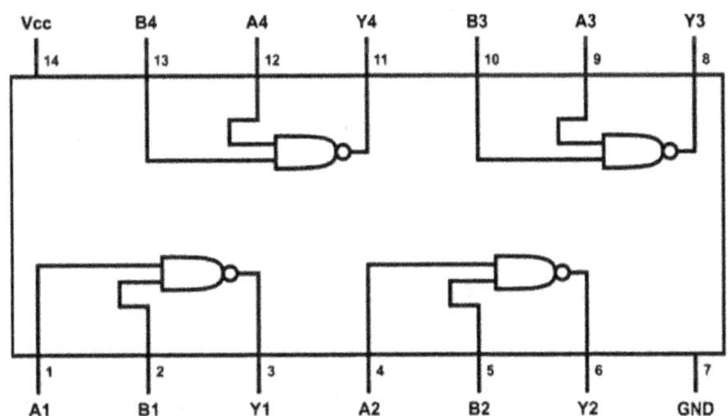

COMPUERTA XOR

La compuerta XOR, o OR-EXCLUSIVA, tendrá un uno a la salida, cuando exclusivamente una u otra de sus entradas, sea 1.

EXPRESIÓN

$$Y = A \oplus B$$

SÍMBOLO LÓGICO

TABLA DE VERDAD

$$\mathbf{Y = A \oplus B = \overline{A}B + A\overline{B}}$$

Inputs		Output
A	B	Y
L	L	L
L	H	H
H	L	H
H	H	L

H = HIGH Logic Level

L = LOW Logic Level

TREN DE IMPULSOS

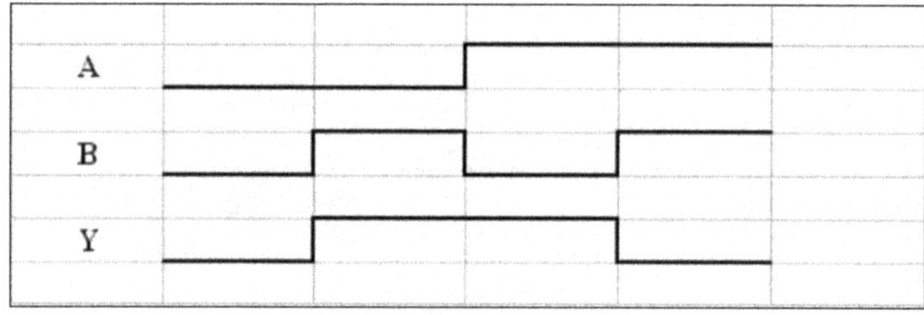

Circuito integrado: la compuerta XOR se encuentra disponible en circuitos integrados para tecnología TTL, con el nombre de pieza (Part Name) 74LS86. Dicho encapsulado posee cuatro compuertas XOR de 2 entradas (Quad 2-Input XOR Gate).

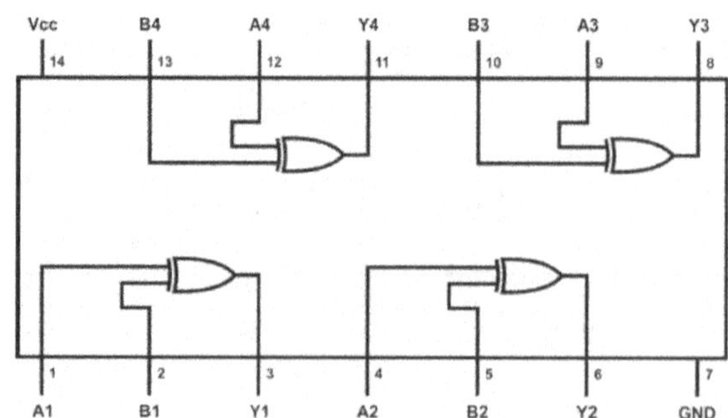

COMPUERTA XNOR

La compuerta XNOR, o NOR-EXCLUSIVA, tendrá un 0 a la salida cuando exclusivamente una u otra de sus entradas, sea un 0.

EXPRESIÓN

$$Y = \overline{A \oplus B}$$

SÍMBOLO LÓGICO

TABLA DE VERDAD

Inputs		Output
A	B	Y
L	L	H
L	H	L
H	L	L
H	H	H

H = HIGH Logic Level

L = LOW Logic Level

TREN DE IMPULSOS

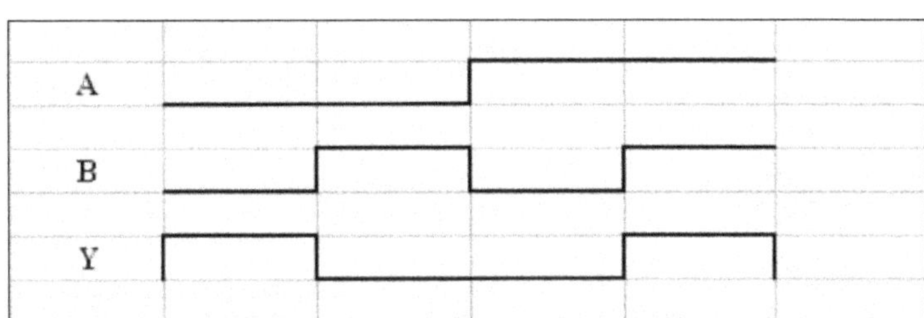

Circuito integrado: la compuerta XNOR se encuentra disponible en circuitos integrados para tecnología TTL, con el nombre de pieza (Part Name) 74LS266. Dicho encapsulado posee cuatro compuertas XNOR de 2 entradas (Quad 2-Input XNOR Gate).

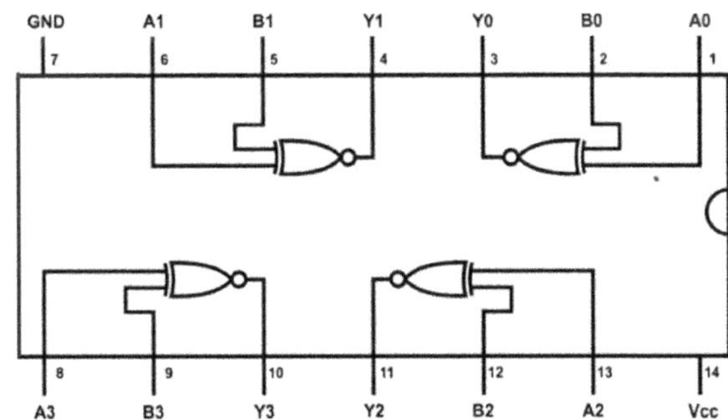

CAPÍTULO IV

INFORMÁTICA Y COMPUTACIÓN

La palabra informática proviene de la contracción de las palabras "información" y "automática".

El ingeniero francés Philippe Dreyfus acuñó el nombre de la palabra "informatique" en la década del 60 (año 1960).

La palabra computación, tiene su origen lingüístico en el latín, "computare", significando: pensamiento, cuenta o cálculo. "Computation" en la lengua inglesa.

La computación es la aplicación de conocimientos científicos y técnicas, que hacen posible el tratamiento y digitalización de la información, a través del empleo de computadoras.

Podemos diferenciar también que al referirnos al término computación, hacemos referencia al hardware, donde por supuesto están incluidos todos los elementos del sistema, tales como el software.

La informática en cambio, esta más relacionada al tratamiento y procesamiento de la información, mediante el empleo y diseño de software.

Un ejemplo de lo dicho anteriormente, entre otros, es que la carrera de Ingeniería en Informática, recibe dicho nombre debido a que el ingeniero en informática, se dedica en general al desarrollo de software, teniendo la computadora como herramienta y objeto de su trabajo.

INTRODUCCIÓN A LA COMPUTACIÓN

Al analizar la siguiente cronología, debemos tener en cuenta la tecnología presente en cada época. Donde, por ejemplo las primeras máquinas mecánicas, funcionaban con sistemas de ruedas y engranajes. Posteriormente, y tal cual hemos visto, el advenimiento de los dispositivos de silicio, dan cumplimiento a la proyección de la ley de Moore, la cual rige desde el año 1965, la evolución de los microprocesadores.

Marcando como factores que imprimen aceleración al ritmo de crecimiento del hardware:

- Incremento de la capacidad de operación.
- Incremento de la miniaturización.
- Reducción de costos en la producción.

PRIMERAS MÁQUINAS DE CÓMPUTO

Como sabemos, el hombre ha sabido valerse siempre de su ingenio, y la manipulación y estudio de los elementos de la naturaleza, con el fin de satisfacer sus necesidades, sean éstas primarias o básicas, secundarias o de confort, como así también de mejora en los procesos de producción.

300 AC - EL ÁBACO

Podemos considerar al ábaco como la primera máquina de contar en su tipo. El ábaco surge como evolución del proceso natural del hombre, de realizar cuentas con los dedos y elementos tales como piedras pequeñas.

Entre las invenciones del genial Leonardo Da Vinci, se encuentra el que puede ser considerado, el primer prototipo de la calculadora, su "maquina sumadora".

Siglo XVII

Aparecen varios modelos de máquinas para el cálculo de operaciones aritméticas básicas, entre la que se destaca la "Pascalina" de Blaise Pascal.

Muy conocida también es la máquina de Gottfried Leibniz, muy potente para el cálculo de operaciones aritméticas básicas.

Siglo XIX

Como máquina de proceso industrial, Joseph Marie Jacquard, construye en 1801, su "telar de Jacquard", en la cual el movimiento de las agujas y el hilo, se controlaba por medio de programas establecidos, en tarjetas perforadas.

En el siglo XIX, es significativo también el trabajo de Charles Babbage, con prototipos tales como su "máquina analítica", para la cual no se contaba en dicha época, con la tecnología necesaria para concretar su implementación. La maquina analítica, preveía el empleo de tarjetas perforadas para el ingreso de datos.

Herman Hollerith, dado su trabajo en la oficina de censos en los EEUU, desarrolla una máquina tabuladora, que fue empleada en el censo de 1890. La máquina fue un éxito para la época, siendo además rentada a otros países. Se crea de esta forma en 1896, la Tabulatin Machine Company, de la cual dada su fusión posterior con otras empresas del sector, forman la Computing Tabulating Recording Company, hasta recibir en 1924, el nombre de Internacional Businness Machines Corporation, actual IBM.

IBM, tiene un lugar especial en la industria de la computación, dado que en 1981, introduce en el mercado la que es considerada desde muchos aspectos de la comercialización, como la primera computadora

Si usted tiene posibilidad, visite el Computer History Museum, Mountain View, California.

DEFINICIÓN DE COMPUTADORA

computadora es un conjunto de circuitos integrados digitales, placas y componentes electrónicos, cuya función es la de recibir y generar información, procesarla, y entregarla a través de periféricos o puertos

Como dijimos, las computadoras están construidas internamente por plaquetas, las cuales se diseñan en la actualidad con componentes de SMD (dispositivos de montaje superficial). Contando con microprocesadores fabricados en 22 (nm) nanómetros.

Las computadoras requieren para su funcionamiento de software, tanto de sistema operativo como así también de software de aplicación.

GENERACIONES DE COMPUTADORAS

Podemos destacar y definir la existencia de 5 generaciones de computadoras, las cuales adquieren dicha diferencia, de acuerdo al tipo de tecnología empleada en su diseño e implementación, como así también en la escala de integración de circuitos integrados presente en ellas.

PROTOTIPOS

1941 – Z3: Desarrollada por el ingeniero alemán Konrad Zuse.

- Tecnología empleada: Relés.
- Sistema de numeración empleado: Binario.

1941 – ENIAC: prototipo de aplicación militar.

- Tecnología empleada: Válvulas de vacío.
- Sistema de numeración empleado: Decimal.

1949 – EDVAC – prototipo de aplicación militar.

- Tecnología empleada: Válvulas de vacío.
- Sistema de numeración empleado: Binario.

1951 - PRIMERA GENERACIÓN

UNIVAC I: primera computadora comercial. UNIVAC I, es una contracción de las palabras Universal Automatic Computer I.

Algunas características técnicas, eran el empleo de aproximadamente 5000 válvulas, 1000 cálculos por segundo, frecuencia de clock de 2,5 MHz, memoria de mercurio.

Características de la primera generación:

USO DE TUBOS DE VACÍO O VÁLVULAS.

1959 - SEGUNDA GENERACIÓN

Recuerde que tal cual vimos en la introducción a la electrónica: El transistor bipolar fue inventado en los Laboratorios de la compañía Bell Telephone, en los EE.UU. a fines de 1947, por William Bradford Shockley, John Bardeen y Walter Brattain. Y fue el sustituto de la válvula termoiónica de tres electrodos.

Los avances tecnológicos permitieron entonces el reemplazo de las válvulas por los transistores, presentando estos, innumerables ventajas sobre las válvulas, tales como reducción de espacio físico, disminución de problemas por disipación de calor, disminución de costo individual por componente, menor requerimiento de reemplazo y/o servicio técnico, mayor velocidad de conmutación, mayor velocidad de procesamiento (microsegundos).

Características de la segunda generación:

USO DE TRANSISTORES.

1963 - TERCERA GENERACIÓN

Recuerde que como hemos visto también en la introducción a la electrónica: El próximo gran salto cualitativo, se daría en el año 1959 con el invento del ingeniero Jack Kilby, el circuito integrado.

Los circuitos integrados, resultaron ser nuevamente de menor tamaño, menor costo, menor consumo, y mayor velocidad de proceso. Las velocidades de proceso de instrucción de las computadoras, comienzan a medirse en nanosegundos.

Características de la tercera generación:

USO DE CIRCUITOS INTEGRADOS.

1971 - CUARTA GENERACIÓN

La integración de circuitos siguió su avance, dando paso a lo que se conoce como LSI (Large Scale Integration), permitiendo mayor cantidad de circuitos (con todos sus componentes electrónicos) en un espacio aún menor, y con menor costo.

A partir de 1974, la tecnología VLSI (Very Large Scale Integration) permitió trabajar a "palabra de 8 bits" e integrar en un mismo circuito alrededor de ocho mil transistores.

Características de la cuarta generación:

USO DE CIRCUITOS INTEGRADOS A GRAN ESCALA.

QUINTA GENERACIÓN DE COMPUTADORAS

La quinta generación de computadoras, fue un proyecto lanzado por Japón a fines de los años 70, cuyo objetivo consistía en el desarrollo de una clase de computadoras, que utilizarían técnicas de "Inteligencia Artificial", al nivel del Lenguaje Máquina y serían capaces de resolver problemas complejos para la

INTELIGENCIA ARTIFICIAL

La inteligencia artificial (IA), es definida en ciencias de la computación, como la capacidad de razonar de un ser no vivo.

ESCALA DE INTEGRACIÓN DE CIRCUITOS INTEGRADOS

Complejidad	Número de compuertas
SSI - Small Scale Integration (Pequeña Escala de Integración).	Entre 1 y 10.
MSI – Medium Scale Integration (Media Escala de Integración).	Entre 10 y 100.
LSI – Large Scale Integration (Alta Escala de Integración).	Entre 100 y 1.000.
VLSI – Very Large Scale Integration (Muy Alta Escala de Integración).	Entre 1.000 y 10.000.
SLSI – Super Large Scale Integration (Súper Alta Escala de Integración).	Entre 10.000 y 100.000.

COMPONENTES DE UNA COMPUTADORA

Los componentes de una computadora, se clasifican en dos partes:

- Parte física - tangible → Hardware.
- Parte abstracta → Software.

PARTE FISICA (tangible)

HARDWARE

Al referirnos al hardware (parte dura), hacemos referencia al conjunto de componentes y accesorios físicos que integran la parte material de la computadora.

Llámese a estos componentes:

INTERNOS:

- Gabinete.
- Fuente de alimentación.
- Microprocesador.
- Cooler.
- Placa madre (motherboard).
- Memoria.
- Puertos de comunicación.
- Conectores para dispositivos externos.
- Unidades de disco duro.
- Placa de red.
- Placa de audio.
- Placa de video.
- Lectora \ grabadora de Blu Ray (BD), DVD, CD.
- Cables.
- Jumpers.

EXTERNOS:

DE SALIDA:
- Monitor.
- Impresora.
- Parlantes.

DE ENTRADA:
- Mouse.
- Teclado.
- Scanner.
- Cámara Web.
- Micrófono.

Esta clasificación general, es para las PC o computadoras de escritorio (desktop), ya que recordemos que en las notebooks, netbooks, dichos componentes de hardware externos, tales como monitor, mouse, teclado, cámara Web, se encuentran integrados dentro de una misma carcasa o chasis.

ACCESORIOS:

PENDRIVES.

- PENDRIVE 32GB USB 3.0
- PENDRIVE 32GB USB 2.0
- PENDRIVE 16GB USB 2.0

DISCOS RÍGIDOS INTERNOS/EXTERNOS.

- 3 TB USB 3.0
- 1 TB 2.0

A la hora de adquirir una computadora, es importante tener en cuenta la aplicación para la cual la hemos de emplear. Ejemplo de esto, es el que los jugadores de video juegos – gamers, adquieren desktops, dada la importancia que tiene la GPU – graphics processing unit, traducido, unidad de procesamiento gráfico. Pensemos en la limitación de tamaño en las notebooks para el hardware, incluida aun la introducción de los transistores denominados TriGate o transistores '3D' en 22 nanómetros, lo cual permite al fabricante realizar lo mismo en menor espacio, pudiendo así integrar una GPU más grande y más potente.

La GPU, es un procesador específicamente diseñado para trabajar con gráficos, con funciones específicas y que posee una arquitectura basada en el proceso en paralelo. Por tanto, la GPU aligera de una forma más eficiente, el trabajo de la CPU – Central Processor Unit, traducido, Unidad Central de Procesamiento, en aplicaciones tales como los video juegos.

Combinar la CPU con la GPU provee gran potencial, debido a que las CPU consisten en varios núcleos optimizados para el procesamiento en serie, en tanto las GPU poseen miles de núcleos más pequeños y más eficientes, diseñados para el rendimiento paralelo.

INTERFAZ DE HARDWARE EMPLEADO PARA VIDEOJUEGOS

Como ejemplo de lo aprendido en la Unidad N° II, sobre conceptos y diferencias entre analógico y digital, vamos ahora a ver la aplicación de éstos, a la interfaz de hardware empleado para video juegos.

Controles Digitales: Valores discretos (no tiene movimiento intermedio).

Analógicos: Valores continuos (poseen movimiento intermedio).

Teclado: digital.

Joystick:

- Digitales (botones).
- Analógicos (palanca).

TrackBall → Analógico.

Gamepad

- Digital.
- Analógico.

- Movimiento → Analógico.
- Botones → Digital.

Wii move

- Analógico.
- Botones → Digital.

Kinect → Analógico.

Move → Analógico.

PUERTOS DE SALIDA

En la actualidad, los puertos paralelo y serie, se encuentran prácticamente en desuso.

PUERTO USB

Símbolo USB

USB es un acrónimo de Universal Serial Bus.

USB es un bus serie bidireccional de alta velocidad, que ofrece entre sus características, la posibilidad de enlazar 127 dispositivos, tecnología plug and play o PnP (plug and play, traducido significa: enchufar y usar), incluso en caliente (con el dispositivo conectado al puerto). De todas formas, para evitar posibles pérdidas de datos o rotura del dispositivo, es conveniente emplear el icono para desconexión del hardware con seguridad.

Estándares - Actualidad:

USB 1.1: este estándar resulta obsoleto en la actualidad. Su velocidad máxima de transmisión es de 12 Mbps.

USB 2.0: High Speed, denominada alta velocidad, permite velocidades de hasta 480 Mbps.

USB 3.0: Super Speed, adiciona una tasa de transferencia de datos 10 veces más alta, 5 Gbps o Gbit/s.

El puerto USB, transporta corriente eléctrica y datos.

Descripción de pines:

Pin	Nombre	Descripción	Color
1	VBUS	+ 5Vcc	rojo
2	D-	Data -	blanco
3	D+	Data +	verde
4	GND	Tierra	negro

El pin 1 visto el cable de frente (view front), es el primero desde la derecha.

El estándar USB, presenta los tipos A y B.

USB – Conectores tipo A.

El largo máximo a emplear en estos cables, es de 5 metros.

Macho (izquierda) – Hembra (derecha)

USB – Conectores tipo B.

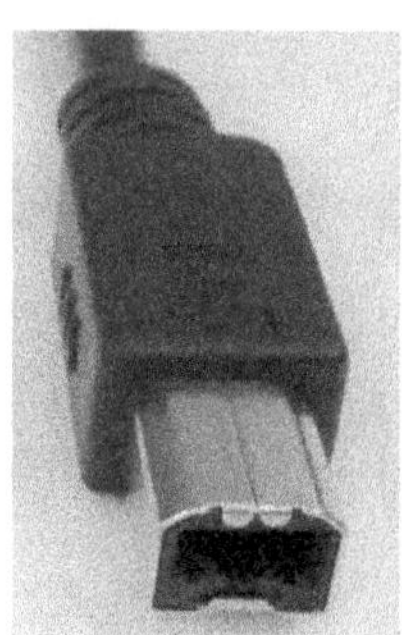

Conector macho, empleado en los cables de impresoras por USB.

Son también ampliamente empleados, los conectores Mini y Micro USB.

Mini USB

Los conectores mini USB, pueden ser tipo A y tipo B, en la imagen se muestra un conector mini USB macho, tipo B.

Descripción de pines:

Pin	Nombre	Descripción	Color
1	VBUS	+ 5Vcc	rojo
2	D-	Data -	blanco
3	D+	Data +	verde
4	ID	Permite diferenciar micro A de micro B. Tipo A = conectado a masa. Tipo B = no conectado.	ninguno
5	GND	Tierra	negro

Micro USB

La imagen siguiente muestra un conector micro USB macho tipo B, de 8 pines.

BLUETOOTH

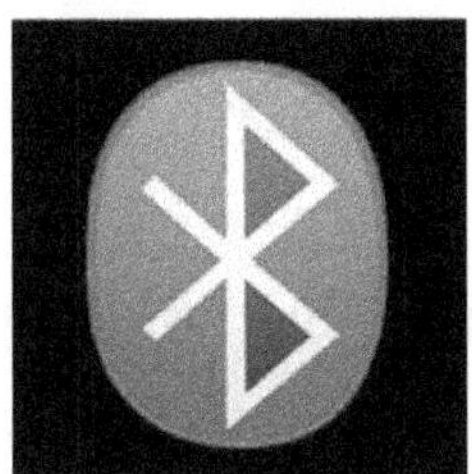

Símbolo Bluetooth

Bluetooth, es una tecnología desarrollada para comunicaciones inalámbricas, es decir sin cable (alambre). La banda de frecuencia en la que opera es la banda sin licencia de (ISM), traducida Industrial Científica Medica 2.4 a 2.485 GHZ.

A fin de minimizar la interferencia de otros dispositivos inalámbricos que operan dentro de esta banda, Bluetooth posee un salto de frecuencia adaptable entre 79 frecuencias en intervalos de 1 MHz, permite además una transmisión más eficiente, dentro del espectro.

En comunicaciones y transmisión de datos, es ampliamente empleado el modo de operación Master-Slave (Maestro-Esclavo), lo que significa que uno de los dispositivos (el maestro) es quien controla u origina la transmisión de datos al dispositivo esclavo.

Este estándar Master-Slave, es empleado para la conexión de dispositivos que soportan Bluetooth, de forma que uno de ellos (Master), se enlaza a otro (Slave), para realizar el envío o transmisión de datos. Pero para que la transmisión de datos pueda ser concretada, ambos dispositivos deben poseer una clave de acceso, la cual es configurada en el dispositivo Master. A este proceso, el cual permite el encriptamiento de la comunicación entre dispositivos bluetooth, se lo conoce como emparejamiento, dado que como su nombre lo expresa, se crean las parejas de dispositivos que pueden interactuar entre sí.

Una vez que hemos realizado un emparejamiento, los dispositivos guardan en su memoria interna, la lista de los dispositivos con los que han sido emparejados, por lo cual, no deberemos realizar dicho proceso nuevamente.

El término piconets hace referencia a redes ad hoc de corto alcance. Cada dispositivo de una piconect puede comunicarse simultáneamente con hasta 7 dispositivos dentro de esa única piconect, pero a su vez, cada dispositivo puede pertenecer a varias piconect al mismo tiempo.

Para el caso también, de que no contáramos en nuestra notebook o desktop con una interfase de conexión bluetooth, podemos adquirir un adaptador, “Mini adaptador bluetooth 2.0”.

Entre las características técnicas que debemos tener en cuenta para el trabajo y la adquisición de dispositivos con tecnología bluetooth, se encuentran el alcance y la banda de transferencia, donde podremos encontrar por ejemplo:

Bluetooth 3.0 + HS (High Speed) utiliza un enlace cercano Wi-Fi para velocidades de hasta 24 Mbps.

OTROS DISPOSITIVOS ACTUALES

En los últimos años, el sector informático ha visto grandes cambios con la aparición y empleo cada vez mayor de dispositivos tales como:

Tablet PC

Es una computadora portátil, la cual presenta la particularidad de no poseer teclado ni mouse, debido a que la misma posee una pantalla táctil o multitáctil, para su interface de entrada \ salida con el usuario. A su vez, el usuario puede interactuar con la misma, empleando un lápiz digital, o los dedos.

Sistemas operativos empleados para estos dispositivos, y dependiendo del fabricante:

- Android – Google.
- iOS – Apple.
- OS 2.0 – BlackBerry.
- Windows 8 – Microsoft.

Smartphones (teléfonos inteligentes)

Los smartphones actuales, son computadoras de bolsillo, los cuales poseen OS (Sistema Operativo), tales como Google Android, Microsoft Windows Mobile, entre otros.
Entre sus características técnicas, podemos destacar por ejemplo que el Galaxy III, posee:

Chipset

- Quad Core Application Processor.
- 1.4 GHZ CPU Speed.

Un microprocesador de 4 núcleos, Quad ARM Cortex A-9, mientras que algunos modelos de Netbooks, emplean por ejemplo un microprocesador de 1 núcleo, a una velocidad de reloj de 1.66 GHZ.

El Cortex-A9 empleado en el Galaxy, provee también de 2 GB de memoria RAM.

PARTE ABSTRACTA

SOFTWARE

A la parte abstracta o software, la componen el sistema operativo, y el resto de los programas, sean éstos programas del sistema o programas de aplicación.

SOFTWARE- PROGRAMAS:

Los programas o software, son quienes especifican también al hardware, respecto a las operaciones a

Debemos diferenciar también, que el software se divide en dos grupos:

- **SOFTWARE DEL SISTEMA.**
- **SOFTWARE DE APLICACIÓN.**

SOFTWARE DEL SISTEMA: el software del sistema, está compuesto de aquellos programas que hacen al funcionamiento de la máquina (hardware). Dentro de estos programas, se destaca el sistema operativo.

Sistema Operativo: el sistema operativo también es un programa, el cual controla la ejecución de aplicaciones y programas, e interactúa como interfaz entre las aplicaciones y el hardware de la computadora. Del mismo modo, oculta los detalles del hardware al programador y le proporciona una interfaz apropiada para utilizar el sistema.

SOFTWARE DE APLICACIÓN: el software o programas de aplicación, son programas que como su nombre lo indica, se emplean para aplicaciones concretas, ejemplos: editores de texto, planillas de cálculo, programas de simulación, entre otros.

Cuando en el capítulo VI, LENGUAJE C, trabajemos con el IDE DEV C++, veremos que una de las características de dicho software, es la de ser software libre, a lo que debemos tener presente que software libre, no significa software gratis.

LICENCIAMIENTO DE SOFTWARE

- Open Source GNU/GPL
- Freeware
- Shareware
- Adware
- Licenciamiento tradicional o comercial

SIGNIFICADO DE GNU GENERAL PUBLIC LICENSE

GNU es un acrónimo que significa GNU No es Unix, dado que Richard Stallman desarrolla GNU, como un sistema operativo libre, el cual pueda ser compatible con UNIX. Este sistema fue liberado bajo una licencia denominada "copyleft", en abierta oposición a copyright, y está contenida en la Licencia General Publica de GNU (GPL).

GPL es un acrónimo de General Public License.

Open Source GNU/GPL: esta licencia fue creada por Richard Stallman, GNU GPL, responde a las cuatro libertades del software:

- 0 – Libertad de usar el programa con cualquier propósito.
- 1 – Libertad de estudiar cómo funciona el programa y modificarlo.
- 2 – Libertad de distribuir copias del programa.
- 3 – Libertad de mejorar el programa y hacer públicas las mejoras.

Como ya hemos mencionado, software libre, no necesariamente significa software gratis. El término libre, se refiere entonces a las cuatro libertades expuestas anteriormente, no a libertad de costo. GNU GPL, es de código abierto, es decir que el usuario puede acceder al código de programa, a fin de poder tanto investigar, como modificar el código fuente.

FREEWARE

Freeware significa software gratis, perteneciendo a esta categoría, el software que es distribuido sin costo, para ser empleado por un tiempo determinado. Esta modalidad, es inspirada en la modalidad Shareware.

SHAREWARE

Shareware significa compartir software. En esta categoría, el usuario puede realizar la evaluación de un determinado software, de forma gratuita, pero con restricciones en su funcionalidad o tiempo de uso.

ADWARE

Adware es una contracción de Advertisement (anuncio) y software, en esta categoría de aplicaciones, se incluye algún tipo de publicidad web, cuando el software es ejecutado. De esta forma, el desarrollador ofrece el software en forma gratuita y percibe ingresos a través de la publicidad.

LICENCIAMIENTO TRADICIONAL O COMERCIAL

El propietary software o software propietario, es aquel por el cual el usuario paga un permiso por su uso, teniendo restricciones en el uso, copia o modificación, dado que generalmente es de código cerrado.

CAPÍTULO V

INTRODUCCIÓN A LA PROGRAMACIÓN

DEFINICIONES

PROBLEMA:

- Necesidad de transformar un estado inicial de cosas en otro final.
- Situación en la que las cosas que tenemos son diferentes de las que deseamos.

ALGORITMO:

Un algoritmo es una serie de pasos, acciones o procedimientos, los cuales nos permiten alcanzar un resultado o resolver un problema.

A fin de simplificar la resolución de un problema, podemos dividir el mismo en las tres etapas siguientes:

- **ANÁLISIS Y COMPRENSIÓN DEL PROBLEMA.**
- **DESARROLLO DEL ALGORITMO.**
- **COMPROBACIÓN DEL ALGORITMO.**

Los algoritmos, deben reunir también las siguientes tres características:

PRECISIÓN: Los pasos a seguir en el algoritmo, deben ser definidos claramente.

DETERMINISMO: para los mismos datos de entrada, el algoritmo debe dar siempre los mismos resultados.

FINITUD: no puede existir un algoritmo de longitud infinita.

Un algoritmo, se divide en las siguientes etapas:

- INGRESO DE DATOS.
- PROCESAMIENTO DE DATOS.
- SALIDA DE RESULTADOS.

PROGRAMA:

Un programa es una lista bien definida y ordenada de instrucciones, la cual permite hallar la solución a un problema, o desarrollar una aplicación.

El concepto de programa, fue desarrollado por Von Neumann en el año 1946, como el conjunto de instrucciones que sigue la computadora para alcanzar un resultado específico. Corresponde también a Von Neumann, el desarrollo de la arquitectura que como veremos en el capítulo VII, MICROCONTROLADORES, lleva su nombre.

SIGNIFICADO DE PROGRAMAR

Programar significa escribir instrucciones (desarrollar programas), para que la computadora pueda recibir, procesar, y entregar datos de salida.

INSTRUCCIÓN

Una instrucción es una palabra reservada en un lenguaje de programación, la cual cumple una función específica.

LENGUAJE DE PROGRAMACIÓN

Como sabemos, un lenguaje es un idioma, el cual nos permite comunicarnos y entender. Lo mismo ocurre con el término empleado a las computadoras, dado que de acuerdo al nivel de comunicación con el procesador, se denominan lenguajes de alto nivel, lenguaje de bajo nivel, y lenguaje de máquina. Con los distintos lenguajes de programación, se escriben programas que son interpretados por las computadoras.

CLASIFICACIÓN DE LOS LENGUAJES DE PROGRAMACIÓN

CATEGORÍAS:

- **MÁQUINA.**
- **BAJO NIVEL (Assembler o ensamblador).**
- **ALTO NIVEL (Lenguaje C).**

LENGUAJE MÁQUINA

Los lenguajes de máquina, son aquellos en los que las instrucciones que emplean, son directamente decodificadas por la UPC – Unidad de Proceso Central (CPU). El lenguaje de máquina, emplea secuencias de 0's y 1's, lo cual es interactivo a nivel del hardware, pero no resulta un entorno amigable, para el trabajo del programador

EJEMPLO 5.1

Ejemplo de instrucción en lenguaje de máquina:

1011 1111 0110 1111

Ventaja del lenguaje máquina:

El lenguaje máquina presenta como ventaja, el que al no necesitar traducción, presenta mayor velocidad de ejecución.

LENGUAJES DE BAJO NIVEL (ENSAMBLADORES).

Dada la dificultad que presenta para el programador la interacción con el lenguaje de máquina, se desarrollaron los lenguajes de bajo nivel, entre los que se encuentra el ensamblador.

Los lenguajes de bajo nivel son dependientes del procesador con el que se han de emplear, dado que poseen conjuntos de instrucciones (Set de Instrucciones) especificas.

En lenguaje ensamblador, las instrucciones se escriben en formato de códigos alfabéticos, denominados mnemónicos, asociado a nemotécnicos.

EJEMPLO 5.2

Mnemónico (instrucción) del Set de Instrucciones del microcontrolador 16F84A empleado en el Capítulo VII, sobre Microcontroladores en assembler:

MOVWF f

La interpretación de la instrucción, es la siguiente: copiar W (registro W) en F (file o registro) donde f (indica el registro de destino).

Después que un programa ha sido escrito en lenguaje assembler o ensamblador, se necesita un programa llamado 'ensamblador', el cual lo traduce a código de máquina.

En el Capítulo VII – "MICROCONTROLADORES EN LENGUAJE ASSEMBLER", vamos a emplear el MPLAB IDE para la programación de Microcontroladores.

IDE es un acrónimo de Entorno de Desarrollo Integrado.

LENGUAJES DE ALTO NIVEL

Los lenguajes de alto nivel, son los lenguajes de programación que en la actualidad emplean los programadores de sistemas, programadores Web, programadores de aplicaciones, programadores de video juegos entre otros, para su trabajo.

Los lenguajes de alto nivel, presentan al programador una interfaz amigable, dado que las instrucciones empleadas, son palabras por lo general del idioma inglés.

Los programas escritos en lenguajes de alto nivel, son independientes de la CPU de la máquina con que se trabaja, lo que favorece la portabilidad de los mismos.

Luego de desarrollar el programa, llamado programa fuente, deberemos traducir esta información desde nuestro lenguaje humano, al lenguaje que conoce y con el que trabaja la máquina, para lo que emplearemos un programa llamado compilador, el cual traduce el programa fuente en un programa llamado programa objeto, que se emplea en la fase de ejecución del programa.

En el capítulo VIII – "MICROCONTROLADORES EN LENGUAJE C", vamos a emplear el MPLAB X IDE para el desarrollo de proyectos con Microcontroladores.

Ejemplos de programas de alto nivel, son: C, C++, C#, Java entre otros.

Es importante destacar entonces, que al proceso de traducción de un programa fuente, se denomina compilación, y que luego de la fase de enlace, se obtiene el programa ejecutable.

Además, debemos dividir los programas traductores en dos clases:

- COMPILADORES.
- INTERPRETES.

COMPILADORES: los compiladores, de los cuales ya hemos hablado, se ocupan de todo el código fuente, cambiándolo a código máquina. El sistema (procesador – sistema operativo), puede ejecutar el programa, una vez que el mismo ha sido traducido en su totalidad.

Se genera un código objeto (archivo con extensión .obj). La extensión puede variar, dependiendo del sistema operativo.
C es un ejemplo de programas que utilizan compilador.
La ventaja de los compiladores, es que los archivos que ya han sido compilados, fueron convertidos a lenguaje máquina y pueden correr por si mismos, lo que también los hace más rápidos.

INTÉRPRETES:

Los intérpretes traducen y ejecutan las líneas una por una. En caso de encontrar un error, el programa se detiene en ese punto.
No genera código objeto de salida.
Java es un ejemplo de programa que emplea intérprete.

La ventaja de los intérpretes, es que pueden ser empleados en cualquier plataforma (los archivos generados con compilador, son dependientes de la plataforma en que han sido creados).

TIPOS DE ERRORES EN UN PROGRAMA

En un programa, pueden existir básicamente tres tipos de errores:

- De sintaxis.
- De ejecución.
- De lógica.

Error de sintaxis: un error de sintaxis, se produce cuando escribimos mal una palabra reservada (instrucción de programa), durante la realización del programa fuente, o cuando nos equivocamos en la sintaxis al invocar una variable o función.
Se detectan durante la compilación del programa, si estos existen, no se generara el archivo .obj.

Error de ejecución (error en tiempo de ejecución): son los que se producen durante la ejecución del programa. Generalmente, se producen por errores de lógica en el programa.
Ejemplo, dividir por cero.

Error de lógica: Los resultados obtenidos durante la ejecución, no son los esperados. No se reflejan en ningún mensaje de error.
Ejemplo: mal desarrollo de una fórmula.

PROGRAMA LINKER (ENLAZADOR)

El programa enlazador, cumple la función de unir el código objeto (generado en la compilación), con la información que hayamos incluido en el programa fuente, es decir las bibliotecas. Una vez que dichos archivos han sido enlazados, se genera entonces, el archivo ejecutable.

TÉCNICAS DE PROGRAMACIÓN

Existen diferentes técnicas de programación, las más empleadas son:

ESTRUCTURADA

ORIENTADA A OBJETOS

En nuestro trabajo en este libro, hemos de emplear el paradigma de la programación estructurada.

MÓDULO

Un módulo es un subprograma, el cual ha sido desarrollado para llevar a cabo una tarea específica. En la estructura de un programa modular, los módulos dependen de un módulo principal, desde el cual son llamados.

PROGRAMACIÓN ESTRUCTURADA (PE)

El teorema de la Estructura, desarrollado en 1966 por Bohm y Jacopini (teorema de Bohm y Jacopini), fue el basamento de Edsgar W. Dijkstra, para el desarrollo de la programación estructurada.

En la programación estructurada se emplean las siguientes reglas para escribir un programa:

- El programa tiene diseño modular.
- Los módulos son diseñados de modo descendente.
- Cada módulo se codifica utilizando las tres estructuras de control básicas:
    - **SECUENCIA.**
    - **SELECCIÓN.**
    - **REPETICIÓN**

La programación estructurada evita el uso de la instrucción **GOTO** o **GO TO**.

La programación estructurada es el conjunto de técnicas que incorporan:

- RECURSOS ABSTRACTOS.
- DISEÑO DESCENDENTE (TOP-DOWN).
- ESTRUCTURAS BÁSICAS.

Estas técnicas tienen como finalidad, aumentar la productividad de los programas, y reducir el tiempo de depuración y mantenimiento de los mismos.

RECURSOS ABSTRACTOS: son los recursos con los que no contamos a la hora de programar, pero nos apoyamos en ellos a la hora de emplearlos. Estos recursos se tienen que ir transformando en recursos concretos.

DISEÑO DESCENDENTE (TOP-DOWN): es el proceso mediante el cual un problema, se descompone en una serie de niveles o pasos sucesivos de refinamiento (stepwise).

ESTRUCTURAS DE CONTROL: Las estructuras de control de un lenguaje de programación, son métodos de especificar el orden en que las instrucciones determinan el flujo de control.

LAS TRES ESTRUCTURAS DE CONTROL BÁSICO SON:

- SECUENCIA.
- SELECCIÓN.
- REPETICIÓN.

DEFINICIÓN DE LAS ESTRUCTURAS BÁSICAS DE CONTROL

1 - SECUENCIA

En la estructura secuencial, las instrucciones del programa se ejecutan un después de otra, siguiendo el orden en el cual fueron escritas en el programa.

2 - SELECCIÓN

La estructura de selección, plantea la selección entre dos alternativas, basándose en el resultado de la evaluación de una condición o predicado.

3 - REPETICIÓN (ITERACIÓN)

La estructura de repetición, consiste en la ejecución repetida de una instrucción, mientras que se repite una determinada condición.

El teorema estructural o teorema fundamental de la programación estructurada, establece que cualquier programa, sin importar el tipo de trabajo que ejecute, puede ser elaborado utilizando únicamente estas tres estructuras básicas.

DESARROLLO DE ALGORITMOS

Existen diversas técnicas, empleadas para la realización y representación de algoritmos.

Las técnicas más empleadas son:

- Pseudocódigo.
- Diagramas
    - de flujo.
    - de Nassi Shneiderman.

Al igual que hicimos anteriormente respecto al paradigma de programación a emplear, es importante destacar en este punto, que para nuestro trabajo en el presente libro, hemos de emplear para el desarrollo y representación de algoritmos, diagramas de Nassi Shneiderman, dada su alta aplicación tanto en las áreas de la ingeniería, como así también en el área técnica.

PSEUDOCÓDIGO

El pseudocódigo es un lenguaje de especificación de algoritmos, el cual posee la característica de ser similar a un lenguaje de programación, pero con la ventaja de que al no estar regido por las normas de un lenguaje en particular, su codificación posterior resulta muy sencilla. El trabajo con pseudocódigo, nos permite entonces centrarnos más en la lógica, a la hora del desarrollo del algoritmo.

El pseudocódigo, emplea una serie de palabras especiales, o palabras clave, las cuales son una indicación del significado que poseen en el algoritmo.

Cuando desarrollamos un programa en pseudocódigo, el mismo tiene dos partes, la cabecera y el cuerpo.

- Cabecera: contiene el nombre del algoritmo.
- Cuerpo: posee 2 partes.
    - 1ª - zona de declaración de variables y constantes.
    - 2ª - zona de instrucciones del programa.

DIAGRAMAS

Un diagrama, ya sea de flujo o Nassi Shneiderman, es la representación gráfica de un algoritmo.
El diagrama es el primer paso que desarrolla el programador, y en función de éste, desarrollará posteriormente la codificación del programa.

DIAGRAMA DE FLUJO

Como indicamos antes, un diagrama de flujo (flowchart), es la representación gráfica de un algoritmo.
En el diagrama de flujo, se muestra de forma gráfica los pasos y/o procesos a seguir para alcanzar la resolución de un problema.

Recuerde:

1er paso: Desarrollo de diagrama de flujo.
2° paso: Prueba de escritorio.
3er paso: Construcción del programa.

Por tanto, es fundamental el desarrollo correcto del diagrama de flujo, ya que en función de este, y luego de realizar también la prueba de escritorio, ha de ser construido el programa en un lenguaje de programación en particular, en nuestro caso C.

SÍMBOLOS BÁSICOS DE LOS DIAGRAMAS DE FLUJO

Representación del Símbolo	Explicación del Símbolo
	Representa inicio y fin del diagrama de flujo.
	Se emplea para entrada/salida de datos.
	Se emplea para representar un proceso. En su interior se expresan asignaciones, operaciones aritméticas, entre otros.
NO SÍ	Se emplea para representar una decisión. En su interior, se almacena una condición, y dependiendo del resultado de la evaluación de la misma, se sigue por una de las ramas o caminos alternativos. Este símbolo, se utiliza en la estructura selectiva.
	Se emplea para representar la impresión de un resultado. Expresa escritura.
	Se emplean para expresar la dirección del flujo del diagrama.

Los símbolos son normalizados por el Instituto Nacional Americano de Estándares (ANSI – American National Standars Institute).

Desarrollar: llevar a cabo, realizar una idea, proyecto, etc.

EJEMPLOS

DIAGRAMAS DE FLUJO

ESTRUCTURA SECUENCIAL

EJEMPLO 5.1

Desarrollar un diagrama de flujo, el cual permita imprimir la leyenda "ELECTRÓNICA E INFORMA-

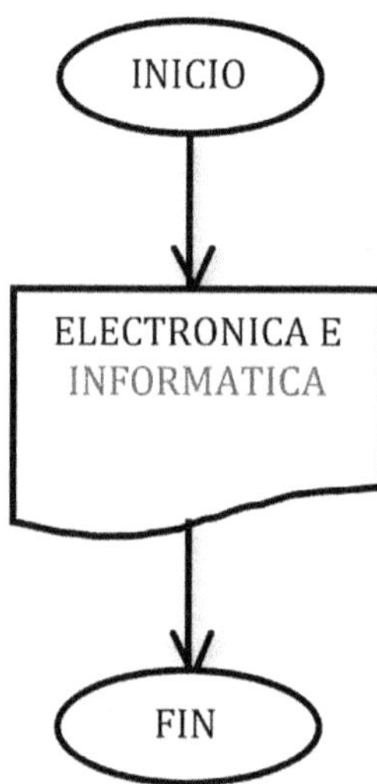

Explicación:

Para la resolución de la consigna dada, usted debe analizar la misma, y de acuerdo a los símbolos básicos vistos en la tabla anterior (símbolos básicos), seleccionar los correspondientes. En este caso, inicio, impresión y fin. También debe introducir en los mismos, el texto o leyenda especificativa de la acción realizada o a realizar.

Como veremos también en el Capítulo VI, Programación en Lenguaje C, antes de ingresar un valor por teclado, debemos reservar un espacio de memoria para almacenar dicho dato. A este proceso, se lo conoce como declaración de variables (posiciones de memoria a emplear).

También debemos de tener en cuenta el tipo de datos con los que hemos de trabajar. Si para el caso de nuestro segundo ejemplo, debemos ingresar valores enteros, veremos en el Capítulo VI, que el tipo de dato a emplear es el tipo integer (entero). En lenguaje C por ejemplo, la sintaxis es int, seguido del nombre que hayamos elegido para la variable (identificador). De todas formas, no hace falta declarar el tipo de dato en el diagrama de flujo.

DEFINICIONES

CONSTANTES y VARIABLES

Independientemente del lenguaje con el que programemos, los programas trabajan con datos. Estos datos a su vez, pueden ser de diferentes tipos (números, texto, fechas,...). La forma más común de almacenar datos, es a través de constantes o variables.

CONSTANTE: cuando el valor de un dato permanece inalterado durante la ejecución del programa, se trata de una constante.

Ejemplo de constantes:

$\pi = 3,1416$; 24/04/2006 = una fecha de nacimiento: 50 Hz = al valor de la frecuencia de la red eléctrica en la Argentina.

VARIABLE: cuando el valor de un dato varía durante la ejecución del programa, dicho valor es una variable.

Toda variable tiene un nombre que la identifica, un tipo de dato y un valor.

Tanto la constante como la variable, son información empleada por un algoritmo.

Desde el punto de vista físico (hardware), las constantes y las variables, son posiciones (espacios) de memoria, que se identifican por un nombre, dependiendo el espacio de memoria reservado (cantidad de bytes) del tipo de dato empleado.

Siempre que almacenamos (escribimos) un valor en una posición de memoria, dicho valor reemplaza al valor anterior que esa posición de memoria poseía, lo que se conoce como escritura destructiva.

Las constantes y/o variables, deben ser declaradas antes de que puedan ser empleadas en un programa.

DECLARACIÓN E INICIALIZACIÓN DE VARIABLES

Es muy importante el tener en claro la diferencia entre **declarar** e **inicializar** una variable. Cuando **declaramos** una variable, tal cual explicamos antes, estamos reservando (asignando) un espacio físico de memoria. Cuando **inicializamos** una posición de memoria, le estamos asignando un valor inicial o de constante, a una posición de memoria ya declarada.

Puede darse el caso también, de que declaremos e inicialicemos una posición de memoria en la misma línea, tal cual veremos su sintaxis en el Capítulo VI – Programación en Lenguaje C.

IDENTIFICADORES

Los identificadores son los nombres asignados a constantes, variables, tipos, funciones y etiquetas de un programa.

Un identificador, puede estar compuesto por uno o más caracteres (letras, dígitos o el guion bajo).El primer carácter debe ser una letra, o el guion bajo.

Las letras empleadas para definir un identificador, pueden ser mayúsculas o minúsculas. En este punto, debemos tener en cuenta que el lenguaje C por ejemplo, es sensible a mayúsculas y minúsculas.

En lenguaje C, los identificadores pueden tener cualquier longitud, sin embargo solo los 31 primeros dígitos, se consideran importantes.

ETIQUETAS

Las etiquetas son identificadores (nombres) que se emplean para hacer referencia a una posición de memoria, accedida desde una instrucción de salto o goto, o como también veremos en el Capítulo VII – MICROCONTROLADORES EN LENGUAJE ASSEMBLER, se emplean para identificar (EQU = igualar) el nombre de un registro con una Posición de Memoria. Las etiquetas pueden ser alfanuméricas, aunque deben comenzar por una letra.

En este punto, es importante destacar que tal cual definimos en las características de la programación estructurada, una de ellas es que no emplea la instrucción goto, sin embargo, esta instrucción es muy empleada en la programación de microcontroladores, tal cual veremos también en el Capítulo VII. En algunos casos, es posible en lenguaje C y por cuestiones de rendimiento, utilizar algunas técnicas de programación no estructurada como el empleo de la instrucción goto, donde usaremos también etiquetas, adaptadas a la sintaxis del lenguaje C, en este caso, el nombre del identificador seguido por dos puntos.

En los ejemplos siguientes, aplicaremos los conceptos de constante y variable.

EJEMPLO 5.2

Desarrollar un diagrama de flujo, el cual permita ingresar un número entero por teclado, y posteriormente mostrarlo.

INICIO

Proceso: declaro la variable A. — Declaro A

Lectura de datos: ingreso valor (A). — A

Escritura: muestro el valor ingresado (A). — A

FIN

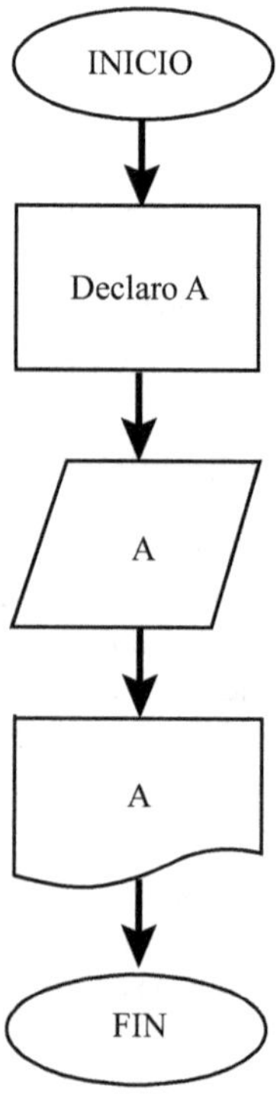

Observación:

Un detalle fundamental cuando se trabaja en el desarrollo de algoritmos para su posterior codificación, es la buena lectura e interpretación de las consignas. Observe Ud. que en la consigna del Ejemplo 5.1 se solicita 'imprimir' la leyenda "ELECTRÓNICA E INFORMÁTICA", por lo que hemos empleado el símbolo de impresión. Pero ahora, en el presente Ejemplo 5.2 se solicita simplemente ingresar un número entero por teclado, y posteriormente mostrarlo, por lo que podríamos haber empleado también el símbolo de entrada/salida de datos, tal cual se observa en la siguiente figura:

INICIO

Proceso: declaro la variable A.

Declaro A

Lectura de datos: ingreso valor (A).

A

Escritura: muestro el valor ingresado (A).

A

FIN

Salvo indicación, el mismo criterio podría aplicarse también a los ejercicios siguientes.

EJEMPLO 5.3

Desarrollar diagrama de flujo, el cual permita declarar e inicializar una posición de memoria de nombre A, con el valor de la constante π, y mostrar posteriormente dicha variable.

Proceso: declaro e inicializo
A = al valor de la constante π.

Escritura: muestro el valor de A = π.

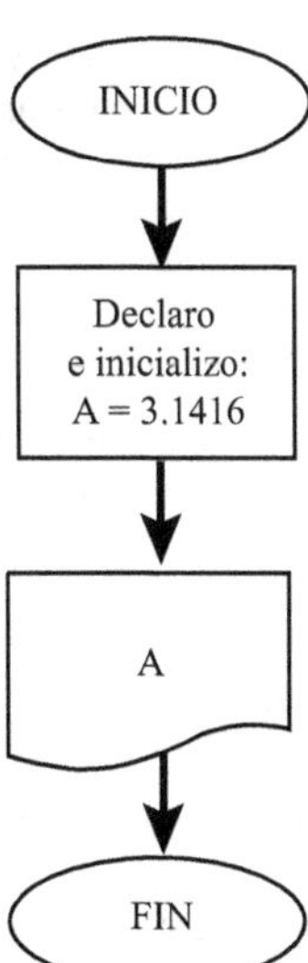

EJEMPLO 5.4

Desarrollar diagrama de flujo, el cual permita declarar e inicializar una posición de memoria de nombre Z, cuyo valor inicial es igual a 1. Posteriormente, adicionarle un valor ingresado por teclado, el cual es almacenado en la variable B. Finalmente, mostrar el valor de la variable Z.

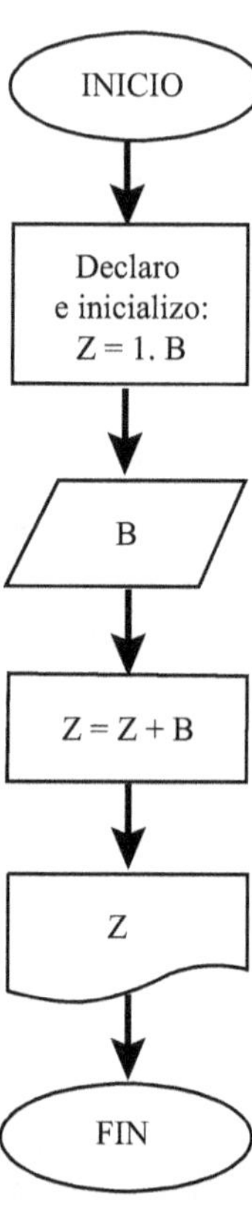

Proceso: declaración e inicialización de variables.

Lectura de datos: ingreso valor a la variable B.

Proceso: sumo a la variable Z, el valor de B.

Escritura: muestro el valor la variable Z.

CONTADOR

Un contador es una variable, cuyo valor una vez que ha sido inicializado, se incrementa o decrementa en una cantidad o valor constante (de acuerdo a la cantidad de pasos, steps que hayamos programado), cada vez que se produce una acción, suceso o iteración. Los contadores se emplean para contar sucesos o acciones internas de un bucle.

ACUMULADOR

El acumulador es una variable que mantiene el resultado de una operación o varias sobre sí misma, a fin de almacenar el total obtenido.

La diferencia entonces entre un contador y un acumulador, es que mientras que el contador va incrementando o decrementando sobre un valor preestablecido (constante), el acumulador crece o decrece, en una cantidad variable.

VARIABLES EMPLEADAS COMO ACUMULADORES

Otro punto importante a tener en cuenta, es que cuando vamos a emplear una posición de memoria para acumular un total, debemos inicializarla a cero, debido a que si no lo hacemos, puede ocurrir que el espacio de memoria que el sistema le asigna, contenga un valor de una operación anterior, lo cual afectaría el resultado. Recuerde también que para los casos en los que ingresamos un valor a una variable, la escritura en esa variable es destructiva (reescribe el valor anterior) por lo que no es necesario inicializar aquellas variables en las que hemos de ingresar el valor con el cual vamos a operar.

EJEMPLO 5.5

Desarrollar diagrama de flujo, el cual permita declarar e inicializar una variable con el nombre Operando1, otra variable con el nombre Operando2, almacenar y mostrar la suma de dichos operandos, en una variable llamada suma.

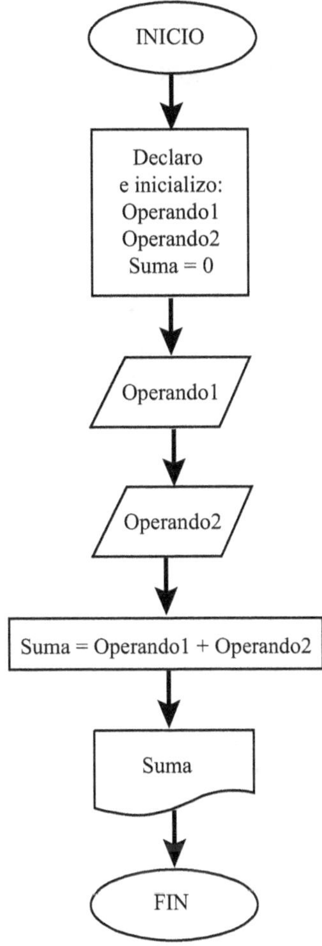

Una vez trabajados los ejemplos anteriores, podemos entender las siguientes reglas.

REGLAS PARA LA CONSTRUCCIÓN DE DIAGRAMAS DE FLUJO.

- Los diagramas de flujo, deben tener un inicio y un fin.
- Las líneas (flechas), las cuales indican la dirección del flujo del diagrama, pueden únicamente ser rectas y en sentido vertical u horizontal.

- Todas las líneas empleadas en un diagrama de flujo, deben estar conectadas, independientemente del símbolo a enlazar en el algoritmo.
- Los diagramas de flujo, deben ser construidos empleando el modo descendente (TOP-DOWN), y de izquierda a derecha (right to left).
- La notación empleada en el diagrama de flujo, debe ser independiente del lenguaje de programación a emplear, durante la fase de programación.
- En los casos en que la complejidad del algoritmo lo requiera, es recomendable realizar comentarios dentro de los símbolos, a fin de facilitar la comprensión del proceso realizado.
- No puede llegar más de una línea a cada símbolo.
- Cuando desarrollemos algoritmos largos (más de un hoja), deberemos emplear conectores, a fin de clarificar el correcto seguimiento del algoritmo.

SÍMBOLOS EMPLEADOS PARA LOS CONECTORES

Conector dentro de página:

Conector fuera de página:

SÍMBOLO EMPLEADO PARA LA IMPRESIÓN POR PANTALLA

COMENTARIO

En programación, un comentario es una línea de texto que el programador inserta, a fin de documentar el o los programas, y lograr también de esta forma, aumentar la legibilidad de los mismos.
Cuando insertamos comentarios en un programa, el compilador identifica de acuerdo al lenguaje de programación empleado, los caracteres que hacen referencia al mismo, y los ignora, es decir que no genera código objeto en lenguaje máquina.

Recuerde entonces que los comentarios, hacen a la comunicación o referencia, entre personas (programadores).

Cada lenguaje de programación, o compilador, tendrá sus símbolos o caracteres en particular, para identificar una línea de comentario. En lenguaje C por ejemplo, las líneas de comentario se desarrollan con los caracteres /* para el inicio de la línea de comentario, y */ para el cierre de la línea de comentario.

Ejemplo: /* esto es una línea de comentario */

DIAGRAMAS DE NASSI SHNEIDERMAN

Los diagramas Nassi-Shneiderman N-S (diagramas estructurados), también llamados diagramas de Chapin, son una técnica para la especificación de algoritmos que combina la descripción textual del pseudocódigo, con la representación gráfica del diagrama de flujo. A excepción de que por ejemplo en los diagramas de Nassi-Shneiderman, los símbolos son contiguos, es decir que no se emplean flechas. Esto entre otras ventajas, acorta el largo o tamaño de los diagramas.

Los diagramas Nassi-Shneiderman, han sido desarrollados para su aplicación en el desarrollo de algoritmos bajo el paradigma de la Programación Estructurada. Por tanto, existe un símbolo para representar cada una de las 3 estructuras básicas de la programación estructurada.

- **SECUENCIA.**
- **SELECCIÓN.**
- **REPETICIÓN.**

SECUENCIALES

Para el trabajo en la representación de instrucciones secuenciales, disponemos en Nassi Shneiderman de un símbolo único, el cual es empleado para las operaciones de:

- Asignación.
- Declaración.
- Entrada.
- Salida.

Para las estructuras selectivas y repetitivas, contamos con símbolos para diferenciar entre:

SELECTIVAS

Alternativas:

- Simples (if) y compuestas (if-else).
- Múltiples (case o switch).

REPETITIVAS

Alternativas:

- Ciclo Mientras (while).
- Ciclo Para (for).
- Ciclo repetir (repeat) – no presente en C.
- do...while.

ANIDAMIENTO Y COMBINACIÓN DE ESTRUCTURAS Y SÍMBOLOS

También tenemos la posibilidad de anidar estructuras, tanto selectivas como repetitivas, del mismo modo que para desarrollar algoritmos más complejos, deberemos realizar la combinación de los símbolos de que disponemos.

Los diagramas de NS reciben su nombre en honor a Isaac Nassi y Ben Shneiderman.

SÍMBOLOS BÁSICOS UTILIZADOS EN LOS DIAGRAMAS DE N-S

Representación del símbolo	Explicación del símbolo
	SECUENCIA: empleado para representar instrucciones de asignación, declaración, entrada y salida.
	SELECCIÓN: empleado para representar instrucciones de selección, simples o compuestas.
	SELECCIÓN: empleado para representar instrucciones de selección (decisión) múltiples.
	REPETICIÓN: empleado para representar instrucciones repetitivas (iteración), tales como mientras, o para.
	REPETICIÓN: empleado para representar la instrucción repetir (la instrucción repeat, no es empleada en lenguaje C). Lo empleamos en la instrucción do...while

PRUEBA DE ESCRITORIO (PE)

La prueba de escritorio, es una técnica empleada para la comprobación del funcionamiento correcto de un algoritmo desarrollado. Durante la misma, se (prueba) toman datos específicos como entrada, y se sigue la secuencia establecida en el algoritmo hasta obtener un resultado, del análisis del cual, sabremos si el mismo ha sido bien desarrollado, en caso contrario, deberemos corregirlo.

Desde el punto de vista de su implementación, la prueba de escritorio consiste en generar una tabla con tantas columnas como variables tenga el algoritmo, y seguir las instrucciones empleadas, asignando los valores correspondientes.

No existe un número definido de casos de prueba que se deben generar, dependiendo entonces la cantidad de casos de prueba de la complejidad del algoritmo. En general, podemos considerar suficiente un total de 3 a 5 casos de prueba, donde debemos considerar tanto escenarios normales, como así también casos extremos.

EJEMPLOS

NASSI-SHNEIDERMAN Y PRUEBA DE ESCRITORIO

ESTRUCTURA SECUENCIAL

En los siguientes ejemplos, representaremos los 5 ejemplos dados anteriormente en el capítulo, respecto a la representación de algoritmos con diagramas de flujo, pero representando ahora los mismos en diagramas de Nassi-Shneiderman. Realizaremos también en los ejemplos en los cuales corresponde, la prueba de escritorio.

EJEMPLO 5.6

Desarrollar diagrama Nassi-Shneiderman, el cual permita imprimir la leyenda "ELECTRÓNICA E INFORMÁTICA".

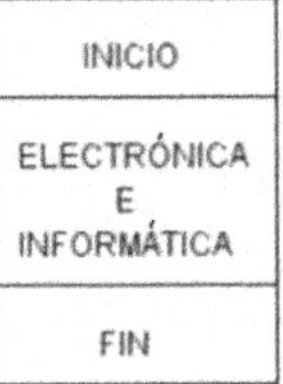

EJEMPLO 5.7

Desarrollar diagrama Nassi-Shneiderman, el cual permita ingresar un número entero por teclado, y posteriormente mostrarlo.

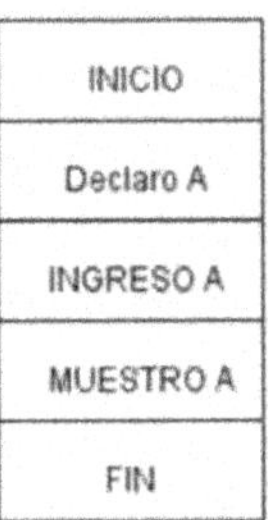

EJEMPLO 5.8

Desarrollar diagrama de Nassi-Shneiderman, el cual permita declarar e inicializar una posición de memoria de nombre A, con el valor de la constante π, y mostrar posteriormente dicha variable.

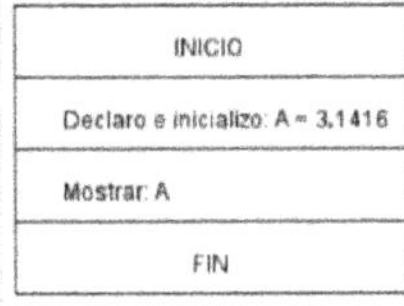

EJEMPLO 5.9

Desarrollar diagrama de Nassi-Shneiderman, el cual permita declarar e inicializar una posición de memoria de nombre Z, cuyo valor inicialmente es igual a 1. Posteriormente, adicionarle un valor ingresado por teclado, el cual es almacenado en la variable B. Finalmente, mostrar el valor de la variable Z. Representar también la prueba de escritorio.

INICIO

Declaro e inicializo: Z = 1, B

Ingresar: valor a la variable B

Z = Z + B

Mostrar: Z

FIN

PRUEBA DE ESCRITORIO

Instrucción	Z	B	Z = Z + B	Mostrar
Inicio				
Declaro	1	✓	-	-
Ingresar valor a la variable B	1	(supongo valor) 2	-	-
Z = Z + B	1	2	3	-
Mostrar Z	3	2	3	3
Fin				

DESARROLLO DE LA PE - ACLARACIÓN IMPORTANTE:

En la prueba de escritorio desarrollada, como Ud. puede apreciar, tenemos una columna con cada una de las acciones realizadas para el desarrollo del algoritmo, las cuales posteriormente se convertirán en código de programa (instrucciones). Si bien este método es muy empleado, y es el método con el cual hemos de trabajar durante el resto del capítulo, otra posibilidad también comúnmente empleada, es la de desarrollar la prueba de escritorio, empleando exclusivamente las variables utilizadas, y el resultado a mostrar. Sería posible también enumerar cada línea (bloque del diagrama NS), y en vez de escribir también en la columna 'Instrucción' todo el texto descriptivo de la acción a realizar, reemplazarla por el número equivalente.

Ejemplos:

Z	B	Z = Z + B	Mostrar
1	✓	-	-
1	(supongo valor) 2	-	-
1	2	3	-
3	2	3	3

Observe del ejemplo, que si bien nos evitamos de reescribir la acción a realizar, al eliminar la columna de Instrucciones, la Prueba de Escritorio no resulta fácil de seguir. Lo mismo ocurre, cuando enumeramos cada línea.

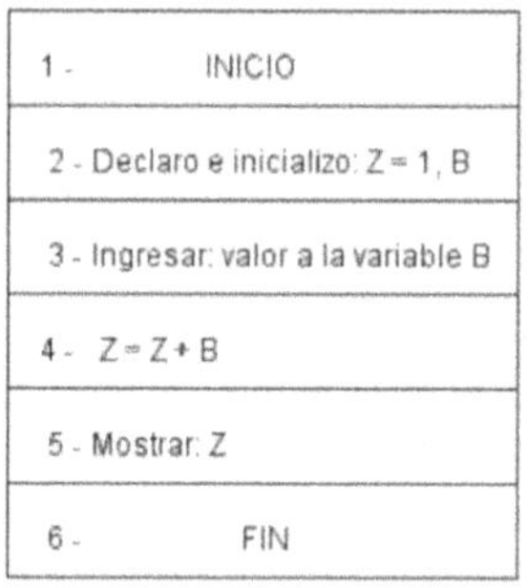

1 - INICIO
2 - Declaro e inicializo: Z = 1, B
3 - Ingresar: valor a la variable B
4 - Z = Z + B
5 - Mostrar: Z
6 - FIN

Línea	Z	B	Z = Z + B	Mostrar
1				
2	1	✓	-	-
3	1	(supongo valor) 2	-	-
4	1	2	3	-
5	3	2	3	3
6				

EJEMPLO 5.10

Desarrollar diagrama de Nassi-Shneiderman, para representar un algoritmo el cual permita inicializar una variable con el nombre Operando1, otra variable con el nombre Operando2, almacenar y mostrar la suma de dichos operandos, en una variable llamada suma. Representar también la prueba de escritorio.

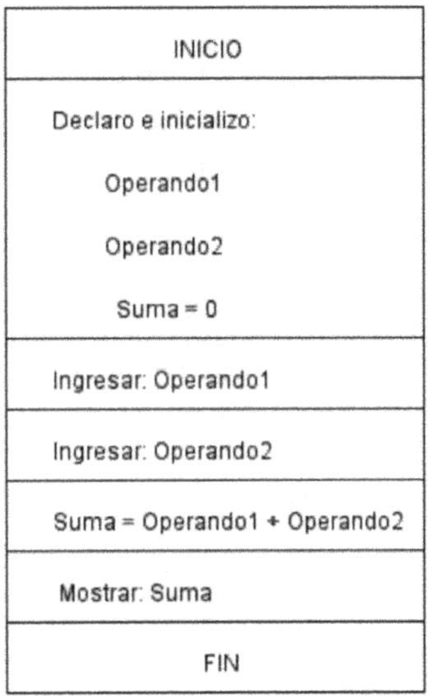

INICIO
Declaro e inicializo: Operando1 Operando2 Suma = 0
Ingresar: Operando1
Ingresar: Operando2
Suma = Operando1 + Operando2
Mostrar: Suma
FIN

PRUEBA DE ESCRITORIO

Instrucción	Operando1	Operando2	Suma	Mostrar
Inicio				
Declaro e inicializo	✓	✓	0	-
Ingresar Operando1	(supongo valor) 2	-	-	-
Ingresar Operando2	2	(supongo valor) 4	-	-
Suma = Operando1 + Operando2	2	4	6	-
Mostrar Suma	2	4	6	6
Fin				

Como hemos mencionado antes, en el presente libro vamos a trabajar con diagramas de Nassi Shneiderman, los cuales como vimos en los ejemplos desarrollados hasta aquí, son al igual que los diagramas de flujo, una forma gráfica de representar un algoritmo, el cual luego de ser sometido a la prueba de escritorio, codificaremos en un lenguaje de programación, lo convertiremos en un programa, y una vez compilado, habremos obtenido una aplicación.

Para el trabajo entonces con las dos estructuras básicas con las que nos queda ejemplificar algoritmos, emplearemos diagramas de Nassi Shneiderman.

EJEMPLOS

NASSI-SHNEIDERMAN Y PRUEBA DE ESCRITORIO

ESTRUCTURA SELECTIVA

Podemos agregar ahora a nuestra definición inicial sobre la estructura de selección, que la misma es también conocida tradicionalmente como estructura "SI-CIERTO-FALSO", dado que plantea la selección entre dos alternativas, basándose en el resultado de la evaluación de una condición o predicado

Como veremos en el Capítulo VI, equivale a las instrucciones if, e "if...else, en lenguaje C.

Símbolo en Nassi Shneiderman

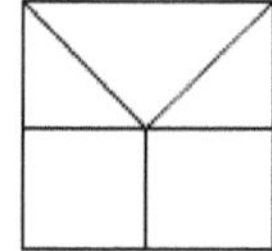

En lenguaje C, la instrucción empleada para selección múltiple, es switch.

Símbolo en Nassi Shneiderman

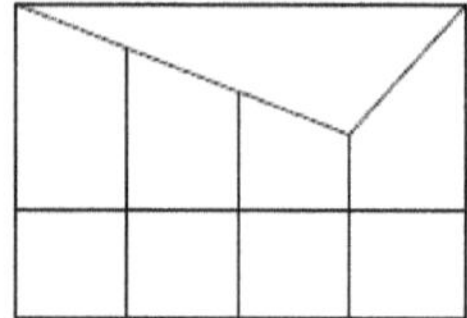

ESTRUCTURA SELECTIVA SIMPLE

EJEMPLO 5.11

Desarrollar diagrama Nassi-Shneiderman, para representar un algoritmo el cual permita empleando la estructura de selección simple, declarar e inicializar una constante de nombre A con el valor 20. Declarar una variable de nombre B, luego introducir un dato a dicha variable, y en caso de ser igual al valor de la constante A, mostrar la leyenda IMPORTE EXACTO. Representar también la prueba de escritorio.

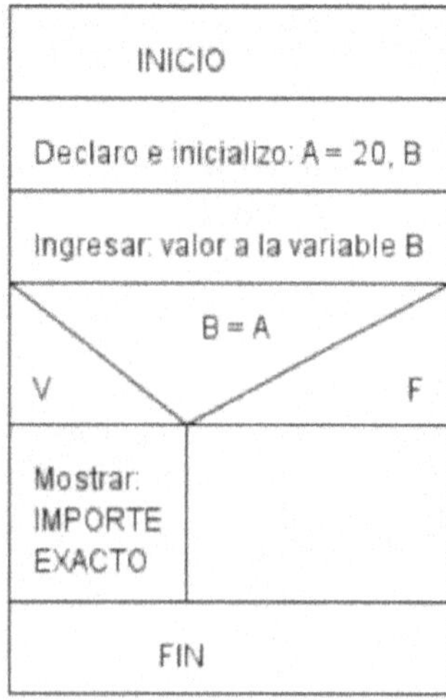

PRUEBA DE ESCRITORIO

Instrucción	A	B	Condición	Mostrar
Inicio				
Declaro e inicializo	20	✓	-	-
Ingreso valor a la variable B	20	(supongo valor) 2	-	-
SI B = A	20	2	F (falsa)	-
Fin				

Instrucción	A	B	Condición	Mostrar
Inicio				
Declaro e inicializo	20	✓	-	-
Ingreso valor a la variable B	20	(supongo valor) 20	-	-
SI B = A	20	20	V(verdadera)	-
Mostrar	20	20	V	IMPORTE EXACTO
Fin				

Instrucción	A	B	Condición	Mostrar
Inicio				
Declaro e inicializo	20	✓	-	-
Ingreso valor a la variable B	20	(supongo valor) 21	-	-
SI B = A	20	21	F(falsa)	-
Fin				

EJEMPLO 5.12

Desarrollar diagrama Nassi-Shneiderman, para representar un algoritmo el cual permita empleando la estructura de selección simple, declarar dos variables llamadas A y B, introducir un valor en cada una de ellas, y para el caso de que la condición A > B sea verdadera, mostrar: A > B. Representar también la prueba de escritorio.

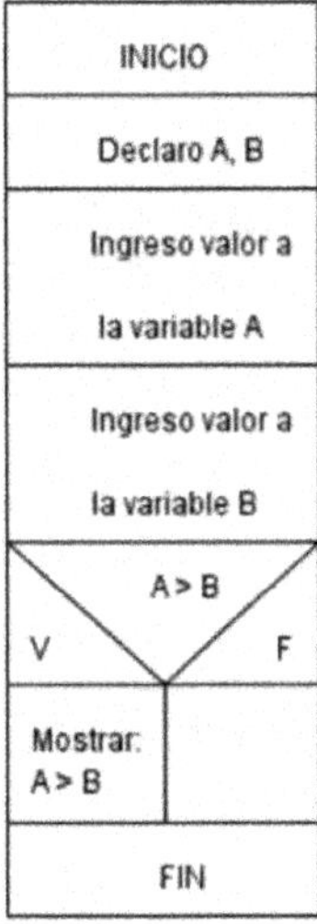

PRUEBA DE ESCRITORIO

Instrucción	**A**	**B**	**Condición**	**Mostrar**
Inicio				
Declaro	✓	✓	-	-
Ingreso valor a la variable A	(supongo valor) 1	-	-	-
Ingreso valor a la variable B	1	(supongo valor) 2	-	-
SI A > B	1	2	F (falsa)	-
Fin				

Instrucción	**A**	**B**	**Condición**	**Mostrar**
Inicio				
Declaro	✓	✓	-	-
Ingreso valor a la variable A	(supongo valor) 5	-	-	-
Ingreso valor a la variable B	5	(supongo valor) 5	-	-
SI A > B	5	5	F (falsa)	-
Fin				

Instrucción	A	B	Condición	Mostrar
Inicio				
Declaro	✓	✓	-	-
Ingreso valor a la variable A	(supongo valor) 9	-	-	-
Ingreso valor a la variable B	9	(supongo valor) 8	-	-
SI A > B	9	8	V(verdadera)	-
Mostrar	9	8	V	A > B
Fin				

ESTRUCTURA SELECTIVA SIMPLE - ANIDADA

EJEMPLO 5.13

Desarrollar diagrama Nassi-Shneiderman, para representar un algoritmo el cual permita empleando la estructura de selección simple anidada, declarar e inicializar una constante de nombre A con el valor 20. Declarar una variable de nombre B, luego introducir un dato a dicha variable, y de acuerdo al valor de la magnitud ingresada, contemplar los siguientes casos:

Si B = A → Mostrar: IMPORTE EXACTO.
Si B > A → Mostrar: ABONE CON CAMBIO.
Si B < A → Mostrar: IMPORTE FALTANTE.

Realizar también la prueba de escritorio.

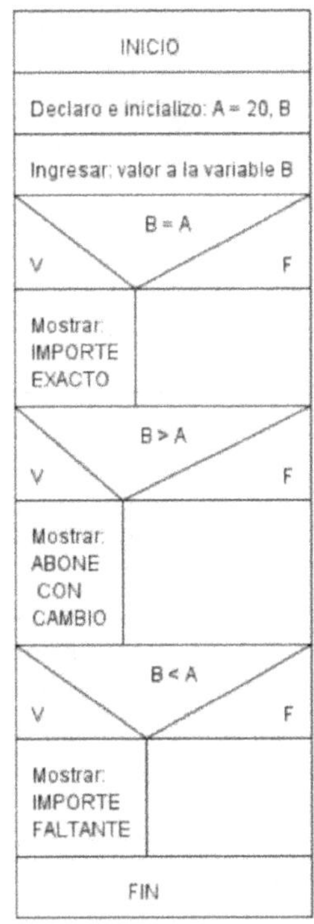

PRUEBA DE ESCRITORIO

Instrucción	A	B	Condición	Mostrar
Inicio				
Declaro e inicializo	20	✓	-	-
Ingreso valor a la variable B	20	(supongo valor) 20	-	-
SI B = A	20	20	V(verdadera)	-
Mostrar	20	20	V	IMPORTE EXACTO
SI B > A	20	20	F (falsa)	-
SI B < A	20	20	F (falsa)	-
Fin				

Instrucción	A	B	Condición	Mostrar
Inicio				
Declaro e inicializo	20	✓	-	-
Ingreso valor a la variable B	20	(supongo valor) 25	-	-
SI B = A	20	25	F (falsa)	-
SI B > A	20	25	V(verdadera)	
Mostrar	20	25	V	ABONE CON CAMBIO
SI B < A	20	25	F (falsa)	-
Fin				

Instrucción	A	B	Condición	Mostrar
Inicio				
Declaro	20	✓	-	-
Ingreso valor a la variable B	20	(supongo valor) 15	-	-
SI B = A	20	15	F (falsa)	-
SI B > A	20	15	F (falsa)	-
SI B < A	20	15	V(verdadera)	-
Mostrar	20	15	V	IMPORTE FALTANTE
Fin				

EJEMPLO 5.14

Desarrollar diagrama Nassi-Shneiderman, para representar un algoritmo el cual permita empleando la estructura de selección simple anidada, definir una variable con el nombre num, luego introducir un dato a dicha variable, y de acuerdo al valor de la magnitud ingresada, contemplar los siguientes casos:

Comparar el valor de la variable num, con 0, 1 y 2, y para el caso en que la condición sea verdadera, mostrar el equivalente binario del valor ingresado. Si el valor ingresado es mayor que 2, mostrar la leyenda FUERA DE

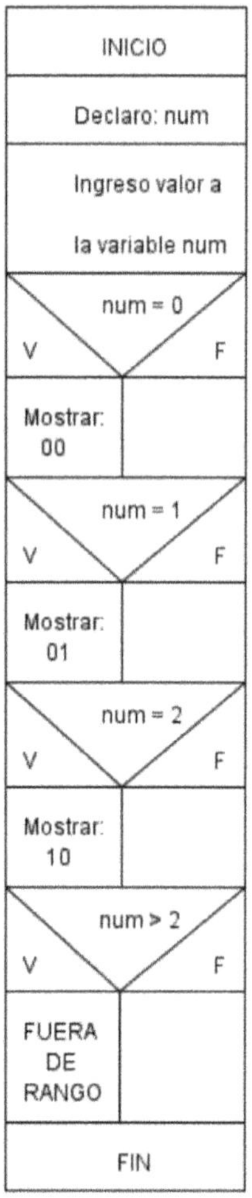

Si num = 0 → Mostrar: 00

Si num = 1 → Mostrar: 01

Si num = 2 → Mostrar: 10

Si num > 2 → Mostrar: FUERA DE RANGO

Realizar también la prueba de escritorio.

INICIO
Declaro: num
Ingreso valor a la variable num
num = 0 (V / F)
Mostrar: 00
num = 1 (V / F)
Mostrar: 01
num = 2 (V / F)
Mostrar: 10
num > 2 (V / F)
FUERA DE RANGO
FIN

PRUEBA DE ESCRITORIO

Instrucción	num	Condición	Mostrar
Inicio			
Declaro	✓	-	-
Ingreso valor a la variable num	(supongo valor) 0	-	-
SI num = 0	0	V(verdadera)	-
Mostrar	0	V	00
SI num = 1	0	F (falsa)	-
SI num = 2	0	F (falsa)	-
SI num > 2	0	F (falsa)	-
Fin			

Instrucción	num	Condición	Mostrar
Inicio			
Declaro	✓	-	-
Ingreso valor a la variable num	(supongo valor) 1	-	-
SI num = 0	1	F (falsa)	-
SI num = 1	1	V(verdadera)	-
Mostrar	1	V	01
SI num = 2	1	F (falsa)	-
SI num > 2	1	F (falsa)	-
Fin			

Instrucción	num	Condición	Mostrar
Inicio			
Declaro	✓	-	-
Ingreso valor a la variable num	(supongo valor) 2	-	-
SI num = 0	2	F (falsa)	-
SI num = 1	2	F (falsa)	-
SI num = 2	2	V(verdadera)	-
Mostrar	2	V	10
SI num > 2	2	F (falsa)	-
Fin			

Instrucción	num	Condición	Mostrar
Inicio			
Declaro	✓	-	-
Ingreso valor a la variable num	(supongo valor) 3	-	-
SI num = 0	3	F (falsa)	-
SI num = 1	3	F (falsa)	-
SI num = 2	3	F (falsa)	-
SI num > 2	3	V(verdadera)	-
Mostrar	3	V	FUERA DE RANGO
Fin			

Al igual que hicimos en la página 204, cuando tomamos el ejemplo 5.9, a fin de mostrar otras formas en las que podíamos representar las PE, y los diagramas de NS. Observe del presente ejercicio, que hemos empleado también una disposición diferente para visualizar el diagrama de NS y las PE. En ocasiones, esta disposición puede también resultarle más cómoda, a la hora de verificar el algoritmo desarrollado

ESTRUCTURA SELECTIVA COMPUESTA

EJEMPLO 5.15

Desarrollar diagrama Nassi-Shneiderman, para representar un algoritmo el cual permita ingresar un número entero, almacenarlo en una variable de nombre A, y en caso de ser mayor a 5, mostrar el valor ingresado. En caso contrario, mostrar la leyenda "Número menor o igual a 5". Representar también la prueba de escritorio.

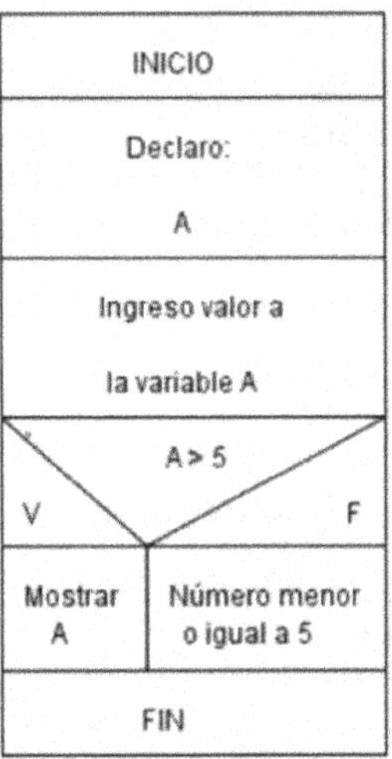

PRUEBA DE ESCRITORIO

Instrucción	A	Condición	Mostrar
Inicio			
Declaro	✓	-	-
Ingresar valor a la variable A	(supongo valor) 2	-	-
SI A > 5	2	F(falsa)	-
Mostrar	2	F	Número menor o igual a 5
Fin			

Instrucción	A	Condición	Mostrar
Inicio			
Declaro	✓	-	-
Ingresar valor a la variable A	(supongo valor) 5	-	-
SI A > 5	5	F(falsa)	-
Mostrar	5	F	Número menor o igual a 5
Fin			

Instrucción	A	Condición	Mostrar
Inicio			
Declaro	✓	-	-
Ingresar valor a la variable A	(supongo valor) 7	-	-
SI A > 5	7	V(verdadera)	-
Mostrar	7	V	7
Fin			

Explicación del Ejemplo:

Tal cual lo indicado en la consigna, primero se declara una variable con el nombre A, luego se ingresa un valor, el cual es almacenado en dicha variable. En el tercer paso se evalúa una condición, es decir, que si el valor ingresado (A), es mayor a 5 (A > 5), la condición es verdadera (V), y se muestra el valor ingresado. En caso de que el resultado de la evaluación de éste predicado, resulte falso (F), se muestra la leyenda Número menor o igual a 5.

EJEMPLO 5.16

Desarrollar diagrama Nassi-Shneiderman, y prueba de escritorio, empleando la estructura de selección compuesta, a fin de representar el algoritmo necesario, para implementar el siguiente caso:

La empresa GAME, líder de mercado en la venta de video juegos para consolas, publicita en sus 2 locales en Shoppings de la ciudad, un descuento del 30% en todos los video juegos, durante 2 horas (10 a 12 hs.) para el día lunes, esperando obtener un total de ventas entre ambos locales de más de 300 video juegos. Si el total de venta es superior a 300, mostrar la leyenda POSITIVO, en caso contrario mostrar la leyenda NEGATIVO.

RESOLUCIÓN:

Definimos las siguientes variables: total, local1, local2.

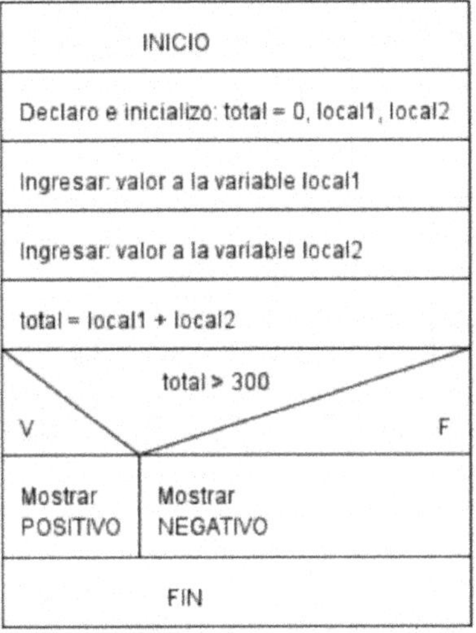

PRUEBA DE ESCRITORIO

Instrucción	total	local1	local2	Condición	Mostrar
Inicio					
Declaro e inicializo	0	✓	✓	-	-
Ingresar valor a la variable local1	0	(supongo valor) 100	-	-	-
Ingresar valor a la variable local2	0	100	(supongo valor) 150	-	-
total = local1 + local2	250	100	150	-	-
SI total > 300	250	100	150	F(falsa)	-
Mostrar	250	100	150	F	NEGATIVO
Fin					

Instrucción	total	local1	local2	Condición	Mostrar
Inicio					
Declaro e inicializo	0	✓	✓	-	-
Ingresar valor a la variable local1	0	(supongo valor) 160	-	-	-
Ingresar valor a la variable local2	0	160	(supongo valor) 140	-	-
total = local1 + local2	300	160	140	-	-
SI total > 300	300	160	140	F(falsa)	-
Mostrar	300	160	140	F(falsa)	NEGATIVO
Fin					

Instrucción	total	local1	local2	Condición	Mostrar
Inicio					
Declaro e inicializo	0	✓	✓	-	-
Ingresar valor a la variable local1	0	(supongo valor) 210	✓	-	-
Ingresar valor a la variable local2	0	210	(supongo valor) 100	-	-
total = local1 + local2	310	210	100	-	-
SI total > 300	310	210	100	V(verdadera)	-
Mostrar	310	210	100	V	POSITIVO
Fin					

Caso por defecto: default.

ESTRUCTURA SELECTIVA MÚLTIPLE

EJEMPLO 5.17

Desarrollar diagrama Nassi-Shneiderman, y prueba de escritorio empleando la estructura de selección múltiple, a fin de representar el algoritmo necesario para implementar un menú con las opciones del 1 al 4, correspondientes a las tablas de verdad de las compuertas lógicas básicas. Se toma en cuenta también, una opción por defecto, para el caso de que el número (opción) seleccionado, sea distinto a las opciones de menú, mostrando la leyenda OPCIÓN NO VÁLIDA.

Formato de menú:

INGRESE: 1 - AND.
2 - OR.
3 - NAND.
4 - NOR.

INICIO
Declaro: T
INGRESE UNA OPCION PARA VISUALIZAR LA TABLA DE VERDAD DE UNA COMPUERTA 1 - AND 2 - OR 3 - NAND 4 - NOR
Ingreso valor a la variable T (opción seleccionada)
Seleccionar (T)

1	2	3	4	Por defecto
AND 0.0=0 0.1=0 1.0=0 1.1=1	OR 0+0=0 0+1=1 1+0=1 1+1=1	NAND 0.0=1 0.1=1 1.0=1 1.1=0	NOR 0+0=1 0+1=0 1+0=0 1+1=0	OPCION NO VALIDA

FIN

PRUEBA DE ESCRITORIO

Instrucción	T	caso 1	caso 2	caso 3	caso 4	Por defecto	Mostrar
Inicio							
Declaro	✓	-	-	-	-	-	-
Ingresar valor a la variable T	(supongo valor) 1	-	-	-	-	-	-
Seleccionar T = ?	1	V	F	F	F	F	-
Mostrar	1	V	F	F	F	F	AND 0.0=0 0.1=0 1.0=0 1.1=1
Fin							

Instrucción	T	caso 1	caso 2	caso 3	caso 4	Por defecto	Mostrar
Inicio							
Declaro	✓	-	-	-	-	-	-
Ingresar valor a la variable T	(supongo valor) 2	-	-	-	-	-	-
Seleccionar T = ?	2	F	V	F	F	F	-
Mostrar	2	F	V	F	F	F	OR 0+0=0 0+1=1 1+0=1 1+1=1
Fin							

Instrucción	T	caso 1	caso 2	caso 3	caso 4	Por defecto	Mostrar
Inicio							
Declaro	✓	-	-	-	-	-	-
Ingresar valor a la variable T	(supongo valor) 5	-	-	-	-	-	-
Seleccionar T = ?	5	F	F	F	F	V	-
Mostrar	5	F	F	F	F	V	OPCIÓN NO VÁLIDA
Fin							

INTERFAZ PROGRAMA USUARIO – LA PANTALLA

Tal cual lo indicamos en el capítulo, al referirnos a DIAGRAMAS, es en función al diagrama en este caso de N-S, que posteriormente hemos de codificar en un lenguaje de programación. Por tanto, vamos a partir de este ejemplo a comenzar a trabajar también en la parte en que el programa se comunica con el usuario (interfaz de pantalla) a fin de por ejemplo en los casos en los que corresponde ingresar un valor, mostremos una leyenda, solicitando al usuario la introducción de dicho dato. Tengamos presente, que es fundamental en las aplicaciones que desarrollemos, la interfaz de comunicación con el usuario.

Imagine en las actividades cotidianas que desarrollamos, lo imposible de intentar operar por ejemplo en un cajero automático, si en lugar de darnos un menú, o una bienvenida, nos encontráramos directamente con una pantalla totalmente oscura, en la cual sin ninguna otra indicación, debiéramos entonces ingresar nuestra clave para comenzar a operar.

Recuerde por tanto, que cada bloque (símbolo) en diagrama Nassi Shneiderman, es una instrucción que posteriormente, hemos de codificar. Lo mismo ha de ocurrir con los espacios que deberemos emplear para separar una línea de datos de la impresión por pantalla de un resultado, instancias en las cuales, lo correcto es también indicar en el diagrama los lugares en el programa, en los que debemos de programar un espacio o salto de línea.

EJEMPLO 5.18

Desarrollar diagrama Nassi-Shneiderman, y prueba de escritorio empleando la estructura de selección múltiple, a fin de representar el algoritmo necesario, para implementar un menú con las opciones del 1 al 4, correspondientes a las opciones básicas de una calculadora entre dos operandos ingresados. Se toma en cuenta también una opción por defecto, para el caso de que el número (opción) seleccionado, sea distinto a las opciones de menú, mostrando la leyenda OPCIÓN NO VÁLIDA.

Formato de menú:

INGRESE:

1: +
2: -
3: **x**
4: /

RESOLUCIÓN:

Definimos las siguientes variables: I, OP1, OP2, Res.

INICIO

Declaro: I, OP1, OP2, Res = 0

Mostrar: INGRESE UNA OPCION DE VISUALIZACION
DE CALCULO
1: +
2: -
3: X
4: /

Ingresar: I

Mostrar: INGRESE EL VALOR DEL PRIMER OPERANDO

Ingresar: OP1

Mostrar: INGRESE EL VALOR DEL SEGUNDO OPERANDO

Ingresar: OP2

Seleccionar (I)

1	2	3	4	Por defecto
Res = OP1 + OP2	Res = OP1 - OP2	Res = OP1 X OP2	Res = OP1 / OP2	OPCION NO VALIDA
Mostrar: Res	Mostrar: Res	Mostrar: Res	Mostrar: Res	

FIN

PRUEBA DE ESCRITORIO

Instrucción	I	OP1	OP2	c1	c2	c3	c4	P/d	Res	Mostrar
Inicio										
Declaro e inicializo	x	x	x	-	-	-	-	-	0	-
Mostrar: ingrese una opción de visualización	-	-	-	-	-	-	-	-	-	-
Ingresar valor a la variable I	1	-	-	-	-	-	-	-	-	-
Mostrar: Ingrese el valor del primer operando	1	-	-	-	-	-	-	-	-	-
Ingresar: valor a la variable OP1	1	3	-	-	-	-	-	-	-	-
Mostrar: Ingrese el valor del segundo operando	1	3	-	-	-	-	-	-	-	-
Ingresar valor a la variable OP2	1	3	2	-	-	-	-	-	-	-
Seleccionar I = ?	1	3	2	V	F	F	F	F	-	-
Res = OP1 + OP2	1	3	2	V	F	F	F	F	5	-
Mostrar: Res	1	3	2	V	F	F	F	F	5	5
Fin										

c1 = caso 1 – c2 = caso 2 – c3 = caso 3 – c4 = caso 4.
P/d = Por defecto.

Observe que en el análisis del algoritmo, lo que se muestra es la salida como resultado del proceso.

Instrucción	I	OP1	OP2	c1	c2	c3	c4	P/d	Res	Mostrar
Inicio										
Declaro e inicializo	x	x	x	-	-	-	-	-	0	-
Mostrar: ingrese una opción de visualización	-	-	-	-	-	-	-	-	-	-
Ingresar valor a la variable I	2	-	-	-	-	-	-	-	-	-
Mostrar: Ingrese el valor del primer operando	2	-	-	-	-	-	-	-	-	-
Ingresar: valor a la variable OP1	2	6	-	-	-	-	-	-	-	-
Mostrar: Ingrese el valor del segundo operando	2	6	-	-	-	-	-	-	-	-
Ingresar valor a la variable OP2	2	6	4	-	-	-	-	-	-	-
Seleccionar I = ?	2	6	4	F	V	F	F	F	-	-
Res = OP1 – OP2	2	6	4	F	V	F	F	F	2	-
Mostrar: Res	2	6	4	F	V	F	F	F	2	2
Fin										

Instrucción	I	OP1	OP2	c1	c2	c3	c4	P/d	Res	Mostrar
Inicio										
Declaro e inicializo	x	x	x	-	-	-	-	-	0	-
Mostrar: ingrese una opción de visualización	-	-	-	-	-	-	-	-	-	-
Ingresar valor a la variable I	5	-	-	-	-	-	-	-	-	-
Mostrar: Ingrese el valor del primer operando	5	-	-	-	-	-	-	-	-	-
Ingresar: valor a la variable OP1	5	8	-	-	-	-	-	-	-	-
Mostrar: Ingrese el valor del segundo operando	5	8	-	-	-	-	-	-	-	-
Ingresar valor a la variable OP2	5	8	6	-	-	-	-	-	-	-
Seleccionar I = ?	5	8	6	F	F	F	F	V	-	
Mostrar	5	8	6	F	F	F	F	V	-	OPCIÓN NO VÁLIDA
Fin										

Como recordaremos en el Capítulo VI, la sintaxis en lenguaje C para el salto de línea, es: \n

EJEMPLOS

NASSI-SHNEIDERMAN Y PRUEBA DE ESCRITORIO

ESTRUCTURAS REPETITIVAS

ESTRUCTURA REPETITIVA MIENTRAS

Podemos también agregar ahora a nuestra definición inicial sobre la estructura de repetición, que la misma es también conocida tradicionalmente como estructura "HACER-MIENTRAS-QUE", dado que la misma corresponde a la ejecución repetida de una instrucción mientras que se cumple una determinada condición.

Como veremos en el Capítulo VI, esta estructura posee en lenguaje C, las instrucciones while, for y do...while.

Símbolo en Nassi Shneiderman

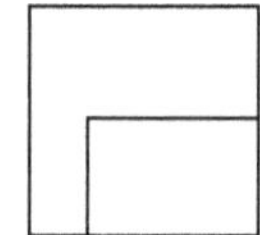

CICLO O BUCLE

Un ciclo o bucle es un conjunto de instrucciones que se ejecutan repetidamente, mientras alguna condición de continuación de ciclo, siga siendo verdadera.

Cada vez que el ciclo o bucle se ejecuta, decimos que se ha producido una iteración (iterar es repetir).

Todo ciclo debe tener un fin de ejecución, dentro de un número finito de veces, por lo que en cada iteración del mismo, se evalúa la condición de continuidad o fin de ciclo.

En los algoritmos en los que no conocemos de antemano, cuando se produce la condición de fin de ciclo, empleamos la estructura repetitiva “mientras” (while), la cual se ejecuta mientras que la proposición evaluada, resulte verdadera.

En los algoritmos en los que podemos conocer de antemano, la cantidad de veces que el ciclo ha de repetirse, empleamos la estructura repetitiva “para” (for), la cual se ejecuta también mientras que la proposición evaluada, resulte verdadera.

EJEMPLO 5.19

Desarrollar diagrama Nassi-Shneiderman, y prueba de escritorio empleando la estructura de repetición “mientras”, a fin de representar el algoritmo que permita sumar los números enteros del 1 al 5 y mostrar el total.

RESOLUCIÓN:

Definimos las siguientes variables: suma, x.

```
INICIO
Declaro:
x, suma
Inicializo:
x = 1, suma = 0
mientras x <= 5
    suma = suma + x
    incrementar la variable x
Mostrar: salto de línea
Mostrar:"La suma es:", suma
FIN
```

ANÁLISIS DEL ALGORITMO

1er bloque: INICIO.
Representa inicio de programa.

2º bloque: Declaro.
Representa la declaración de variables. Empleo una variable llamada x, la cual contendrá en cada iteración (repetición) los números enteros del 1 al 5. La variable suma, será la encargada de ir almacenando la suma de los valores enteros del 1 al 5.

3er bloque: Inicializo.
Representa inicialización de variables. Inicializo x = 1, de acuerdo a las consignas del programa.

Inicializo suma = 0, dado que la variable suma, ha de ser empleada como acumulador hasta posteriormente mostrar el total de la suma de enteros del 1 al 5.

4º bloque: mientras que x <= 5.
Observe que los bloques 5 y 6, están contenidos dentro del bloque de repetición "mientras" (while), es decir que mientras se cumpla la condición de que la variable x, sea <= a 5, en el bucle se sumara el valor de la variable suma, con el valor de la variable x, la cual contiene para cada repetición, el valor correspondiente a un entero del 1 al 5.

En la primera iteración: x = 1 y suma es igual a 0, como x <= 5, suma = suma + x = 0 + 1, por tanto suma =1, y se incrementa el valor de la variable x, es decir que x = 2.

En la segunda iteración: x = 2 y suma es igual a 1, como x <= 5, suma = suma + x = 1 + 2, por tanto suma = 3, y se incrementa el valor de la variable x, es decir que x = 3.

En la tercera iteración: x = 3 y suma es igual a 3, como x <= 5, suma = suma + x = 3 + 3, por tanto suma = 6, y se incrementa el valor de la variable x, es decir que x = 4.

En la cuarta iteración: x = 4 y suma es igual a 6, como x <= 5, suma = suma + x = 6 + 4, por tanto suma = 10, y se incrementa el valor de la variable x, es decir que x = 5.

En la quinta iteración: x = 5 y suma es igual a 10, como x <= 5, suma = suma + x = 10 + 5, por tanto suma = 15, y se incrementa el valor de la variable x, es decir que x = 6.

En la próxima comprobación de ciclo "mientras", es falsa la condición de que x <= 5, por tanto el flujo (sentido) del programa, sale de la condición "mientras", y ejecuta la instrucción siguiente (fuera del cuerpo de la instrucción "mientras").

5º bloque: mostrar: salto de línea.
Ha de ser empleado para dejar un espacio de línea en pantalla, una vez que codifiquemos el programa.

6º bloque: Mostrar: "La suma es:", suma
Muestra una vez ejecutado el programa, el valor de la variable suma, el cual para este caso, es igual a 15, dado que:

1 + 2 + 3 + 4 + 5 = 15

7º bloque: Fin
Representa fin de algoritmo.

PRUEBA DE ESCRITORIO

Instrucción	**Nº de iteración**	**Condición mientras**	**x**	**Suma**	**Mostrar**
Inicio					
Declaro	-	-	x	✓	-
Inicializar	-	-	1	0	-
mientras x <= 5	-	V	1	0	-
Suma = suma + x	1	V	1	1	-
Incrementar x	1	V	2	1	-
mientras x < =5	2	V	2	1	-
Suma = suma + x	2	V	2	3	-
Incrementar x	2	V	3	3	-
mientras x < =5	3	V	3	3	-
Suma = suma + x	3	V	3	6	-
Incrementar x	3	V	4	6	-
mientras x < =5	4	V	4	6	-
Suma = suma + x	4	V	4	10	-
Incrementar x	4	V	5	10	-
mientras x < =5	5	V	5	10	-
Suma = suma + x	5	V	5	15	-
Incrementar x	5	V	6	15	-
mientras x < =5	6	**F**	6	15	-
Mostrar: salto de línea					
Mostrar: " la suma es", suma	6	F	6	15	15
Fin					

VALOR CENTINELA

El valor centinela, es un valor que se emplea para indicar el fin de la entrada de datos. Por tanto, el valor centinela es una variable de control.

A la repetición controlada por valor centinela, se la conoce también como repetición indefinida, debido a que no conocemos de antemano, la cantidad de veces, en que el ciclo ha de producirse.

EOF (End Of File) FIN DE ARCHIVO

EOF, es entonces un acrónimo de end of file, o fin de archivo. En programación, es empleado para indicar por ejemplo la finalización de la entrada de datos, o la finalización de entrada de una cadena de caracteres. EOF, para el caso del lenguaje C, es una constante entera simbólica, la cual se encuentra definida en la biblioteca o archivo de cabecera <iostream>, y su valor es -1. Tenga presente, que el valor de EOF, puede variar de acuerdo al sistema operativo, o el compilador empleado, en BORLAND C por ejemplo, el valor de EOF es igual a "Ctrl + Z".

En programación, EOF es muy empleado en la estructura repetitiva "mientras" (while), a fin de evaluar el resultado de una proposición.

Ejemplo: **mientras I ≠ -1**.

Lo que significa la evaluación de una condición, y "mientras" que la condición sea verdadera (si I es distinto de -1 o carácter de fin de archivo), se ejecuta el cuerpo de la instrucción "mientras". En caso de que el análisis de la condición sea falso (si I es igual a -1), se sale del ciclo "mientras", y se ejecuta la instrucción siguiente.

El ejemplo anterior, también podría ser escrito como:

mientras I ≠ EOF e ingresar directamente la constante -1.

EJEMPLO 5.20

Desarrollar diagrama Nassi-Shneiderman, y prueba de escritorio empleando la estructura de repetición "mientras", a fin de representar el algoritmo que permita declarar una variable de nombre total, una variable de nombre I, y sumar en la variable total, los valores ingresados en la variable I, hasta que el valor ingresado sea igual al carácter de fin de archivo EOF (-1), luego se deberá mostrar el total acumulado.

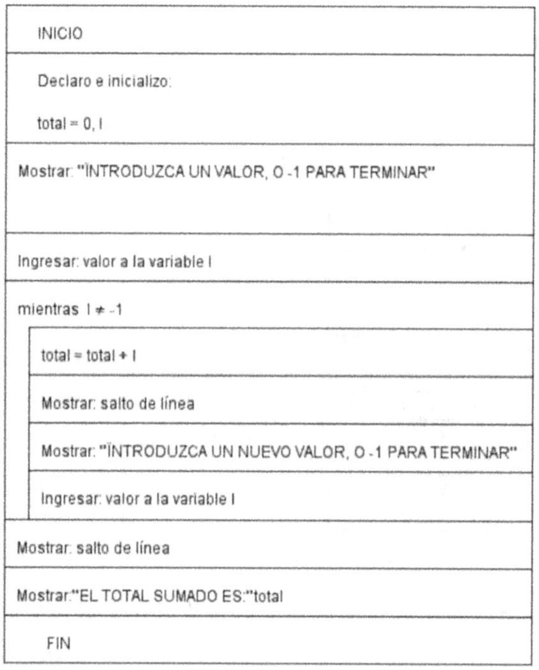

INICIO
Declaro e inicializo: total = 0, I
Mostrar: "ÌNTRODUZCA UN VALOR, O -1 PARA TERMINAR"
Ingresar: valor a la variable I
mientras I ≠ -1
total = total + I
Mostrar: salto de línea
Mostrar: "ÌNTRODUZCA UN NUEVO VALOR, O -1 PARA TERMINAR"
Ingresar: valor a la variable I
Mostrar: salto de línea
Mostrar:"EL TOTAL SUMADO ES:"total
FIN

PRUEBA DE ESCRITORIO

Instrucción	I	Condición mientras	Total	Mostrar
Inicio				
Declaro e inicializo	✓	-	0	-
Mostrar: "ÌNTRODUZCA UN VALOR, O -1 PARA TERMINAR"	-	-	0	-
Ingresar: valor a la variable I	(supongo valor) 2	-	0	-
mientras I ≠ -1	2	V	-	-
total = total + I	2	V	2	-
Mostrar: salto de línea				
Mostrar: "ÌNTRODUZCA UN NUEVO VALOR, O -1 PARA TERMINAR"	2	V	2	-
Ingresar: valor a la variable I	(supongo valor) 5	V	2	-
mientras I ≠ -1	5	V	-	-
total = total + I	5	V	7	-

Mostrar: salto de línea				
Mostrar: "ÏNTRODUZCA UN NUEVO VALOR, O -1 PARA TERMINAR"	5	V	7	-
Ingresar: valor a la variable I	(supongo valor) **-1**	V	7	-
mientras I $\neq$ -1	**-1**	**F**	7	-
Mostrar: salto de línea				
Mostrar:"EL TOTAL SUMADO ES:" total	**-1**	**F**	7	**7**
Fin				

Detalle muy importante: en el ejemplo anterior, y en los siguientes del capítulo, salvo el EJEMPLO 5.25. En la columna **MOSTRAR** de la PE, no hemos (mostrado) visualizado, el texto que hace a la comunicación con el usuario (interface de pantalla), a fin de que resulte al lector, más simple el seguimiento visual, respecto al algoritmo general empleado. Tenga presente entonces, que si Ud. lo desea, puede repetir en la columna Mostrar, el texto que hemos de visualizar por pantalla.

ESTRUCTURA REPETITIVA PARA

EJEMPLO 5.21

Desarrollar diagrama Nassi-Shneiderman, y prueba de escritorio empleando la estructura de repetición "para", a fin de representar un algoritmo, el cual permita sumar los números enteros del 1 al 5 y mostrar el total.

RESOLUCIÓN:

Definimos las siguientes variables: x, suma.

INICIO
Declaro: x, suma
Inicializo: x = 1, suma = 0
para x = 1, x <= 5, incrementar x suma = suma + x
Mostrar: salto de línea
Mostrar:"La suma es:", suma
FIN

PRUEBA DE ESCRITORIO

Instrucción	x	Nº de iteración	Condición para	suma	Mostrar
Inicio					
Declaro	x	-	-	✓	-
Inicializar	1	-	-	0	-
para x = 1, x <= 5, incrementar x	1	-	V	0	-
suma = suma + x	1	1	V	1	-
para x = 1, x <= 5, incrementar x	2	2	V	1	-
suma = suma + x	2	2	V	3	-
para x = 1, x <= 5, incrementar x	3	3	V	3	-
suma = suma + x	3	3	V	6	-
para x = 1, x <= 5, incrementar x	4	4	V	6	-
suma = suma + x	4	4	V	10	-
para x = 1, x <= 5, incrementar x	5	5	V	10	-
suma = suma + x	5	5	V	15	-
para x = 1, x <= 5, incrementar x	6	6	**F**	15	-
Mostrar: salto de línea					
Mostrar: " la suma es", suma	6	6	**F**	15	15
Fin					

REPETICIÓN CONTROLADA POR CONTADOR

La repetición controlada por contador, es una técnica que emplea una variable llamada contador, para indicar el número de veces que se ejecuta un conjunto de instrucciones. Por tanto la variable contador, es una variable de control.

En su funcionamiento, la variable contador se inicia en un valor, generalmente 0 o 1, y se va incrementando en cada ciclo, hasta que se cumpla una condición, ejemplos:

"mientras" contador <= 5
  contador = contador + 1

para contador = 1, contador <= 5, incrementar contador

En los ejemplos, la repetición termina cuando el valor de la variable contador, supera el valor 5.

La repetición controlada por contador, es también llamada repetición definida, debido a que conocemos de antemano, el número de veces en las que se ha de repetir la ejecución del ciclo.

EJEMPLO 5.22

Desarrollar diagrama Nassi-Shneiderman, y prueba de escritorio empleando la estructura de repetición "para", a fin de representar un algoritmo, el cual permita inicializar una variable llamada control como contador, y mostrar por pantalla en formato de columna, y dejando un salto de línea entre cada valor, los números enteros del 1 al 5.

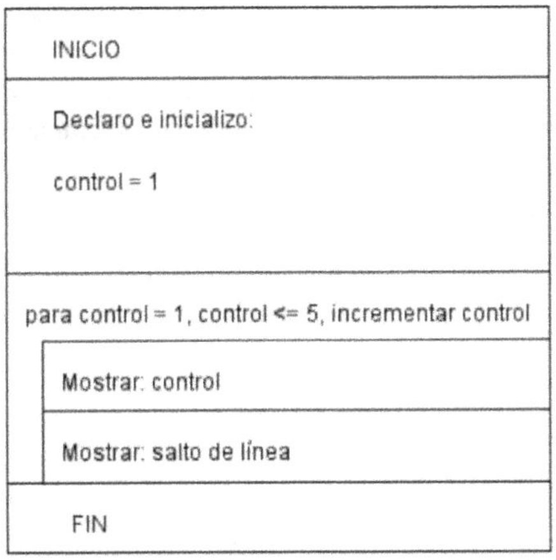

INICIO

Declaro e inicializo:

control = 1

para control = 1, control <= 5, incrementar control

Mostrar: control

Mostrar: salto de línea

FIN

PRUEBA DE ESCRITORIO

Instrucción	**Control**	**Nº de iteración**	**Condición para**	**Mostrar**
Inicio				
Declaro e inicializo	1	-	-	-
para control = 1, control <= 5, incrementar control	1	-	V	-
Mostrar: control	1	1	V	1
Mostrar: salto de línea				
para control = 1, control <= 5, incrementar control	2	2	V	-
Mostrar: control	2	2	V	2
Mostrar: salto de línea				
para control = 1, control <= 5, incrementar control	3	3	V	-
Mostrar: control	3	3	V	3
Mostrar: salto de línea				
para control = 1, control <= 5, incrementar control	4	4	V	-
Mostrar: control	4	4	V	4
Mostrar: salto de línea				
para control = 1, control <= 5, incrementar control	5	5	V	-
Mostrar: control	5	5	V	5
Mostrar: salto de línea				
para control = 1, control <= 5, incrementar control	6	-	F	-
Fin				

Como vimos hasta este punto, las estructuras repetitivas "mientras" y "para", son muy similares, con la salvedad de lo ya destacado, respecto al empleo de la estructura "mientras", si no conocemos de ante mano la cantidad de iteraciones que ha de tener un ciclo. Pero puede darse el caso también, cuando empleamos la estructura "mientras", que si la proposición a ser evaluada, resulta falsa antes de la primera iteración, las sentencias contenidas dentro del ciclo "mientras", no se han de ejecutar nunca, continuando entonces el flujo del programa en la instrucción siguiente al cuerpo de la estructura "mientras".

En lenguaje C por ejemplo, una alternativa a esta posibilidad, es el empleo de la estructura repetitiva "hacer mientras", en la cual y como veremos, la condición de continuidad de ciclo, es evaluada al final del cuerpo de la estructura, lo que nos asegura que de esta forma, las sentencias contenidas dentro del cuerpo de la estructura "hacer mientras", se han de desarrollar por lo menos una vez.

El siguiente ejemplo, similar al EJEMPLO 5.20, muestra la condición descrita anteriormente, respecto a la salida del ciclo "mientras", sin que se evalúen las sentencias contenidas en él.

EJEMPLO 5.23

Desarrollar diagrama Nassi-Shneiderman, y prueba de escritorio empleando la estructura de repetición "mientras", a fin de representar el algoritmo que permita declarar una variable de nombre total, una variable de nombre I, y sumar en la variable total, los valores ingresados en la variable I, hasta que el valor ingresado sea igual al carácter de fin de archivo EOF (-1), luego se deberá mostrar el total acumulado.

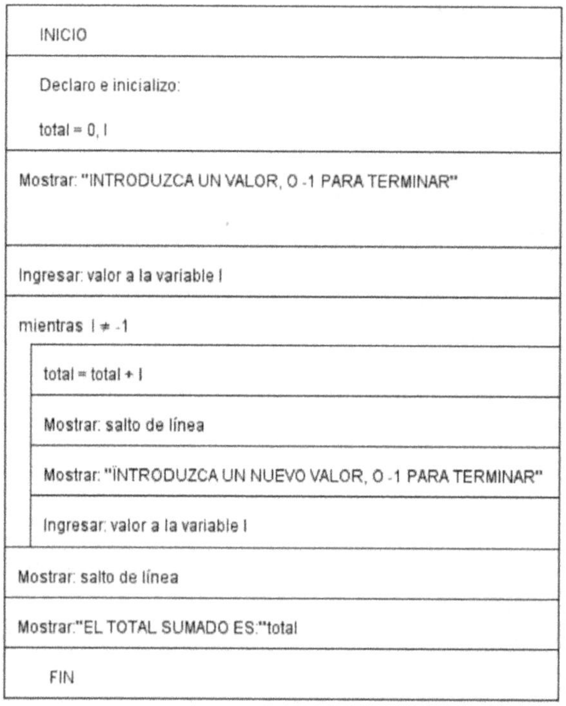

INICIO
Declaro e inicializo: total = 0, I
Mostrar: "INTRODUZCA UN VALOR, O -1 PARA TERMINAR"
Ingresar: valor a la variable I
mientras I ≠ -1
total = total + I
Mostrar: salto de línea
Mostrar: "ÏNTRODUZCA UN NUEVO VALOR, O -1 PARA TERMINAR"
Ingresar: valor a la variable I
Mostrar: salto de línea
Mostrar:"EL TOTAL SUMADO ES:"total
FIN

PRUEBA DE ESCRITORIO

Instrucción	I	Condición mientras	Total	Mostrar
Inicio				
Declaro e inicializo	✓	-	0	-
Mostrar: "ÏNTRODUZCA UN VALOR, O -1 PARA TERMINAR"	-	-	0	-
Ingresar: valor a la variable I	(supongo valor) **-1**	-	0	-
mientras I ≠ -1	**-1**	**F**	0	-
Mostrar: salto de línea				
Mostrar: "EL TOTAL SUMADO ES:" total	**-1**	**F**	0	**0**
Fin				

Tal cual observamos en el ejemplo, si el primer valor que ingresamos, vuelve falsa la condición de iteración (es decir que el valor ingresado no es distinto a -1), la próxima acción a ejecutarse es la primera fuera del cuerpo de la estructura repetitiva "mientras", en este caso, mostrar salto de línea.

ESTRUCTURA REPETITIVA HACER MIENTRAS

La estructura repetitiva "hacer mientras", realiza la evaluación de la condición al final de cada iteración, lo que asegura entonces que el bloque de sentencias, se ejecutará al menos una vez. En el capítulo siguiente, veremos que la estructura repetitiva "hacer mientras", equivale a la instrucción do...while, en lenguaje C.

EJEMPLO 5.24

Desarrollar diagrama Nassi-Shneiderman, y prueba de escritorio empleando la estructura de repetición "hacer mientras", a fin de representar el algoritmo que permita ingresar un valor con la leyenda, INGRESE VALOR DE PRODUCTO O -1 PARA TERMINAR, el cual corresponde al precio sin IVA de una computadora. Se debe luego multiplicar el valor ingresado por una constante equivalente al 21% del valor de IVA, para luego mostrar la leyenda: IMPORTE DE IVA $", importe, y finalmente hacer un salto de línea.

RESOLUCIÓN:

Definimos las siguientes variables: valor, IVA, importe.

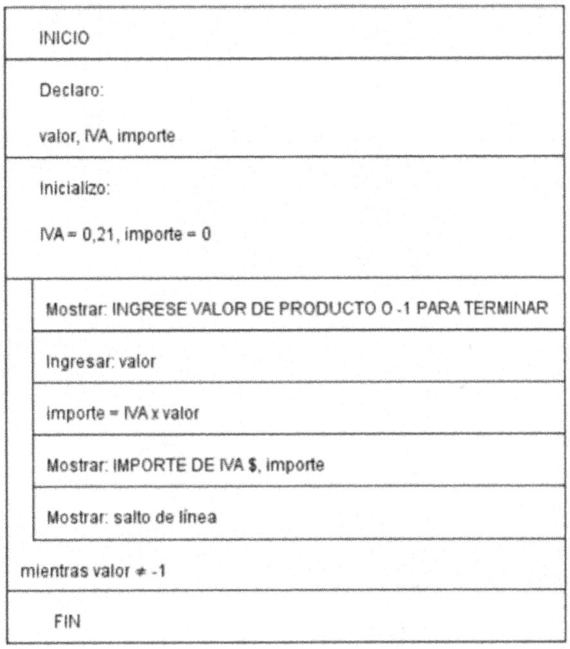

INICIO
Declaro: valor, IVA, importe
Inicializo: IVA = 0,21, importe = 0
Mostrar: INGRESE VALOR DE PRODUCTO O -1 PARA TERMINAR
Ingresar: valor
importe = IVA x valor
Mostrar: IMPORTE DE IVA $, importe
Mostrar: salto de línea
mientras valor ≠ -1
FIN

PRUEBA DE ESCRITORIO

Instrucción	valor	IVA	importe	Mostrar	Condición mientras
Inicio					
Declaro	✓	✓	✓	-	-
Inicializar	-	0.21	0	-	-
hacer					
Mostrar: INGRESE VALOR DE PRODUCTO O -1 PARA TERMINAR"	-	0.21	0	-	-
Ingresar: valor	(supongo valor) **-1**	0.21	0	-	-
importe = IVA x valor	**-1**	0.21	-0.21	-	-
Mostrar: IMPORTE DE IVA $, importe	**-1**	0.21	-0.21	**-0.21**	-
Mostrar: salto de línea					
mientras valor ≠ -1	**-1**	0.21	-0.21	-	**F**
Fin					

Instrucción	valor	IVA	importe	Mostrar	Condición mientras
Inicio					
Declaro	✓	✓	✓	-	-
Inicializar	-	0.21	0	-	-
hacer					
Mostrar: INGRESE VALOR DE PRODUCO O -1 PARA TERMINAR"	-	0.21	0	-	-
Ingresar: valor	(supongo valor) 2	0.21	0	-	-
importe = IVA x valor	2	0.21	0.42	-	-
Mostrar: IMPORTE DE IVA $, importe	2	0.21	0.42	0.42	-
Mostrar: salto de línea					
mientras I ≠ -1	2	0.21	0.42	-	**V**
hacer					
Mostrar: INGRESE VALOR DE PRODUCO O -1 PARA TERMINAR"	2	0.21	0.42	-	-
Ingresar: valor	(supongo valor) **-1**	0.21	0.42	-	-
importe = IVA x valor	**-1**	0.21	-0.21	-	-
Mostrar: IMPORTE DE IVA $, importe	**-1**	0.21	-0.21	**-0.21**	-
Mostrar: salto de línea					
mientras I ≠ -1	**-1**	0.21	-0.21	-	**F**
Fin					

Aplicación: independientemente de que la constante de fin de archivo sea -1, lo cual produce que antes de la finalización de ciclo el valor de IVA mostrado, sea negativo. Surge como aplicación, que en Impuestos o Administración, las devoluciones se toman con importes negativos, por tanto, el valor de IVA, es también negativo.

EJEMPLO 5.25

Desarrollar diagrama Nassi-Shneiderman, y prueba de escritorio empleando la estructura de repetición "hacer mientras", a fin de representar el algoritmo que permita realizar el ejemplo anterior (EJEMPLO 5.24), pero mostrando el valor final del valor ingresado con IVA incluido. Se debe agregar también, fuera de la estructura "hacer mientras", la leyenda: "FIN DE APLICACIÓN".

RESOLUCIÓN:

Definimos las siguientes variables: valor, IVA, final.

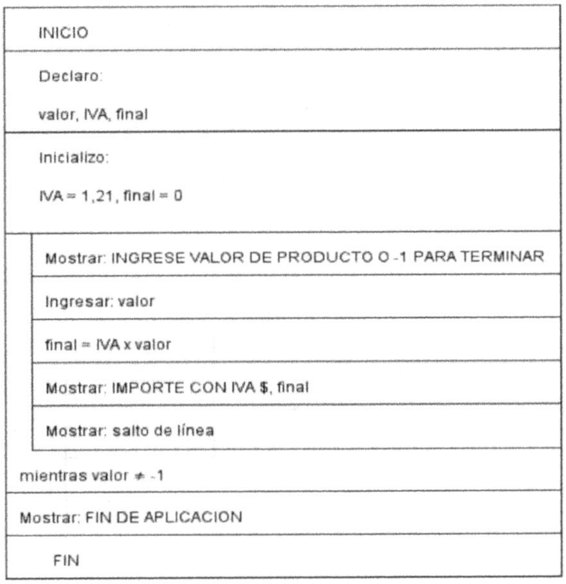

INICIO
Declaro: valor, IVA, final
Inicializo: IVA = 1,21, final = 0
Mostrar: INGRESE VALOR DE PRODUCTO O -1 PARA TERMINAR
Ingresar: valor
final = IVA x valor
Mostrar: IMPORTE CON IVA $, final
Mostrar: salto de línea
mientras valor ≠ -1
Mostrar: FIN DE APLICACION
FIN

PRUEBA DE ESCRITORIO

Instrucción	valor	IVA	final	Mostrar	Condición mientras
Inicio					
Declaro	✓	✓	✓	-	-
Inicializar	-	1.21	0	-	-
hacer					
Mostrar: INGRESE VALOR DE PRODUCTO O -1 PARA TERMINAR"	-	1.21	0	-	-
Ingresar: valor	(supongo valor) **-1**	1.21	0	-	-
final = IVA x valor	**-1**	1.21	-1.21	-	-
Mostrar: IMPORTE DE IVA $, final	**-1**	1.21	-1.21	**-1.21**	-
Mostrar: salto de línea					
mientras valor ≠ -1	**-1**	1.21	-1.21	-	**F**
Mostrar: FIN DE APLICACIÓN	**-1**	1.21	-1.21	**FIN DE APLICACIÓN**	F
Fin					

Instrucción	**valor**	**IVA**	**final**	**Mostrar**	**Condición mientras**
Inicio					
Declaro	✓	✓	✓	-	-
Inicializar	-	1.21	0	-	-
hacer					
Mostrar: INGRESE VALOR DE PRODUCTO O -1 PARA TERMINAR"	-	1.21	0	-	-
Ingresar: valor	(supongo valor) 5000	1.21	0	-	-
final = IVA x valor	5000	1.21	6050	-	-
Mostrar: IMPORTE DE IVA $, final	5000	1.21	6050	6050	-
Mostrar: salto de línea					
mientras valor ≠ -1	**5000**	1.21	6050	-	V
hacer					
Mostrar: INGRESE VALOR DE PRODUCTO O -1 PARA TERMINAR"	5000	1.21	6050	-	-
Ingresar: valor	(supongo valor) **-1**	1.21	6050	-	-
final = IVA x valor	**-1**	1.21	-1.21	-	-
Mostrar: IMPORTE DE IVA $, final	**-1**	1.21	-1.21	-1.21	-
Mostrar: salto de línea					
mientras valor ≠ -1	**-1**	1.21	-1.21	-	**F**
Mostrar: FIN DE APLICACIÓN	**-1**	1.21	-1.21	**FIN DE APLICACIÓN**	F
Fin					

TIPOS DE DATOS

Tal cual vimos en los ejemplos, en el desarrollo de algoritmos para futura codificación de programas, se trabaja con datos. Los datos a su vez, tienen un tipo de dato asociado a ellos.

Ejemplos de datos pueden ser un número entero (5), un número real (3.1416), un carácter (B), booleanos, alfanuméricos, y dado que los distintos tipos de datos, se almacenan de forma diferente, es necesario definir correctamente el tipo de dato a emplear, a fin de poder ejecutar de forma correcta las operaciones a desarrollar.

Podemos decir que la asignación de tipos a los datos, tiene entonces dos objetivos principales:

- Detectar errores de operación en los programas.
- Determinar la forma correcta de ejecutar las operaciones.

Es importante destacar también, que si bien se mantienen los tipos de datos básicos, cada lenguaje posee y define sus tipos de datos característicos, y sus reglas sintácticas para el tratamiento de los mismos.

También es importante conocer a fin de profundizar o realizar consultas, cual es el estándar que norma el lenguaje de programación con el que hemos de trabajar. Por ejemplo para el lenguaje C, la primera estandarización fue publicada en el documento ANSI X3.159-1989, definiendo al lenguaje en lo cotidiano como ANSI C. Luego fue ratificado internacionalmente por el documento ISO/IEC 9899:1990. El último estándar publicado para C, es el ISO/IEC 9899-2011.

A su vez también, podemos diferenciar que los datos a procesar en una computadora, pueden ser clasificados en:

- SIMPLES
- ESTRUCTURADOS

También, a los datos simples se los denomina PRIMITIVOS o FUNDAMENTALES, y a los datos estructurados, se los denomina DERIVADOS, por tanto:

- SIMPLES o PRIMITIVOS o FUNDAMENTALES
- ESTRUCTURADOS o DERIVADOS

TIPOS DE DATOS SIMPLES

El lenguaje C, posee los siguientes datos simples:

- **char**
- **int**
- **short**
- **long**
- **float**
- **double**
- **long double**

A los que podemos subdividir en tipos de datos:

- char → signed
→ unsigned

- int → signed
→ unsigned

- short → signed
→ unsigned

- long → signed
→ unsigned

signed y **unsigned**, son modificadores, los cuales hacen referencia al signo del dato (se aplican a los datos numéricos).

signed: permite que un número sea positivo o negativo, es decir que tiene en cuenta el signo.

unsigned: no tiene en cuenta el signo, y lo considera siempre positivo.

short y **long**, también son modificadores, los cuales hacen referencia al número de cifras o rango de los datos.

Dentro de los tipos de datos simples, podemos destacar también aquellos que han de ser empleados para trabajar con tipos de datos enteros, y aquellos que han de ser empleados, para trabajar con tipos de datos reales:

- **Tipos de datos enteros: char, int, short, long.**
- **Tipos de datos reales: float, double, y long double.**

Por defecto, si no se realiza ninguna declaración, se emplean los modificadores **short** y **signed**.

TIPOS DE DATOS ESTRUCTURADOS

Los tipos de datos estructurados o derivados, se construyen a partir de los tipos de datos simples, estos tipos de datos además, se dividen en:

- ESTRUCTURAS ESTÁTICAS
- ESTRUCTURAS DINÁMICAS

ESTRUCTURAS ESTÁTICAS

funciones
arrays
punteros
estructuras
uniones

ESTRUCTURAS DINÁMICAS

listas
pilas
colas
arboles

Tecnología – Importante:

Para quienes son considerados nativos digitales (aquellos que han nacido inmersos en la tecnología digital), es entendible que dadas las capacidades de memoria, que poseen en la actualidad las computadoras, resulta difícil pensar en el concepto de "limitación de memoria", sin embargo, entendemos que una vez leído el capítulo IV, respecto a INFORMÁTICA y COMPUTACIÓN, ha quedado en evidencia la limitación de la memoria, tanto RAM como de almacenamiento en las computadoras, lo que hacía fundamental, el desarrollo de métodos que permitieran la optimización de los recursos del computador y los sistemas. Por lo que aun en la actualidad, cuando hablamos de tamaño en bytes de un tipo de dato, debemos tener presente por ejemplo, cuáles son las características del software compilador con el que trabajamos, y las del sistema operativo que empleamos. Tenga presente por ejemplo que en el sistema operativo desarrollado por Microsoft, para la primera computadora personal de IBM, conocido como MS-DOS o PC-DOS, la versión inicial de 1981, DOS 1.0, estaba compuesta por un código fuente de 4000 líneas, programado en ensamblador, ejecutando 8 Kbytes de memoria con el ya mencionado microprocesador Intel 8086. En la actualidad, Windows 7 u 8 son sistemas operativos de 64 bits, cuando por ejemplo Windows 3.0, era de 16 bits, recuerde también que la cantidad de bits, hacen al ancho de la palabra de información que se puede manejar, como así también a la administración más eficiente de la memoria de acceso aleatorio RAM.

Cuando líneas arriba, en el desarrollo de algoritmos, definimos que es una variable, dijimos que es una posición de memoria, la cual contiene un tipo particular de dato. También, que en informática o computación, la representación (carácter ASCII) de un número o de un carácter, equivale a 8 bits o un byte. Es decir que si quisiéramos por ejemplo representar un número real, necesitaríamos disponer de mayor cantidad de bytes, y más aún, dependiendo de la resolución que debiéramos o quisiéramos obtener.

Recuerde por tanto que del tipo de dato con el que hemos de operar, depende también la cantidad de bytes que el mismo emplea.

En la siguiente tabla, se muestran los diferentes tipos de datos simples, el tamaño en bits, bytes que ocupa cada uno, y el rango (alcance en posiciones de memoria). Se toman como referencia sistemas operativos de 16 y 32 bits.

TIPO	16 bits		Rango	32 bits		Rango
	bits	bytes		bits	bytes	
signed char	8	1	-128...127	8	1	-128...127
unsigned char	8	1	0...255	8	1	0...255
signed int	16	2	-32.768... 32.767	32	4	-2.147.483.648 2.147.483.647
unsigned int	16	2	0...65.535	32	4	0...4.294.967.296
signed short	16	2	-32.768... 32.767	16	2	-32.768... 32.767
unsigned short	16	2	0...65.535	16	2	0...65.535
signed long	32	4	-2.147.483.648 2.147.483.647	32	4	-2.147.483.648 2.147.483.647
unsigned long	32	4	0...4.294.967.296	32	4	0...4.294.967.296
Float	32	4	-3.402823E+38... 3.402823E+38	32	4	-3.402823E+38... 3.402823E+38
double	64	8	-1.797693E+308... 1.797693E+308	64	8	-1.797693E+308... 1.797693E+308
Long double	80	10	-1.189731E+4932... 1.189731E+4932	80	10	-1.189731E+4932... 1.189731E+4932

DESCRIPCIÓN DE LOS TIPOS DE DATOS SIMPLES

char (carácter)

Las variables de este tipo contienen un solo carácter, el cual se almacena en 1 byte (8 bits).

Dado que maneja el rango de -128 a 127, puede almacenar desde la posición 0 a la 127, los caracteres correspondientes al código ASCII, entre los que se encuentras, las letras minúsculas, mayúsculas, los números enteros del 0 al 9, y caracteres especiales.

unsigned char

En la representación unsigned char, al abarcar el rango de posiciones de memoria del 0 al 255, podemos almacenar cualquier dato correspondiente al código ASCII.

Aplicación práctica: tenga presente que en la aplicación práctica, lo que estamos diciendo es que si Ud. reserva un variable como tipo char, no puede ingresar en la misma más que el equivalente a un byte, es decir 8 bits, dado que en la descomposición binaria de los caracteres ASCII, se necesitan un total de 7 u 8 bits para representar cada carácter. Por ejemplo, el número 9, equivale al decimal 57, binario 00111001, lo que demuestra que si un valor definido como singed o unsigned char por ejemplo emplea 8 bits, no puedo ingresar más de un valor o carácter por vez.

int (entero)

Se emplea para operar con números enteros con signo, en un rango numérico de (2 bytes) 2^{16} = 65.536 divididos en -32.767 a 32.767 para un sistema de 16 bits, o (4 bytes) 2^{32} = -2.147.483.648 a 2.147.483.647 para un sistema de 32 bits.

Aplicación práctica: tenga presente que en la aplicación práctica, si Ud. trabaja en un sistema de 32 bits, y declara una variable de tipo int, e ingresa un valor superior a 2.147.483.647 (2147483647), e intenta visualizar dicho valor, el resultado de retorno, ha de ser incorrecto, debido a que supera el rango de valores con los puede operar con signed int.

unsigned int (entero sin singo)

Para este tipo, el rango de valores es de 0...65.535 (2 bytes) para 16 bits, y 0...4.294.967.296 (4 bytes) para 32 bits.

short (corto)

Su aplicación es similar al empleo de int, es decir que su rango de valores es de -32.767 a 32.767 = 2^{16} (2 bytes). Vea que al igual que en los casos anteriores, el total de valores para los tipos con signo, se divide entre positivos y negativos.

unsigned short (corto sin singo)

Para el tipo short con modificador unsigned, el rango de valores es de 2 bytes = 16 bits = 2^{16} = 0...65.535.

long (largo)

Este tipo de dato, se emplea para el trabajo con enteros largos. Su rango numérico es de 4 bytes = 32 bits, entre los valores -2.147.483.648... 2.147.483.647.

unsigned long (largo sin signo)

Este tipo de dato, se emplea para el trabajo con enteros largos sin signo. Su rango numérico es de 4 bytes = 32 bits, entre los valores 0...4.294.967.296.

float (flotante) – reales de simple precisión

El tipo de dato float, se emplea para representar números reales, es decir que podemos trabajar con números que poseen una parte entera, y una parte fraccionaria o decimal (coma flotante en informática y digitales). La representación en memoria de este tipo de datos, es de 4 bytes - 32 bits, en los cuales se pueden representar valores positivos y negativos -3.402823E+38... 3.402823E+38.

double (doble) – reales en doble precisión

El tipo de dato double, es también empleado para representar números reales en coma flotante, empleando 8 bytes – 64 bits. En el rango de - 1.797693E+308... 1.797693E+308.

long double (doble largo) – reales doble precisión formato largo

El tipo de dato double, es también empleado para representar números reales en coma flotante, pero empleando 10 bytes – 80 bits. En el rango de -1.189731E+4932... 1.189731E+4932.

CAPÍTULO VI

LENGUAJE C

HISTORIA

El lenguaje C, nace en los Laboratorios Bell de AT&T en el año 1972. Su historia y evolución, están ligados al sistema operativo UNIX. Su autor, es Dennis Ritchie quien realiza modificaciones al lenguaje B (inspirado en el lenguaje BCPL – Basic Combined Programming Lenguage), y lo convierte en C.

Sin lugar a dudas que hablar de C, es hablar de muchas cosas, dado que el lenguaje C es considerado en el mundo de la programación, la base y padre tanto de sistemas operativos, tal el caso de UNIX, como así también lenguajes de programación como C++, C#, y JAVA entre otros.

C es un lenguaje de alto nivel, entre cuyas características podemos destacar:

- Programación Estructurada: El lenguaje C, cumple con las características y requisitos de la programación estructurada.
- Portabilidad: dado que C es un lenguaje independiente de la máquina en la cual se ejecuta, y dada la existencia en las diversas plataformas empleadas de compiladores de C, el mismo posee gran portabilidad.
- Lenguaje General: el lenguaje C, no está orientado a ningún área en particular.
- Optimización del Código: dado que inicialmente el lenguaje UNIX estaba programado en assembler, C nace bajo la concepción de software, el cual facilite su empleo, pero que optimice el código.
- Gran cantidad de Bibliotecas (también llamadas librerías): Posee las librerías estándar, las cuales contienen todas las funciones definidas en el estándar de C, y que están incluidas en todos los compiladores. Dado el masivo empleo del lenguaje, y el sin fin de aplicaciones existentes, muchas empresas se dedican al desarrollo de funciones avanzadas para el lenguaje.

A fin de lograr el objetivo propuesto en este libro, de que el lector pueda encontrar un marco teórico, el cual le brinde un camino seguro y rápido, hacia el aprendizaje y la aplicación. Vamos a recomendar para nuestro trabajo en lenguaje C, el Entorno de Desarrollo Integrado (IDE), **Dev-C++**, dado que el mismo es muy intuitivo para quienes mínimamente, hayan tenido contacto con un editor de texto, y dado que entre otras cualidades, es software gratuito – GNU GPL (General Public License).

Otra alternativa, con la diferencia de que para su empleo debemos simplemente generar un proyecto nuevo, es el empleo del Code::Blocks.

IDE - ENTORNO DE DESARROLLO INTEGRADO

Cuando propusimos el empleo del DEV C++, dijimos que el mismo es un IDE (Integrated Development Environment), los IDE son software o programas, que pueden ser aplicaciones por sí mismas, o parte de otras. El IDE DEV C++, es un entorno de programación que integra en un programa de aplicación y de una forma amigable, las siguientes herramientas:

- **Editor de código o programa.**
- **Compilador / Enlazador o Linker.**
- **Depurador o Debugger.**

En DEV C++, el proceso de compilación y enlazado, se toman como uno solo.

Si empleamos el Dev-C++, los pasos a seguir para la creación o desarrollo de un programa, son los si-

- **Edición de programa**: abrimos el programa con doble click, y en la opción Archivo (File), seleccionamos la opción **Nuevo** (New), o simplemente hacemos doble click sobre el icono de formulario en blanco (Source File – **Ctrl** + **N**).
- **Compilar**: una vez que hemos realizado el programa, vamos a la solapa que dice Ejecutar (Execute), y seleccionamos la opción **Compilar** (Compile), también podemos compilar el programa directamente, presionando las teclas **Ctrl** + **F9**.
- **Ejecutar**: si luego de la compilación, el programa que hemos realizado no tiene errores, entonces habremos generado el archivo ejecutable del mismo. Para correr el programa (hacer correr la aplicación), elegimos nuevamente la solapa Ejecutar (Execute), y la opción **Run**. También podemos, una vez compilado, hacer correr directamente el programa, empleando las teclas de aceleración **Ctrl** + **F10**.
  Si presionamos la tecla **F9**, podemos también Compilar y correr el programa (**Compile & Run**).

Es importante destacar en este punto, que las aplicaciones que hemos de desarrollar por el momento, corren bajo la consola del MS-DOS (modo comando o consola). La consola del MS-DOS, interpreta comandos de Microsoft Sistema Operativo de Disco, en sistemas operativos de Windows, empleando la línea de comando, sin necesidad de programación de la interfaz gráfica, lo cual cumple con nuestra intención inicial, de introducirnos en la programación (conocimiento y aplicación de estructuras básicas, instrucciones y sintaxis del lenguaje C), por lo que no hemos de abocarnos a la programación gráfica, la cual como veremos a futuro, se desarrolla de forma más eficiente, bajo el paradigma de la programación orientada a objetos.

"cmd" es una abreviatura de COMMAND, cuyo significado es comando (orden o instrucción).

EL PREPROCESADOR DE C

Antes de producirse la compilación de un programa, se lleva a cabo el preprocesamiento. Durante el preprocesamiento, tienen lugar acciones tales como:

- Inclusión de archivos.
- Definición de constantes simbólicas o macros.

Es importante destacar también, que el preprocesador es parte del compilador, y que todas las directivas del preprocesador, comienzan con #, no pudiendo existir en la misma línea, antes de una directiva, ningún tipo de caracteres, salvo espacios en blanco.

DIRECTIVAS

Las directivas son instrucciones, las cuales comienzan con # y no terminan en ";".

DIRECTIVA - #include

La directiva #include "nombre de biblioteca o archivo a incluir", le indica al preprocesador que incluya el archivo especificado, en el programa fuente durante la compilación.

Un archivo include o de inclusión, es entonces un archivo que contiene información que ha de ser necesaria en el momento de la compilación. Muchos de estos archivos de inclusión, son proporcionados con el compilador. Pero recuerde también que entre las potencialidades del lenguaje C, hemos mencionado la existencia de gran cantidad de empresas dedicadas al desarrollo de bibliotecas.

En lenguaje C, los archivos de inclusión poseen la extensión **.h**. La h, es una abreviatura de head = encabezado.

Ejemplo: **stdio.h**

En el capítulo VII – MICROCONTROLADORES, veremos que la extensión de los archivos, es .inc, y que también podemos generar (definir) nosotros, nuestros propios encabezados, a fin de incluir por ejemplo, características de Hardware o Software, que necesitemos emplear.

Tenemos dos formas de emplear la directiva #include:

- #include <nombre de archivo>
- #include "nombre de archivo"

Si empleamos #include <nombre de archivo>, la búsqueda del archivo, empleando llaves angulares, se realiza en el directorio estándar, establecido para los archivos con extensión .h, del directorio include.

Si empleamos #include "nombre de archivo", el preprocesador ha de buscar el archivo a incluir, dentro del mismo directorio en el cual se encuentra el archivo a compilar.

TOKENS

Los tokens o componentes sintácticos, son secuencias de caracteres que tienen un significado concreto en los lenguajes de programación.

LA BIBLIOTECA stdio.h

La biblioteca standard stdio.h, es muy importante desde el principio en nuestro trabajo, debido a que contiene las funciones de entrada y salida de datos que hemos de emplear, entre las que se encuentran printf y scanf, funciones éstas que no son parte del lenguaje C.

Si no incluyéramos entonces la biblioteca stdio.h en un programa, a la hora de la compilación del mismo, ha de generarse error, debido a que no tendríamos ninguna definición de, por ejemplo, las funciones printf() o scanf(), las cuales hemos de describir más adelante.

FUNCIONES

En el capítulo V, definimos a los módulos como subprogramas, los cuales han sido desarrollados para llevar a cabo una tarea específica. Dijimos también que en la estructura de un programa modular, los módulos dependían de un módulo principal, desde el cual son llamados.

En lenguaje C, los módulos reciben el nombre de funciones, y han de ser invocadas en un programa, por una función principal llamada **main**.

Las funciones reciben uno o varios datos a la entrada, y tienen la capacidad de producir datos de salida.

Tenemos dos tipos de funciones:

- Las funciones de la biblioteca estándar.
- Las funciones que desarrolla el programador.

LA FUNCIÓN main

Todo programa que desarrollemos en lenguaje C, tiene un módulo principal o función, llamada main. Desde el cuerpo de la función main, se realiza la invocación o llamado al resto de las funciones que hemos de emplear en el programa.

FUNCIONES printf() y scanf()

Como hemos indicado, el lenguaje C no posee sentencias de entrada/salida de datos, motivo por el cual, empleamos las funciones de la librería estándar.

En nuestro trabajo con funciones de entrada/salida, vamos a definir el teclado para la entrada de datos, y el monitor como salida de datos.

La función printf(), es empleada para imprimir por pantalla valores de constantes, variables, o líneas de

El formato general para la instrucción, es:

printf(cadena de control, lista de argumentos);

La función scanf(), es empleada para leer datos ingresados por teclado.
El formato general para la instrucción, es:

scanf(cadena de control, lista de argumentos);

FINALIZADOR DE INSTRUCCIÓN - ;

En lenguaje C, toda instrucción debe terminar con ";" punto y coma.

SECUENCIAS DE ESCAPE

Las secuencias de escape, se imprimen con la función printf(), a fin de generar diversas acciones, una secuencia de escape está formada por el carácter \ seguido de una letra o combinación numérica.

Como ejemplo de las que más podemos llegar a emplear, tenemos:

Tabla 6.1

Secuencia	Significado
\n	Nueva línea. Mueve el cursor al inicio de la línea siguiente.
\t	Tab horizontal. Inserta una tabulación horizontal.

PROGRAMACIÓN EN LENGUAJE C

Ahora hemos de introducirnos en la programación en lenguaje C, para lo cual vamos a codificar los algoritmos desarrollados en la unidad V – INTRODUCCIÓN A LA PROGRAMACIÓN, comenzando desde el primer ejercicio.

Importante: recuerde que en el presente libro, hemos de abarcar en lenguaje C, las 3 estructuras básicas, dada la extensión de contenidos y que además, es con el empleo de éstas, que se logra comenzar a desarrollar programas y aplicaciones. En este capítulo, hemos de realizar la codificación de los ejemplos (programas), en función de los diagramas de Nassi Shneiderman, que hemos desarrollado en el Capítulo V – Introducción a la programación. Tenga presente entonces, que no hemos de emplear ahora la prueba de escritorio, la cual ya hemos realizado en el Capítulo V para cada ejemplo, a fin de verificar el correcto desarrollo de cada algoritmo a emplear.

Cuando en el enunciado de los ejemplos, mencionamos la prueba de escritorio, es porque tomamos textualmente, las consignas de los ejemplos desarrollados en el Capítulo V – Introducción a la Programación.

EJEMPLO 6.1

Codificar en lenguaje C, el algoritmo desarrollado en la unidad V, EJEMPLO 5.6

Desarrollar diagrama Nassi-Shneiderman, el cual permita mostrar la leyenda "ELECTRONICA E INFORMATICA".

Resolución:

Recuerde que la codificación (desarrollo del programa), debe ser desarrollada, en función del diagrama de Nassi-Shneiderman.

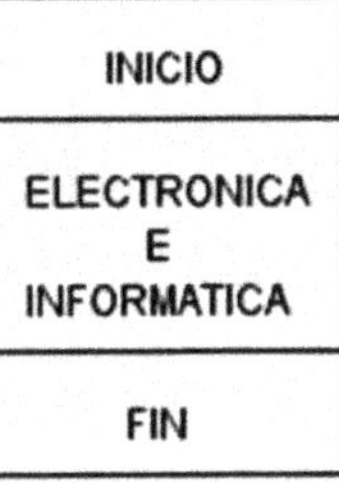


```
#include<stdio.h>
main()
{
  printf("ELECTRONICA E INFORMATICA\n");
  scanf(" ");
  return 0;
}
```

Explicación de la sintaxis del ejemplo 6.1:

En la línea:

#include<stdio.h>

La directiva #include, tal cual hemos visto, incluye a la biblioteca standard stdio.h.

En la línea:

main()

main() representa a la función principal main. En este caso, la función, no espera recibir ningún valor de retorno, por lo que su argumento está vacío (void).

En la línea:

{

La llave izquierda indica el inicio del cuerpo de la función main.

En la línea:

printf("ELECTRONICA E INFORMATICA\n");

Como vimos, la función printf() se emplea para mostrar información por pantalla. En el ejemplo se observa cual es la sintaxis que debemos emplear, es decir que mostramos dentro del paréntesis entre comillas (argumento), el texto a ser visualizado. **\n** como vimos en secuencias de escape, da indicación de salto de línea. Y recuerde por supuesto, que toda instrucción en lenguaje C, debe terminar con el finalizador de instrucción "**;**".

En la línea:

scanf(" ");

Vimos también al inicio del capítulo, que la función scanf(), es empleada para introducir datos por teclado. Pero en este caso, la empleamos como cierre de programa a fin de que podamos congelar la imagen al momento de correr la aplicación. Pruebe escribir el programa en Dev C++, y elimine esta línea, a fin de comprobar que al momento de la ejecución del programa, la pantalla de consola, se cierra de forma rápida, sin permitirnos visualizar la aplicación. También es importante destacar, que en caso de emplear por ejemplo el Code::Blocks, esta línea no es necesaria.

En la línea:

return 0;

Representa que el programa terminó con éxito.

En la línea:

La llave hacia la derecha, indica el cierre del cuerpo de la función main, y para este caso, fin de pro-

OPERADOR ","

Cuando encontramos expresiones separadas por "," (coma), las mismas son evaluadas de izquierda a

CARÁCTER "%"

Tanto las funciones scanf() como printf(), tratan al carácter % como un carácter especial, el cual comienza un especificador de conversión.

ESPECIFICADORES DE CONVERSIÓN

Los especificadores de conversión, especifican el tipo de dato con que hemos de trabajar.

En la siguiente tabla, se muestran los especificadores de conversión que más hemos de emplear, describiendo su empleo en la salida de datos (printf()), o en la entrada (scanf()):

En printf()

Tabla 6.2

Especificador de conversión	Descripción
d o i	Muestra un entero decimal con signo.
u	Muestra un entero decimal sin signo.
h o l	Define antes de un especificador de conversión entera, si el dato a mostrar es un entero largo o corto.
e o E	Muestra un valor de punto flotante con notación exponencial.
f	Muestra un valor de punto flotante con notación de punto fijo.
L	Indica antes de un especificador de conversión, que el dato a mostrar es un valor de punto flotante long double.

En scanf()

Tabla 6.3

Especificador de conversión	Desripción
d	Lee un entero decimal con signo.
i	Lee un valor entero, decimal o hexa-decimal con signo.
u	Lee un entero decimal sin signo.
h o l	Define antes de un especificador de conversión entera, si el dato a introducir es un entero largo o corto.
e, E, f, g o G	Lee un valor de punto flotante.
l o L	Indica antes de un especificador de conversión, que el dato a introducir es un valor double o long double.
c	Se emplea para indicar la lectura de un carácter.
s	Se emplea para indicar la lectura de una cadena.

OPERADOR DE DIRECCIÓN "&"

En C, el operador ampersand (&), es un operador de dirección, el cual puede ser aplicado a un solo operando (unario), y devuelve su dirección (posición de memoria).

EJEMPLO 6.2

Codificar en lenguaje C, el algoritmo desarrollado en la unidad V, EJEMPLO 5.7

Desarrollar diagrama Nassi-Shneiderman, el cual permita ingresar un número entero por teclado, y posteriormente mostrarlo.

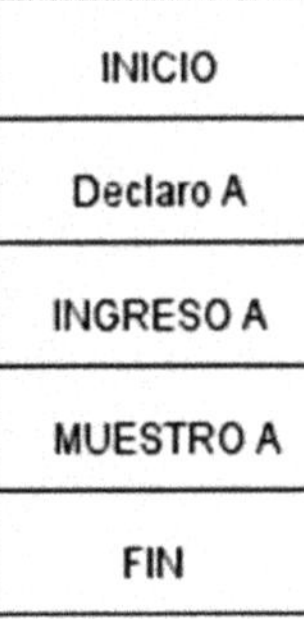

Resolución:

```
#include<stdio.h>

main()
{
  int A;

  scanf("%d", &A);
  printf("%d\n", A);

  scanf(" ");
  return 0;
}
```

Explicación de la sintaxis del ejemplo 6.2:

Las primeras tres líneas del programa, son similares a las del ejemplo anterior 6.1.

Directiva:

```
#include<stdio.h>
```

La directiva #include, incluye a la biblioteca standard stdio.h.

```
main()
```

main() representa a la función principal main, donde nuevamente la función principal main, no espera recibir ningún valor de retorno, por lo que su argumento está vacío (void).

La llave izquierda, indica el inicio del cuerpo de la función main.

En la línea:

```
int A;
```

declaramos una variable entera de nombre A.

En la línea:

```
printf("INGRESO A\n");
```

Empleamos la función printf(), para mostrar por pantalla una leyenda que dé aviso del ingreso del valor a la variable A. La sintaxis empleada, es similar a la que empleamos en el ejemplo 6.1, para mostrar una línea de texto. Se emplea también la secuencia de escape \n, a fin de generar un salto de línea.

En la línea:

```
scanf("%d", &A);
```

En esta línea, empleamos la función scanf() para introducir un valor a la variable entera A. Note también que empleamos el especificador de conversión "%d", y separado por el operador coma, empleamos también el operador &, a fin de asociar el valor ingresado por teclado, a la posición de memoria asignada por el sistema a la variable A.

En la línea:

```
scanf(" ");
```

El cierre del programa, es similar al empleado en el ejemplo 6.1, en el cual empleamos la función scanf(" "); para congelar la pantalla durante la ejecución (si trabajamos con el DEV C++).

En la línea:

```
return 0;
```

Empleamos nuevamente return 0, a fin de indicar que no le retornamos ningún valor a la función main.
En la línea:

}

Se emplea la llave hacia la derecha, a fin de indicar el cierre del cuerpo de la función main, y para este caso también, fin de programa.

Tomando como referencia los ejemplos anteriores, 6.1 y 6.2, podemos establecer que los programas, están compuestos de las siguientes partes:

- Encabezado: inclusión de archivos.
- Inicio y cuerpo de programa: función main y desarrollo de programa, dentro de la llave izquierda {.
- Cierre o fin de programa: instrucciones scanf(" "), return 0, y llave derecha }.

EJEMPLO 6.3

Codificar en lenguaje C, el algoritmo desarrollado en la unidad V, EJEMPLO 5.8

Desarrollar diagrama de Nassi-Shneiderman, el cual permita declarar e inicializar una posición de memoria de nombre A, con el valor de la constante π, y mostrar posteriormente dicha variable.

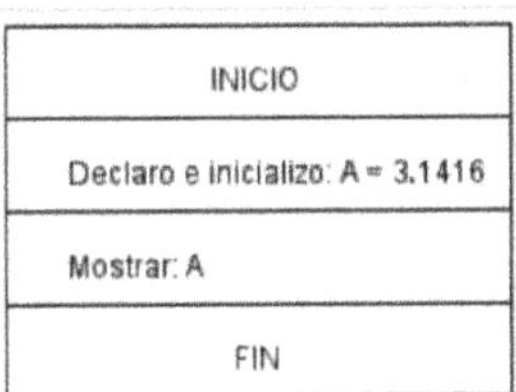

Resolución:

```
#include<stdio.h>

main()
{
  float A = 3.1416;

  printf("%.4f\n", A);

  scanf(" ");
  return 0;
}
```

Explicación de la sintaxis del ejemplo 6.3:

Las tres primeras líneas, representan inclusión de biblioteca e inicio de la función main.

```
#include<stdio.h>

main()
{
```

En la línea:

float A = 3.1416;

Se declara una variable de punto flotante (float), dado que el valor de la constante π, no es un valor de tipo entero, sino decimal. Y se la inicializa (se le asigna) con el valor de la constante π.

La línea:

printf("%.4f\n", A);

Tal cual lo indicado en la consigna, debemos mostrar el valor de la variable A, la cual dijimos ha sido inicializada con el valor de la constante π. Para lo cual, empleamos nuevamente la función printf(), seguida del especificador de conversión **"%.4f\n"**, el cual es una máscara y donde el especificador de conversión **"f"** (despliega un valor de punto flotante), imprime al menos un dígito a la izquierda del punto decimal, necesario entonces para la impresión del valor entero 3. Antes, la especificación **.4**, es empleada para definir la precisión de 4 dígitos a la derecha del punto decimal, necesarios para el .1416. La secuencia de escape **\n**, recordemos, es empleada para generar un salto de línea. En "**, A**" el operador coma, seguido de la variable A, indican que el valor en punto flotante a ser mostrado, es el contenido en la variable A.

La línea:

scanf(" ");

Es empleada (si trabajamos con el DEV C++) para congelar la pantalla durante la ejecución.

Al igual que en los ejemplos anteriores, las líneas:

return 0;

Representan el fin de programa.

OPERADORES ARITMÉTICOS

El lenguaje C, posee los siguientes operadores aritméticos:

Operación	Símbolo
Suma	+
Resta	-
Multiplicación	*
División	/
Módulo (Resto).	%

EJEMPLO 6.4

Codificar en lenguaje C, el algoritmo desarrollado en la unidad V, EJEMPLO 5.9

Desarrollar diagrama de Nassi-Shneiderman, el cual permita declarar e inicializar una posición de memoria de nombre Z, cuyo valor inicialmente es igual a 1. Posteriormente, adicionarle un valor ingresado por teclado, el cual es almacenado en la variable B. Finalmente, mostrar el valor de la variable Z.

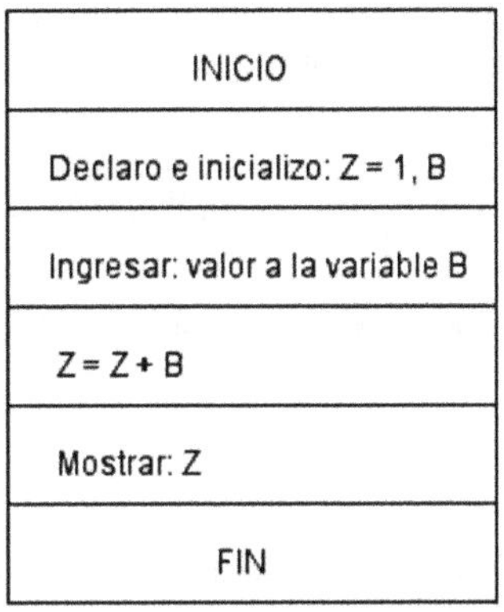

INICIO
Declaro e inicializo: Z = 1, B
Ingresar: valor a la variable B
Z = Z + B
Mostrar: Z
FIN

Resolución:

```
#include<stdio.h>

int main()
{
   int Z = 1, B;

   scanf("%d", &B);
   Z = Z + B;
   printf("%d\n", Z);

   scanf(" ");
   return 0;
}
```

Explicación de la sintaxis del ejemplo 6.4:

Las tres primeras líneas, representan inclusión de biblioteca e inicio de la función main.

#include<stdio.h>

int main()
{

En la línea:

int Z = 1, B;

Se declara la variable entera Z, y se la inicializa en 1. También se declara la variable entera B. Observe que las variables, están separadas entre sí por el operador coma, y dado que son del mismo tipo (int), se definen en la misma línea.

En la línea:

scanf("%d", &B);

Se ingresa por teclado un valor entero (indicado en "%d"), seguido del operador coma para separar, y se asigna el valor ingresado a la variable entera B (indicado en &B).

En la línea:

Z = Z + B;

Se declara a la variable Z, igual al valor de sí misma (inicializada en 1), más el valor de la variable B.

En la línea:

printf("%d\n", Z);

Se muestra el valor acumulado (sumado) en la variable Z. Se emplea como argumento de la función printf, el especificador de conversión %d, junto a la secuencia de escape \n entre comillas dobles, separados por el operador coma, donde se indica que la variable a ser mostrada, es como indicamos, la variable Z.

Las tres líneas siguientes, ya han sido explicadas, y se emplean para el fin de programa.

scanf(" ");
return 0;

EJEMPLO 6.5

Codificar en lenguaje C, el algoritmo desarrollado en la unidad V, EJEMPLO 5.10

Desarrollar diagrama de Nassi-Shneiderman, para representar un algoritmo el cual permita declarar e inicializar una variable con el nombre Operando1, otra variable con el nombre Operando2, almacenar y mostrar la suma de dichos operandos, en una variable llamada suma.

INICIO
Declaro e inicializo: Operando1 Operando2 Suma = 0
Ingresar: Operando1
Ingresar: Operando2
Suma = Operando1 + Operando2
Mostrar: Suma
FIN

Resolución:

```
#include<stdio.h>

int main()
{
  int Operando1, Operando2, Suma = 0;

  scanf("%d", &Operando1);
  scanf("%d", &Operando2);

  Suma = Operando1 + Operando2;
  printf("%d\n", Suma);

  scanf(" ");
  return 0;
}
```

Explicación de la sintaxis del ejemplo 6.5:

Las tres primeras líneas, representan inclusión de biblioteca e inicio de la función main.

```
#include<stdio.h>

int main()
{
```

En la línea:

int Operando1, Operando2, Suma = 0;

Se declaran e inicializan las variables enteras Operando1, Operando2 y Suma.

En la línea:

scanf("%d", &Operando1);

Se ingresa un valor entero a la variable Operando1. Se emplea la función scanf(), para el ingreso de datos, y como argumento, el especificador de conversión %d entre comillas dobles, seguido del operador coma para separar el operador de dirección &, el cual indica que el valor ingresado, será almacenado en la variable Operando1.

En la línea:

scanf("%d", &Operando2);

Se ingresa un valor entero a la variable Operando2. La sintaxis empleada, es igual a la explicada para la variable Operando1.

En la línea:

Suma = Operando1 + Operando2;

Se declara a la variable Suma, igual a la suma de los operandos, Operando1 y Operando2.

En la línea:

printf("%d\n", Suma);

Se muestra el valor de la variable Suma, correspondiente a la suma de los valores ingresados a las variables Operando1 y Operando2. Se emplea la función printf(), junto al especificador de conversión %d y la secuencia de escape \n entre comillas dobles, lo cual indica que el dato (valor) a mostrar en la variable Suma, es de tipo entero, seguido de lo cual, se generará una línea de espacio.

Las tres últimas líneas, corresponden al fin de programa.

```
scanf(" ");
return 0;
```

OPERADORES DE RELACIÓN

Los operadores de relación, se emplean para comparar o determinar el cumplimiento de una relación entre variables. El lenguaje C, dispone de los siguientes operadores de relación:

Igual que	==
Menor que	<
Mayor que	>
Menor o igual que	<=
Mayor o igual que	>=
Distinto que	!=

ESTRUCTURA SELECTIVA

El lenguaje C, posee las siguientes instrucciones para el trabajo con estructuras selectivas.

ESTRUCTURA SELECTIVA SIMPLE

if (si)

ESTRUCTURA SELECTIVA COMPUESTA

if...else (si – sino)

ESTRUCTURA SELECTIVA MULTIPLE

switch

INSTRUCCIÓN if

La instrucción if (si), es empleada para evaluar una condición de selección simple, en la cual su sintaxis de operación, representa que si la condición a ser evaluada es verdadera, se ejecutan la/las acciones contenidas dentro del cuerpo de la instrucción, la cual, se encuentra delimitada por las llaves "{" y "}".

Es posible también cuando el algoritmo así lo determine, realizar un anidamiento de instrucciones if, lo que significa que para cada una de las instrucciones if, se ha de evaluar la condición de verdadero, en cuyo caso, y como explicamos antes, se ejecutan la/las acciones contenidas dentro del cuerpo de la instrucción.

INSTRUCCIÓN if...else

La instrucción if...else (si sino), es empleada para evaluar una condición de selección compuesta, en la cual su sintaxis de operación, representa que si la primera condición a ser evaluada es verdadera (if), se ejecutan la/las acciones contenidas dentro del cuerpo de la instrucción, la cual, se encuentra delimitada por las llaves "{" y "}". Pero para el caso de que la primera condición a ser evaluada, no sea verdadera, si no es verdadera la condición if, entonces se ejecutan la/las acciones contenidas dentro del cuerpo de la instrucción else, la cual también se encuentra delimitada por las llaves "{" y "}".

INSTRUCCIÓN DE SELECCIÓN MÚLTIPLE switch

La instrucción de selección múltiple switch, es empleada cuando es necesario evaluar una serie de opciones, en función del valor de una expresión. Cada una de las opciones, lleva a cabo acciones diferentes, dependiendo el cumplimiento de una u otra, de la opción o caso seleccionado (valor de la expresión).

La estructura de una instrucción switch, consiste en una serie de etiquetas **case** (caso), y necesariamente una opción de default (por defecto), para el caso de ser seleccionada una opción no existente, o un carácter que no corresponde.

Tenga presenta también, que la instrucción switch, puede emplearse para evaluar un valor entero, o un carácter ASCII. Desde la sintaxis, los enteros o caracteres a ser evaluados, deben ser representados entre comillas simples. El cuerpo de la instrucción switch, también está delimitado por las llaves "{" y "}".

FORMATO DE LA INSTRUCCIÓN if

```
if (expresión){
                instrucción
}
```

EJEMPLO 6.6

Codificar en lenguaje C, el algoritmo desarrollado en la unidad V, EJEMPLO 5.11 – ESTRUCTURA SELECTIVA SIMPLE.

Desarrollar diagrama Nassi-Shneiderman, para representar un algoritmo el cual permita empleando la estructura de selección simple, declarar e inicializar una constante de nombre A con el valor 20. Declarar una variable de nombre B, luego introducir un dato a dicha variable, y en caso de ser igual al valor de la constante A, mostrar la leyenda IMPORTE EXACTO. Representar también la prueba de escritorio.

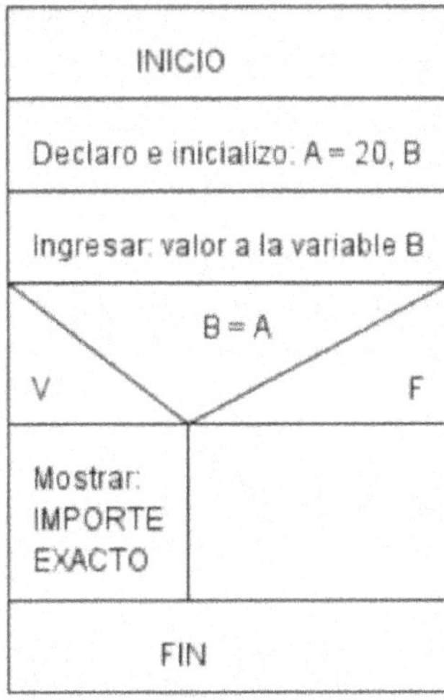

Resolución:

```
#include<stdio.h>

int main()

  int A = 20, B;

  scanf("%d", &B);

    if (B == A){
        printf("IMPORTE EXACTO\n");


  scanf(" ");
  return 0;
```

Explicación de la sintaxis del ejemplo 6.6:

Las tres primeras líneas, representan inclusión de biblioteca e inicio de la función main.

#include<stdio.h>

int main()

En la línea:

int A = 20, B;

Se declara la constante entera A, y se la inicializa con el valor 20. Se define también la variable B. Recuerde que la declaración int, (entero), afecta a las dos variables.

En la línea:

scanf("%d", &B);

Se ingresa un valor entero a la variable B. Se emplea la función scanf(), para el ingreso de datos, y como argumento, el especificador de conversión %d entre comillas dobles, recordemos que %d, se emplea para el ingreso de valores enteros. El operador coma, separara el especificador de conversión, del operador de dirección &, el cual indica que el valor ingresado, será almacenado en la variable B.

En la línea:

if (B == A){

Se emplea la instrucción de selección simple if, a fin de evaluar la condición de que la constante B, sea igual a la variable A. Para el caso de que la condición sea verdadera, se ejecuta la instrucción siguiente, la cual está contenida dentro del cuerpo de la instrucción if. Observe que la llave izquierda "{", indica inicio del cuerpo de la instrucción if.

En la línea:

printf("IMPORTE EXACTO\n");

Para el caso entonces de que la condición sea verdadera, y el valor contenido en la variable B, sea igual al valor contenido en la constante A. Se imprime la leyenda asociada a la función printf().

En la línea siguiente:

```
}
```

La llave derecha, indica cierre del cuerpo de la instrucción if.

Las tres últimas líneas, corresponden al fin de programa.

```
   scanf(" ");
   return 0;
}
```

EJEMPLO 6.7

Codificar en lenguaje C, el algoritmo desarrollado en la unidad V, EJEMPLO 5.12 – ESTRUCTURA SELECTIVA SIMPLE.

Desarrollar diagrama Nassi-Shneiderman, para representar un algoritmo el cual permita empleando la estructura de selección simple, declarar dos variables llamadas A y B, introducir un valor en cada una de ellas, y para el caso de que la condición A > B sea verdadera, mostrar: A > B. Representar también la prueba de escritorio.

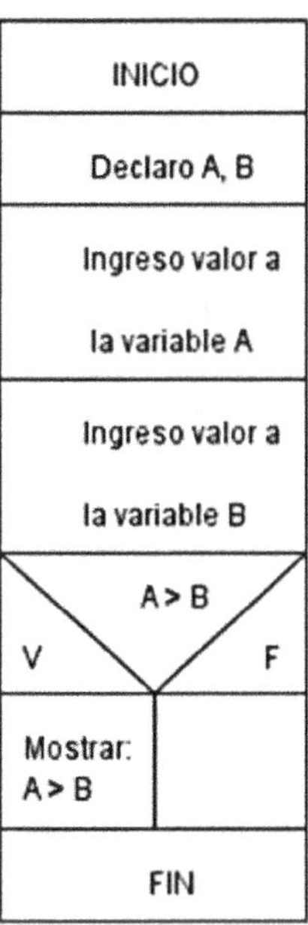

Resolución:

```
#include<stdio.h>

int main()
{
   int A, B;

   scanf("%d", &A);

   scanf("%d", &B);

       if (A > B){
```

```
printf("A > B\n");

scanf(" ");
return 0;
```

Explicación de la sintaxis del ejemplo 6.7:

Las tres primeras líneas, representan inclusión de biblioteca e inicio de la función main.

#include<stdio.h>

int main()

En la línea:

int A, B;

se declaran las variables enteras A, y B.

En la línea:

scanf("%d", &A);

se ingresa un valor entero a la variable A.

En la línea:

scanf("%d", &B);

se ingresa un valor entero a la variable B.

En la línea:

if (A > B){

Se emplea la instrucción de selección simple if, a fin de evaluar la condición de que la variable A, sea mayor a la variable B. Para el caso de que la condición sea verdadera, se ejecuta la instrucción siguiente, la cual está contenida dentro del cuerpo de la instrucción if. Nuevamente, la llave izquierda "{" indica inicio del cuerpo de la instrucción if.

En la línea:

printf("A > B\n");

Para el caso entonces de que la condición sea verdadera, y el valor contenido en la variable A, sea mayor al valor contenido en la variable B, se imprime la leyenda asociada a la función printf().

La línea siguiente:

La llave derecha, nuevamente indica cierre del cuerpo de la instrucción if. Recuerde que si la condición a evaluar, resulta falsa, el control del programa se dirige a la primera instrucción fuera del cuerpo de la instrucción if (para este ejemplo, si la condición es falsa, termina la ejecución del programa).

Las tres últimas líneas, corresponden al fin de programa.

```
    scanf(" ");
    return 0;
}
```

EJEMPLO 6.8

Codificar en lenguaje C, el algoritmo desarrollado en la unidad V, EJEMPLO 5.13 – ESTRUCTURA SELECTIVA SIMPLE ANIDADA.

Desarrollar diagrama Nassi-Shneiderman, para representar un algoritmo que permita, empleando la estructura de selección simple anidada, declarar e inicializar una constante de nombre A con el valor 20. Declarar una variable de nombre B, luego introducir un dato a dicha variable, y de acuerdo al valor de la magnitud ingresada, contemplar los siguientes casos:

Si B = A → Mostrar: IMPORTE EXACTO.
Si B > A → Mostrar: ABONE CON CAMBIO.
Si B < A → Mostrar: IMPORTE FALTANTE.

Realizar también la prueba de escritorio.

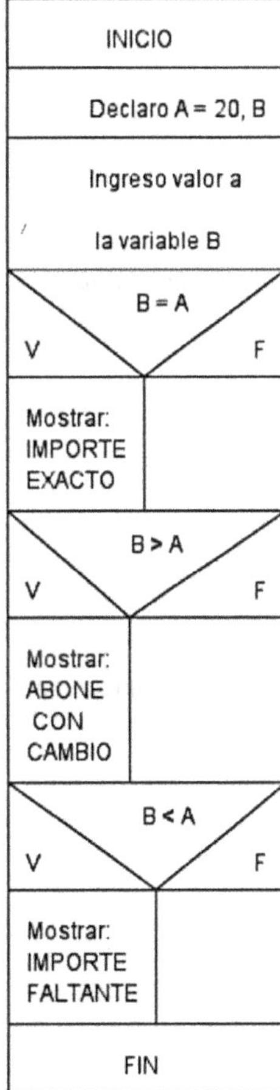

Resolución:

```
#include<stdio.h>

int main()

   int A = 20, B;

   scanf("%d", &B);

   if (B == A){
    printf("IMPORTE EXACTO\n");


    if (B > A){
     printf("ABONE CON CAMBIO\n");


     if (B < A){
      printf("IMPORTE FALTANTE\n");


   scanf(" ");
   return 0;
```

Explicación de la sintaxis del ejemplo 6.8:

Las tres primeras líneas, representan inclusión de biblioteca e inicio de la función main.

#include<stdio.h>

int main()

En la línea:

int A = 20, B;

Se declara e inicializa la constante entera A, y se la inicializa con el valor 20. Se define también la variable B. Recuerde que la declaración int, (entero), afecta a las dos variables.

En la línea:

scanf("%d", &B);

se ingresa un valor entero a la variable B.

En la línea:

if (B == A){

Al igual que en los ejemplos 6.6 y 6.7, se emplea la instrucción de selección simple if (aunque en este caso anidada), a fin de evaluar la condición de que la variable B (valor ingresado), sea igual al valor de la constante A (importe a pagar). Para el caso de que la condición sea verdadera, se ejecuta la instrucción siguiente, la cual está contenida dentro del cuerpo de la instrucción if. Como hemos visto, la llave izquierda {, indica inicio del cuerpo de la instrucción if.

La línea:

```
printf("IMPORTE EXACTO\n");
```

Para el caso entonces de que la condición sea verdadera, y el valor contenido en la variable B, sea igual al valor contenido en la constante A, se imprime esta leyenda, asociada a la función printf().

En la línea siguiente:

```
}
```

La llave derecha, nuevamente indica cierre del cuerpo de la instrucción if, en este caso la primera del anidamiento de instrucciones if.

En la línea:

```
if (B > A){
```

Ahora, se evalúa la condición de si la variable B (importe ingresado), es mayor que la constante A (importe a pagar). Para el caso de que la condición sea verdadera, se ejecuta la instrucción siguiente, la cual está contenida dentro del cuerpo de la instrucción if. Nuevamente, la llave izquierda "{", indica inicio del cuerpo de la instrucción if.

La línea:

```
printf("ABONE CON CAMBIO\n");
```

Para el caso entonces de que la condición sea verdadera, es decir que el valor ingresado (variable B), sea mayor que el importe a pagar (constante A). Se imprime esta leyenda, asociada a la función printf().

En la línea siguiente:

```
}
```

La llave derecha, nuevamente indica cierre del cuerpo de la instrucción if, en este caso la segunda del anidamiento de instrucciones if.

En la línea:

```
if (B < A){
```

Ahora, se evalúa la condición de si la variable B (importe ingresado), es menor al valor de la constante A (importe a pagar). Para el caso de que la condición sea verdadera, se ejecuta la instrucción siguiente, la cual está contenida dentro del cuerpo de la instrucción if. Nuevamente, la llave izquierda "{", indica inicio del cuerpo de la instrucción if.

La línea:

```
printf("IMPORTE FALTANTE\n");
```

Para el caso entonces de que la condición sea verdadera, es decir que el valor ingresado (variable B), sea menor que el importe a pagar (constante A). Se imprime esta leyenda, asociada a la función printf().

En la línea siguiente:

La llave derecha, nuevamente indica cierre del cuerpo de la instrucción if, en este caso la tercera y última del anidamiento de instrucciones if.

Las tres últimas líneas, corresponden al fin de programa.

```
scanf(" ");
return 0;
```

EJEMPLO 6.9

Codificar en lenguaje C, el algoritmo desarrollado en la unidad V, EJEMPLO 5.14 – ESTRUCTURA SELECTIVA SIMPLE ANIDADA.

Desarrollar diagrama Nassi-Shneiderman, para representar un algoritmo el cual permita empleando la estructura de selección simple anidada, definir una variable con el nombre num, luego introducir un dato a dicha variable, y de acuerdo al valor de la magnitud ingresada, contemplar los siguientes casos:

Comparar el valor de la variable num, con 0, 1 y 2, y para el caso en que la condición sea verdadera, mostrar el equivalente binario del valor ingresado. Si el valor ingresado es mayor que 2, mostrar la leyenda FUERA DE RANGO.

Si num = 0 → Mostrar: 00
Si num = 1 → Mostrar: 01
Si num = 2 → Mostrar: 10
Si num > 2 → Mostrar: FUERA DE RANGO

Realizar también la prueba de escritorio.

Observación: recuerde del capítulo III, ELECTRÓNICA DIGITAL, que el valor 0 decimal, corresponde al valor 00 binario, el valor 1 decimal, corresponde al valor 01 binario, el valor 2 decimal, corresponde al valor 10 binario. Recuerde también que tomamos dos dígitos para representar cada número, dado que con 2 dígitos, tenemos $2^2 = 4$ posibilidades de representación numérica.

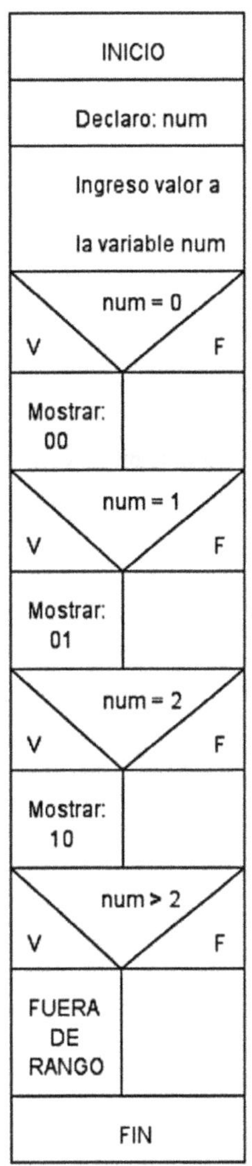

Resolución:

```
#include<stdio.h>

int main()
{
  int num;

  scanf("%d", &num);

  if (num == 0){
   printf("00\n");
  }

   if (num == 1){
    printf("01\n");
   }
```

```
    if (num == 2){
     printf("10\n");


     if (num > 2){
      printf("FUERA DE RANGO\n");


  scanf(" ");
  return 0;
```

Explicación de la sintaxis del ejemplo 6.9:

Las tres primeras líneas, representan inclusión de biblioteca e inicio de la función main.

#include<stdio.h>

int main()

En la línea:

int num;

se declara la variable entera num.

En la línea:

scanf("%d", &num);

se ingresa un valor entero a la variable num.

En la línea:

if (num == 0){

Se evalúa la condición de que el valor ingresado en la variable num, sea igual a 0. La llave izquierda "{", indica inicio del cuerpo de la instrucción if.

En la línea:

printf("00\n");

Para el caso entonces de que la condición sea verdadera, y el valor contenido en la variable num, sea igual a 0, se imprime 00, tal cual lo solicitado en la consigna.

En la línea siguiente:

La llave derecha, nuevamente indica cierre del cuerpo de la instrucción if, en este caso la primera de cuatro instrucciones if anidadas.

Es importante interpretar también, que para el ejemplo, únicamente ha de ejecutarse una instrucción if, la cual corresponda a que la condición sea verdadera.

En la línea:

if (num == 1){

Se evalúa la condición de que el valor ingresado en la variable num, sea igual a 1. La llave izquierda "{", indica inicio del cuerpo de la instrucción if.

En la línea:

printf("01\n");

Para el caso de que la condición sea verdadera, y el valor contenido en la variable num, sea igual a 1, se imprime 01, tal cual lo solicitado en la consigna.

En la línea siguiente:

}

La llave derecha, nuevamente indica cierre del cuerpo de la instrucción if, en este caso la segunda de cuatro instrucciones if anidadas.

En la línea:

if (num == 2){

Se evalúa la condición de que el valor ingresado en la variable num, sea igual a 2. La llave izquierda "{", indica inicio del cuerpo de la instrucción if.

En la línea:

printf("10\n");

Para el caso de que la condición sea verdadera, y el valor contenido en la variable num, sea igual a 2, se muestra 10, tal cual lo solicitado en la consigna.

En la línea siguiente:

}

La llave derecha, nuevamente indica cierre del cuerpo de la instrucción if, en este caso la tercera de cuatro instrucciones if anidadas.

En la línea:

if (num > 2){

Si ninguna de las 3 condiciones if propuestas anteriormente se cumple (es verdadera), significa que el número ingresado es mayor que 2 (por defecto, sin considerar valores negativos).

En la línea:

printf("FUERA DE RANGO\n");

Para el caso de que la condición sea verdadera, y el valor contenido en la variable num, sea mayor a 2, se muestra la leyenda FUERA DE RANGO, tal cual lo solicitado en la consigna.

En la línea siguiente:

La llave derecha, nuevamente indica cierre del cuerpo de la instrucción if, en este caso la última de cuatro instrucciones if anidadas.

Las tres últimas líneas, corresponden al fin de programa.

```
scanf(" ");
return 0;
```

FORMATO DE LA INSTRUCCIÓN if..else

```
if (expresión){
        instrucción

else (expresión){
        instrucción
```

EJEMPLO 6.10

Codificar en lenguaje C, el algoritmo desarrollado en la unidad V, EJEMPLO 5.15 – ESTRUCTURA SELECTIVA COMPUESTA.

Desarrollar diagrama Nassi-Shneiderman, para representar un algoritmo el cual permita ingresar un número entero, almacenarlo en una variable de nombre A, y en caso de ser mayor a 5, mostrar el valor ingresado. En caso contrario, mostrar la leyenda "Número menor o igual a 5". Representar también la prueba de escritorio.

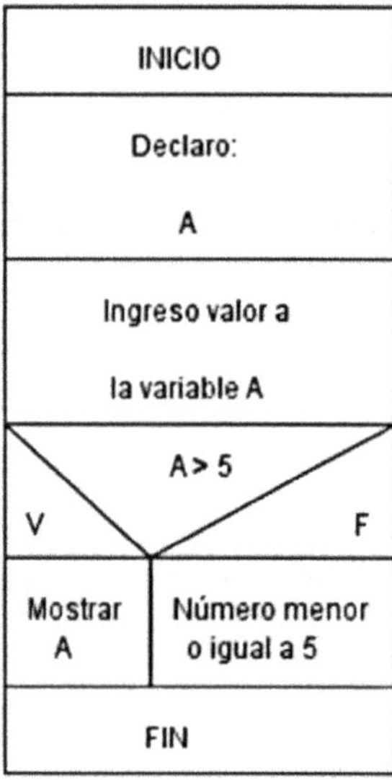

Resolución:

```
#include<stdio.h>

main()
{
  int A;

  scanf("%d", &A);

   if (A > 5){
     printf("%d\n", A);
   }
   else {
     printf("NUMERO MENOR O IGUAL A 5\n");
   }

  scanf(" ");
  return 0;
}
```

Explicación de la sintaxis del ejemplo 6.10:

Las tres primeras líneas, representan inclusión de biblioteca e inicio de la función main.

```
#include<stdio.h>

int main()
{
```

En la línea:

```
int A;
```

se declara la variable entera A.

En la línea:

```
scanf("%d", &A);
```

se ingresa un valor entero a la variable A.

En la línea:

```
if (A > 5){
```

Se evalúa la condición de que el valor ingresado en la variable A, sea mayor a 5. La llave izquierda "{", indica inicio del cuerpo de la instrucción if.

En la línea:

```
printf("%d\n", A);
```

Para el caso de que la condición sea verdadera, y el valor contenido en la variable A, sea mayor a 5, se muestra entonces dicho valor.

En la línea siguiente:

La llave derecha, indica cierre del cuerpo de la instrucción if.

En la línea:

else {

Recuerde que esta es una instrucción de selección compuesta, y que tal cual vimos en la Unidad V, si no se cumple la condición propuesta en la instrucción if, se ejecutan las instrucciones presentes en el cuerpo de la instrucción else (sino). También, y al igual que ocurre en la instrucción if, en la instrucción else, se emplea la llave izquierda {, para indicar el inicio del cuerpo de la instrucción.

En la línea:

printf("NUMERO MENOR O IGUAL A 5\n");

Como explicamos antes, al no cumplirse la condición presente en la instrucción if, es decir que el valor ingresado a la variable A, sea mayor a 5, se ejecuta entonces, la instrucción contenida en el cuerpo de la instrucción else (sino), es decir que para este caso, y tal cual la consigna del ejemplo, se imprime la leyenda NUMERO MENOR O IGUAL A 5.

En la línea siguiente:

La llave derecha, al igual que ocurre en la instrucción if, determina el cierre del cuerpo de la instrucción

Las tres últimas líneas, corresponden al fin de programa.

```
scanf(" ");
return 0;
```

EJEMPLO 6.11

Codificar en lenguaje C, el algoritmo desarrollado en la unidad V, EJEMPLO 5.16 – ESTRUCTURA SELECTIVA COMPUESTA.

Desarrollar diagrama Nassi-Shneiderman, y prueba de escritorio, empleando la estructura de selección compuesta, a fin de representar el algoritmo necesario, para implementar el siguiente caso:

La empresa GAME, líder de mercado en la venta de video juegos para consolas, publicita en sus 2 locales en Shoppings de la ciudad, un descuento del 30% en todos los video juegos, durante 2 horas (10 a 12 hs), para el día lunes, esperando obtener un total de ventas entre ambos locales de más de 300 video juegos. Si el total de venta es superior a 300, mostrar la leyenda POSITIVO, en caso contrario mostrar la leyenda NEGATIVO.

Definimos las siguientes variables: total, local1, local2.

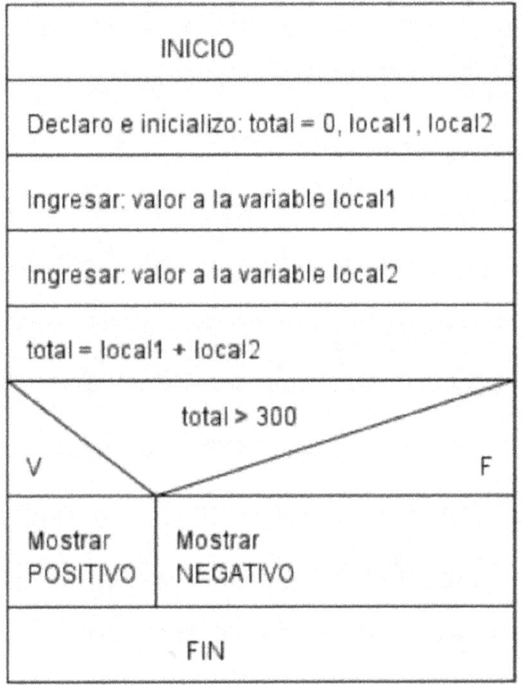

Resolución:

```
#include<stdio.h>

main()
{
  int total = 0, local1, local2;

  scanf("%d", &local1);

  scanf("%d", &local2);

  total = local1 + local2;

   if (total > 300){
    printf("POSITIVO\n");
   }
   else {
     printf("NEGATIVO\n");
   }

  scanf(" ");
  return 0;
}
```

Explicación de la sintaxis del ejemplo 6.11:

Las tres primeras líneas, representan inclusión de biblioteca e inicio de la función main.

```
#include<stdio.h>
int main()
```

En la línea:

```
int total = 0, local1, local2;
```

se declaran las variables enteras, total (la cual se inicializa a cero), local1, y local2.

En la línea:

```
scanf("%d", &local1);
```

se ingresa el número correspondiente a la cantidad de video juegos vendidos en el local1. La sintaxis empleada, es similar a la habitual.

En la línea:

```
scanf("%d", &local2);
```

se ingresa el número correspondiente a la cantidad de video juegos vendidos en el local2.

En la línea:

```
total = local1 + local2;
```

se asigna a la variable entera total, la cantidad correspondiente a la cantidad de video juegos vendidos en los locales, local1 y local2.

En la línea:

```
if (total > 300){
```

se evalúa la condición de que el total de video juegos vendidos, sea mayor a 300. La llave izquierda {, indica inicio del cuerpo de la instrucción if.

En la línea:

```
printf("POSITIVO\n");
```

Para el caso de que la condición sea verdadera, y el total de video juegos vendidos en los dos locales, sea superior a 300, se imprime entonces la leyenda POSITIVO.

En la línea siguiente:

La llave derecha, indica cierre del cuerpo de la instrucción if.

En la línea:

```
else {
```

Nuevamente, recuerde que esta es una instrucción de selección compuesta, y que tal cual vimos en la Unidad V, si no se cumple la condición propuesta en la instrucción if, se ejecutan las instrucciones presentes en el cuerpo de la instrucción else (sino). También, y al igual que ocurre en la instrucción if, en la instrucción else, se emplea la llave izquierda {, para indicar el inicio del cuerpo de la instrucción.

En la línea:

```
printf("NEGATIVO\n");
```

Nuevamente, si no se cumple la condición presente en la instrucción if, es decir que total sea mayor a 300, se ejecuta entonces la instrucción contenida en el cuerpo de la instrucción else (sino), es decir que para este caso, y tal cual la consigna del ejemplo, se imprime la leyenda NEGATIVO.

En la línea siguiente:

```
}
```

La llave derecha, al igual que ocurre en la instrucción if, determina el cierre del cuerpo de la instrucción else.

Las tres últimas líneas, corresponden al fin de programa.

```
    scanf(" ");
    return 0;
}
```

OTRAS FUNCIONES DE ENTRADA/SALIDA

Recuerde que el lenguaje C, no posee instrucciones de entrada y salida de datos, por lo que emplea funciones de la biblioteca estándar stdio.h. Ahora, vamos a conocer entonces otras opciones de funciones para entrada y salida de datos.

getchar()

Lee un caracter introducido por teclado, y lo devuelve como un entero.

putchar()

Permite mostrar un caracter por pantalla.

Descripción de instrucciones empleadas en la instrucción de selección múltiple switch.

case, break, default

case

Las etiquetas case, se emplean dentro de la estructura switch, a fin de especificar las alternativas de selección. Si se cumple la condición de case, se desarrollan la/las acciones especificadas dentro de esta. Para finalizar la ejecución de la estructura case, se emplea la instrucción break.

La instrucción break (romper – ruptura), es empleada para salir de estructuras repetitivas (while, for, do...while), del mismo modo que es empleada para salir de la instrucción switch. Cuando empleamos la instrucción break, el control del programa, continúa con la instrucción siguiente a switch. De otra forma, se produce el efecto cascada (se ejecutan todas las etiquetas).

default

La instrucción default, se emplea dentro de la estructura switch, para el caso en que no hubiera coincidencia, entre las opciones de menú y el carácter ingresado. Dentro de la instrucción default, se desarrollan las acciones que sean necesarias, como por ejemplo, mostrar una línea de mensaje de error.

FORMATO DE LA INSTRUCCIÓN switch

```
switch (expresión){

case opción1:
            instrucciónes1;
            break;
case opción2:
            instrucciónes2;
            break;

case opciónN:
            instrucciónesN;
            break;
default:
            instrucciones;
            break;
```

EJEMPLO 6.12

Codificar en lenguaje C, el algoritmo desarrollado en la unidad V, EJEMPLO 5.17 – ESTRUCTURA SELECTIVA MULTIPLE.

Desarrollar diagrama Nassi-Shneiderman, y prueba de escritorio empleando la estructura de selección múltiple, a fin de representar el algoritmo necesario para implementar un menú con las opciones del 1 al 4, correspondientes a las tablas de verdad de las compuertas lógicas básicas. Se toma en cuenta también, una opción por defecto, para el caso de que el número (opción) seleccionado, sea distinto a las opciones de menú, mostrando la leyenda OPCIÓN NO VÁLIDA.

Formato de menú:

INGRESE:

1 - AND.
2 - OR.
3 - NAND.
4 - NOR.

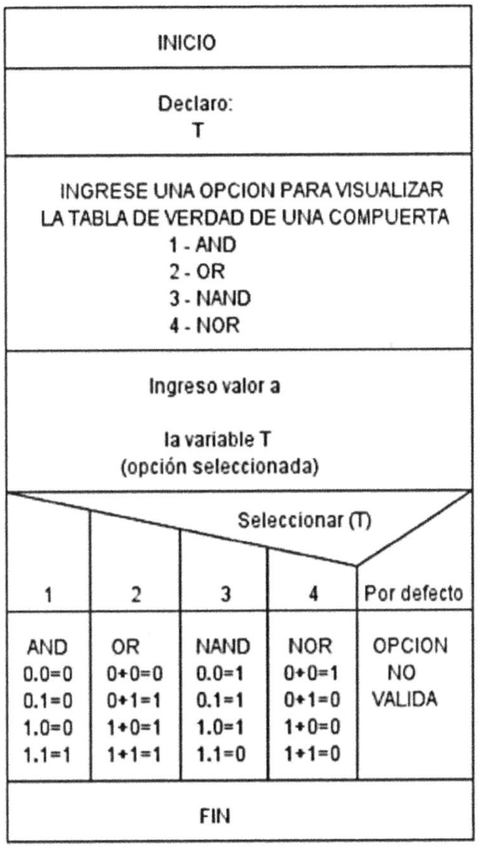

INICIO

Declaro:
T

INGRESE UNA OPCION PARA VISUALIZAR
LA TABLA DE VERDAD DE UNA COMPUERTA
1 - AND
2 - OR
3 - NAND
4 - NOR

Ingreso valor a

la variable T
(opción seleccionada)

Seleccionar (T)

1	2	3	4	Por defecto
AND 0.0=0 0.1=0 1.0=0 1.1=1	OR 0+0=0 0+1=1 1+0=1 1+1=1	NAND 0.0=1 0.1=1 1.0=1 1.1=0	NOR 0+0=1 0+1=0 1+0=0 1+1=0	OPCION NO VALIDA

FIN

Resolución:

```
#include <stdio.h>

int main()
{

   int T;

   printf( " INGRESE UNA OPCIÓN PARA VISUALIZAR\n"
        "LA TABLA DE VERDAD DE UNA COMPUERTA\n");

   printf("\t 1 - AND\n");
   printf("\t 2 - OR\n");
   printf("\t 3 - NAND\n");
   printf("\t 4 - NOR\n");

   T = getchar();

      /* Determina la opción seleccionada */
      switch (T) {
```

```
case '1':        /* la opción es 1 */
   printf("  AND\n 0 . 0 = 0\n 0 . 1 = 0\n 1 . 0 = 0\n 1 . 1 = 1\n");
   break;        /* necesario para salir de switch */

case '2':        /* la opción es 2 */
   printf("  OR\n 0 + 0 = 0\n 0 + 1 = 1\n 1 + 0 = 1\n 1 + 1 = 1\n");
   break;        /* necesario para salir de switch */

case '3':        /* La opción es 3 */
   printf("  NAND\n 0 . 0 = 1\n 0 . 1 = 1\n 1 . 0 = 1\n 1 . 1 = 0\n");
   break;        /* necesario para salir de switch */


case '4':        /* La opción es 4 */
   printf("  NOR\n 0 + 0 = 1\n 0 + 1 = 0\n 1 + 0 = 0\n 1 + 1 = 0\n");
   break;        /* necesario para salir de switch */

default:         /*Se aplica al resto de los caracteres */
   printf( "OPCIÓN NO VÁLIDA" );
   break;

}                /* fin de switch */

scanf(" ");
return 0;
```

Explicación de la sintaxis del ejemplo 6.12:

Las tres primeras líneas, representan inclusión de biblioteca e inicio de la función main.

```
#include<stdio.h>

int main()
```

En la línea:

```
int T;
```

se declara la variable entera T.

En las líneas:

```
printf( " INGRESE UNA OPCIÓN PARA VISUALIZAR\n"
  "LA TABLA DE VERDAD DE UNA COMPUERTA\n" );

printf("\t 1 - AND\n");
printf("\t 2 - OR\n");
printf("\t 3 - NAND\n");
printf("\t 4 - NOR\n");
```

Se muestra la presente leyenda, a fin de poder interactuar con el usuario, al cual se le brinda un menú, con las opciones de compuerta lógica a simular. Recuerde que \n, provee un salto de línea, y \t, introduce una tabulación.

En la línea:

T = getchar();

Tal cual lo describimos antes, la función getchar(), permite ingresar un carácter por teclado, el cual es almacenado en la variable entera T. El carácter ingresado, corresponde a la opción de simulación de compuerta, elegida por el usuario.

En la línea:

switch (T) {

Como también hemos definido antes, la instrucción switch, corresponde a la instrucción de selección múltiple, disponible en lenguaje C. La instrucción switch, está seguida del carácter T, el cual dijimos representa a la variable entera T, en la que hemos almacenado el número correspondiente a la compuerta que queremos simular, proveniente del ingreso con la función getchar() de la línea anterior. Observe también que la instrucción switch, emplea la llave izquierda "{", para la apertura de las instrucciones contenidas dentro de sí.

En la línea:

case '1':   /* la opción es 1 */

Recuerde que hemos explicado que la instrucción switch, se emplea con una serie de etiquetas case, lo que en la aplicación significa, que una vez que ingresamos un valor correspondiente a la opción seleccionada del menú, se analiza a cual de los casos (opciones), corresponde la selección. En esta línea de programa, si el usuario ingresó la opción 1 (caso 1), se desarrollarán entonces, las acciones contenidas dentro de la etiqueta case.

Recuerde también que el texto contenido dentro de los caracteres /* y */ es una línea de comentarios, y que los comentarios, no son tenidos en cuenta por el compilador, en el momento de la compilación, debido a que es información útil para el programador, pero no hace al funcionamiento del programa.

En la línea:

printf("   AND\n 0 . 0 = 0\n 0 . 1 = 0\n 1 . 0 = 0\n 1 . 1 = 1\n");

Para el caso de que la opción de menú seleccionada, hubiera sido 1, es decir la simulación de la compuerta AND, se desarrollan las acciones contenidas dentro de la etiqueta case '1': donde se muestra en esta línea, el nombre de la compuerta lógica elegida, seguida de su tabla de verdad.

En la línea:

break;   /* necesario para salir de switch */

Una vez que se han desarrollado las acciones contenidas en la etiqueta case, la instrucción break, produce un corte en la secuencia del programa, y sale de la instrucción switch.

En la línea:

case '2':   /* la opción es 2 */

Se presenta la opción de selección, para el caso en que el usuario elija la opción 2 del menú.

En la línea:

printf(" OR\n 0 + 0 = 0\n 0 + 1 = 1\n 1 + 0 = 1\n 1 + 1 = 1\n");

Si el usuario elije la opción de selección de menú 2 (case 2), se muestra entonces la tabla de verdad de la compuerta OR.

En la línea:

break; /* necesario para salir de switch */

Una vez que se han desarrollado las acciones contenidas en la etiqueta case, la instrucción break, produce una ruptura en la secuencia del programa, y sale de la instrucción switch.

En la línea:

case '3': /* La opción es 3 */

se presenta la opción de selección, para el caso en que el usuario elija la opción 3 del menú.

En la línea:

printf(" NAND\n 0 . 0 = 1\n 0 . 1 = 1\n 1 . 0 = 1\n 1 . 1 = 0\n");

Si el usuario elije la opción de selección de menú 3 (case 3), se muestra entonces la tabla de verdad de la compuerta NAND.

En la línea:

break; /* necesario para salir de switch */

Una vez que se han desarrollado las acciones contenidas en la etiqueta case, la instrucción break, produce una ruptura en la secuencia del programa, y sale de la instrucción switch.

En la línea:

case '4': /* La opción es 4 */

se presenta la opción de selección, para el caso en que el usuario elija la opción 4 del menú.

En la línea:

printf(" NOR\n 0 + 0 = 1\n 0 + 1 = 0\n 1 + 0 = 0\n 1 + 1 = 0\n");

Si el usuario elije la opción de selección de menú 4 (case 4), se muestra entonces la tabla de verdad de la compuerta NOR.

En la línea:

break; /* necesario para salir de switch */

Una vez que se han desarrollado las acciones contenidas en la etiqueta case, la instrucción break, produce una ruptura en la secuencia del programa, y sale de la instrucción switch.

En la línea:

default: /*Se aplica al resto de los caracteres */

Como hemos explicado, la instrucción default (defecto, o por defecto), significa que si la opción ingresada no corresponde con ninguna de las opciones de menú definidas, necesariamente o por defecto, el valor o carácter ingresados, no es una opción válida.

Al igual que ocurre con las etiquetas case, dentro del cuerpo de la instrucción default, se deben incluir las acciones a realizar.

En la línea:

```
printf( "OPCIÓN NO VÁLIDA" );
```

Observe que la presente línea, se encuentra dentro del cuerpo de la instrucción default, lo que significa que el número o carácter ingresado, no corresponde a ninguna opción de case o caso. Por lo que la línea anterior, hace saber al usuario que ha ingresado una opción no válida.

En la línea:

```
break;
```

Al igual que en las opciones de case anteriores, la instrucción break rompe el ciclo de la instrucción switch (sale fuera de ésta).

En la línea:

```
}            /* fin de switch */
```

La llave derecha, cierra el cuerpo de la instrucción switch.

Las tres últimas líneas, corresponden al fin de programa.

```
    scanf(" ");
    return 0;
}
```

EJEMPLO 6.13

Codificar en lenguaje C, el algoritmo desarrollado en la unidad V, EJEMPLO 5.18 – ESTRUCTURA SELECTIVA MULTIPLE.

Desarrollar diagrama Nassi-Shneiderman, y prueba de escritorio empleando la estructura de selección múltiple, a fin de representar el algoritmo necesario, para implementar un menú con las opciones del 1 al 4, correspondientes a las opciones básicas de una calculadora entre dos operandos ingresados. Se toma en cuenta también una opción por defecto, para el caso de que el número (opción) seleccionado, sea distinto a las opciones de menú, mostrando la leyenda OPCIÓN NO VÁLIDA.

Formato de menú:

INGRESE:

1: +
2: -
3: **x**
4: /

Definimos las siguientes variables: I, OP1, OP2, Res.

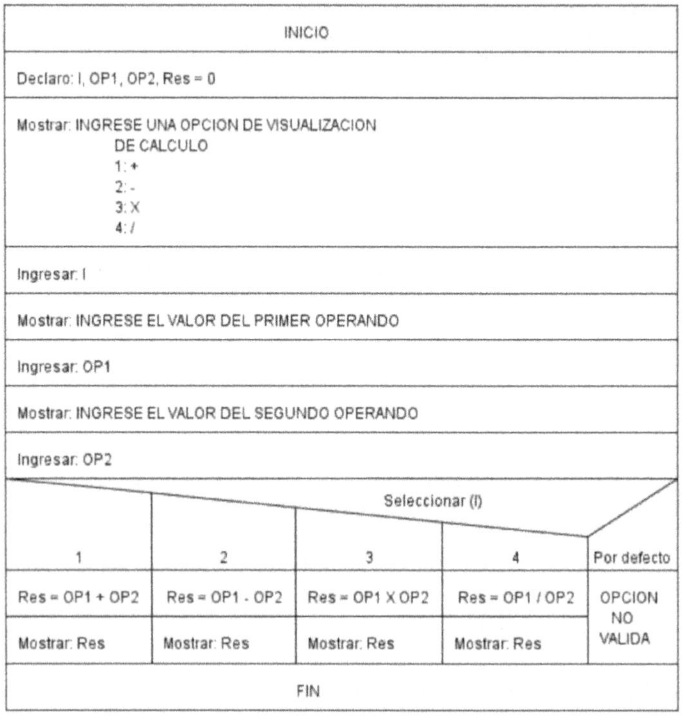

INICIO

Declaro: I, OP1, OP2, Res = 0

Mostrar: INGRESE UNA OPCION DE VISUALIZACION
DE CALCULO
1: +
2: -
3: X
4: /

Ingresar: I

Mostrar: INGRESE EL VALOR DEL PRIMER OPERANDO

Ingresar: OP1

Mostrar: INGRESE EL VALOR DEL SEGUNDO OPERANDO

Ingresar: OP2

Seleccionar (I)

1	2	3	4	Por defecto
Res = OP1 + OP2	Res = OP1 - OP2	Res = OP1 X OP2	Res = OP1 / OP2	OPCION NO VALIDA
Mostrar: Res	Mostrar: Res	Mostrar: Res	Mostrar: Res	

FIN

Resolución:

```
#include <stdio.h>

int main()

    int I, OP1, OP2, Res = 0;

    printf( "INGRESE UNA OPCIÓN DE VISUALIZACION\n DE CALCULO\n" );
    printf(" 1: +\n");
    printf(" 2: -\n");
    printf(" 3: x\n");
    printf(" 4: /\n");

    I = getchar();

    printf( "INGRESE EL VALOR DEL PRIMER OPERANDO\n" );
    scanf( "%d", &OP1);

    printf( "INGRESE EL VALOR DEL SEGUNDO OPERANDO\n" );
    scanf( "%d", &OP2);

        switch (I)    {
```

```
        case '1':            /* la opción es 1 */
           Res = OP1 + OP2;
           printf( "%d\n", Res);
           break;            /* necesario para salir de switch */

        case '2':            /* la opción es 2 */
           Res = OP1 - OP2;
           printf( "%d\n", Res);
           break;

        case '3':            /* La opción es 3 */
           Res = OP1 * OP2;
           printf( "%d\n", Res);
           break;

        case '4':            /* La opción es 4 */
           Res = OP1 / OP2;
           printf( "%d\n", Res);
           break;

       default:              /*Se aplica al resto de los caracteres */
        printf( "OPCIÓN NO VÁLIDA\n" );
        break;

       }                     /* fin de switch */

       scanf(" ");
       return 0;
}
```

Explicación de la sintaxis del ejemplo 6.13:

Las tres primeras líneas, representan inclusión de biblioteca e inicio de la función main.

```
#include<stdio.h>

int main()
{
```

En la línea:

```
int I, OP1, OP2, Res = 0;
```

Se declaran e inicializan las variables enteras I, la cual ha de ser empleada para almacenar la opción de menú elegida por el usuario. Las variables OP1 y OP2, las cuales corresponden a los valores de los operandos a ser empleados, y la variable Res, la cual corresponde al resultado de la operación aritmética elegida.

En las líneas:

```
printf( "INGRESE UNA OPCIÓN DE VISUALIZACION\n DE CALCULO\n" );
   printf(" 1: +\n");
   printf(" 2: -\n");
   printf(" 3: x\n");
   printf(" 4: /\n");
```

Se muestra como interfaz con el usuario estas líneas (menú), a fin de introducir posteriormente la operación elegida entre estas cuatro operaciones aritméticas básicas. La opción 1 corresponde a suma (+), la opción 2 corresponde a resta (-), la opción 3 corresponde a multiplicación (*) y la opción 4 corresponde a división (/).

En la línea:

```
I = getchar();
```

Tal cual se explicó líneas arriba, la función getchar(), se emplea para introducir un caracter entero por teclado. En este caso, se introduce el valor correspondiente a la opción aritmética elegida, el cual es almacenado en la variable entera I.

En la línea:

```
printf( "INGRESE EL VALOR DEL PRIMER OPERANDO\n" );
```

Se emplea la función printf(), para imprimir esta línea en la cual, se le solicita al usuario introduzca el valor correspondiente al primer operando.

En la línea:

```
scanf( "%d", &OP1);
```

Se emplea la función scanf(), a fin de ingresar a la variable OP1, el valor entero correspondiente al primer operando.

En la línea:

```
printf( "INGRESE EL VALOR DEL SEGUNDO OPERANDO\n" );
```

Se emplea nuevamente la función printf(), a fin de solicitar al usuario, introduzca esta vez el valor correspondiente al segundo operando.

En la línea:

```
scanf( "%d", &OP2);
```

Se emplea nuevamente la función scanf(), a fin de ingresar esta vez, a la variable OP2, el valor entero correspondiente al segundo operando.

En la línea:

```
switch (I)   {
```

Se emplea la instrucción de selección múltiple switch, a fin de seleccionar una opción o caso (case), en función del valor seleccionado del menú (operaciones aritméticas básicas), contenido en la variable entera I. Recuerde que la llave izquierda {, representa inicio del cuerpo de la instrucción switch.

En la línea:

```
case '1':            /* la opción es 1 */
```

Para el caso (case) de que la opción elegida por el usuario, sea la número 1, se desarrollan las operaciones contenidas dentro de la opción case 1.

En la línea:

```
Res = OP1 + OP2;
```

Recuerde de las opciones del menú, que la opción 1 corresponde a la operación aritmética de suma. Por tanto, en esta línea la variable entera Res (Resultado), almacena el resultado o total de la suma de las variables OP1 (Operando1) y OP2 (Operando2).

En la línea:

```
printf( "%d\n", Res);
```

Se emplea la función printf(), con el especificador de conversión %d, para mostrar el resultado de la operación, el cual dijimos ha sido almacenado en la variable entera Res.

En la línea:

```
break;
```

Recuerde que una vez que se cumplen las acciones contenidas en el cuerpo de la instrucción switch, se emplea la instrucción break, a fin de romper el ciclo de la instrucción switch (salir fuera de ésta).

Importante: en las líneas siguientes, para los tres ejemplos de case restantes, el principio de funcionamiento de las instrucciones, es similar al definido para el case1, con la salvedad, de que debemos de tener en cuenta que para cada uno de los case, corresponde una operación aritmética básica, definida en el menú de opciones.

En las líneas siguientes:

```
case '2':           /* la opción es 2 */
    Res = OP1 - OP2;
    printf( "%d\n", Res);
    break;
```

Para el caso (case) de que la opción elegida, sea la número 2 (resta), se asigna a la variable entera Res, el resultado de efectuar la resta de los valores enteros ingresados a las variables OP1, y OP2. Luego, y tal cual definimos para la opción de case'1', se muestra el resultado (Res) de dicha operación, y a través de la instrucción break, se sale de la instrucción switch.

En las líneas siguientes:

```
case '3':           /* La opción es 3 */
    Res = OP1 * OP2;
    printf( "%d\n", Res);
    break;
```

Para el caso (case) de que la opción elegida, sea la número 3 (multiplicación), se asigna a la variable entera Res, el resultado de efectuar la multiplicación de los valores enteros ingresados a las variables OP1, y OP2. Luego, y tal cual definimos para la opción de case'1', se muestra el resultado (Res) de dicha operación, y a través de la instrucción break, se sale de la instrucción switch.

En las líneas siguientes:

```
case '4':               /* La opción es 4 */
    Res = OP1 / OP2;
    printf( "%d\n", Res);
    break;
```

Para el caso (case) de que la opción elegida, sea la número 4 (división), se asigna a la variable entera Res, el resultado de efectuar la división de los valores enteros ingresados a las variables OP1, y OP2. Luego, y tal cual definimos para la opción de case'1', se muestra el resultado (Res) de dicha operación, y a través de la instrucción break, se sale de la instrucción switch.

En el bloque de instrucciones siguientes:

```
default:              /*Se aplica al resto de los caracteres */
    printf( "OPCIÓN NO VÁLIDA" );
    break;
```

La línea:

```
default:              /*Se aplica al resto de los caracteres */
```

Como hemos explicado, la instrucción default (defecto, o por defecto), significa que si la opción ingresada no corresponde con ninguna de las opciones de menú definidas, necesariamente o por defecto, el valor o carácter ingresados no es una opción válida.

La línea:

```
printf( "OPCIÓN NO VÁLIDA\n" );
```

Al igual que vimos en el ejemplo anterior, la presente línea se encuentra dentro del cuerpo de la instrucción default, a fin de indicarle al usuario, que ha ingresado una opción no valida, y se salta a la línea siguiente.

La línea:

```
break;
```

Al igual que en los casos anteriores, la instrucción break, se emplea para romper el ciclo de la instrucción switch (salir fuera de ésta).

En la línea:

```
}             /* fin de switch */
```

La llave derecha, cierra el cuerpo de la instrucción switch.

Las tres últimas líneas, corresponden al fin de programa.

```
scanf(" ");
return 0;
```

ESTRUCTURA REPETITIVA

El lenguaje C, posee las siguientes instrucciones para el trabajo con estructuras repetitivas.

INSTRUCCIÓN while

La instrucción while, se emplea para realizar iteraciones (repeticiones) en un ciclo, mientras (while) se cumple una condición o la condición es verdadera. Una vez que la condición deja de ser verdadera, se abandona el cuerpo de la instrucción, el cual está delimitado por las llaves "{" y "}", y se ejecuta la instrucción siguiente.

Como indicamos en el Capítulo V, INTRODUCCIÓN A LA PROGRAMACIÓN, la instrucción while se emplea, cuando no conocemos de antemano la cantidad de repeticiones que el ciclo ha de ser desarrollado, o cuando la condición de iteración ha de ser falsa, finalizando el ciclo.

INSTRUCCIÓN for

Tal cual definimos en el capítulo V, INTRODUCCIÓN A LA PROGRAMACIÓN, a diferencia de la instrucción while, la instrucción for se emplea para realizar un ciclo de repeticiones (iteraciones), una cantidad de veces conocida de antemano. Al igual que ocurre con la instrucción while, una vez que la condición deja de ser verdadera, se abandona el cuerpo de la instrucción, el cual también está delimitado por las llaves "{" y "}", y se ejecuta la instrucción siguiente.

INSTRUCCIÓN do...while

El lenguaje C, posee la instrucción do...while, la cual como también hemos explicado en el Capítulo V, Introducción a la programación, difiere de la instrucción while, en que en ésta, la/las acciones contenidas dentro del cuerpo de la instrucción, han de ser desarrolladas al menos una vez, si es que la condición de iteración comienza siendo falsa.

OPERADORES DE ASIGNACIÓN

A fin de abreviar las expresiones de asignación, el lenguaje C posee una serie de operadores de asignación. La siguiente tabla, muestra los operadores de asignación, empleados en las funciones aritméticas básicas.

Operador	Operación - Significado
=	Asignación simple.
+=	Suma más asignación.
-=	Resta más asignación.
*=	Multiplicación más asignación.
/=	División más asignación.

OPERADORES DE INCREMENTO Y DECREMENTO

Operador	Operación - Significado
++	Operador de incremento.
--	Operador de decremento.

Aplicaciones:

Se pueden emplear las siguientes opciones, para los operadores de incremento o decremento.

- Si los operadores de incremento o decremento, se emplean antes de las variables, se llaman y aplican como operadores de preincremento o predecremento.
  Para los casos de preincremento y predecremento, la variable es incrementada en 1, y luego es empleada en la expresión.
- Si los operadores de incremento o decremento se emplean luego de las variables, se llaman y aplican como operadores de posincremento y posdecremento.
  Para los casos de posincremento y posdecremento, el valor actual de la variable es empleado en la expresión, y luego, la variable es incrementada o decrementada en 1.

FORMATO DE LA INSTRUCCIÓN while

```
while (condición){
        instrucciones
```

EJEMPLO 6.14

Codificar en lenguaje C, el algoritmo desarrollado en la unidad V, EJEMPLO 5.19 – ESTRUCTURA REPETITIVA – WHILE.

Desarrollar diagrama Nassi-Shneiderman, y prueba de escritorio empleando la estructura de repetición mientras, a fin de representar el algoritmo que permita sumar los números enteros del 1 al 5 y mostrar el

Definimos las siguientes variables: suma, x.

INICIO
Declaro: x, suma
Inicializo: x = 1, suma = 0
mientras x <= 5
suma = suma + x
incrementar la variable x
Mostrar: salto de línea
Mostrar:"La suma es:", suma
FIN

Resolución:

```
#include <stdio.h>

int main()
{
  int x, suma;

  x = 1, suma = 0;

  while (x <= 5 ) {
     suma += x;
     ++x;
  }

  printf("\n");
  printf( "La suma es: %d\n", suma );

  scanf(" ");
  return 0;
}
```

Explicación de la sintaxis del ejemplo 6.14:

Las tres primeras líneas, representan inclusión de biblioteca e inicio de la función main.

```
#include<stdio.h>

int main()
{
```

En la línea:

```
int x, suma;
```

se declaran las variables enteras x y suma.

En la línea:

```
x = 1, suma = 0;
```

se inicializa la variable x a 1, y la variable suma a 0.

En la línea:

```
while (x <= 5 ) {
```

Se emplea la instrucción de repetición while. La lectura de la línea, es la siguiente: mientras que la variable (el valor de) x, sea menor o igual a cinco (hacer o ejecutar las acciones contenidas dentro del cuerpo de la instrucción while).

Recuerde también que si la condición a ser evaluada, ya sea inicialmente o durante el inicio de una nueva iteración, deja de ser verdadera, el control del programa, pasa a la instrucción siguiente al cuerpo de la instrucción while, la cual como veremos, se encuentra delimitada por la llave derecha "}".

En la línea:

```
suma += x;
```

Se cumple entonces la condición de que la variable x, sea menor o igual a 5, y se ejecuta esta primera instrucción contenida dentro del cuerpo de la instrucción while, donde el operador de asignación +=, es empleado a fin de asignarle (adherir) a la variable suma, el valor contenido en la variable x.

En la línea siguiente:

```
++x;
```

Se emplea el operador de preincremento, a fin de incrementar en 1, a la variable x. Observe que se emplea el operador de preincremento, debido a que el valor de la variable x, ha de ser empleado para evaluar el ciclo siguiente de repetición de la instrucción while.

En la línea:

La llave derecha "}", indica cierre del cuerpo de la instrucción while. Recuerde que una vez que la condición a evaluar, deja de ser verdadera, se evalúa la instrucción siguiente a esta llave, es decir, la primer instrucción presente fuera del cuerpo de la estructura de repetición.

La línea:

```
printf("\n");
```

Esta primer instrucción fuera del ciclo while, se emplea simplemente para producir un salto de línea, a fin de separar el valor a ser mostrado (suma), de la primer línea de pantalla.

En la línea:

```
printf( "La suma es: %d\n", suma );
```

Se emplea la función printf, a fin de mostrar el valor entero, contenido en la variable suma. Recuerde entonces que la variable suma, contiene el resultado de la adición de los números enteros del 1 al 5.

Las tres últimas líneas, corresponden al fin de programa.

```
scanf(" ");
return 0;
```

Observación:

Tenga presente, de acuerdo a las diferencias que hemos remarcado respecto a las instrucciones while y for, que en este ejemplo podríamos haber empleado la instrucción de repetición for, en lugar de la instrucción while, dado que en la consigna del ejercicio, conocemos de antemano (tenemos como datos), los rangos de valores con los que hemos de operar. Este mismo ejemplo, recuerde se lleva a cabo en el EJEMPLO 6.16 (5.21 del Capítulo V), empleando la instrucción for.

CARÁCTER DE EOF

El carácter de EOF, para el caso del lenguaje C, es una constante entera simbólica, la cual se encuentra definida en el encabezado <stdio.h>. Tal cual definimos en el capítulo V, si Ud. emplea el DEV C++, el carácter de **EOF**, ES **-1**.

EJEMPLO 6.15

Codificar en lenguaje C, el algoritmo desarrollado en la unidad V, EJEMPLO 5.20 – ESTRUCTURA REPETITIVA – WHILE.

Desarrollar diagrama Nassi-Shneiderman, y prueba de escritorio empleando la estructura de repetición mientras, a fin de representar el algoritmo que permita declarar una variable entera de nombre total e inicializarla a 0, declarar una variable entera de nombre I, y sumar en la variable total, los valores ingresados en la variable I, hasta que el valor ingresado sea igual al carácter de fin de archivo EOF (-1), luego se deberá mostrar el total acumulado.

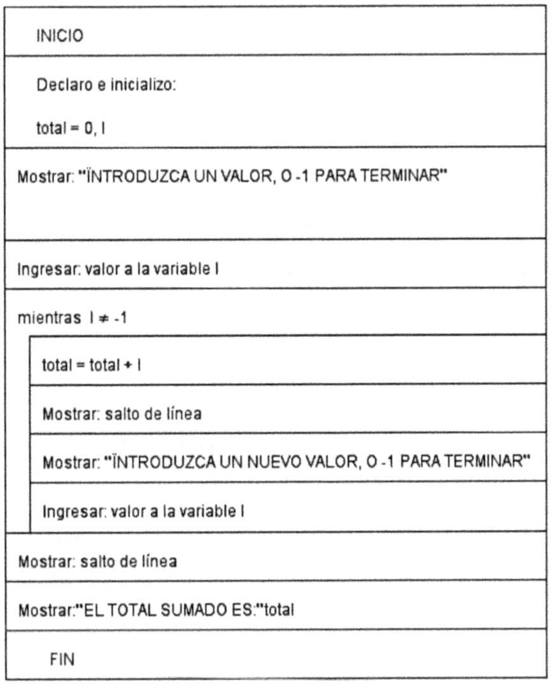

INICIO
Declaro e inicializo: total = 0, I
Mostrar: "ÍNTRODUZCA UN VALOR, O -1 PARA TERMINAR"
Ingresar: valor a la variable I
mientras I ≠ -1
total = total + I
Mostrar: salto de línea
Mostrar: "ÍNTRODUZCA UN NUEVO VALOR, O -1 PARA TERMINAR"
Ingresar: valor a la variable I
Mostrar: salto de línea
Mostrar:"EL TOTAL SUMADO ES:"total
FIN

Resolución:

```
#include<stdio.h>

int main()
{
  int total = 0, I;

  printf( "INTRODUZCA UN VALOR, O -1 PARA TERMINAR: ");
  scanf("%d", &I);
```

```
while (I != EOF ) {
    total + = 1;
    printf("\n");
    printf( "INTRODUZCA UN NUEVO VALOR, O -1 PARA TERMINAR: ");
    scanf("%d", &I);


printf("\n");
printf( "EL TOTAL SUMADO ES: %d\n", total);

scanf(" ");
return 0;
```

Explicación de la sintaxis del ejemplo 6.15:

Las tres primeras líneas, representan inclusión de biblioteca e inicio de la función main.

#include<stdio.h>

int main()

En la línea:

int total = 0, I;

Se declaran las variables enteras total, la cual se inicializa a 0, y la variable entera I.

En la línea:

printf("INTRODUZCA UN VALOR, O -1 PARA TERMINAR: ");

En esta línea, se emplea la función printf(), para mostrar una leyenda en la cual se solicita ingresar un valor, el cual será sumado en la variable total, o ingresar el carácter de fin de archivo para finalizar el proceso. Recuerde que en la Unidad N° V, Introducción a la programación, se ha introducido el concepto de carácter de fin de archivo. Observe que en este caso, no se ha empleado la secuencia de escape \n, por lo que el dato a ingresar en la línea siguiente, será introducido junto a la presente leyenda al lado de los dos puntos.

En la línea:

scanf("%d", &I);

Se emplea la función scanf(), a fin de ingresar la opción elegida. Los valores enteros ingresados, son almacenados en la variable entera I.

En la línea:

while (I != EOF) {

Se emplea la instrucción de repetición while. Al igual que en el ejercicio anterior, la lectura de la línea es la siguiente, "mientras que el valor ingresado a la variable I, sea distinto al carácter de fin de archivo EOF (-1), hacer o ejecutar las acciones especificadas, dentro del cuerpo de la instrucción while".

Recuerde nuevamente que si la condición a ser evaluada, ya sea inicialmente o durante el inicio de una nueva iteración, deja de ser verdadera, el control del programa pasa a la instrucción siguiente al cuerpo de la instrucción while, la cual como veremos, se encuentra delimitada por la llave derecha "}".
En la línea:

```
total += I;
```

Se cumple entonces la condición de que el valor ingresado a la variable I, es distinto al carácter de fin de archivo EOF (-1), y se ejecuta está primera instrucción, contenida dentro del cuerpo de la instrucción while, donde el operador de asignación +=, es empleado a fin de sumar a la variable total, el valor ingresado a la variable I.

En la línea siguiente:

```
printf("\n");
```

La función printf(), es empleada junto con la secuencia de escape \n, a fin de generar un salto de línea, que permita separar la leyenda anterior, y el ingreso de datos, con la instrucción siguiente.

En la línea:

```
printf( "INTRODUZCA UN VALOR, O -1 PARA TERMINAR: ");
```

Se emplea nuevamente la función printf(), a fin de solicitar al usuario el ingreso de un nuevo valor.

En la línea:

```
scanf("%d", &I);
```

Se emplea nuevamente la función scanf(), a fin de ingresar la opción elegida. Recuerde que el valor ingresado, será nuevamente comparado con la condición de repetición de ciclo while.

En la línea:

```
}
```

La llave derecha "}", indica cierre del cuerpo de la instrucción while. Recuerde que una vez que la condición a evaluar, deja de ser verdadera, se evalúa la instrucción siguiente a esta llave, es decir la primer instrucción presente, fuera del cuerpo de la estructura de repetición.

En la línea:

```
printf("\n");
```

Se emplea nuevamente la función printf(), con la secuencia de escape \n, a fin de generar un salto de línea, para separar la leyenda anterior, de la instrucción siguiente.

En la línea:

```
printf( "EL TOTAL SUMADO ES: %d\n", total);
```

Observe que al igual que la instrucción anterior, la línea se encuentra fuera del cuerpo de la instrucción while, es decir que una vez que la condición while, deja de ser verdadera (se introdujo el carácter de fin de archivo EOF -1), se muestra el total de valores ingresados a la variable I, y sumados (acumulados), en la variable total.

Las tres últimas líneas, corresponden al fin de programa.

```
scanf(" ");
return 0;
```

Observación:

Recuerde también ejercitar de acuerdo al EJEMPLO 5.23, ingresando como primer valor -1, a fin de comprobar la salida inicial del ciclo while, sin haber realizado operación alguna.

FORMATO DE LA INSTRUCCIÓN for

```
for (expresión1; expresión2; expresión3){
      instrucciones
```

expresión1 inicializa la variable de control del ciclo.

expresión2 indica la condición de continuidad del ciclo.

expresión3 detalla la condición de incremento o decremento de la variable de control.

EJEMPLO 6.16

Codificar en lenguaje C, el algoritmo desarrollado en la unidad V, EJEMPLO 5.21 – ESTRUCTURA REPETITIVA – PARA.

Desarrollar diagrama Nassi-Shneiderman, y prueba de escritorio empleando la estructura de repetición para, a fin de representar un algoritmo, el cual permita sumar los números enteros del 1 al 5 y mostrar el total.

Definimos las siguientes variables: x, suma.

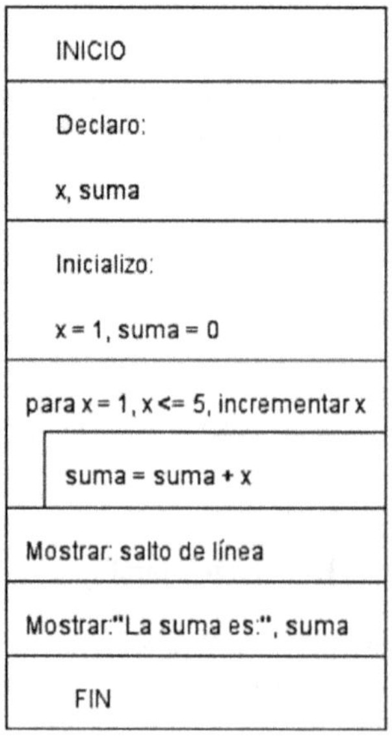

INICIO
Declaro: x, suma
Inicializo: x = 1, suma = 0
para x = 1, x <= 5, incrementar x   suma = suma + x
Mostrar: salto de línea
Mostrar:"La suma es:", suma
FIN

Resolución:

```
#include <stdio.h>

int main()
{
   int x, suma;

   x = 1, suma = 0;

   for ( x = 1; x <= 5; x ++) {
      suma = suma + x;
   }

   printf("\n");
   printf( "La suma es: %d\n", suma);

   scanf(" ");
   return 0;
}
```

Explicación de la sintaxis del ejemplo 6.16:

Las tres primeras líneas, representan inclusión de biblioteca e inicio de la función main.

```
#include<stdio.h>

int main()
{
```

En la línea:

```
int x, suma;
```

Se declaran las variables enteras x y suma. La variable x, será empleada como contador del ciclo for, y además, el valor que esta posea en cada iteración, será sumado (acumulado) en la variable suma.

En la línea:

```
x = 1, suma = 0;
```

se inicializa la variable x a 1, y la variable suma a 0.

En la línea:

```
for ( x = 1; x <= 5; x ++) {
```

Se emplea la instrucción de repetición for, la sintaxis de empleo de esta instrucción en lenguaje C, es la siguiente:

La variable x, obtiene su primer valor en 1 (x = 1), y su valor máximo en 5 (x <= 5), los cuales son empleados como argumento, a fin de sumar los números enteros del 1 al 5. El operador de posincremento x++, indica que primero se ha de operar con el valor que le corresponde a x en dicha iteración (suma = suma + x), y luego se incrementa 1 a x.

La llave izquierda "{", indica inicio del cuerpo de la instrucción for.

En la línea:

suma = suma + x;

Se adhiere a la variable suma, el valor que corresponde a x, en cada iteración. Recuerde que la consigna del ejemplo, es sumar los números enteros del 1 al 5.

En la línea:

La llave derecha, indica cierre del cuerpo de la instrucción for. Recuerde que una vez que la condición de que x sea <= 5, deje de ser verdadera, el control del programa sale fuera de la instrucción for.

En la línea:

printf("\n");

Esta primer instrucción, fuera del ciclo for, se emplea simplemente para producir un salto de línea, a fin de separar el valor a ser mostrado (suma), de la primer línea de pantalla.

En la línea:

printf("La suma es: %d\n", suma);

Se emplea la función printf, a fin de mostrar el valor entero contenido en la variable suma. Recuerde entonces que la variable suma, contiene el resultado de la adición de los números enteros del 1 al 5.

Las tres últimas líneas, corresponden al fin de programa.

```
scanf(" ");
return 0;
```

EJEMPLO 6.17

Codificar en lenguaje C, el algoritmo desarrollado en la unidad V, EJEMPLO 5.22 – ESTRUCTURA REPETITIVA – PARA.

Desarrollar diagrama Nassi-Shneiderman, y prueba de escritorio empleando la estructura de repetición para, a fin de representar un algoritmo, el cual permita inicializar una variable llamada control como contador, y mostrar por pantalla en formato de columna, y dejando un salto de línea entre cada valor, los números enteros del 1 al 5.

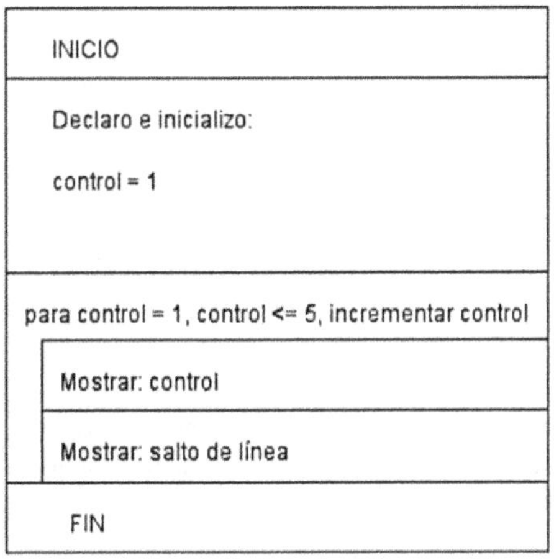

INICIO

Declaro e inicializo:

control = 1

para control = 1, control <= 5, incrementar control

Mostrar: control

Mostrar: salto de línea

FIN

Resolución:

```
#include <stdio.h>

int main()
{
   int control = 1;

   for ( control = 1; control <= 5; control ++) {
      printf( "%d\n", control);
      printf("\n");
   }

   scanf(" ");
   return 0;
}
```

Explicación de la sintaxis del ejemplo 6.17:

Las tres primeras líneas, representan inclusión de biblioteca e inicio de la función main.

#include<stdio.h>

int main()
{

En la línea:

int control = 1;

se declara la variable entera control, la cual ha de ser empleada para mostrar por pantalla, los números enteros del 1 al 5.

En la línea:

for (control = 1; control <= 5; control ++) {

Se emplea la instrucción de repetición for, donde se define empleando la variable control, los valores mínimos y máximos, dentro de los cuales ha de operar la iteración (control = 1; control <= 5;), el operador de posincremento control++, es empleado para incrementar la variable control, luego de ser mostrado el valor actual de la misma. Es decir que para la primera iteración, el valor de la variable control, es igual a 1.

La llave izquierda "{", indica inicio del cuerpo de la instrucción for.

En la línea:

```
printf( "%d\n", control);
```

Se emplea la función printf(), junto al especificador de tipo de dato %d, y la secuencia de escape \n, a fin de mostrar el valor entero que posee la variable control, en cada iteración. Recuerde que nuevamente la consigna es mostrar los números enteros del 1 al 5.

En la línea:

```
printf("\n");
```

Se emplea la función printf(), junto a la secuencia de escape \n, a fin de generar un salto de línea, entre cada uno de los valores enteros que han de ser mostrados, durante las 5 iteraciones que han de producirse.

En la línea:

La llave derecha, indica cierre del cuerpo de la instrucción for. Recuerde que una vez que la condición de que x sea <= 5, deje de ser verdadera, el control del programa, sale fuera de la instrucción for, lo que en este ejemplo coincide con el fin del programa.

Las tres últimas líneas, corresponden al fin de programa.

```
scanf(" ");
return 0;
```

En el ejemplo siguiente, además de emplear la estructura de repetición do...while, hemos de emplear también el tipo de dato float, dado que en las operaciones que hemos de realizar, debemos trabajar con valores decimales.

TIPO DE DATO float

Recuerde que el tipo de dato float, representa valores que poseen parte fraccionaria. En lenguaje C, se los denomina números de punto flotante.

FORMATO DE LA INSTRUCCIÓN do...while

```
    instrucciones

while (condición);
```

EJEMPLO 6.18

Codificar en lenguaje C, el algoritmo desarrollado en la unidad V, EJEMPLO 5.24 – ESTRUCTURA REPETITIVA – HACER MIENTRAS.

Desarrollar diagrama Nassi-Shneiderman, y prueba de escritorio empleando la estructura de repetición hacer mientras, a fin de representar el algoritmo que permita ingresar un valor con la leyenda, INGRESE VALOR DE PRODUCTO O -1 PARA TERMINAR, el cual corresponde al precio sin IVA de una computadora. Se debe luego multiplicar el valor ingresado por una constante equivalente al 21% del valor de IVA, mostrar la leyenda: IMPORTE DE IVA $", importe, y finalmente hacer un salto de línea.

Definimos las siguientes variables: valor, IVA, importe.

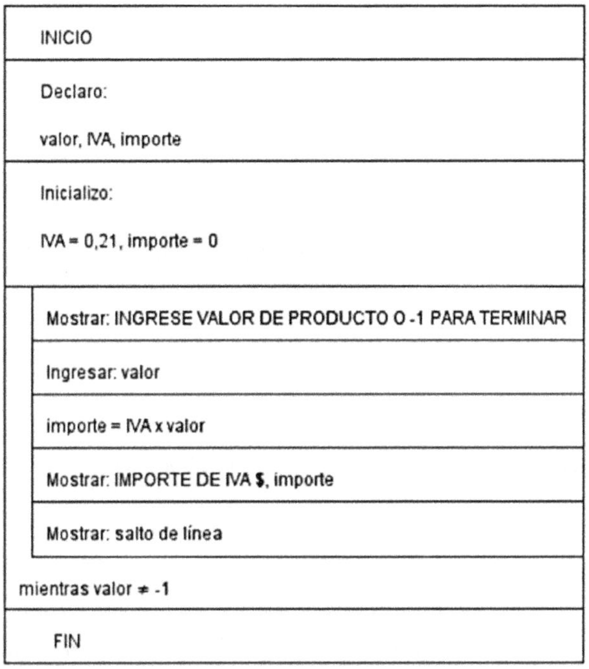

INICIO
Declaro: valor, IVA, importe
Inicializo: IVA = 0,21, importe = 0
Mostrar: INGRESE VALOR DE PRODUCTO O -1 PARA TERMINAR
Ingresar: valor
importe = IVA x valor
Mostrar: IMPORTE DE IVA $, importe
Mostrar: salto de línea
mientras valor ≠ -1
FIN

Resolución:

```
#include<stdio.h>

main()
{
    float valor, IVA, importe;

    IVA = 0.21, importe = 0;

    do{
            printf("INGRESE VALOR DE PRODUCTO O -1 PARA TERMINAR\n");
            scanf("%f", &valor);
            importe = IVA * valor;
            printf("\nIMPORTE DE IVA $ %.2f\n", importe);
```

```
        printf("\n");

    while (valor != -1);

    scanf(" ");
    return 0;
```

Explicación de la sintaxis del ejemplo 6.18:

Las tres primeras líneas, representan inclusión de biblioteca e inicio de la función main.

#include<stdio.h>

int main()

En la línea:

float valor, IVA, importe;

Se declaran las variables reales, valor, IVA e importe. Recuerde que las variables reales, permiten trabajar con números enteros, y números con parte fraccionaria.

En la línea:

IVA = 0.21, importe = 0;

Se declara la constante IVA con el valor correspondiente al 21%, y se inicializa a 0, la variable importe.

En la línea:

do{

Recuerde la descripción del formato de la instrucción do...while, en el cual do (hacer), llave izquierda {, representan que el flujo del programa, independientemente del valor que tome la selección introducida por el usuario, ha de desarrollar las instrucciones contenidas dentro del cuerpo de la estructura do, dado que la evaluación de la condición, se realiza al final del ciclo.

En la línea:

printf("INGRESE VALOR DE PRODUCTO O -1 PARA TERMINAR\n");

Observe que la línea en la cual se le solicita al usuario, ingrese valor o carácter de EOF, se encuentra contenida dentro de la estructura do.

En la línea:

scanf("%f", &valor);

Se emplea la función scanf(), junto al especificador de conversión de datos %f, lo cual indica que el tipo de dato a ingresar, es tal cual ha sido definido en la variable valor, un número de tipo float.

En la línea:

importe = IVA * valor;

Se asigna a la variable de tipo float, importe, el valor correspondiente, al porcentaje de IVA establecido en la constante IVA, multiplicado por el valor ingresado a la variable valor. Recuerde que las tres variables, han sido definidas como float.

En la línea:

printf("\nIMPORTE DE IVA $ %.2f\n", importe);

Se emplea la función printf(), a fin de mostrar el importe correspondiente al 21% de IVA del valor ingresado, almacenado en la variable importe. El especificador de conversión .2f, determina la resolución (cantidad de decimales a emplear después de la coma). En la línea se emplean dos secuencias de escape \n, a fin de generar un salto de línea, antes y después de mostrar el valor contenido en la variable importe.

En la línea:

printf("\n");

Se emplea la función printf(), junto a la secuencia de escape \n, a fin de generar un salto de línea. Tenga presente que si el valor que ha sido ingresado, es distinto a -1 (carácter de EOF), se solicitará un nuevo ingreso de datos.

En la línea:

}

La llave derecha "}", se emplea para indicar cierre del cuerpo de la instrucción do.

En la línea:

while (valor != -1);

Recuerde nuevamente que en la instrucción do...while, la condición de finalización de ciclo, es evaluada luego de cumplir la/las instrucciones contenidas dentro del cuerpo de instrucción do. Es decir, que la condición de finalización de ciclo, es evaluada en la instrucción while. La lectura de la línea de instrucción es la siguiente, "mientras el número contenido en la variable valor, sea diferente a -1 (carácter de EOF)". Donde, para el caso de que sea verdadero que el número contenido en la variable valor, sea diferente a -1, se ejecuta nuevamente el ciclo especificado en el cuerpo de la instrucción do.

Para el caso de que sea falsa, la condición de que el número contenido en la variable valor, sea diferente a -1 (carácter EOF), el control de programa, sigue fuera de la instrucción while, es decir que para el ejemplo, finaliza la ejecución del programa.

Las tres últimas líneas entonces, corresponden al fin de programa.

```
    scanf(" ");
    return 0;
}
```

EJEMPLO 6.19

Codificar en lenguaje C, el algoritmo desarrollado en la unidad V, EJEMPLO 5.25 – ESTRUCTURA REPETITIVA – HACER MIENTRAS.

Desarrollar diagrama Nassi-Shneiderman, y prueba de escritorio empleando la estructura de repetición hacer mientras, a fin de representar el algoritmo que permita realizar el ejemplo anterior (EJEMPLO 5.24), pero mostrando el valor final del valor ingresado con IVA incluido. Se debe agregar también, fuera de la estructura hacer mientras, la leyenda: "FIN DE APLICACIÓN".

Definimos las siguientes variables: valor, IVA, final.

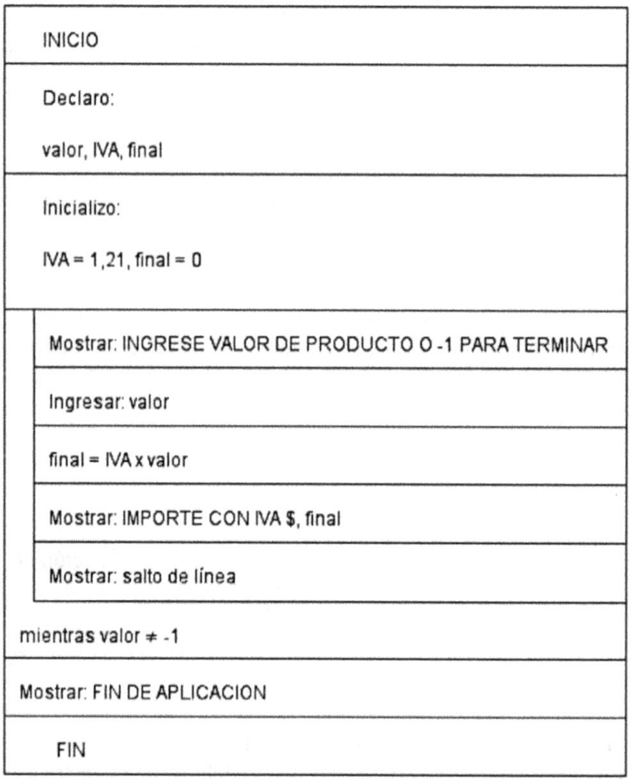

INICIO
Declaro: valor, IVA, final
Inicializo: IVA = 1,21, final = 0
Mostrar: INGRESE VALOR DE PRODUCTO O -1 PARA TERMINAR
Ingresar: valor
final = IVA x valor
Mostrar: IMPORTE CON IVA $, final
Mostrar: salto de línea
mientras valor ≠ -1
Mostrar: FIN DE APLICACION
FIN

Resolución:

```
#include<stdio.h>


    float valor, IVA, final;

    IVA = 1.21, final = 0;


      printf("INGRESE VALOR DE PRODUCTO O -1 PARA TERMINAR\n");
      scanf("%f", &valor);
```

```
        final = IVA * valor;
        printf("\nIMPORTE CON IVA $ %.2f\n", final);
        printf("\n");
    }
    while (valor != -1);
    printf("FIN DE APLICACION\n");

    scanf(" ");
    return 0;
}
```

Explicación de la sintaxis del ejemplo 6.18:

Las tres primeras líneas, representan inclusión de biblioteca e inicio de la función main.

```
#include<stdio.h>

int main()
{
```

En la línea:

```
float valor, IVA, final;
```

Se declaran las variables reales, valor, IVA y final. Recuerde que las variables reales, permiten trabajar con números enteros, y números con parte fraccionaria.

En la línea:

```
IVA = 1.21, final = 0;
```

Se inicializa la constante IVA con el valor correspondiente al 21%, empleando esta vez, el elemento neutro de la multiplicación (1), a fin de adherir al valor ingresado el 21% de IVA. Se inicializa a 0, la variable final.

En la línea:

```
do{
```

Recuerde nuevamente la descripción del formato de la instrucción do...while, en el cual do (hacer), llave izquierda {, representa que el flujo del programa, independientemente del valor que tome la selección introducida por el usuario, ha de desarrollar las instrucciones contenidas dentro del cuerpo de la estructura do.

En la línea:

```
printf("INGRESE VALOR DE PRODUCTO O -1 PARA TERMINAR\n");
```

Observe que la línea en la cual se le solicita al usuario, ingrese valor o carácter de EOF, se encuentra contenida dentro de la estructura do.

En la línea:

```
scanf("%f", &valor);
```

Se emplea la función scanf(), junto al especificador de conversión de datos %f, lo cual indica que el tipo de dato a ingresar, es tal cual ha sido definido en la variable valor, un número de tipo float.

En la línea:

final = IVA * valor;

Se asigna a la variable de tipo float, final, el valor correspondiente a la constante asignada a la variable IVA, multiplicado por el valor ingresado a la variable valor. Recuerde que las tres variables, han sido definidas como float.

En la línea:

printf("\nIMPORTE CON IVA $ %.2f\n", final);

Se emplea la función printf(), a fin de mostrar el importe correspondiente al valor ingresado, más el 21% de IVA, almacenado en la variable final. El especificador de conversión .2f, determina nuevamente la resolución (cantidad de decimales a emplear después de la coma). En la línea se emplean dos secuencias de escape \n, a fin de generar un salto de línea, antes y después de mostrar el valor contenido en la variable

En la línea:

printf("\n");

Se emplea la función printf(), junto a la secuencia de escape \n, a fin de generar un salto de línea. Tenga presente entonces, que si el valor que ha sido ingresado, es distinto a -1 (carácter de EOF), se solicitará un nuevo ingreso de datos.

En la línea:

La llave derecha "}", se emplea para indicar cierre del cuerpo de la instrucción do.

En la línea:

while (valor != -1);

Recuerde nuevamente que en la instrucción do...while, la condición de finalización de ciclo, es evaluada luego de cumplir la/las instrucciones contenidas dentro del cuerpo de instrucción do. Es decir, que la condición de finalización de ciclo, es evaluada en la instrucción while. La lectura de la línea de instrucción, vuelve a ser la siguiente: “mientras el número contenido en la variable valor, sea diferente a -1 (carácter de EOF)". Donde, para el caso de que sea verdadero que el número contenido en la variable valor, sea diferente a -1, se ejecuta nuevamente el ciclo especificado en el cuerpo de la instrucción do.

Para el caso de que sea falsa, la condición de que el número contenido en la variable valor, sea diferente a -1 (carácter EOF), el control de programa, sigue fuera de la instrucción while, es decir que para el ejemplo, finaliza la ejecución del programa.

En la línea:

printf("FIN DE APLICACION\n");

Una vez que la condición del ciclo while, pasa a ser negativa, se sale del ciclo de repetición. Y de acuerdo a la consigna del ejemplo, se muestra la leyenda fin de aplicación.

Las tres últimas líneas entonces, corresponden al fin de programa.

```
    scanf(" ");
    return 0;
}
```

Resumen:

C sólo posee siete instrucciones de control: Secuencia, tres tipos de selección y tres tipos de repetición.

Los tres tipos de estructuras de selección, son: estructura selectiva simple **if**, estructura selectiva compuesta **if..else**, estructura de selección múltiple **switch**.

Los tres tipos de estructuras de repetición en forma de instrucciones, son: **while**, **do...while**, y **for**.

CAPÍTULO VII

MICROCONTROLADORES EN LENGUAJE ASSEMBLER

PRÓLOGO DEL CAPÍTULO

En el presente capítulo hemos de emplear para aprender y trabajar, el Microcontrolador 16F84A de Microchip. También vamos a emplear para el desarrollo de programas, compilación y conexión del programador de Microcontroladores, el IDE MPLAB DE Microchip.

Es importante en este punto, tener en cuenta las siguientes consideraciones, las cuales son muy importantes para Ud.:

- El Microcontrolador 16F84A, es aun fabricado por Microchip, sin embargo, debe estar al tanto una vez que haya elegido familiarizarse con éste, respecto a cuáles son los Microcontroladores que al momento de su adquisición y/o empleo, se adapten mejor a sus necesidades técnicas y económicas.
- En el presente capítulo, y dada la popularidad del mismo, hemos de emplear tal cual indicamos al inicio, el IDE MPLAB de Microchip. Este, puede ser descargado de forma gratuita de la página de Microchip, donde se encuentra disponible la última versión. Sin embargo, tenga presente que en la actualidad, Microchip ha desarrollado el IDE MPLAB X, el cual hemos de presentar y con el cual hemos de trabajar en el Capítulo VIII – MICROCONTROLADORES en Lenguaje C.
- En la actualidad, resultan obsoletos los programadores de Microcontroladores, los cuales conectan por los Puertos Serie o Paralelo, dado que por ejemplo estos puertos, ya no son incluidos en Notebooks y Netbooks.
- El programador ICD 2 por ejemplo, ya no es recomendado por Microchip para nuevas aplicaciones, y además, no es compatible con Windows 7 o Windows 8.

MICROCONTROLADORES - LENGUAJE ASSEMBLER

microcontrolador es un circuito integrado digital programable.

Un microcontrolador desarrolla una aplicación específica, la cual se encuentra definida en el programa contenido en su memoria de programa.

Se los denomina microcontroladores debido a que a diferencia de los microprocesadores, los cuales procesan información interactuando con el sistema operativo, los microcontroladores realizan en su trabajo actividades de control, ya sea de dispositivos, como así también de aplicaciones de electrónica de potencia, o microelectrónica.

De forma directa o indirecta, los microcontroladores se encuentran presentes en todas las áreas, ya sea de la industria, como así también en la electrónica hogareña o de consumo. El término indirecta, se refiere a que por ejemplo en la industria, son muy empleados los PLC (Programmable Logic Controller – Controladores Lógicos Programables), los cuales emplean como unidad de proceso central un microcontrolador.

Debemos tener presente que un microcontrolador posee integrados los elementos presentes en la placa madre (motherboard) de una computadora, tales como CPU, memoria, buses, puertos de entrada y salida, entre otros.

Abreviaturas: podemos abreviar microprocesador como μP, y microcontrolador como μC.

MICROCONTROLADOR Y MICROPROCESADOR - DIFERENCIAS

Memoria: El microcontrolador sale de fábrica, con la memoria de programa en blanco.

El microprocesador interactúa para su trabajo con el Sistema Operativo, ejecutando este y todos los programas.

El microcontrolador depende para su trabajo del programa contenido en su memoria de programa ROM (Read Only Memory – Memoria de solo lectura) Flash.

Un microprocesador constituye la Unidad Central de Procesamiento (CPU) de una computadora.

Partes de un microprocesador:

Encapsulado.
Memoria caché L1 y L2 (L = level = nivel).
Coprocesador matemático.
CPU1, CPU2, CPU3.
Puertos.

El microcontrolador, tiene integrados todos los elementos de una computadora, tales como:

Procesador.
Memoria.
ALU.
Bus de datos.
Bus de instrucciones.
Bus de control.
Puertos de entrada y salida.
Circuito de Clk (clock – reloj).

Un sistema basado en un microprocesador es un sistema abierto, lo que significa que su configuración puede ser adaptada, según los requerimientos de aplicación o trabajo.

Un microcontrolador es un sistema cerrado, lo que significa que en su encapsulado y tal cual lo dijimos, contiene los elementos de una computadora, los cuales internamente no se pueden modificar.

Recuerde entonces del prólogo del capítulo, que hemos de emplear como microcontrolador para la etapa de aprendizaje, el microcontrolador 16F84A de Microchip, debido a que el mismo resulta simple para el aprendizaje, del mismo modo que es considerado un clásico, tal el caso del 8051 de Intel y Atmel.

16F84A - MICROCONTROLADOR A EMPLEAR

Es común en el mundo de la Electrónica, cuando se menciona al microcontrolador 16F84A, como a otros microcontroladores de la empresa Microchip, escuchar que se los denomina PIC. **PIC** significa (Peripheral Interface Controller – Controlador de Interfaz periférico).

Las características más importantes del microcontrolador 16F84A, son:

ARQUITECTURA Y SET DE INSTRUCCIONES

- CPU RISC.
- Set de instrucciones de 35 instrucciones.
- Excepto las instrucciones de salto (branches), todas las instrucciones son de un solo ciclo.

PERIFÉRICOS

- 13 pines, configurables individualmente como entrada o salida.
- 25 mA de drenaje máximo por pin.
- 25 mA de fuente máxima por pin.

MEMORIA

- 1024 palabras de memoria de programa.
- 68 bytes de RAM de datos.
- 64 bytes de EEPROM de datos.
- 14 bits de ancho, de las palabras de instrucción.
- 8 bits de ancho, del byte de datos.

REGISTROS ESPECIALES

- 15 registros hardware de funciones especiales.

TIMER/COUNTER (TEMPORIZADOR/CONTADOR)

- TMR0: temporizador/contador de 8 bit, con preescaler de 8 bit programable.

NIVELES DE STACK

- 8 niveles de profundidad de la pila de stack.

MODOS DE DIRECCIONAMIENTO

- 3 modos de direccionamiento:
  - Directo.
  - Indirecto.
  - Relativo.

FUENTES DE INTERRUPCIÓN

- 4 fuentes de interrupción.
  - Externa pin RB0/INT.
  - TMR0 desbordamiento de timer.
  - PORTB<7:4>interrupción de cambio.
  - EEPROM data, escritura completa.

ARQUITECTURA DE HARVARD & ARQUITECTURA DE VON NEUMANN.

Tradicionalmente los circuitos integrados digitales programables, se basaban en la arquitectura de Von Neumann, la cual se caracteriza por tener una sola memoria, tanto para el almacenamiento de datos, como así también para el almacenamiento de instrucciones del programa.

Este sistema tiene como beneficio que debido a la existencia de un bus único, se simplificaba la lógica del microcontrolador. Pero presenta el inconveniente de que el procesamiento es más lento, debido a que cuando por ejemplo, se debe acceder a una instrucción o dato de más de un byte de longitud, se debe realizar más de un acceso a memoria.

Los microcontroladores PIC, tal el caso del 16F84A, emplean arquitectura de Harvard, la cual posee como característica, el que dispone de dos memorias independientes, las cuales pueden ser conectadas a buses separados, tal cual se observa en la figura 7.1, ofrece el beneficio de que la longitud de la memoria de datos y la memoria de programa, pueden ser diferentes.

ARQUITECTURA INTERNA - DIAGRAMA EN BLOQUE

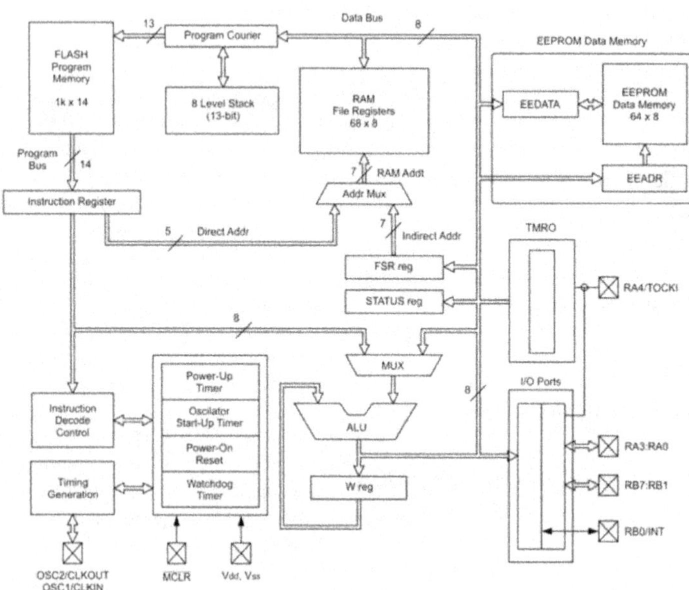

Figura 7.1. Diagrama en bloque del microcontrolador 16F84A.

Tal cual observamos en la figura 7.1, destacan en la arquitectura interna:

- 2 puertos de entrada y salida (Ports A y B).
- ALU de 8 bits.
- Memoria de programa tipo ROM Flash de 1 K x 14 bits.
- Memoria de datos dividida en :
  - RAM: 15 Registros de funciones especiales (SFR) y 68 registros de propósito general.
  - EEPROM de datos: 64 registros de 8 bits.

SET DE INSTRUCCIONES

El set de instrucciones (INSTRUCCTION SET), es el conjunto de instrucciones que se puede emplear para programar un microcontrolador.

ISA (INSTRUCTION SET ARCHITECTURE – Arquitectura de Conjunto de Instrucciones) es una especificación que detalla el conjunto de instrucciones que una CPU en particular, puede entender y ejecutar.

SET DE INSTRUCCIONES CISC & RISC.

Otro punto muy importante es que de acuerdo al tipo de arquitectura empleada, se define también el set de instrucciones empleado por el microcontrolador.

SET DE INSTRUCCIONES CISC.

Tradicionalmente la arquitectura de Von Neumann empleaba set de instrucción CISC (COMPLEX INSTRUCTION SET COMPUTER) Computador de Set de Instrucciones Complejo. Los set de instrucciones CISC empleaban y emplean dependiendo del modelo de microcontrolador de 200 a 300 instrucciones.

Para ejecutar las instrucciones más complejas se requiere muchos ciclos de reloj (clk).

SET DE INSTRUCCIONES RISC.

Los microcontroladores de arquitectura Harvard emplean set de instrucciones RISC (REDUCED INSTRUCTION SET COMPUTER) Computador de Set de Instrucciones Reducido.

Los set de instrucciones RISC emplean un número reducido de instrucciones. El 16F84A por ejemplo, emplea únicamente 35 instrucciones.

La arquitectura RISC pretende set de instrucciones reducidas y simples, las cuales empleen menor tiempo de ejecución.

Salvo las instrucciones de salto (branch), las instrucciones se ejecutan en un ciclo de máquina.

CICLOS DE MÁQUINA vs CICLOS DE CLOCK

Cada instrucción, tarda en ejecutarse 4 ciclos de reloj (clock o clk).

El ciclo de máquina es la unidad básica de tiempo que emplea el microcontrolador.

A su vez, 1 ciclo de máquina es igual a 4 ciclos de reloj.

1 CICLO MÁQUINA = 4 CICLOS DE RELOJ

Por lo que para un Microcontrolador 16F84A con un cristal (oscilador externo) de 4Mhz, y recordando lo aprendido en el Capítulo I, respecto a que el período es la inversa de la frecuencia:

$$T = \frac{1}{f}$$

Podemos aplicar que el tiempo que tarda un microcontrolador en ejecutar una instrucción, viene determinado por la siguiente fórmula:

$$T = 4\,\frac{1}{f}\,\text{cm}$$

Donde cm, significa ciclos de máquina.

EJEMPLO 7.1

Calcular para un Microcontrolador 16F84A el cual emplea un cristal de cuarzo de 4 MHz, cual será el tiempo requerido para ejecutar una instrucción simple.

Resolución:

$$T = 4\,\frac{1}{f}\,\text{cm}$$

por tanto

$$T = 4 \; \frac{1}{4\ \text{MHz}} \; 1 = 1\ \mu\text{s}$$

EJEMPLO 7.2

Calcular para un Microcontrolador 16F84A el cual emplea un cristal de cuarzo de 4 MHz, cual será el tiempo requerido para ejecutar una instrucción de salto.

Recuerde que las instrucciones de salto emplean 2 ciclos de máquina.

Resolución:

$$T = 4 \frac{1}{f} \text{cm}$$

por tanto

$$T = 4 \; \frac{1}{4\ \text{MHz}} \; 2 = 2\ \mu\text{s}$$

LÍNEA AVR: Existe también por ejemplo la llamada línea AVR de ATMEL, la cual emplea set de instrucciones RISC y arquitectura de Harvard. ATMEL históricamente había comercializado la línea 8051 (CPU 8051 – arquitectura de Von Neumann), con micros tales como el AT89S8252 (el microcontrolador empleado en el proyecto de prototipo de teclado de estenotipia, presentado en el sistema de wire wrap ca-

PROCESADOR SEGMENTADO

SEGMENTACIÓN: Un procesador segmentado realiza simultáneamente la ejecución de una instrucción, y la búsqueda de código de la instrucción siguiente.

ARQUITECTURA ORTOGONAL

Arquitectura ortogonal significa que una instrucción puede utilizar distintos componentes de la arquitectura como fuente o destino.

Tenga presente que la microarquitectura y la arquitectura de conjunto de instrucciones, son quienes forman la arquitectura de una CPU.

Arquitectura de Von Neumann: Existe un registro (posición de memoria) llamado "acumulador", el cual está conectado a la salida de la ALU (ARITHMETIC LOGIC UNIT - Unidad Lógico Aritmética), y a su vez está conectado a una de dos entradas de la ALU. En esta arquitectura entonces el resultado posee un solo destino.

Arquitectura de Harvard: La salida de la ALU está conectada a un registro (posición de memoria), llamado W (W = Work = trabajo) pero a su vez conecta también con la memoria de datos (EEPROM DATA MEMORY), puertos (PORTS), y otros registros tal cual se observa en la figura 7.1. De esta forma el resultado puede ser guardado tanto en el registro W, como así también en la memoria de datos (el resultado posee diferentes destinos) lo que puede significar de acuerdo a la aplicación, ahorro de instrucciones y tiempo. Del mismo modo ocurre también que en una instrucción de doble operando, uno de los operandos es el registro W.

LENGUAJE DE PROGRAMACIÓN - ENSAMBLADOR.

El lenguaje de programación que hemos de emplear para programar el microcontrolador, es el ensamblador. El lenguaje ensamblador ha sido descrito en la Unidad V - INTRODUCCIÓN A LA PROGRAMACIÓN.

SET DE INSTRUCCIONES - INSTRUCTION SET

Mnemonic Operands		Description	Cycles	14-Bit Op-code				Status, Affected
				Msb			Lsb	
BYTE-ORIENTED FILE REGISTER OPERATIONS								
ADDWF	f, d	Add W and f	1	00	0111	0fff	ffff	C,DC,Z
ANDWF	f, d	AND W with f	1	00	0101	0fff	ffff	Z
CLRF	f	Clear f	1	00	0001	ffff	ffff	Z
CLRW	—	Clear W	1	00	0001	0xxx	xxxx	Z
COMF	f, d	Complement f	1	00	1001	0fff	ffff	Z
DECF	f, d	Decrement f	1	00	0011	0fff	ffff	Z
DECFSZ	f, d	Decrement f, Skip if 0	1(2)	00	1011	0fff	ffff	
INCF	f, d	Increment f	1	00	1010	0fff	ffff	Z
INCFSZ	f, d	Increment f, Skip if 0	1 (2)	00	1111	0fff	ffff	
IORWF	f, d	Inclusive OR W with f	1	00	0100	0fff	ffff	Z
MOVF	f, d	Move f	1	00	1000	0fff	ffff	Z
MOVWF	f, d	Move W to f	1	00	0000	ffff	ffff	
NOP	—	No Operation	1	00	0000	0xx0	0000	
RLF	f, d	Rotate left f through Carry	1	00	1101	0fff	ffff	C
RRF	f, d	Rotate rigth f through Carry	1	00	1100	0fff	ffff	C
SUBWF	f, d	Substract W from f	1	00	0010	0fff	ffff	C,DC,Z
SWAPF	f, d	Swap ribbles in f	1	00	1110	0fff	ffff	
XORWF	f, d	Exclusive OR W with f	1	00	0110	0fff	ffff	Z
BIT ORIENTED FILE REGISTER OPERATIONS								
BCF	f, b	Bit clear f	1	01	00bb	bfff	ffff	
BSF	f, b	Bit set f	1	01	01bb	bfff	ffff	
BTFSC	f, b	Bit test f, Skip if clear	1 (2)	01	10bb	bfff	ffff	
BTFSS	f, b	Bit test f, Skip if Set	1 (2)	01	11bb	bfff	ffff	
LITERAL AND CONTROL OPERATIONS								
ADDLW	k	Add literal and W	1	11	111x	kkkk	kkkk	C,DC,Z
ANDLW	k	AND literal with W	1	11	1001	kkkk	kkkk	Z
CALL	k	Call subroutine	2	10	0kkk	kkkk	kkkk	
CLRWDT	—	Clear Watch dog Timer	1	00	0000	0110	0100	
GOTO	k	Go to address	2	10	1kkk	kkkk	kkkk	$\overline{T0}.\overline{PD}$
IORLW	k	Inclusive OR with W	1	11	1000	kkkk	kkkk	Z
MOVLW	k	Move literal to W	1	11	00xx	kkkk	kkkk	
RETFIE	—	Return from Interrupt	2	00	0000	0000	1001	
RETLW	k	Return with literal in W	2	11	01xx	kkkk	kkkk	
RETURN	—	Return from subrutine	2	00	0000	0000	1000	
SLEEP	—	Go into standby mode	1	00	0000	0100	0011	$\overline{T0}.\overline{PD}$
SUBLW	k	Substract W from literal	1	11	110x	kkkk	kkkk	C,DC,Z
XORLW	k	Exclusive OR literal with W	1	11	1010	kkkk	kkkk	Z

Figura 7.2. Set de instrucciones del microcontrolador 16F84A.

El 16F84A es un microcontrolador de 8 bits, lo que significa que maneja datos de 8 bit.

EJEMPLO 7.3

Posición de memoria de datos de 8 bits.

1	0	1	1	1	1	0	1

También y como destacamos en las características del microcontrolador, la memoria de Programa es de 1 K (1000 palabras) de 14 bits, y el formato general de instrucción es el siguiente:

FORMATO GENERAL DE INSTRUCCIÓN

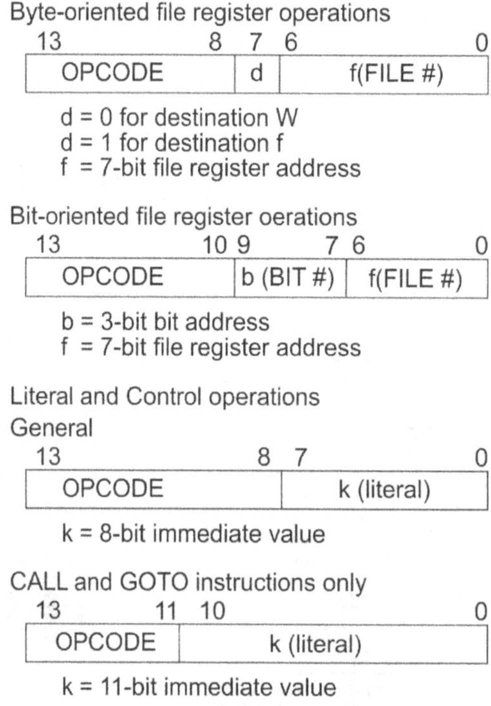

Figura 7.3. Formato general de instrucción.

DESCRIPCIÓN DE LOS CAMPOS DE CÓDIGO DE OPERACIÓN

La descripción de los campos de operación, nos permite conocer el significado de las letras (abreviaturas) que aparecen en las instrucciones.

Field	Description
f	Register file address (0x00 to 0x7F)
w	Working register (accumulator)
b	Bit address within an 8-bit file register
k	Literal field, constant data or label
x	Don't care location (=0 or 1) The assembler will generate code with x=0 It is the recommended form of use for compatibility with all Microchip software tools
d	Destination select ; d=0: store result in W, d=1: store result in file register f. Defaults is d=1
PC	Program Counter
TO	Time-out bit
PD	Power-down bit

Figura 7.4. Campos de código de operación.

EJEMPLO 7.4

Palabra de instrucción:

MOVWF f	Move W to f	1	00 0000 1fff ffff		

La interpretación de la instrucción es la siguiente: copiar W (registro W) en F (file o archivo) f (indica el archivo de destino).

Los seis primeros bits desde la izquierda (MSB – Bits Más Significativos), para esta instrucción se escriben a 0, debido a que el valor a operar se encuentra presente en el registro W.

El octavo bit desde la derecha vale uno, debido a que cuando el file o registro de destino ha de ser el registro W, dicho bit se pone o escribe a 0. Y cuando el destino como en este caso, ha de ser un f (file = archivo), el bit se pone o escribe a 1.

Importante: veamos que para la presente instrucción, los primeros 7 bits comenzando desde la derecha LSB (Bits Menos Significativos) indican una f, esto se debe a que cuando analizamos en la hoja de datos del microcontrolador (Data Sheet), la sección denominada Instruction Descriptions (descripciones de instrucciones), observamos la siguiente descripción para la instrucción MOVWF:

MOVWF	Move W to f
Syntax:	[label] MOVWF f
Operands:	$0 \leq f \leq 127$
Operation:	$(W) \rightarrow (f)$
Status Affected:	None
Description:	Move data from W register to register "f".

Figura 7.5. Descripción de la instrucción MOVWF.

Donde se describe que el file (archivo) a ser direccionado, puede encontrarse dentro de un rango de 128 posiciones, para lo cual, se necesitan únicamente 7 bits, dado que $2^7 = 128$.

PUERTOS (PORTS) DE UN MICROCONTROLADOR

De acuerdo a la gama, y por ende a la cantidad de pines que posee un microcontrolador, es la cantidad de puertos (ports) que este posee. Los puertos son agrupaciones de pines los cuales generalmente se agrupan en grupos de 8 (1 byte u 8 bits). Los puertos de un microcontrolador, al igual que ocurre con los puertos de las computadoras, cumplen la función de conectar al microcontrolador con el mundo exterior. El microcontrolador 16F84A, posee 2 puertos.

PUERTOS (PORTS) A y B

El microcontrolador 16F84A, posee los puertos A y B:

- PORT A = 5 pines (RA0-RA4).
- PORT B = 8 pines (RB0-RB7).

Los pines de cada puerto pueden ser configurados como entradas o como salidas, independientemente uno de otro, y de acuerdo a la aplicación a desarrollar.

Si configuramos:

0 = pin configurado como salida.
1 = pin configurado como entrada.

Si Ud. programa o ha programado con los Microcontroladores de Atmel, Intel, Freescale, notara que en dichos Microcontroladores, la configuración de pines como entrada o salida, es de forma inversa (1 salida, 0 entrada).

PIN OUT DEL MICROCONTROLADOR 16F84A

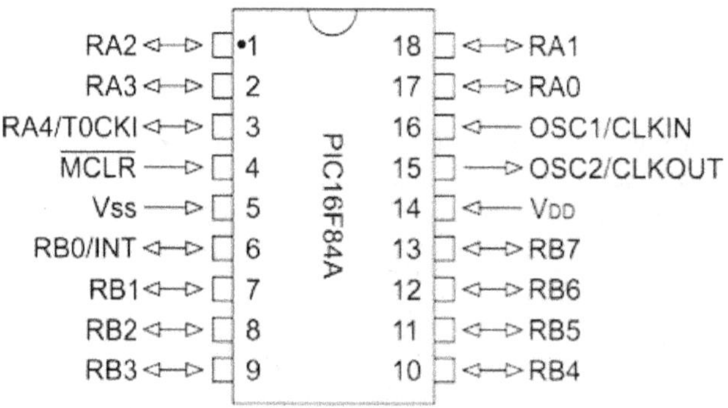

Figura 7.6. Pinout del microcontrolador 16F84A.

Observe que el microcontrolador 16F84A, tiene un puerto con 5 pines (PORT A – RA0 a RA4), debido a que en total posee 18 pines, lo que significa que si tuviera 2 puertos similares al PORT B de 8 pines (RB0 a RB7) nos quedarían libres solamente 2 pines los cuales son necesarios para la alimentación (VDD + y -), y no dispondríamos de las entrada y salida de CLK (OSC1 y OSC2), ni del pin de RESET (MCLR).

El nombre de puerto o PORT, se obtiene por analogía del puerto como un lugar de entrada y salida de elementos que transportan carga (carga eléctrica o información, en nuestro caso).

La información que envían o reciben los puertos, físicamente se encuentra contenida en dos posiciones de la memoria RAM, cuyas direcciones son 05h y 06h. Recuerde que en el capítulo III, ELECTRÓNICA DIGITAL, dijimos que las posiciones de memoria se representan con valores hexadecimales.

Tenga presente también que la corriente máxima que puede tomar de un pin del microcontrolador, o la que puede recibir, es de 25 mA, lo que le permite controlar directamente un diodo led.

ORGANIZACIÓN DE MEMORIA

En el microcontrolador 16F84A, tal cual se observa en la Figura 7.1. Se distinguen tres tipos (bloques) de memoria.

MEMORIA DE PROGRAMA

Memoria de Programa Flash (Flash Program Memory), 1024 palabras (1 K) de 14 bits (recordemos que el formato de una instrucción es de 14 bits). Esta memoria es de tipo no volátil, lo que significa que el programa se mantiene aunque se corte la alimentación.

MEMORIA DE DATOS RAM

La memoria de datos dispone de dos diferentes zonas:

ÁREA DE RAM ESTATICA (SRAM)

22 REGISTROS DE FUNCIONES ESPECIALES (SFR).

En realidad son 24 posiciones de memoria, dos de las cuales no se encuentran implementadas.

68 REGISTROS DE PROPÓSITOS GENERALES (GPR).

- **MEMORIA EEPROM**

Esta área o zona de memoria posee 64 registros de 8 bits. Puede ser empleada opcionalmente y es no volátil.

Una característica muy importante la cual debemos destacar, es que los microcontroladores de Microchip poseen la memoria de datos, zona de memoria RAM dividida en lo que se conoce como bancos. El 16F84A posee dos bancos, el Banco 0 (Bank 0) y el Banco 1 (Bank 1). Depende de la gama del microcontrolador la cantidad de bancos que ha de poseer. Por ejemplo el microcontrolador 16F873A, empleado en los capachek (instrumento empleado para medir el estado de los capacitores), posee 4 bancos.

EJEMPLO 7.5

Mapa de memoria del Microcontrolador MC9S08QG8 de freescale.

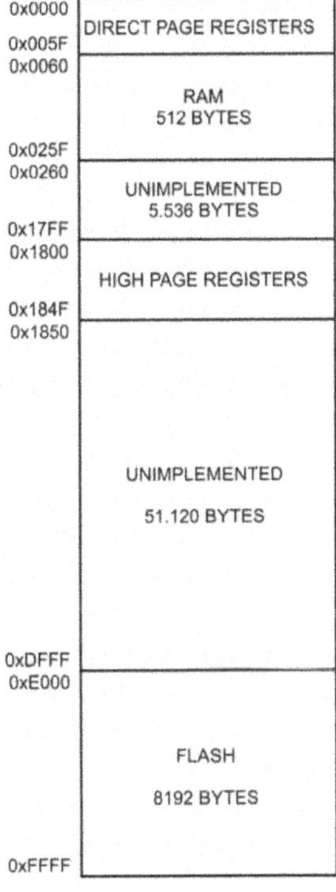

Figura 7.7. Mapa de memoria del MC9S08QG8 de freescale.

Observe en la imagen 7.7, que tal cual hemos definido al inicio, este microcontrolador de freescale emplea arquitectura de Von Neumann, donde como vemos, la memoria está dispuesta en un solo banco.

16F84A ORGANIZACIÓN DE LA MEMORIA DE DATOS

File Address			File Address
00h	Indirect Addr. (1)	Indirect Addr. (1)	80h
01h	TMRO	OPTION_REG	81h
02h	PCL	PCL	82h
03h	STATUS	STATUS	83h
04h	FSR	FSR	84h
05h	PORTA	TRISA	85h
06h	PORTB	TRISB	86h
07h	—	—	87h
08h	EEDATA	EECON1	88h
09h	EEADR	EECON2 (1)	89h
0Ah	PCLATH	PCLATH	8Ah
0Bh	INTCON	INTCON	8Bh
0Ch – 4Fh	68 General Purpose Registers (SRAM)	Mapped (accesses) in Bank 0	8Ch – Cfh
50h – 7Fh			D0h – Ffh

Note1: Not a physical register

Figura 7.8. Organización de la memoria de datos del µC 16F84A.

Tal cual se observa en la figura 7.8, la memoria de datos del microcontrolador 16F84A el cual emplea arquitectura de Harvard, está separada en dos bancos, el banco 0 (Bank 0), y el banco 1 (Bank 1). Además la memoria de datos se encuentra particionada en dos áreas. La primera y tal cual indicamos líneas arriba corresponde al área de Registro de Funciones Especiales – Special Function Registers (SFR). Mientras que la segunda área corresponde al Registro de Propósitos General – General Purpose Registers (GPR).

Tenga presente, que los SFRs controlan la operación del dispositivo.

Las posiciones de memoria 50h a 7Fh y D0h a FFh no se encuentran disponibles en este microcontrolador, es decir que el fabricante las deja reservadas para futuras ampliaciones de memoria.

REGISTRO DE SETEO Y CONTROL DE LOS PUERTOS A y B

Tal cual se observa en la figura 7.8, los Puertos A y B poseen las siguientes direcciones en la memoria de programa, y dentro de la zona de Registros Especiales:

PORT A	dirección	05h en el banco 0 y 85 h en el banco 1.
PORT B	dirección	06h en el banco 0 y 86h en el banco 1.

Observe como detalle importante también, que en el Banco 1 los puertos A y B reciben la siguiente denominación:

PORT A	=	**TRISA**
PORT B	=	**TRISB**

Este cambio en la denominación se debe a facilitar el reconocimiento de los Puertos, en el trabajo en los distintos Bancos, como así también a evitar conflictos en el trabajo del compilador.

Cuando dimos la descripción de los puertos del microcontrolador dijimos que los pines que conforman el Puerto A y el Puerto B, podían ser configurados como entradas o como salidas. Ahora bien, para configurar dichos pines como entrada o salida, lo cual ha de depender de la actividad a realizar, debemos llevar a cabo los siguientes pasos:

- Setear (poner en 1) el pin número 5, del registro de Estado (STATUS REGISTER) denominado RP0. Tenga presente que cuando un programa está corriendo en el microcontrolador, éste se encuentra operando en el Banco (Bank) 0, pero para realizar la configuración por ejemplo de sus puertos, debemos pasar del Banco 0 al Banco 1. Digamos que RP0 es la llave que nos permite pasar de un banco a otro.
- Una vez que hemos cambiado de Banco (pasamos del Banco 0 al Banco 1), debemos tener en cuenta lo indicado también respecto a la configuración de los Pines o Puertos como entradas y salidas. Recuerde que cuando desde el Banco 1, escriba un 1 a un Pin, o 1s al Puerto completo, estará configurando el mismo como Entrada. Y cada Pin o Puerto que configure con 0 estará siendo configurado como salida.
- Finalizado el seteo o configuración de los Puertos, Ud. debe volver al Banco 0, para lo cual debe limpiar (clear) el bit número 5 del Registro de Estado (el pin que seteó para cambiar de puerto, debe limpiarlo ahora para volver al Banco anterior) RP0.

PROGRAMA EJEMPLO

EJEMPLO 7.6

Configuración de los pines del Port A como salida, y configuración de los pines del Port B como entrada.

LÍNEA DE COMENTARIOS

Cuando empleamos el IDE MPLAB, las líneas de comentarios, se desarrollan a partir del operador punto y coma ";".

; Las tres primeras líneas del programa, representan el encabezado.

```
PROCESSOR PIC16F84A
INCLUDE <P16F84a.inc>
__CONFIG _XT_OSC & _WDT_OFF & _PWRTE_ON
```

;Declaración de Etiquetas.

;Se declaran las posiciones en memoria RAM, de los registros:

```
PORTA   EQU 0x05
PORTB   EQU 0x06
STATUS  EQU 0x03
```

;Se declara al registro W, igual a 0.

```
W       EQU 0
            ORG 0               ;Primera posición de la memoria de programa.
            bsf STATUS,5        ;Seteo el bit 5 del Registro de Estado. Para
                                ;pasar del Banco 0 al Banco 1.
            movlw b'00000000'   ;Copio en el Registro W, el valor necesario
                                ;para configurar el PORTA como salida.
            movwf PORTA         ;Copio el registro W, en el Registro PORTA.
            movlw b'11111111'   ;Copio en el Registro W, el valor necesario
                                ;para configurar el PORTB como entrada.
            movwf PORTB         ;Copio el registro W, en el Registro PORTB.
            bcf STATUS, 5       ;Vuelvo del banco 1 al banco 0.
            END                 ;Directiva de fin de programa.
```

REGISTRO DE ESTADO

El Registro de Estado tiene la siguiente dirección:

03h en el banco 0 y 83h en el banco 1.

El registro de estado (STATUS), es un registro de funciones especiales (SFR), el cual de acuerdo al bit en cuestión, cumple múltiples funciones. Tal cual hemos definido en la configuración de puertos, y se observa en el programa anterior, el Registro de Estado (Status Register) es fundamental en cualquier aplicación que queramos desarrollar con el microcontrolador, debido por ejemplo, a que independientemente de la aplicación a implementar, debemos acceder a éste para poder cambiar de banco al momento de la configuración de los puertos y/o pines, como entradas o salidas.

La descripción del registro y cada uno de sus bits, es la siguiente:

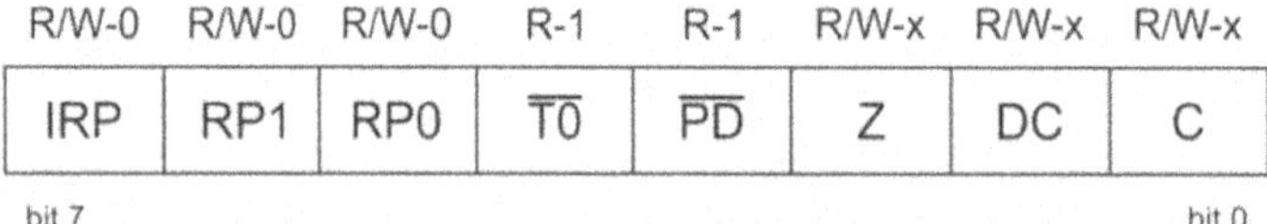

Figura 7.9. Descripción de bits del Registro de Estado.

REGISTRO DE ESTADO - DESCRIPCIÓN DE BITS

bit	Nombre	Descripción
7 - 6	IRP–RP1	No son implementados, y se mantienen como 0.
5	RP0	Bit de selección de banco de registro (usado para direccionamiento directo). Configurado a 0, se selecciona el banco 0. Configurado a 1, se selecciona el banco 1.
4	$\overline{TO}$	Bit de Time Out = Tiempo de Espera. Se pone a 1 después de (power-up) conexión de la alimentación, o al ejecutarse las instrucciones CLRWDT o SLEEP. Se pone a 0 cuando ocurre un desbordamiento del WDT.
3	$\overline{PD}$	Bit de Power-down = Apagar. Se pone a 1 después de power-up o por la instrucción CLRWDT. Se pone a 0 por ejecución de la instrucción SLEEP.
2	Z	Bit de Cero. 1 = el resultado de una operación lógico aritmética es cero. 0 = el resultado de una operación lógico aritmética no es cero.
1	DC	Bit de acarreo/pedir prestado (carry-borrow) (instrucciones ADDWF, ADDLW, SUBLW, SUBWF) (para borrow, la polaridad es inversa). 1 = ocurre un acarreo de salida del bit 4 de menor orden, como resultado de una operación. 0 = no se produce acarreo de salida del bit 4 de menor orden.
0	C	Digito de carry-borrow (instrucciones ADDWF, ADDLW, SUBLW, SUBWF) (para borrow, la polaridad es inversa). 1 = ocurre un acarreo de salida del bit más significativo, como resultado de una operación. 0 = no se produce acarreo de salida del bit más significativo, como resultado de una operación.

Recuerde tomando como ejemplo la descripción del Registro de Estado, que cada registro está compuesto por 8 bits, donde cada bit puede ser configurado independientemente de acuerdo a la función que cumple. R/W significa R = Read (lectura), W = Write (escritura), dando indicación entonces de si el bit, puede ser configurado para lectura o escritura.

Cuando Ud. deba o desee conocer la descripción de un Registro de Funciones Especiales (SFR), simplemente debe acceder a la hoja de datos del Microcontrolador, y leer la descripción de las funciones de sus pines, tal cual hemos realizado con el Status Register (Registro de Estado).

REGISTRO W (WORK = trabajo).

El registro de trabajo W es el registro principal y participa en la mayoría de las instrucciones. Se localiza dentro de la CPU del PIC16F84A. El registro W es lo que para los Microcontroladores de arquitectura de Von Neumann, representa el Acumulador.

Su ancho es el de una posición de memoria de 8 bits.

MAPA DE REGISTROS DE FUNCIONES ESPECIALES

El mapa de bits de los Registros de Funciones Especiales, es el siguiente:

Addr	Name	Bit 7	Bit 6	Bit 5	Bit 4	Bit 3	Bit 2	Bit 1	Bit 0	Value on Power - on RESET
Bank 0										
00h	INDF	Uses contents of FSR to address Data Memory (not a physical register)								---- ----
01h	TMR0	8-bit Real-Time Clock/Counter								xxxx xxxx
02h	PCL	Low Order 8 bits of the Program Counter (PC)								0000 0000
03h	STATUS(2)	IRP	RP1	RP0	$\overline{\text{TO}}$	$\overline{\text{PD}}$	Z	DC	C	0001 1xxx
04h	FSR	Indirect Data Memory Address Pointer 0								xxxx xxxx
05h	PORTA(4)	—	—	—	RA4/T0CKI	RA3	RA2	RA1	RA0	---x xxxx
06h	PORTB(5)	RB7	RB6	RB5	RB4	RB3	RB2	RB1	RB0/INT	xxxx xxxx
07h	—	Unimplemented location, read as '0'								—
08h	EEDATA	EEPROM Data Register								xxxx xxxx
09h	EEADR	EEPROM Address Register								xxxx xxxx
0Ah	PCLATH	—	—	—	Write Buffer for upper 5 bits of the PC(1)					---0 0000
0Bh	INTCON	GIE	EEIE	T0IE	INTE	RBIE	T0IF	INTF	RBIF	0000 000x
Bank 1										
80h	INDF	Uses Contents of FSR to address Data Memory (not a physical register)								---- ----
81h	OPTION_REG	RBPU	INTEDG	T0CS	T0SE	PSA	PS2	PS1	PS0	1111 1111
82h	PCL	Low order 8 bits of Program Counter (PC)								0000 0000
83h	STATUS(2)	IRP	RP1	RP0	$\overline{\text{TO}}$	$\overline{\text{PD}}$	Z	DC	C	0001 1xxx
84h	FSR	Indirect data memory address pointer 0								xxxx xxxx
85h	TRISA	—	—	—	PORTA Data Direction Register					---1 1111
86h	TRISB	PORTB Data Direction Register								1111 1111
87h	—	Unimplemented location, read as '0'								—
88h	EECON1	—	—	—	EEIF	WRERR	WREEN	WR	RD	---0 x000
89h	EECON2	EEPROM Control Register 2 (not a physical register)								---- ----
8Ah	PCLATH	—	—	—	Write Buffer for upper 5 bits of the PC(1)					---0 0000
8Bh	INTCON	GIE	EEIE	T0IE	INTE	RBIE	T0IF	INTF	RBIF	0000 000x

Figura 7.10. Mapa de bits de los Registros de Funciones Especiales.

Recuerde que para emplear algún registro en particular, simplemente debe conocer la descripción del funcionamiento de los bits que lo componen.

MODOS DE DIRECCIONAMIENTO

Los modos de direccionamiento, representan la forma en la que se puede acceder a las posiciones de memoria. En las arquitecturas tradicionales de Intel, Motorola, los microcontroladores poseen varios tipos de modos de direccionamiento tales como:

Inherent = inherente.
Immediate = Inmediato.
Direct = directo.
Extended = extendido.
Indexed, no Offset = Indexado, sin desplazamiento.
Indexed, 8-bit Offset = indexado, 8-bits de desplazamiento.
Indexed, 16-bit Offset = indexado, 16-bits de desplazamiento.
Relative = relativo.

EL 16F84A de microchip posee en cambio tres modos de direccionamiento, siendo los más empleados:

DIRECTO: 1 de las 128 posiciones de memoria de datos, son seleccionadas mediante los 7 bits menos significativos que forman el código de operación OP de la instrucción. Se debe tener en cuenta también el bit de selección de banco RP0, presente en el registro de estado, bit 5.

INDIRECTO: en el área de los SFR (Special Function Registers – registros de funciones especiales) accedemos a la posición de memoria 00h, como operando de una instrucción, pero dado que este registro (INDF) no es un registro físico, accedemos en realidad a la posición de memoria que en ese momento indique el registro FSR en la posición 04h del registro de funciones especiales, para obtener la dirección del dato que se encuentra contenida en el registro INDF. Es decir que cada vez que hacemos referencia al registro FSR utilizamos el contenido de este para direccionar el operando, lo que significa también, que el registro FSR actúa como un puntero (apuntador) de la posición de memoria a direccionar para operar con el dato contenido en el registro INDF. Los 7 bits LSB del registro SFR, seleccionan la posición de memoria, y el bit 7 MSB, junto con el bit 7 del registro de estado (status register, posición 03h), seleccionan el banco de memoria (en el 16F84A dado que solo dispone de dos bancos, este bit no se emplea).

Dentro de las diferentes familias de microcontroladores de microchip, el 16F84A, es considerado de gama media.

PALABRA DE CONFIGURACIÓN

La PALABRA DE CONFIGURACIÓN (CONFIGURATION WORD) tiene un ancho de 14 bits, y es escrita durante el proceso de grabación del microcontrolador, sin poder ser modificada durante la ejecución del programa. Dicho registro se encuentra en la dirección de memoria 2007h, espacio al cual se puede acceder únicamente durante el momento de la programación.

bit	Nombre	Descripción
13 - 4	CP	Bits de Protección de Código. 1 = Código de protección deshabilitado. 0 = Todo el código de la memoria de programa es protegido.
3	---------- PWRTE	Bit de habilitación de temporizador de encendido (genera un delay de 72 ms, a fin demorar el encendido, evitando de esta forma el régimen transitorio). Configurado a 1, el temporizador de encendido es deshabilitado. Configurado a 0, el temporizador de encendido es habilitado.
2	WDTE	Bit de habilitación del Temporizador Watchdog. 1 = WDT habilitado. 0 = WDT deshabilitado.
1 - 0	FOSC1:FOSC0	Bits de Selección de Oscilador. Seleccionando: 11 = oscilador RC. 10 = oscilador HS. 01 = oscilador XT. 00 = oscilador LP.

SOFTWARE DE SIMULACIÓN

SIMULACIÓN:

La simulación es un área de la Informática, la cual permite imitar el comportamiento real de un Sistema, mediante el empleo de un software desarrollado para tal fin.

En la actualidad, en el trabajo con Microcontroladores, se cuenta con un gran número de herramientas que facilitan la actividad. A este respecto, podemos remarcar que los nuevos diseños Curriculares para la Tecnicatura de Electrónica por ejemplo, incorporan Unidades Currículares como Diseño Asistido y Simulación Electrónica, en la cual sus contenidos mínimos, requieren la resolución de circuitos eléctrico-electrónicos, empleando software de simulación electrónica, como ser **Proteus**, **Multisim** y similares.

Estos dos programas, Proteus y Multisim, brindan de forma potente y simple, la posibilidad de que el usuario desarrolle y simule el circuito antes de su implementación física. Donde además, como en el caso del Proteus, puede cargar el programa desarrollado al microcotrolador empleado, realizando entonces la Simulación del comportamiento del Software y el Hardware, para luego, desarrollar también desde el mismo programa, el diseño del Circuito Impreso.

CIRCUITO ELÉCTRICO BÁSICO PARA EL µC 16F84A

Independientemente de la aplicación a desarrollar, Ud deberá tener presente que para su funcionamiento, en cualquier tipo de aplicación, el Microcontrolador requerirá de la conexión del Cristal de Cuarzo, y los capacitores C1 y C2.

Tenga presente también que los cristales de cuarzo y los resonadores cerámicos, funcionan de forma similar, salvo que los resonadores cerámicos, no necesitan los capacitores externos para su funcionamiento.

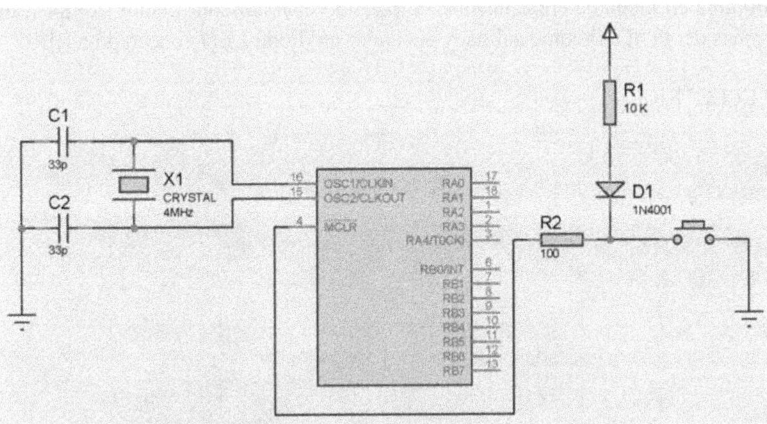

Figura 7.11. Configuración básica para un µC 16F84A.

Muy importante: debe useted observar de la figura 7.11, que no han sido representadas las conexiones de GND y VCC, dado que una característica de muchos de los software de simulación de electrónica, es que no se conecta la alimentación durante el diseño y posterior simulación. Sin embargo, recuerde Ud. también lo tratado en el Capítulo III – ELECTRÓNICA DIGITAL, donde establecimos que ningún CI, puede funcionar sin alimentación eléctrica. Representar el circuito eléctrico o diagrama esquemático de la presente forma, le facilita entonces la incorporación de hábitos de trabajo reales, en la Simulación de Circuitos.

Recuerde de la figura 7.6. Pinout del microcontrolador 16F84A:

VSS (GND) = Pin 5
VDD (VCC) = Pin 14

DESCRIPCIÓN DE INSTRUCCIONES

INSTRUCCIÓN BSF f,b

La instrucción BSF f,b es empleada para **Setear** un **Bit** de un **Registro** (Bit Set File). Se debe especificar el registro **f** (file), y el bit **b** a setear (poner a 1).

INSTRUCCIÓN BCF f,b

La instrucción BCF f,b es empleada para **Limpiar** un **Bit** de un **Registro** (Bit Clear File). Se debe especificar el registro **f** (file), y el bit **b** a limpiar (poner a 0).

INSTRUCCIÓN MOVLW k

La instrucción MOVLW k es empleada para **Mover** o copiar un valor **Literalmente** en el Registro **W**. Se debe especificar el valor del literal **K**.

INSTRUCCIÓN MOVWF f

La instrucción MOVWF f es empleada para **Mover** o copiar el contenido del Registro **W** en un registro . Se debe especificar el registro **f**.

EJEMPLO 7.7

Consigna:

Realizar programa en lenguaje ensamblador, empleando el microcontrolador 16F84A, el cual permita configurar los pines del PORT B como salida, y encender un diodo LED conectado a RB0.

CIRCUITO ELÉCTRICO

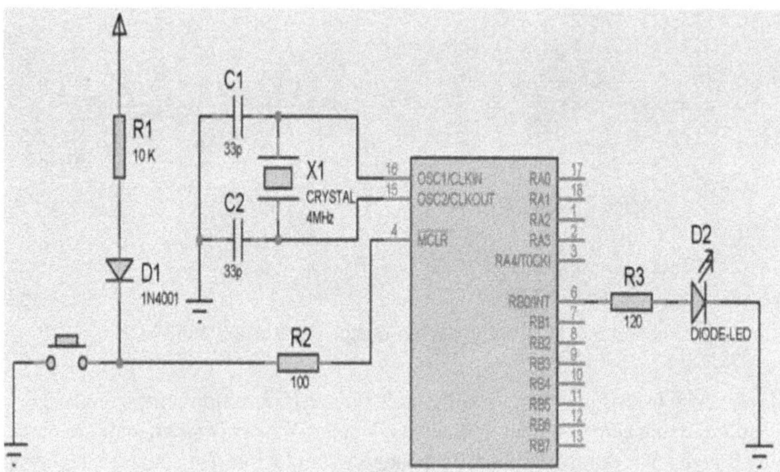

Figura 7.12. Circuito Eléctrico Ejemplo 7.7.

Resolución – Desarrollo del Programa:

```
PROCESSOR PIC16F84A
INCLUDE<P16F84A.inc>
__CONFIG _XT_OSC & _WDT_OFF & _PWRTE_ON
```

```
ESTADO  EQU 0x03
PORTB   EQU 0x06
W       EQU 0

        ORG 0
        bsf ESTADO, 5
        movlw b'00000000'
        movwf PORTB
        bcf ESTADO,5
        movlw b'00000001'
        movwf       PORTB
        END
```

Explicación de la sintaxis del programa:

Las primeras tres líneas del programa representan el encabezado, y cumplen cada una de ellas la siguiente función:

- **PROCESSOR PIC16F84A** → describe el microcontrolador a emplear.
- **INCLUDE<P16F84A.inc>** → llama (incluye) al archivo P16F84A.inc, el cual describe los registros de funciones especiales (SFRs).

  Recuerde de los capítulos V y VI, que un header file (archivo de cabecera) o include file (archivo de inclusión), es un archivo que contiene información que el compilador utiliza al momento de compilar el programa.
  La extensión .inc permite diferenciar el contenido del archivo (es decir que en nuestro caso, es información a incluir en el programa).
- **__CONFIG _XT_OSC & _WDT_OFF & _PWRTE_ON** → se emplea para la palabra de configuración.

Declaración de ETIQUETAS. Recuerde la definición de Etiquetas dada en el Capítulo V – INTRODUCCIÓN A LA PROGRAMACIÓN.

- **ESTADO EQU 0x03** → Definimos la posición de memoria del registro de ESTADO o (STATUS).
- **PORTB EQU 0x06** → Definimos la posición de memoria del Port B (ver mapa memory figura 7.8).
- **W EQU 0** → Definimos el registro W como destino cero.

ORG 0

Definimos la posición de la memoria de programa desde la cual hemos de comenzar el programa.

bsf ESTADO, 5

La instrucción bsf ESTADO, 5 permite setear el bit Nº 5 del registro de estado, a fin de poder pasar al banco 1 a configurar el PUERTO B como salida.

Se lee "Setear Bit del Registro Estado, el bit Nº5".

movlw b'00000000'

Esta instrucción nos permite cargar literalmente en el registro W el valor binario 00000000 (ocho ceros), a fin de configurar en la próxima instrucción, el PUERTO B como salida.

Se lee "copiar literalmente en W el valor binario 00000000".

movwf PORTB

La instrucción movwf PORTB, carga el valor del registro W en la posición de memoria del banco 1, la cual permite configurar los pines del PORT B como salida.

Se lee "copiar el registro W, en el PORT B".

bcf ESTADO,5

La instrucción bcf ESTADO,5 permite una vez configurado el PORT B como salida, retornar al banco 0 que es desde donde corre el programa.

Se lee "limpiar bit del registro de estado, el bit 5".

movlw b'00000001'

Con la instrucción movlw b'00000001', cargamos el registro W a fin de setear en la instrucción siguiente, un 1 lógico (5 volts) en el pin 0 del PUERTO B, RB0, y de esta forma prender el led conectado a dicho pin.

Se lee "copiar literalmente en el registro W, el valor binario 00000001".

movwf PORTB

Con la instrucción movwf PORTB, cargamos esta vez el valor del registro W en el PORT B (Salida). De esta forma ponemos entonces un 1 en el pin RB0, a fin de cumplir la consigna del ejercicio de encender el led conectado a dicho pin.

"copiar W en el registro PORT B.

END indica fin de programa.

IMPORTANTE:

Recuerde que cuando pasamos al banco 1, lo que hacemos es configurar los pines de los puertos, para que las aplicaciones a desarrollar, nos permitan sacar o ingresar información. Pero luego de realizar dicha configuración, debemos volver al banco 0, dado que es desde el banco 0, desde donde corre el programa.

Ahora vamos a desarrollar una serie de ejercicios teóricos-prácticos de aplicación, en los cuales hemos de aplicar el marco teórico desarrollado en el capítulo.

EMPLEO DE MAYÚSCULAS Y MINÚSCULAS

Una aclaración muy importante respecto al empleo de mayúsculas y minúsculas durante el desarrollo del código de programa, es que el IDE MPLAB no es detector de mayúsculas o minúsculas, lo cual dijimos antes, sí ocurre cuando se programa en Lenguaje C.

Y si bien existe la práctica entre los programadores en lenguaje ensamblador, de codificar el programa en mayúscula, es aconsejable si Ud. se inicia en esta actividad, que desarrolle el código de programa en minúscula, tal cual los ejemplos, a fin de habituarse a la programación en Lenguaje C.

Dado que además en el Capítulo VIII, en el IDE MPLAB X se codifica con la misma sintáxis del Lenguaje C desarrollado en el Capítulo VI.

EJEMPLO 7.8

Realizar programa en lenguaje ensamblador, empleando el microcontrolador 16F84A, el cual permita configurar los pines del PORT B como salida, y mostrar el número 3 en un display de 7 segmentos conectado entre los pines RB0-7 (no se emplea el punto decimal).

DETALLE DE IMPLEMENTACIÓN – IMPORTANTE.

Como Ud. ha observado en el EJEMPLO 7.7, al inicio del programa, hemos realizado en las tres primeras líneas la inicialización, en la cual definimos el microprocesador a emplear, la inclusión de archivos, y tal cual veremos también en el Capítulo VIII, realizamos la definición de (fusibles), palabra de configuración.

Esta información es fundamental en nuestros programas, y sin ella, no podremos realizar luego la compilación del programa, en la cual se genera el archivo ejecutable. Pero una opción a fin de no tener que escribir siempre estas líneas de texto (también podemos copiarla de un programa anterior, y pegarla), sería la de realizar nuestro propio archivo include, dado que como hemos explicado en el Capítulo V, INTRODUCCIÓN A LA PROGRAMACIÓN, un archivo include, es simplemente un archivo que contiene información que nos ha de resultar importante al momento de la compilación.

En este ejemplo, vamos a definir entonces un archivo llamado HEAD.INC, en el cual incluiremos las tres líneas anteriores. Para lo cual debemos abrir el bloc de notas y tipiar o pegar las líneas anteriores

```
PROCESSOR PIC16F84A
INCLUDE<P16F84A.INC>
__CONFIG _XT_OSC &_WDT_OFF &_PWRTE_ON
```

Luego de esto, guardamos el archivo con el nombre HEAD (encabezado), y la extensión .INC, tal cual se observa en el siguiente ejemplo.

CIRCUITO ELÉCTRICO

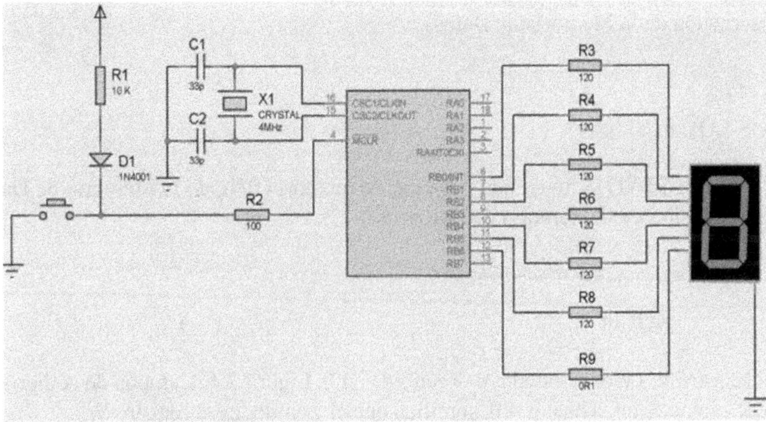

Figura 7.13. Circuito Eléctrico - Ejemplo 7.8.

Resolución – Desarrollo del Programa:

```
;EJEMPLO 7.8 - Autor: ROCHA DÍAZ.

            INCLUDE <HEAD.INC>

PORTB  EQU 0x06
STATUS EQU 0x03
W      EQU 0


            ORG 0
            bsf         STATUS,5
            movlw       b'00000000'
            movwf       PORTB
            bcf         STATUS,5
            movlw       b'01001111'
            movwf       PORTB
            END
```

Explicación de la sintaxis del ejemplo 7.8:

En la línea:

INCLUDE <HEAD.INC>

Se incluye el archivo HEAD.INC, el cual generamos a fin de no tener que escribir todas las lineas de inicialización.

Declaración de etiquetas:

En la línea:

PORTB EQU 0x06

Definimos el registro PORTB, igual a la posición de memoria 06h, de la Memoria de Datos (recuerde la Figura 7.8 - Descripción de la Memoria de Datos).

En la línea:

STATUS EQU 0x03

Definimos el registro STATUS, igual a la posición de memoria 03h, de la Memoria de Datos (recuerde la Figura 7.8 - Descripción de la Memoria de Datos).

En la línea:

W EQU 0

Definimos el registro W (Work), igual a 0. Recuerde en la Figura 7.4, Campos de código de operación, la descripción del campo d, en el cual d = 0, significa que el destino, es el registro W.

En la línea:

ORG 0

Seleccionamos la posición de la memoria de programa, a partir de la cual queremos comenzar a almacenar el programa.

En la línea:

bsf STATUS,5

Recuerde que para configurar los registros y puertos del microcontrolador, debemos hacerlo desde el Banco 1, para lo cual, debemos pasarnos a éste seteando (poniendo a 1), el bit 5 del Registro de Estado (Status).

En la línea:

movlw b'00000000'

La instrucción movlw k, copia literalmente en el registro W, el valor binario especificado. En este caso, se carga el valor 00000000, a fin de configurar posteriormente los pines del Puerto B como salida.

En la línea:

movwf PORTB

La instrucción movwf f, se emplea para copiar el valor contenido en el registro W, en el file especificado, en este caso el PORTB. Recuerde que la idea es configurar el PORTB (sus pines), como salida.

En la línea:

bcf STATUS,5

Una vez que configuramos los Puertos y Registros necesarios, debemos limpiar el bit 5 del Registro de Estado, para regresar al Banco 0, que es desde donde el programa corre.

En la línea:

movlw b'01001111'

Copiamos en el Registro W, el valor binario correspondiente, para mostrar el número 3 en el display de 7 segmentos.

En la línea:

movwf PORTB

Movemos el valor que cargamos en el Registro W, al registro PORTB. Recuerde que habíamos cargado en el Registro W, el valor correspondiente para encender en el 7 Segmentos, el numero 3, dado que cada pin del Port B, controla un segmento, comenzando con RB0 igual al segmento a, y así sucesivamente.

La línea:

END

Representa el fin del programa.

DESCRIPCIÓN DE INSTRUCCIONES

Significado: NOP significa NO OPERACIÓN.

NOP se emplea en muchas aplicaciones, para generar un ciclo de máquina, o como en el caso de las instrucciones de testeo de bit y salto, para indicar que no se realiza ninguna operación.

BTFSC f, b

Significa: Testear un bit de un registro, y saltar si está limpio (Bit Test f, Skip if clear). Se debe indicar entonces, el registro del cual se desea testear un bit, y el bit en cuestión.

Descripción:

Si el bit 'b' en el registro 'f' es 1, la próxima instrucción es ejecutada.
Si el bit 'b' es '0' entonces la próxima instrucción es descartada y un NOP es ejecutado.

Es decir, que si el bit testeado vale 0, salta una instrucción y ejecuta la siguiente.

BTFSS f, b

Significa: Testear un bit de un registro y saltar si está seteado (Bit Test f, Skip if set). Se debe indicar entonces, el registro del cual se desea testear un bit, y el bit en cuestión.

Descripción:

Si el bit 'b' en el registro 'f' es 0. La próxima instrucción es ejecutada.
Si el bit 'b' es '1' entonces la próxima instrucción es descartada y un NOP es ejecutado.

Es decir, que si el bit testeado vale 1, salta una instrucción y ejecuta la siguiente.

EJEMPLO 7.9

Descripción:

En el siguiente ejemplo, hemos de configurar y emplear los dos puertos, el PortA y el PortB. También emplearemos la instrucción goto, y una etiqueta llamada TestBit, la cual indica el retorno de salto de la instrucción goto.

Consigna:

Realizar programa en lenguaje ensamblador, empleando el microcontrolador 16F84A, el cual permita configurar el pin RB0 como entrada, el pin RA0 como salida. Conectar un pulsador al pin RB0, y en caso de haber sido pulsado (nivel eléctrico 1), encender un diodo LED, conectado al pin RA0.

CIRCUITO ELÉCTRICO

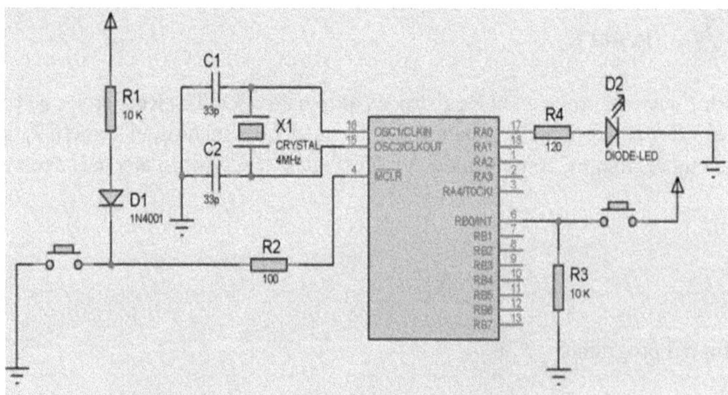

Figura 7.14. Circuito Eléctrico - Ejemplo 7.9.

Resolución – Desarrollo del Programa:

```
;EJEMPLO 7.9 - Autor: ROCHA DÍAZ.
                INCLUDE <HEAD.INC>

PORTA   EQU 0x05
PORTB   EQU 0x06
STATUS  EQU 0x03
W       EQU 0

                ORG 5
                bsf         STATUS,5
                movlw       b'00000000'
                movwf       PORTA
                movlw       b'11111111'
                movwf       PORTB
                bcf         STATUS,5
TestBit         btfss       PORTB, 0
                goto        TestBit
                movlw       b'00000001'
                movwf       PORTA
                END
```

Explicación de la sintaxis del ejemplo 7.9:

En la línea:

INCLUDE <HEAD.INC>

Se incluye el archivo HEAD.INC, el cual contiene la declaración del Microcontrolador a emplear, el archivo include del Microcontrolador 16F84A, y la palabra de configuración.

Declaración de etiquetas:

En la línea:

PORTA EQU 0X05

Definimos el registro PORTA, igual a la posición de memoria 05h, de la Memoria de Datos (recuerde la Figura 7.8 - Descripción de la Memoria de Datos).

En la línea:

PORTB EQU 0x06

Definimos el registro PORTB, igual a la posición de la Memoria de Datos 06h.

En la línea:

STATUS EQU 0x03

Definimos el registro STATUS, igual a la posición de memoria 03h, de la Memoria de Datos.

En la línea:

W EQU 0

Definimos el registro W (Work), igual a 0. Es decir que cada vez que elijamos 0 como destino, direccionaremos el registro W.

En la línea:

ORG 0

Seleccionamos la posición de la memoria de programa, a partir de la cual queremos comenzar a almacenar el programa.

En la línea:

bsf STATUS,5

Seteamos el bit 5 del Registro de Estado, a fin de pasar del Banco 0 al Banco 1, para configurar los puertos y/o registros.

En la línea:

movlw b'00000000'

Como vimos, la instrucción movlw k, copia literalmente en el registro W, el valor binario especificado, a fin de configurar posteriormente los pines del Puerto A como salida.

En la línea:

movwf PORTA

La instrucción movwf f, se emplea para copiar el valor contenido en el registro W, en el PORTA, a fin de configurar sus pines como salida.

En la línea:

movlw b'11111111'

La instrucción movlw k, copia literalmente en el registro W, el valor binario especificado, a fin de configurar posteriormente los pines del Puerto B como entrada.

En la línea:

movwf PORTB

La instrucción movwf f, se emplea para copiar el valor contenido en el registro W, en el PORTB, configurando de esta forma sus pines como entrada.

En la línea:

bcf STATUS,5

Una vez que configuramos los Puertos A y B, limpiamos el bit 5 del Registro de estado, a fin de regresar al Banco 0, lugar desde donde corre el programa.

En la línea:

btfss PORTB, 0ß

Tenga presente que tal cual se observa originalmente en el programa, las etiquetas, tal es caso de la etiqueta TestBit, se escriben sobre el margen izquierdo del formulario, en la primera columna. La etiqueta TestBit, indica el lugar donde una vez que testeamos si el bit 0 del PORTB, ha sido seteado (eléctricamente puesto a 1), hemos de saltar (retornar) en caso de no haber pulsación. En el presente programa, el procesador se queda dentro de este bucle (entre las instrucciónes TestBit btfss PORTB, 0 y goto TestBit), hasta que se produce un cambio de estado en el bit 0, es decir, hasta que el bit 0 pase de un 0 lógico o 0V, a un 1 lógico o 5V, instante en el que se ignora la instrucción siguiente (goto a TestBit), y se cumple la instrucción siguiente a ésta, es decir, movlw b'00000001', tal cual se indica a continuación.

En la línea:

goto TestBit

Si no se cumple entonces la condición presente en la instrucción anterior de que el bit 0 del PORTB, esté seteado, vamos (goto) a la etiqueta TestBit, donde encuestamos nuevamente si el bit ha sido setado, repitiendo el proceso hasta que la condición de que btfss, sea verdadera.

En la línea:

movlw b'00000001'

De acuerdo entonces a la expliación del funcionamiento de la instrucción btfss f, b si el bit 0 del PORTB fue seteado (puesto a 1, se presiona el pulsador y queda a un nivel eléctico alto = 5 Vcc), se ignora la instrucción siguiente (goto TestBit), y salta a la presente instrucción, en la cual, copiamos (movemos) literalmente en el Registro W, el valor binario 00000001, necesario para enviar al PORTA, y encender el LED conectado al Pin 0. Recuerde también que la configuración de pines y su empleo, es transparente, lo que significa que configuramos los pines del PORTA como salida, y para este ejemplo, conectamos el diodo led al Pin 0 (ver circuito eléctrico), y le enviamos un 1 lógico o 5V, para que encienda.

En la línea:

movwf PORTA

Tal cual indicamos también en la línea anterior, al valor que copiamos anteriormente en el Registro W, lo copiamos (movemos) al PORTA, a fin de encender el Pin o bit número 0, con el 1 lógico que le estamos enviando.

La línea:

END

Representa fin de programa.

EJEMPLO 7.10

Descripción:

En el siguiente ejemplo, hemos de configurar y emplear únicamente el PORTA, y a fin de ejercitación y ejemplo, vamos a configurar de forma individual sus Pines. Como Ud. observará en la consigna del ejercico, el Pin RA1, será configurado como entrada (1), y el Pin RA2, será configurado como salida (0). Recuerde entonces, que una de las potencialidades en el trabajo con Microcontroladores, es la posibilidad de configurar sus pines de forma individual, dependiendo de la aplicación a realizar. Recuerde también que el PORTA, posee únicamente 5 pines (RA0-RA4), por lo que el valor que enviemos a los pines restantes (RA5-RA7), no tienen ningún tipo de incidencia.

Consigna:

Realizar programa en lenguaje ensamblador, empleando el microcontrolador 16F84A, el cual permita configurar el pin RA1 como entrada, el pin RA2 como salida, conectar un pulsador al pin RA1, y en caso de haber sido pulsado (estado eléctrico 1), hacer sonar un buzzer conectado al pin RA2.

BUZZER (ZUMBADOR)

El buzzer es un transductor electroacústico, el cual al ser polarizado, emite un sonido continuo. Existen en el mercado buzzer de 5 Vcc, los cuales pueden ser controlados de forma directa por un microcontrolador.

CIRCUITO ELÉCTRICO

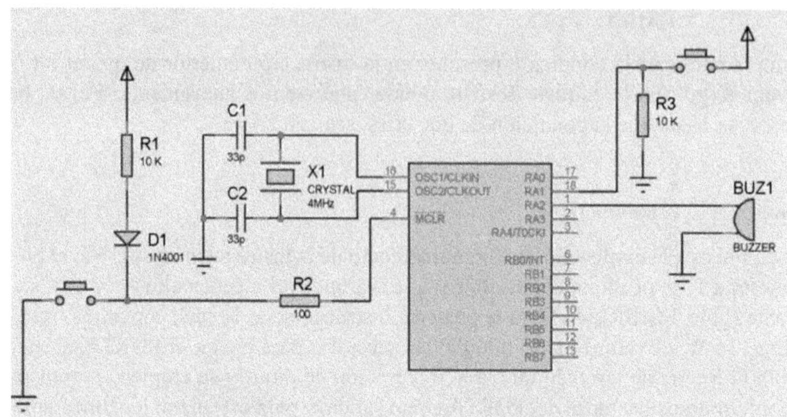

Figura 7.15. Circuito Eléctrico - Ejemplo 7.10.

Resolución – Desarrollo del Programa:

```
;EJEMPLO 7.10 - Autor: ROCHA DÍAZ.

                INCLUDE <HEAD.INC>

PORTA   EQU 0x05
STATUS EQU 0x03
W       EQU 0


                ORG 5
                bsf             STATUS,5
                movlw           b'00000010'
                movwf           PORTA
                bcf             STATUS,5
TestBit         btfss           PORTA,1
                goto            TestBit
                bsf             PORTA,2
                END
```

Explicación de la sintaxis del ejemplo 7.10:

En la línea:

INCLUDE <HEAD.INC>

Se incluye el archivo HEAD.INC, el cual contiene la declaración del Microcontrolador a emplear, el archivo include del Microcontrolador 16F84A, y la palabra de configuración.

Declaración de etiquetas:

En la línea:

PORTA EQU 0x05

Al igual que en los ejemplo anteriores, en los que hemos empleado el PORTA, definimos el mismo, igual a la posición de la Memoria de Datos 05h.

En la línea:

STATUS EQU 0x03

Al igual que en los ejemplos anteriores, definimos el registro STATUS, igual a la posición de memoria 03h, de la Memoria de Datos, recuerde también que estas direccíones, estan definidas en la Memoria de Datos, y no han se variar.

En la línea:

W EQU 0

Definimos el registro W (Work), igual a 0. Es decir que cada vez que elijamos 0 como destino, direccionaremos el registro W.

En la línea:

ORG 0

Seleccionamos la posición de la memoria de programa, a partir de la cual queremos comenzar a almacenar el programa.

En la línea:

bsf STATUS,5

Seteamos el bit 5 del Registro de Estado, a fin de pasar del Banco 0 al Banco 1, para configurar los Puertos y/o registros.

En la línea:

movlw b'00000010'

Tal cual lo indicamos en la descripción del ejemplo, y de acuerdo a la consigna dada, configuramos el Pin RA1 como entrada (lo setemaos a 1), y el Pin RA2 como salida (lo seteamos a 0). Tenga presente también, que preferentemente y por una cuestión de **ruido**, el resto de los pines que no empleamos, deben ser configurados como salida.

En la línea:

movwf PORTA

Copiamos o movemos el valor seleccionado y cargado en el registro W, necesario para configurar los pines del PORTA, de acuerdo a las condiciones del proyecto.

En la línea:

bcf STATUS,5

Una vez que configuramos los Pines del Puerto A, en el Registro de Control de dicho Puerto, limpiamos el bit 5 del Registro de Estado, a fin de regresar al Banco 0, lugar desde donde, tal cual lo indicamos en los ejemplos anteriores, corre el programa al momento de la ejecución de la aplicación.

En la línea:

TestBit btfss PORTA, 1

Al igual que en el ejemplo anterior, empleamos la etiqueta TestBit, como elemento de salto, de acuerdo al cumplimiento o no, de la condición impuesta en la instrucción btfss, en la cual, y para este ejemplo, si el bit 1 del PORTA, no ha sido seteado (puesto a nivel elctrico alto o 1 lógico), se ejecuta la instrucción siguiente, es decir goto (ir o saltar a) TestBit.

En la línea:

goto TestBit

Si no se cumple entonces la condición presente en la instrucción anterior de que el bit 1 del PORTA, esté seteado, vamos (goto) a la etiqueta TestBit, donde al igual que en el ejemplo anterior, encuestamos (testeamos), hasta que el bit 1 del PORTA, haya sido seteado, momento en el cual se ignora la instrucción presente, y se salta a la línea siguiente (bsf PORTA,2).

En la línea:

bsf PORTA,2

Si el bit 1 del PORTA, ha sido seteado (eléctricamente puesto a nivel alto), se ignora la instrucción de salto o goto a la etiqueta TestBit, y se ejecuta la presente instrucción, en la cual observe Ud., que en lugar de cargar un valor al Registro W, para posteriormente moverlo al Registro PORTA, seteamos directamente el bit en cuestion en dicho Puerto, con lo que ahorramos un paso.

La línea:

END

Representa fin de programa.

DESCRIPCIÓN DE INSTRUCCIONES

ADDLW k

La instrucción ADDLW k, es empleada para adherir (sumar) al Registro W, los ocho bits del literal ´k´. El resultado, es almacenado en el Registro W.

Afecta los bits del Registro de Estado: C, DC, Z.

ADDWF f,d

La instrucción ADDWF f,d es empleada para adicionar (sumar) los contenidos del Registro W, con un Registro ´f´. Si ´d' (destino) es 0, el resultado es almacenado en el Registro W. Si 'd' es 1, el resultado es almacenador en el Registro ´f´.

Afecta los bits del Registro de Estado: C, DC, Z.

La instrucción CLRF f, es empleada para limpiar (clear), el contenido del Registro ´f´. El bit de Z, es

Afecta el bit del Registro de Estado: Z.

La instrucción CLRW, es empleada para limpiar (clear), el contenido del Registro W. El bit de Z, es

Afecta el bit del Registro de Estado: Z.

EJEMPLO 7.11

Descripción:

En el siguiente ejemplo, hemos de emplear la instrucción ADDWF f,d a fin de realizar la suma dos operandos, y almacenar el resultado. Tenga presente, que de acuerdo a la descripción de la instrucción, uno de los operandos debe estar contenido en el Registro W, y el segundo operando´f´, debe provenir de una posición de memoria o registro.

Se emplea la instrucción CLRF f, a fin de limpiar (poner a 0) el PORTB, configurando de esta forma sus pines como salida. Recuerde que el display de 7 segmentos, se encuentra "colgado" al PORTB, es decir que cada pin del PORTB, controla un segmento.

También es importante destacar, que a fin de no realizar por el momento una tabla, convirtiendo el valor binario resultante con su equivalente decimal, vamos a emplear como ejemplo para la suma, dos valores cuya resultante, sea igual a 111 (siete en binario), de forma que al enviarlo al PORTB para ser visualizado en el 7 Segmentos, se enciendan los segmentos a, b, c, mostrando el número 7.

Consigna:

Realizar programa en lenguaje ensamblador, empleando el microcontrolador 16F84A, el cual permita realizar la suma de dos valores binarios, y mostrar el resultado en un display de 7 segmentos, conectado en los bits menos significativos del Puerto B. Los valores deben ser almacenados en las siguientes posiciones de la memoria de datos:

Operando1 = posición de memoria de datos OCh.
Operando2 = posición de memoria de datos ODh.
Resultado = posición de memoria de datos OEh.

Los valores binarios de cada operando, son los siguientes:

Operando1 = 00000011
Operando2 = 00000100

CIRCUITO ELÉCTRICO

De acuerdo a la consigna dada, el circuito eléctrico es similar al empleado para el Ejemplo 7.8. Figura 7.13.

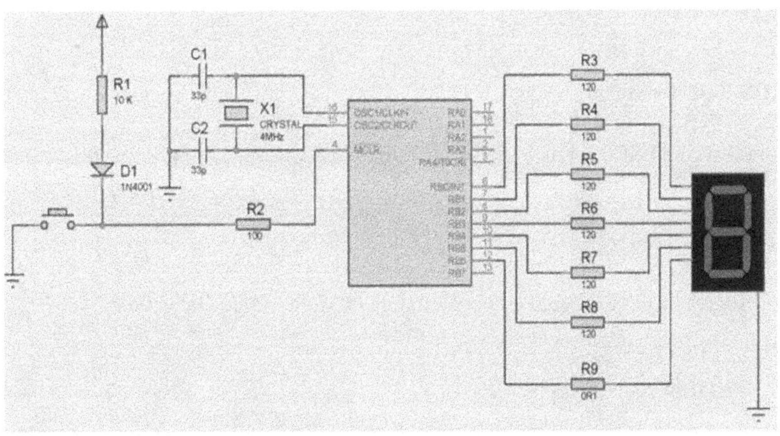

Figura 7.16. Circuito Eléctrico - Ejemplo 7.11.

Resolución – Desarrollo del Programa:

```
;EJEMPLO 7.11 - Autor: ROCHA DÍAZ.

                INCLUDE <HEAD.INC>

;Declaración de Etiquetas de Registros.

STATUS  EQU 0X03
PORTB   EQU 0X06
W       EQU 0
```

```
;Declaración de Etiquetas de Operandos.

Operando1       EQU 0x0C
Operando2       EQU 0x0D
Resultado       EQU 0x0E

                ORG 0
                bsf             STATUS,5
                clrf            PORTB
                bcf             STATUS,5
                movlw           b'00000011'
                movwf           Operando1
                movlw           b'00000100'
                movwf           Operando2
                addwf           Operando1,0
                movwf           Resultado
                movwf           PORTB
                END
```

Explicación de la sintaxis del ejemplo 7.11:

En la línea:

INCLUDE <HEAD.INC>

Se incluye el archivo HEAD.INC, el cual contiene la declaración del Microcontrolador a emplear, el archivo include del Microcontrolador 16F84A, y la palabra de configuración.

Declaración de Etiquetas de Registros:

En la línea:

STATUS EQU 0x03

Definimos el registro STATUS, igual a la posición de memoria 03h, de la Memoria de Datos.

En la línea:

PORTB EQU 0x06

Definimos al Registro PORTB, igual a la posición de la Memoria de Datos 06h.

En la línea:

W EQU 0

Definimos el registro W (Work), igual a 0. Es decir que cada vez que elijamos 0 como destino, direccionaremos el registro W.

Declaración de Etiquetas de Operandos:

En la línea:

Operando1 EQU 0x0C

De acuerdo a la consigna dada para el ejemplo, declaramos la etiqueta Operando1, igual a la posición de la memoria de datos 0C (recuerde que en el IDE MPLAB, '0X' indica que el valor es hexadecimal). Es decir que el valor binario correspondiente a Operando1, ha de ser almacenado en la posición de la memoria de datos 0C.

En la línea:

Operando2 EQU 0x0D

De acuerdo también a la consigna dada para el ejemplo, declaramos la etiqueta Operando2, igual a la posición de la memoria de datos 0D. Donde para este caso, el valor binario correspondiente a Operando2, ha de ser almacenado en la posición de la memoria de datos 0D.

En la línea:

Resultado EQU 0x0E

Declaramos la etiqueta Resultado, igual a la posición de la memoria de datos 0E, posición de memoria en la cual hemos de almacenar el resultado de la suma (adición), de los Operandos 1 y 2.

En la línea:

ORG 0

Seleccionamos la posición de la memoria de programa, a partir de la cual queremos comenzar a almacenar el programa.

En la línea:

bsf STATUS,5

Seteamos el bit 5 del Registro de Estado, a fin de pasar del Banco 0 al Banco 1, para configurar los Puertos y/o registros que sean necesarios.

En la línea:

clrf PORTB

Empleamos la instrucción clrf f, para limpiar (poner a 0 y definir como salidas), los pines del PORTB. De los cuales y tal cual se indica en la consigna del ejercicio, se debe conectar un display de 7 segmentos. Vemos también que como ha sido indicado en la descripción del ejemplo, al emplear esta instrucción, evitamos el pasaje de cargar un valor literalmente al Registro W, y desde éste, mover dicho valor '00000000' (en este caso), al PORTB.

En la línea:

bcf STATUS,5

Una vez que configuramos los Pines del Puerto B, en el Registro de Control de dicho Puerto, limpiamos el bit 5 del Registro de Estado, a fin de regresar al Banco 0.

En la línea:

movlw b'00000011'

Copiamos en el Registro W, el valor binario correspondiente al primer operando (Operando1).

En la línea:

movwf Operando1

Copiamos (movemos) el valor cargado en el Registro W, al registro Operando1 (el cual recuerde de la declaración de etiquetas, posee la dirección de memoria de datos 0C).

En la línea:

movlw b'00000100'

Copiamos en el Registro W, el valor binario correspondiente al segundo operando (Operando2).

En la línea:

movwf Operando2

Copiamos (movemos) el valor cargado en el Registro W, al registro Operando2 (el cual recuerde de la declaración de etiquetas, posee la dirección de memoria de datos 0D).

En la línea:

addwf Operando1,0

Empleamos la instrucción addwf f,d a fin de adicionar (sumar), el valor binario de 8 bits presente en el registro Operando1, con el valor binario de 8 bits presente en el registro Operando2. Tenga presente, que en la instrucción anteriormente realizada (movwf Operando2), el Registro W quedó cargado con el valor binario correspondiente al Operando2 (cuando se copia o mueve un valor, no se destruye), por lo que podemos realizar entonces la operación de suma, entre el Registro W (Operando2), y el registro Operando1 (sus contenidos). Almacenando el resultado de dicha suma, en el destino 'd', en este caso, al seleccionar d = 0, el resultado será almacenado en el Registro W.

En la línea:

movwf Resultado

Movemos el resultado de la suma, almacenado en el Registro W, a la posición de memoria (etiqueta) Resultado.

En la línea:

movwf PORTB

Copiamos (movemos) el valor presente en el Registro W, el cual corresponde a la última instrucción realizada (mover a la posición resultado, el valor suma de los Operandos 1 y 2), al PORTB. Tenga presente entonces que con esta operación, enviamos al 7 Segmentos la información a ser visualizada.

La línea:

END

Representa fin de programa.

DESCRIPCIÓN DE INSTRUCCIONES

COMF f,d

La instrucción COMF f,d permite realizar el complemento de un registro. Si el destino ´d´. es 0, el resultado es almacenado en el Registro W. Si el destino ´d´ es 1, el resultado es almacenado en el registro a complementar.

Afecta el bit del Registro de Estado: Z.

EJEMPLO 7.12

Descripción:

En el siguiente ejemplo, hemos de emplear la instrucción COMF f, d. Recuerde del Capítulo III – ELECTRÓNICA DIGITAL, que el **complemento a 1** de un número binario, es su inverso, es decir que el complemento de 0 = 1 y el complemento de 1 = 0. Tenga presente también que físicamente, el complemento a 1 de un número binario, o nivel eléctrico, se realiza con la Compuerta Lógica NOT, la cual también ha sido presentada en el Capítulo III.

Además, es importante observar lo siguiente: si Ud. debiera implementar el circuito eléctrico del presente ejemplo, y físicamente no dispone de un display de 7 segmentos Cátodo Común (el negativo es común a todos los led, y se encenderá el diodo que reciba un nivel lógico alto), puede emplear un display de 7 segmentos ánodo común, y complementar en el Microcontrolador, el valor binario a ser enviado al puerto para su posterior visualización. De esta forma, observamos que "a través del Software (la programación), podemos resolver un problema de Hardware".

Consigna:

Realizar programa en lenguaje ensamblador, empleando el microcontrolador 16F84A, el cual permita representar el ejemplo anterior, EJEMPLO 7.11, empleando un Display de 7 Segmentos Anodo Común, lo que requiere que los pines del PORTB (niveles lógicos o eléctricos enviados para representar el valor del resultado), sean complementados.

CIRCUITO ELÉCTRICO

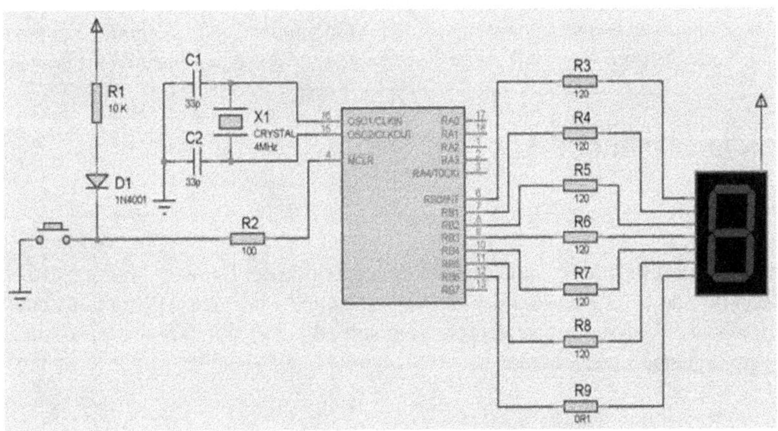

Figura 7.17. Circuito Eléctrico - Ejemplo 7.12.

Resolución – Desarrollo del Programa:

```
;EJEMPLO 7.12 - Autor: ROCHA DÍAZ.
                INCLUDE <HEAD.INC>

;Declaración de Etiquetas de Registros.

STATUS EQU 0x03
PORTB  EQU 0x06
W      EQU 0

;Declaración de Etiquetas de Operandos.

Operando1    EQU 0x0C
Operando2    EQU 0x0D
Resultado    EQU 0x0E

                ORG 0
                bsf         STATUS,5
                clrf        PORTB
                bcf         STATUS,5
                movlw       b'00000011'
                movwf       Operando1
                movlw       b'00000100'
                movwf       Operando2
                addwf       Operando1,0
                movwf       Resultado
                comf        W,0
                movwf       PORTB
                END
```

Explicación de la sintaxis del ejemplo 7.12:

Observe que del ejemplo anterior, EJEMPLO 7.11, la única modificación que ha sufrido el programa, es la incorporación de la linea comf W,0 (la cual se resalta en negrita), por lo cual entendemos, no es necesario repetir toda la explicación del programa.

En la línea:

```
comf        W,0
```

Se emplea la instrucción comf W,0 a fin de complementar los niveles eléctricos enviados al PORTB, para la visualización del resultado de la operación de suma de los Operandos 1 y 2. Recuerde entonces lo remarcado con este ejemplo “solucionamos un problema de Hardware, a través de una línea de programación”.

DESCRIPCIÓN DE INSTRUCCIONES

MOVF f,d

La instrucción MOVF f,d permite copiar (mover) el contenido del Registro f (al registro especificado en f), dependiendo el destino de la selección del bit ´d´. Donde nuevamente d = 0, significa que el Registro de destino es W, pero si d = 1, el destino es el registro mismo. d = 1 es útil para testear un registro, ya que el flag Z del Registro de Estado, es afectado.

Afecta el bit del Registro de Estado: Z.

EJEMPLO 7.13

Descripción:

En el siguiente ejemplo, empleamos la instrucción MOVF f,d para la lectura del valor binario proveniente del PORTA.

Detalle de implementación del ejemplo:

En el presente ejemplo, mostraremos también que si los Registros que hemos de emplear para nuestro programa, tales los casos de los Registros STATUS, PORTA, PORTB, W, estan definidos en el archivo INCLUDE <P16F84a.inc> con igual nombre, del que nosotros los hemos de invocar, no hará falta su declaración en el programa. Destacamos también que hasta este punto, hemos realizado la declaración de las etiquetas correspondientes a dichos registros, debido a que independientemente del nombre que le hubiesemos de asignar, es necesario que Ud. ejercite, respecto al uso de los Registros de Funciones Especiales, como así también respecto al uso del mapa de memoria.

Observe la declaración de Registros, en el archivo include:

```
;==========================================================================
;
;    Register Definitions
;
;==========================================================================

W            EQU    H'0000'
F            EQU    H'0001'

;----- Register Files-----------------------------------------------------

INDF                 EQU    H'0000'
TMR0                 EQU    H'0001'
PCL                  EQU    H'0002'
STATUS               EQU    H'0003'
FSR                  EQU    H'0004'
PORTA                EQU    H'0005'
PORTB                EQU    H'0006'
EEDATA               EQU    H'0008'
EEADR                EQU    H'0009'
PCLATH               EQU    H'000A'
INTCON               EQU    H'000B'

OPTION_REG           EQU    H'0081'
TRISA                EQU    H'0085'
TRISB                EQU    H'0086'
EECON1               EQU    H'0088'
EECON2               EQU    H'0089'

;----- STATUS Bits --------------------------------------------------------

IRP                  EQU    H'0007'
RP1                  EQU    H'0006'
RP0                  EQU    H'0005'
NOT_TO               EQU    H'0004'
NOT_PD               EQU    H'0003'
Z                    EQU    H'0002'
DC                   EQU    H'0001'
C                    EQU    H'0000'
```

Consigna:

Realizar programa en lenguaje ensamblador, empleando el microcontrolador 16F84A, el cual permita realizar la lectura de un dipswitch de 4 posiciones, conectado a los 4 pines menos significativos del PORTA, y empleando el CI Decodificador BCD a 7 Segmentos visto en el Capítulo III – ELECTRÓNICA DIGITAL, decodificar el valor binario leído, a fin de mostrar su equivalente decimal, en un display de 7 Segmentos conectado a los pines menos significativos del PORTB.

CIRCUITO ELÉCTRICO

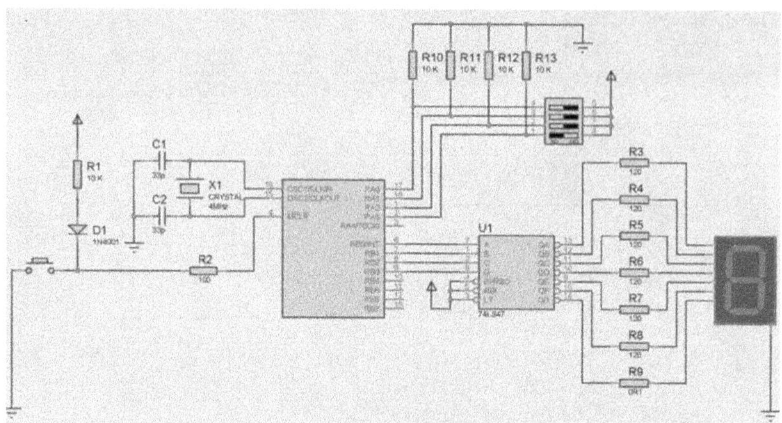

Figura 7.18. Circuito Eléctrico - Ejemplo 7.13.

Resolución – Desarrollo del Programa:

```
;EJEMPLO 7.13 - Autor: ROCHA DÍAZ.

        INCLUDE <HEAD.INC>

        ORG 0
        bsf         STATUS,5
        movlw       b'11111111'
        movwf       PORTA
        clrf        PORTB
        bcf         STATUS,5
        movf        PORTA, 0
        movwf       PORTB
        END
```

Explicación de la sintaxis del ejemplo 7.13:

Observe entonces que de las líneas de código de programa, se han eliminado las declaraciones de etiquetas de registros.

En la línea:

INCLUDE <HEAD.INC>

Se incluye el archivo HEAD.INC, el cual contiene la declaración del Microcontrolador a emplear, el archivo include del Microcontrolador 16F84A, y la palabra de configuración.

En la línea:

ORG 0

Seleccionamos la posición de la memoria de programa, a partir de la cual queremos comenzar a almacenar el programa.

En la línea:

bsf STATUS,5

Seteamos el bit 5 del Registro de Estado, a fin de pasar del Banco 0 al Banco 1, para configurar los Puertos y/o registros que sean necesarios.

En la línea:

movlw b'11111111'

Copiamos literalmente en el Registro W, el valor binario correspondiente para configurar los pines del PORTA, como entradas.

En la línea:

movwf PORTA

Copiamos (movemos) entonces el valor cargado en el registro W, a fin de configurar en el Registro de control del PORTA, sus pines como entrada.

En la línea:

clrf PORTB

Limpiamos (ponemos a 0), los bits correspondientes al Registro de control del PORTB, a fin de configurar sus pines como salida.

En la línea:

bcf STATUS,5

Una vez que configuramos los Puertos y/o Registros necesarios, de acuerdo a la consigna del programa, limpiamos el bit 5 del Registro de Estado, a fin de regresar al Banco 0, desde donde correrá el programa.

En la línea:

movf PORTA, 0

Empleamos la instrucción movf PORTA,0 a fin de leer el valor binario presente en el PORTA. Dicho valor, es almacenado en el Registro W.

En la línea:

movwf PORTB

Copiamos (movemos), el valor cargado en el Registro W en la instrucción anterior, el cual contiene el valor seleccionado en el dipswitch (PORTA), en el PORTB, a fin de ser decodificado en el CI 74LS47, y posteriormente visualizado en el display de 7 segmentos.

La línea:

END

Representa fin de programa.

DESCRIPCIÓN DE INSTRUCCIONES

ANDWF f,d

La instrucción andwf f,d implementa la función AND, entre el Registro W y el Registro f seleccionado. Si el destino 'd' es indicado como 0, el resultado es almacenado en el Registro W. Si el destino 'd' es indicado como 1, el resultado es almacenado en el Registro f.

Afecta el bit del Registro de Estado: Z.

ANDLW k

La instrucción andlw k implementa la función AND, entre el Registro W y el literal de ocho bits 'k'. El resultado es almacenado en el Registro W.

Afecta el bit del Registro de Estado: Z.

RETURN

La instrucción return, es empleada para el retorno de una subrutina.

EJEMPLO 7.14

Descripción:

En el siguiente ejemplo, hemos de emplear la instrucción ANDWF f,d a fin de combinar lo aprendido en el Capítulo III – ELECTRÓNICA DIGITAL, respecto a COMPUERTAS LÓGICAS.

Combinaremos también las instrucciones de lectura de registros y flags, a fin de complementar el uso de las instrucciones aprendidas.

Consigna:

Realizar programa en lenguaje ensamblador, empleando el microcontrolador 16F84A, el cual permita realizar la operación lógica AND, entre el valor binario '11111111', cargado en el Registro W, y un valor leído desde un dipswich de 8 combinaciones conectado al PORTB. Se debe leer el bit de Z en el Registro de Estado, y si el resultado de la operación lógica es cero, se debe encender un Diodo LED Rojo conectado al pin RA0. Si el resultado de la operación lógica es uno, se debe encender un Diodo LED Verde, conectado al pin RA1.

CIRCUITO ELÉCTRICO

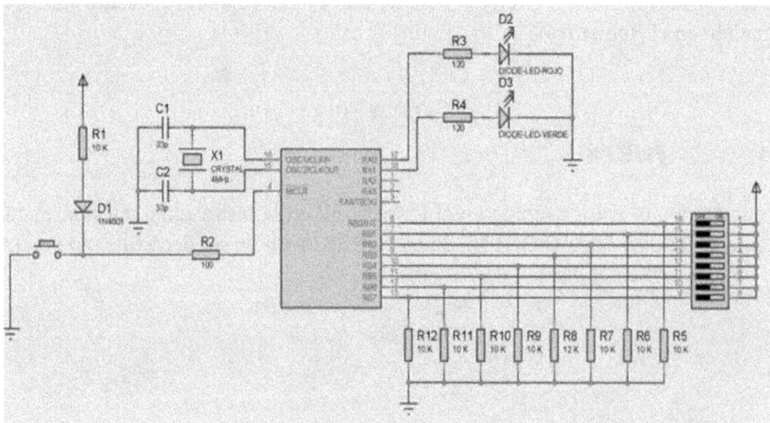

Figura 7.19. Circuito Eléctrico - Ejemplo 7.14.

Resolución – Desarrollo del Programa:

```
;EJEMPLO 7.14 - Autor: ROCHA DÍAZ.
            INCLUDE <HEAD.INC>

            ORG 0
            bsf         STATUS,5
            clrf        PORTA
            movlw       b'11111111'
            movwf       PORTB
            bcf         STATUS,5
            andwf       PORTB,0
            btfss       STATUS,Z
            goto        LedRojo
            bsf         PORTA,1
LedRojo     bsf         PORTA,0
            END
```

EMPLEO DE DELAY (retardo o demora)

Cuando Ud. aborde el Capítulo VIII – MICROCONTROLADORES EN LENGUAJE C, verá entonces la puesta en implementación, de lo aprendido en el Capítulo V – LENGUAJE C, pero no solamente destinado a la programación en alto nivel. En este punto pondrá en práctica también lo antes mencionado, respecto a la incorporación de librerías en la programación tanto a nivel de la Ingeniería de Software, como en las implementaciones de Hardware o Electrónica.

Por tal motivo, y debido también al alcance general que posee este libro, hemos de centrar en los siguientes ejemplos, el énfasis en el manejo de delays, mediante el llamado a la librería "DELAY.inc", la cual he desarrollado para dichos ejemplos.

Tenga presente también, que no tenemos a nuestro alcance para la programacion en ensamblador, una librería para el empleo de delays, dado que en el 16F84A, dicho trabajo queda destinado al empleo del **Registro TMR0**, el cual puede ser empleado como contador o temporizador. Temas estos, que han de ser profundizados en ediciones futuras, dado que además, no son fundamentales dichos registros, para lograr nuestro propósito inicial, que es el de introducirnos de forma Teórico-Práctica en la programación de Microcontroladores. Sí, debemos destacar también, que el trabajo con los registros internos (Temporizadores), posee mayor precisión debido a que dichos registros, trabajan directamente con los ciclos de clk (reloj) del sistema.

DESCRIPCIÓN DE INSTRUCCIONES

DECFSZ f,d

La instrucción decfsz f,d permite decrementar un registro y saltar si es cero, se debe indicar el registro (f) a decrementar, y el destino del valor una vez decrementado. Si el destino 'd' es indicado como 0, el resultado es almacenado en el Registro W. Si el destino 'd' es indicado como 1, el resultado es almacenado en el Registro f.

Si el resultado es 1, la próxima instrucción es ejecutada. Si el resultado es 0, entonces un NOP es ejecutado en su lugar.

Esta instrucción, emplea 2 ciclos de máquina (2Tcy).

CALL

La instrucción call (llamar – invocar), es empleada para llamar a una subrutina, su sintaxis, es call k.

No afecta flags, y es una instrucción de dos ciclos.

EJEMPLO 7.15

Descripción:

En el siguiente ejemplo, emplearemos la librería DELAY.inc, desarrollada para los siguientes ejemplos.

Consigna:

Para el EJEMPLO 7.7, agregar al mismo un delay de 1 segundo.

Realizar programa en lenguaje ensamblador, empleando el microcontrolador 16F84A, el cual permita configurar los pines del PORT B como salida, y encender un diodo LED conectado a RB0, mantener el mismo prendido durante 1 segundo, y apagado durante el mismo tiempo (se hace titilar el diodo LED).

CIRCUITO ELÉCTRICO

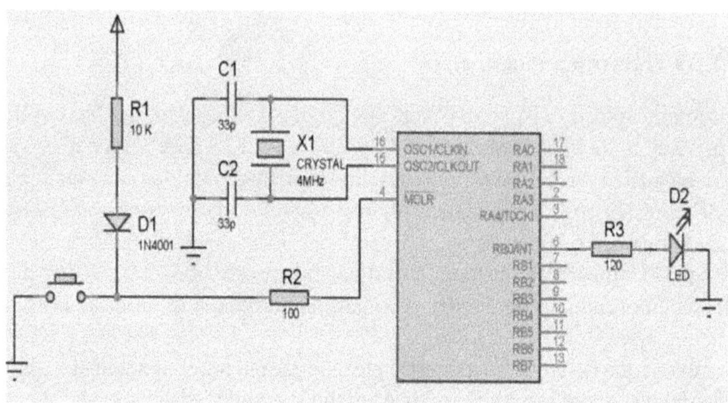

Figura 7.20. Circuito Eléctrico Ejemplo - 7.15.

El circuito es similar al de la figura 7.12. Circuito Eléctrico Ejemplo 7.7.

Resolución – Desarrollo del Programa:

```
;EJEMPLO 7.15 - Autor: ROCHA DÍAZ.

                INCLUDE <HEAD.INC>

                ORG 5
                bsf             STATUS,5
                movlw           b'00000000'
                movwf           PORTB
                bcf             STATUS,5
Secuencia       bsf             PORTB,0
                call            Delay
                bcf             PORTB,0
                call            Delay
                goto            Secuencia

                INCLUDE <DELAY.inc>

                END
```

EJEMPLO 7.16

Descripción:

En el siguiente ejemplo, hemos de emplear nuevamente la librería DELAY.inc.

Consigna:

Realizar programa en lenguaje ensamblador, empleando el microcontrolador 16F84A, el cual permita configurar los pines del PORT B como salida, y mostrar el número 3, en un display de 7 segmentos conectado entre los pines RB0-7 (no se emplea el punto decimal). Mantener el display encendido durante 1 segundo, y apagado durante el mismo tiempo (se hace titilar el display de 7 segmentos).

CIRCUITO ELÉCTRICO

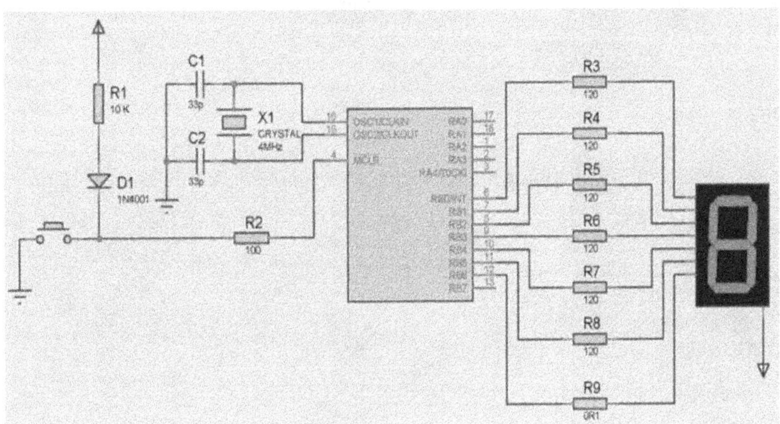

Figura 7.21. Circuito Eléctrico Ejemplo - 7.16.

Resolución – Desarrollo del Programa:

```
;EJEMPLO 7.16 - Autor: ROCHA DÍAZ.

        INCLUDE <HEAD.INC>

        ORG 0                   ;Inicio en la posicion 0, de la memoria de programa.

        bsf STATUS,5            ;Cambiamos de banco, a fin de configurar
                                ;el PORTB como salida. No inicializamos
                                ;los registros, porque estan definidos
                                ;en el archivo include.

        movlw     0X00          ;Declaramos los valores en Hexadecimal
                                ;equivale a 00000000 en binario.

        movwf     PORTB         ;Cargo dicho valor en el Registro PORTB,
                                ;a fin de configurar el mismo como salida.

        bcf       STATUS,5      ;Vuelvo al banco 0, a correr el programa.

Secuencia movlw   0X4F          ;Declaramos el valor correspondiente
                                ;al 3 decimal, en su equivalente Hexadecimal.

        movwf     PORTB         ;mando el valor al PUERTOB, a fin de
                                ;visualizar el numero 3.
```

```
call Delay                  ;mantengo el valor 1 segundo prendido.

movlw       0X00            ;Valor Hexadecimal necesario para
                            ;no polarizar los diodos led y que permanezcan
                            ;apagados.

movwf       PORTB           ;Mando el valor al puerto, a fin de apagar los
                            ;led.

call Delay                  ;Llamo a la rutina delay, a fin de mantener
                            ;apagados los diodos durante 1 segundo.

goto        Secuencia       ;Salto (voy) a la etiqueta secuencia, a fin
                            ;de iniciar nuevamente el proceso.

INCLUDE <DELAY.inc>        ;Llamo al include DELAY.inc, el cual
                           ;contiene la rutina de delay para 1 segundo.

END
```

ARCHIVO DELAY.inc

A continuación, se muestra el archivo generado para la inclusión de los delays en los programas.

;Autor ROCHA DÍAZ.

```
NIVEL1      EQU 0X0C
NIVEL2      EQU 0X0D
NIVEL3      EQU 0X0E

            movlw       b'00001010'
            movwf       NIVEL1
            movlw       b'11111111'
            movwf       NIVEL2
            movlw       b'01111111'
            movwf       NIVEL3

Level1      decfsz      NIVEL1, 1
            goto        Level2
            Goto        Cumplido

Level2      decfsz      NIVEL2, 1
            goto        Level3
            goto        RecargarL2

Level3      nop
DLevel3     decfsz      NIVEL3, 1
            goto        DLevel3
            goto        RecargarL3

RecargarL2  movlw       b'11111111'
            movwf       NIVEL2
            goto        Level1

RecargarL3  movlw       b'01111111'
            movwf       NIVEL3
            goto        Level2

Cumplido    nop

            return
```

HERRAMIENTAS DE TRABAJO CON EL 16F84A

Recuerde entonces que para realizar una aplicación Software-Electrónica con Microcontrolador, Ud. deberá implementar y contar con las siguientes herramientas de trabajo.

1º Desarrollar o poseer el circuito eléctrico del circuito a implementar.

2º Armar tal cual las placas de ejemplo en las fotos, los circuitos (en nuestro caso, hemos tomado circuitos iniciales que sean simples, pero con valor práctico). Se puede emplear como en los ejemplos una plaqueta con el método aprendido en el Capítulo II – ELECTRÓNICA ANALÓGICA.

3º Se debe desarrollar el código de programa en lenguaje ensamblador, empleando el IDE MPLAB (se puede inicialmente, comenzar empleando el IDE MPLABX, presentado en el capítulo VIII).

4º Una vez desarrollado el programa, se debe realizar la compilación del mismo, a fin de generar el archivo ejecutable (Project → Quickbuild).

5º Luego, aparece en pantalla una leyenda la cual indica BUILD SUCCEEDED (desarrollo exitoso).

6º Debemos conectar la PC con el Programador de Microcontroladores, para lo cual vamos a la solapa 'Programmer' clickeamos y seleccionamos el programador a emplear, en nuestro caso PICkit3. Es posible que en el momento del enlace, aparezca una leyenda, solicitando que seleccionemos la tensión empleada por el dispositivo, por tanto, volvemos a la solapa 'Programmer' → Settings → Power y clickeamos en el recuadro 'Power target circuit from PICkit3'.

7º Posteriormente, sobre el margen superior derecho de la pantalla, aparecen una serie de iconos, entre los que tenemos la opción 'Erase Flash Device' y 'Program'. Tenga presente que siempre es conveniente borrar la memoria del Microcontrolador, y después programarlo.

HARDWARE NECESARIO

Figura 7.22. Hardware necesario para el trabajo con µC 16F84A.

El Hardwate necesario para el trabajo con Microcontroladores, es el siguiente:

- Notebook o PC de escritorio.
- IDE MPLAB.
- Programador – PICkit3 (en nuestro caso).
- Placa complementaria al programador, la cual debe incluir el circuito de cristal y capacitores, además de incluir las siguientes conexiones:

Figura 7.23. Pines de conexión Programador-Placa.

Observe de la figura 7.23, que el programador posee a la salida 6 pines, los cuales deben ser conectados a la placa que contendrá el Microcontrolador a programar, de la siguiente forma:

Pin del Programador	Pin en la Placa al µC
1 $\overline{MCLR}$/VPP	4 $\overline{MCLR}$
2 VDD (+)	14 VDD (+)
3 Vss Ground	5 Vss (-)
4 PGD (ICSPDAT)	13 RB7 Serial Programming Data
5 PGC (ICSPCLK)	12 RB6 Serial Programming Clock
6 no se emplea.	No se emplea.

PICkit3, es un **depurador** y **programador** en circuito, de la Empresa Microchip.

Debugger-System – Device With On-Board ICE Circuitry

Una opción muy interesante para el trabajo con las herramientas que estamos empleando, es la de Debugger-System – Device With On-Board ICE Circuitry (Sistema Depurador – de Dispositivo en la Placa de Circuito, con Emulador En Circuito **ICE**).

El empleo de esta opción, le permite por ejemplo diseñar una placa de entrenamiento como la que se muestra en la siguiente imagen, pero conectar tal cual hemos de realizar en el Capítulo VIII, los pines de PGD y PGC directamente a la placa, lo que nos permite realizar las modificaciones de software, directamente sobre la placa de entrenamiento o proyecto, sin necesidad de contar con una placa independiente para la programación del µC.

No hemos conectado en la Placa de Entrenamiento del 16F84A los pines RB7 (PGD) y RB6 (PGC), necesarios para el trabajo en modo **ICE**, debido a que empleamos el pin RB6, para controlar el segmento g del display de 7 segmentos.

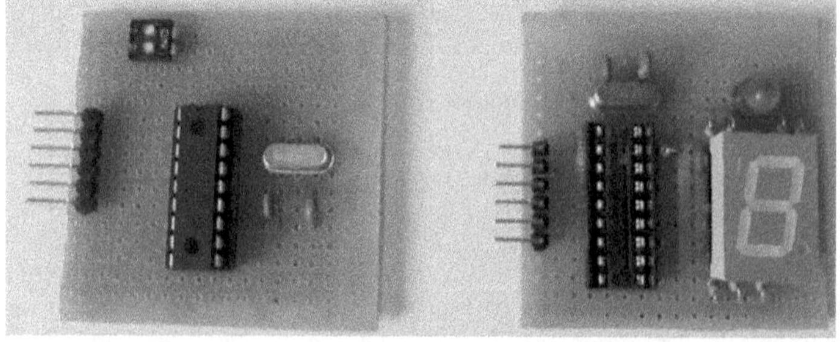

Figura 7.24. Placa de Programador (I) y Placa de Entrenamiento (D).

Tal cual hemos descrito antes, en la figura 7.24 se observa sobre la izquierda de la imagen, la placa necesaria para adaptar el Programador al zócalo para la programación del Microcontrolador a emplear. Y sobre la derecha de la misma, se observa una Placa realizada como entrenador, a fin de probar algunos de los programas desarrollados durante el presente capítulo, tales como encendido y parpadeo de diodo LED, o visualización en Display de 7 Segmentos.

Figura 7.25. Imagen de atrás de las Placas Programadora y de Entrenamiento.

Observe nuevamente de la imagen anterior, que el método de montaje empleado para la realización de las placas, es el que hemos enseñado en el Capítulo II, por lo que se observa el cable de wire wrapping, interconectando los componentes fijados a la placa experimental.

CAPÍTULO VIII

MICROCONTROLADORES EN LENGUAJE C

PRÓLOGO DEL CAPÍTULO

En el prólogo del CAPÍTULO VII - MICROCONTROLADORES EN LENGUAJE ASSEMBLER, dijimos que habríamos de emplear el IDE MPLAB, debido a su popularidad y facilidad de empleo, pero que en la actualidad dicho entorno ha sido reemplazado por el **IDE MPLAB X**, con el cual hemos de trabajar en el presente capítulo.

En el CAPÍTULO VII, introducimos también al lector en la Programación de Microcontroladores de 8 bits, en lenguaje Assembler. Ahora, hemos de introducirlo en el mundo de la Programación de **Microcontroladores en Lenguaje C**. Donde emplearemos junto al IDE MPLAB X, el **compilador XC8**, el cual puede ser también descargado de forma gratuita. Recuerde que el Lenguaje de Programación de alto nivel C, ha sido presentado en el CAPÍTULO VI - LENGUAJE C, y que en la actualidad, dicho lenguaje, puede ser empleado tanto para aplicaciones de Ingeniería de Software, como así también para realizar implementaciones de circuitos electrónicos, tales como la Programación de Microcontroladores.

Cumpliendo además con los objetivos trazados, y la metodología empleada para este libro, en el presente capítulo vamos a desarrollar los fundamentos básicos para el empleo de un Microcontrolador programable en lenguaje C, tomando como ejemplo algunos de los programas desarrollados en el capítulo anterior para el Microcontrolador 16F84A, combinándolos con las instrucciones del Lenguaje C aprendidas en el Capítulo VI, 'if', 'if...else', 'while' 'do...while' y 'for'.

EL MPLAB X IDE

Recuerde que **IDE**, es un acrónimo de Integrated Development Environment (Entorno de Desarrollo Integrado).

El MPLAB X IDE, al igual que ocurre con el MPLAB IDE, puede ser descargado de forma gratuita de la página de Microchip.

IDE MPLAB X se ejecuta bajo los sistemas operativos Windows, Mac OS, y Linux, y se emplea en el desarrollo de aplicaciones para microcontroladores Microchip y Procesadores de señales digitales.

El Entorno de Desarrollo Integrado MPLAB X, trae muchos cambios en la cadena de herramientas de desarrollo para microcontroladores PIC. Dado por ejemplo que a diferencia de versiones anteriores de MPLAB, las cuales se desarrollaron por completo en la empresa, MPLAB X está basado en el código abierto NetBeans IDE de Oracle.

EL COMPILADOR XC8

El compilador MPLAB XC, es el último compilador de Microchip, el cual ofrece una solución completa para las necesidades de desarrollo de software de proyectos, y reemplaza los compiladores MPLAB C y HI-TECH. El MPLAB XC soporta todos los Microcontroladores de 8, 16, y 32 bits, y dsPIC.

El MPLAB XC, se integra con el IDE MPLAB X. Se ejecuta en sistemas operativos Windows, Linux y Mac OS X.

PICkit3, es un **depurador** y **programador** en circuito, de la Empresa Microchip.

Entendemos sin lugar a dudas, que para quien ha de iniciarse en esta actividad, al abrir en su primer contacto el IDE MPLAB X, puede sentir la sensación de tener muchas dudas, por lo que hemos de introducir paso a paso al lector, en la conformación del primer proyecto. Recuerde también, que entre los archivos de descarga, al bajar el IDE y el Compilador a su PC, usted encuentra dentro del directorio de Microchip, una serie de documentos, los cuales contienen la guía de usuario del MPLAB_X_IDE, y el manual para el compilador MPLAB XC8.

CREACIÓN DE UN PROYECTO

1º Abrimos el MPLAB X IDE

desde la **Start Page** (página de inicio) → solapa **Learn & Discover** (aprender y descubrir) → bajamos con la barra de scroll (barra de desplazamiento), y en el grupo o categoria **Dive In** (Inmersión en), seleccionamos → **Create New Project** (Crear Nuevo Proyecto). Luego nos aparece un formulario o cuadro, con la indicación de **New Project** (Nuevo Proyecto), a partir del cual, debemos seguir los siguientes pasos (**steps**):

- Paso 1
  Choose Project (Seleccionar Proyecto) → **Categories** (Categorias) → **Microchip Embedded** (Microchip Incrustado) → **Standalone Project** (Proyecto Independiente) → **Next** (Próximo) .
- Paso 2
  Select Device (Seleccionar Dispositivo) → **Family** (Familia): Advanced 8-bit MCUs (PIC18) → **Device** (Dispositivo): PIC18F4610 → **Next** (Próximo).
- Paso 4
  Select Tool (Seleccionar Herramienta) → **PICkit3** → **Next** (Próximo).
- Paso 6
  Select Compiler (Seleccionar Compilador) → **XC8** → XC8 (versión ….).. → **Next** (Próximo).

- Paso 7
  Select Project Name and Folder (Seleccionar Nombre de Proyecto y Carpeta) → **Project Name** (Nombre de Proyecto) → (Ejemplo) Uno → **Project Location** (Ubicación del Proyecto) lo recomendable es desde el disco C, crear una carpeta en la cual guardar todos los proyectos que generemos → (Ejemplo) C:\ProjectsMPLABX → **Project Folder** (Carpeta de Proyecto) automáticamente, nos muestra la siguiente ubicación C:\ProjectsMPLABX\Uno.X → **Finish** (Terminar), y hemos creado nuestro proyecto llamado Uno.

ARMADO DE PROYECTO

Tenga presente que para la creación de un proyecto, son necesarias dos etapas, la creación del proyecto, la cual realizamos anteriormente, y la creación del archivo fuente (Source File). Ahora veremos entonces cuales son los pasos necesarios para la creación del Source File.

1° Una vez que Ud. ha generado un proyecto, el mismo aparece sobre el margen superior izquierdo de la pantalla, **Projects** (si ha creado otros, aparecen también en forma de listado). Desde allí, Ud. verá la imagen de un archivo, con el nombre por Ud. elegido, para nuestro primer ejemplo, el nombre de Proyecto elegido fue Uno. Dentro de ese archivo, Ud. verá seis carpetas, de las cuales debe buscar la carpeta → **Source Files** (Archivos de Código Fuente), y posicionado sobre ella, picar (cliquear) el botón derecho del mouse. Luego de lo cual aparece una plantilla o recuadro, **New** (Nuevo) → teniendo ahora la opción de seleccionar una plantilla, o seleccionar la opción → **Other** (Otro), donde se nos abre un formulario o recuadro con la leyenda → **New File** (Nuevo Archivo) → **Steps** (Pasos):

- Paso 1
  Choose File Type (Elija o Seleccione el Tipo de Arcchivo) → solapa con varias opciones, de la cuales elegimos → **Microchip Embedded** (Microchip Incrustado) hacemos doble clic o expandimos, y seleccionamos la opción → **XC8 Compiler** (Compilador XC8) → **main.c** → **Next** (Próximo).

- Paso 2
  Name and Location (Nombre y Ubicación) → **File Name** (Nombre de Archivo) donde debemos seleccionar un archivo (conviene llamarlo main). La extensión por defecto, es **c**. Observe que en la opción Created File, en la parte inferior del formulario, aparece: C:\ProjectsMPLABX\Uno.X\main.c, es decir que dentro de la Carpeta ProjectsMPLABX, se ha creado el Proyecto Uno.X, el cual contiene el Archivo de Programa main.c.

DESARROLLO DE PROGRAMA

Una vez que Ud. ha creado entonces el proyecto, puede comenzar el desarrollo del programa, para lo cual, debe en la parte superior izquierda de la pantalla **Projects**, cliquear o picar en la carpeta **Source Files**, la cual contiene el archivo de programa main.c, y hacer doble clic sobre éste, seguido de lo cual, aparecerá un formulario, con la siguiente información:

```
/*
 * File:  main.c
 * Author: ROCHA DIAZ
 *
 * Created on XX de julio de 20XX, XX:XX
 */

#include <xc.h>

void main(void) {
  return;
}
```

Luego, y de acuerdo al Microcontrolador que Ud. ha de emplear, debe cargar debajo del archivo include, los fusibles de configuración que sean necesarios, y realizar el programa dentro de las llaves de la función general main.

IMPORTANTE: para la configuración de fusibles, Ud. debe clickear sobre la opción **window** de la barra de herramientas, seleccionar luego la opción **PIC Memory Views**, y clickear ahora sobre la opción **Configuration Bits**. Luego de lo cual, en la parte inferior del proyecto, se abrirá una ventana con las columnas: Output, Tasks (funciones), y Configuration Bits, las cuales dan indicación de los fusibles de configuración disponibles, para el Microcontrolador que Ud. ha seleccionado en su proyecto. Una vez que Ud. ha configurado los mismos, debe clickear sobre la opción **Generate Source Code to Output** (Generar Código Fuente a la Salida). Finalmente, aparecerá una nueva solapa con la identificación: **Output - Config Bits Source**, en la cual se detallan los fusibles por nosotros configurados. A esta configuración, debemos pegarla en nuestro proyecto (estos son los fusibles de configuración empleados en nuestros programas).

Consideraciones:

Una vez que haya desarrollado el programa, y al momento de la compilación **Make and Program De-** (Realizar la Compilación y Programar el Dsipositivo), ha de aparecer un formulario o cuadro, con el siguiente mensaje:

CAUTION:

Check that the debice select in MPLAB IDE (PIC18F4610) is the same on that is physically attached to the debug tool. Selecting a 5V device when a 3.3 device is connected can result in damage to the device when the debugger checks the device ID. Do you wish to continue?

Seleccione OK

PRECAUCIÓN:

Chequee que el dispositivo seleccionado en el MPLAB IDE (PIC18F4610) es el mismo que el que está conectado a la herramienta de depuración. Seleccionar un dispositivo de 5V cuando se conecta un dispositivo de 3,3 puede provocar daños en el dispositivo cuando el debagueador comprueba el ID del dispositivo.

¿Desea Continuar?

Seleccione OK

Y luego aparecerá la leyenda **Connection Failed** (Conexión Fallada).

Seguidamente, Ud. debe cliquear en la solapa **File** (archivo) → **Project Properties (uno)** (Propiedades del Proyecto (uno)) → y se despliega un formulario o cuadro → **Project Properties – uno** → **Categories** (Categorias): donde Ud. debe seleccionar → **Conf [default]** → **PICkit 3** → y en el item **Option Catego-** (Opción de Categorias), en la parte superior del formulario, seleccionar la opción → **Power** (Energía) y en la opción → **Power target circuit from PICkit3** (Alimentar la tarjeta del circuito PICkit3), **cliquear** en el recuadro. Finalmente, debe seleccionar la opción → **apply** (aplicar) y luego → **OK**.

Luego, Ud. debe volver a seleccionar:

Make and Program Device (Realizar la Compilación y Programar el Dsipositivo), seguido de lo cual, le aparecerá la opción:

Programming...
Programming/Verify complete

Programación...
Programación/Verificación Completa

Lo que significa, que el proceso de depuración y programación, se ha realizado satisfactoriamente.

DIRECTIVAS

En el Capítulo VI – LENGUAJE C, hemos presentado la definición de directivas, junto al significado de la directiva #include. Recordemos entonces que las directivas para el preprocesador, son empleadas para hacer más sencillos los programas fuentes, y el trabajo con estos.

Las directivas comienzan con el símbolo # como primer carácter, e indican al preprocesador una acción específica a ejecutar.

CONSTANTES SIMBÓLICAS

Las constantes simbólicas, son constantes representadas por símbolos.

MACROS

Las macros son operaciones definidas como símbolos.

DIRECTIVA #define

La directiva #define se emplea para crear constantes simbólicas y macros.

Formato:

#define identificador texto de reemplazo

Cuando empleamos esta línea en un programa, cada vez que aparece el identificador, es reemplazado por el texto de reemplazo.

Ejemplo:

#define f = 50

Cada vez que f (frecuencia) aparece en el programa, es reemplazada por los 50 ciclos, correspondientes a la frecuencia de la red eléctrica.

DIRECTIVA #pragma

La directiva #pragma, define una acción dentro del programa.

EJEMPLOS:

EJEMPLO 8.1

Consigna:

Desarrollar empleando el Microcontrolador 18F4610, un programa (proyecto) en Lenguaje C, el cual permita realizar el ejemplo visto en el Capítulo VII – Ejemplo 7.6: configurar los pines del Port A como salida y configurar los pines del Port B como entrada.

DETALLE DE IMPLEMENTACIÓN – IMPORTANTE

Recuerde la explicación dada al inicio del Capítulo: lo primero que Ud. debe hacer, es la creación de un proyecto. Luego y como segundo paso, debe realizar el armado del mismo. Tome como ejercitación la guía de pasos, y desarrolle el primer proyecto con el nombre **Ocho1**. Recuerde también realizar la configuración de fusibles, de acuerdo también a la explicación dada (puede tomar como guía la configuración de fusibles realizada para el presente ejemplo).

Configuración de fusibles, detalles importantes: Ud. debe tener en cuenta que de acuerdo al presente ejemplo Ocho1, una vez que sigue los pasos indicados para la configuración de fusibles, a las líneas de comentarios las agrega el programa. Es decir que debe ocuparse simplemente de la configuración (ON – OFF – Parámetros). Otra cuestión importante, es que luego de haber configurado los fusibles para un Microcontrolador en particular, puede copiar dicha configuración en los nuevos proyectos, lo cual permite ganar tiempo y también evitar errores.

En el ejemplo, el texto de las líneas de comentarios ha sido reducido, a fin de ser adaptado al ancho de página, lo que facilitará su interpretación inicial. Observe también como ejemplo, que las líneas de comentarios de las declaraciones de fusibles, han sido declaradas con el operador barra doble '//' empleado también en el Lenguaje C, para realizar un comentario en una línea.

CIRCUITO ELÉCTRICO

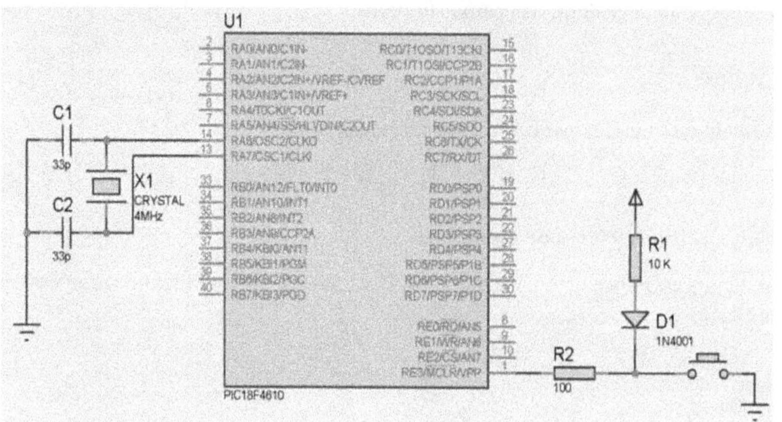

Figura 8.1. Circuito Eléctrico Ejemplo 8.1.

Observación:

Observe de la figura 8.1, que debido a que en el presente ejemplo no se solicita el manejo de puertos, el circuito eléctrico del Ejemplo 8.1, coincide con la configuración básica del microcontrolador, para cualquier aplicación de hardware a realizar.

Resolución – Desarrollo del Programa:

```
/*Ejemplo: 8.1
 * File:   main.c
 * Author: YIYE ROCHA DIAZ

 * Created on XX de julio de 20XX, XX:XX


#include <xc.h>

// PIC18F4610 Configuration Bit Settings
```

```
// CONFIG1H
#pragma config OSC = XT   // Oscillator Selection bits (XT oscillator)
#pragma config FCMEN = OFF  // Fail-Safe Clock Monitor Enable bit (Fail-Safe Clock Monitor disabled)
#pragma config IESO = OFF // Internal/External Oscillator Switchover bit (Oscillator Switchover mode disabled)

// CONFIG2L
#pragma config PWRT = ON // Power-up Timer Enable bit (PWRT enabled)
#pragma config BOREN = SBORDIS // Brown-out Reset Enable bits (Brown-out Reset enabled in hardware only (SBOREN is disabled))
#pragma config BORV = 3   // Brown Out Reset Voltage bits (Minimum setting)

// CONFIG2H
#pragma config WDT = OFF// Watchdog Timer Enable bit (WDT disabled (control is placed on the SWDTEN bit))
#pragma config WDTPS = 32768  // Watchdog Timer Postscale Select bits (1:32768)

// CONFIG3H
#pragma config CCP2MX = PORTC// CCP2 MUX bit (CCP2 input/output is multiplexed with RC1)
#pragma config PBADEN = ON //PORTB A/D Enable bit (PORTB<4:0> pins are configured as analog input channels on Reset)
#pragma config LPT1OSC = OFF// Low-Power Timer1 Oscillator Enable bit (Timer1 configured for higher power operation)
#pragma config MCLRE = OFF// MCLR Pin Enable bit (RE3 input pin enabled; MCLR disabled)

// CONFIG4L
#pragma config STVREN = ON// Stack Full/Underflow Reset Enable bit (Stack full/underflow will cause Reset)
#pragma config LVP = OFF // Single-Supply ICSP Enable bit (Single-Supply ICSP disabled)
#pragma config XINST = OFF // Extended Instruction Set Enable bit (Instruction set extension and Indexed Addressing mode disabled (Legacy mode))

// CONFIG5L
#pragma config CP0 = OFF// Code Protection bit (Block 0 (000800-003FFFh) not code-protected)
#pragma config CP1 = OFF// Code Protection bit (Block 1 (004000-007FFFh) not code-protected)
#pragma config CP2 = OF // Code Protection bit (Block 2 (008000-00BFFFh) not code-protected)
#pragma config CP3 = OFF// Code Protection bit (Block 3 (00C000-00FFFFh) not code-protected)

// CONFIG5H
#pragma config CPB = OFF// Boot Block Code Protection bit (Boot block (000000-0007FFh) not code-protected)

// CONFIG6L
#pragma config WRT0 = OFF // Write Protection bit (Block 0 (000800-003FFFh) not write-protected)
#pragma config WRT1 = O    // Write Protection bit (Block 1 (004000-007FFFh) not write-protected)
#pragma config WRT2 = OFF// Write Protection bit (Block 2 (008000-00BFFFh) not write-protected)
#pragma config WRT3 = OFF// Write Protection bit (Block 3 (00C000-00FFFFh) not write-protected)

// CONFIG6H
#pragma config WRTC = OFF // Configuration Register Write Protection bit (Configuration registers (300000-3000FFh) not write-protected)
#pragma config WRTB = OFF// Boot Block Write Protection bit (Boot block (000000-0007FFh) not write-protected)

// CONFIG7L
#pragma config EBTR0 = OFF// Table Read Protection bit (Block 0 (000800-003FFFh) not protected from table reads executed in other blocks)
#pragma config EBTR1 = OFF// Table Read Protection bit (Block 1 (004000-007FFFh) not protected from table reads executed in other blocks)
#pragma config EBTR2 = OFF// Table Read Protection bit (Block 2 (008000-00BFFFh) not protected from table reads executed in other blocks)
#pragma config EBTR3 = OF // Table Read Protection bit (Block 3 (00C000-00FFFFh) not protected from table reads executed in other blocks)

// CONFIG7H
#pragma config EBTRB = OFF// Boot Block Table Read Protection bit (Boot block (000000-0007FFh) not protected from table reads executed in other blocks)

void main(void)
{
  ADCON1bits.PCFG=0b00001111; // Con 4 unos configuro todos los puertos digitales.
  TRISA=0; //Configuro el Port A como Salida.
  TRISB=1; //Configuro el Port B como Entrada.
  return;
}
```

Explicación de la sintaxis del programa:

En la línea:

#include <xc.h>

Se incluye el archivo xc.h el cual y al igual que ocurría en el capítulo VI – LENGUAJE C, con el archivo stdio.h, posee éste, elementos básicos de configuración, necesarios para la creación de cualquier proyecto.

Las líneas siguientes:

// **PIC18F4610 Configuration Bit Settings**

Corresponden a la configuración de fusibles.

La línea:

void main(void)

Al igual que vimos en el capítulo VI – LENGUAJE C, main() representa a la función principal main. En este caso, la función no espera recibir ningún valor de retorno, por lo que su argumento está vacío (void).

La línea:

La llave izquierda indica el inicio del cuerpo de la función main.

La línea:

ADCON1bits.PCFG=0b00001111;

Es empleada para configurar todos los Puertos del Microcontrolador, como digitales.

La línea:

TRISA=0;

Es empleada para configurar de acuerdo a la consigna del ejemplo, los pines del Puerto A como salida.

La línea:

TRISB=1;

Es empleada para configurar de acuerdo a la consigna del ejemplo, los pines del Puerto B como entrada.

La línea:

return;

Al igual que vimos en el capítulo VI – LENGUAJE C, la instrucción "return" es empleada para indicar que el programa terminó con éxito.

La línea:

Al igual que vimos en el capítulo VI – LENGUAJE C, la llave hacia la derecha, indica el cierre del cuerpo de la función main, y para este caso, fin de programa.

10-BIT conversor analógico a digital (A / D) MÓDULO

El 18F4610, posee un módulo conversor Analógico a digital (A / D) de 10 entradas para los dispositivos de 28 pines y 13 para los dispositivos 10/44-pines. El cual permite la conversión de una señal de entrada analógica a un número digital de 10 bits correspondiente.

El módulo tiene cinco registros (posiciones de memoria de 8 bits), entre ellos el The registro **ADCON1** empleado en el ejemplo anterior, el cual permite configurar las funciones de los pines del puerto.

Empleo de la instrucción while:

EJEMPLO 8.2

Consigna:

Desarrollar empleando el Microcontrolador 18F4610, un programa (proyecto) en Lenguaje C, el cual permita realizar el ejemplo visto en el Capítulo VII – Ejemplo 7.7: configurar los pines del PORT B como salida, y encender un diodo LED conectado a RB0.

CIRCUITO ELÉCTRICO

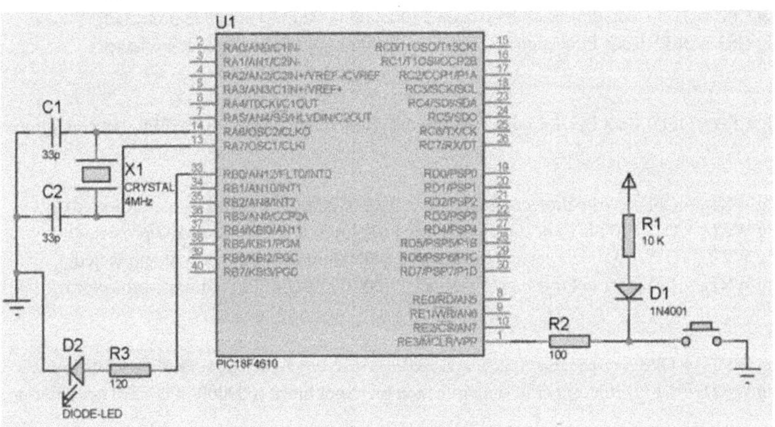

Figura 8.2. Circuito Eléctrico Ejemplo 8.2.

Resolución – Desarrollo del Programa:

```
/*Ejemplo: 8.2
 * File:   main.c
 * Author: YIYE ROCHA DIAZ
 *
 * Created on XX de julio de 20XX, XX:XX
 */

#include <xc.h>

// PIC18F4610 Configuration Bit Settings

// CONFIG1H
#pragma config OSC = XT    // Oscillator Selection bits (XT oscillator)
#pragma config FCMEN = OFF  // Fail-Safe Clock Monitor Enable bit (Fail-Safe Clock Monitor disabled)
#pragma config IESO = OFF // Internal/External Oscillator Switchover bit (Oscillator Switchover mode disabled)
```

```
// CONFIG2L
#pragma config PWRT = ON // Power-up Timer Enable bit (PWRT enabled)
#pragma config BOREN = SBORDIS // Brown-out Reset Enable bits (Brown-out Reset enabled in hardware only (SBOREN is disabled))
#pragma config BORV = 3    // Brown Out Reset Voltage bits (Minimum setting)

// CONFIG2H
#pragma config WDT = OFF// Watchdog Timer Enable bit (WDT disabled (control is placed on the SWDTEN bit))
#pragma config WDTPS = 32768  // Watchdog Timer Postscale Select bits (1:32768)

// CONFIG3H
#pragma config CCP2MX = PORTC// CCP2 MUX bit (CCP2 input/output is multiplexed with RC1)
#pragma config PBADEN = ON //PORTB A/D Enable bit (PORTB<4:0> pins are configured as analog input channels on Reset)
#pragma config LPT1OSC = OFF// Low-Power Timer1 Oscillator Enable bit (Timer1 configured for higher power operation)
#pragma config MCLRE = OFF// MCLR Pin Enable bit (RE3 input pin enabled; MCLR disabled)

// CONFIG4L
#pragma config STVREN = ON// Stack Full/Underflow Reset Enable bit (Stack full/underflow will cause Reset)
#pragma config LVP = OFF // Single-Supply ICSP Enable bit (Single-Supply ICSP disabled)
#pragma config XINST = OFF // Extended Instruction Set Enable bit (Instruction set extension and Indexed Addressing mode disabled (Legacy mode))

// CONFIG5L
#pragma config CP0 = OFF// Code Protection bit (Block 0 (000800-003FFFh) not code-protected)
#pragma config CP1 = OFF// Code Protection bit (Block 1 (004000-007FFFh) not code-protected)
#pragma config CP2 = OF // Code Protection bit (Block 2 (008000-00BFFFh) not code-protected)
#pragma config CP3 = OFF// Code Protection bit (Block 3 (00C000-00FFFFh) not code-protected)

// CONFIG5H
#pragma config CPB = OFF// Boot Block Code Protection bit (Boot block (000000-0007FFh) not code-protected)

// CONFIG6L
#pragma config WRT0 = OFF // Write Protection bit (Block 0 (000800-003FFFh) not write-protected)
#pragma config WRT1 = O    // Write Protection bit (Block 1 (004000-007FFFh) not write-protected)
#pragma config WRT2 = OFF// Write Protection bit (Block 2 (008000-00BFFFh) not write-protected)
#pragma config WRT3 = OFF// Write Protection bit (Block 3 (00C000-00FFFFh) not write-protected)

// CONFIG6H
#pragma config WRTC = OFF // Configuration Register Write Protection bit (Configuration registers (300000-3000FFh) not write-protected)
#pragma config WRTB = OFF// Boot Block Write Protection bit (Boot block (000000-0007FFh) not write-protected)

// CONFIG7L
#pragma config EBTR0 = OFF// Table Read Protection bit (Block 0 (000800-003FFFh) not protected from table reads executed in other blocks)
#pragma config EBTR1 = OFF// Table Read Protection bit (Block 1 (004000-007FFFh) not protected from table reads executed in other blocks)
#pragma config EBTR2 = OFF// Table Read Protection bit (Block 2 (008000-00BFFFh) not protected from table reads executed in other blocks)
#pragma config EBTR3 = OF // Table Read Protection bit (Block 3 (00C000-00FFFFh) not protected from table reads executed in other blocks)

// CONFIG7H
#pragma config EBTRB = OFF// Boot Block Table Read Protection bit (Boot block (000000-0007FFh) not protected from table reads executed in other blocks)

void main(void)

   ADCON1bits.PCFG=0b00001111; // Con 4 unos configuro todos los puertos digitales.
   TRISB=0;                     //Configuro el Port B como Salida.

    while(1){
      LATB=0X01;


   return;
```

Explicación de la sintaxis del programa:

En la línea:

#include <xc.h>

Se incluye el archivo xc.h necesario para la creación de cualquier proyecto.

Las líneas siguientes:

// PIC18F4610 Configuration Bit Settings

Corresponden a la configuración de fusibles.

La línea:

void main(void)

Representa a la función principal main. La función no espera recibir ningún valor de retorno, por lo que su argumento está vacío (void).

La línea:

{

La llave izquierda indica el inicio del cuerpo de la función main.

La línea:

ADCON1bits.PCFG=0b00001111;

Es empleada para configurar todos los Puertos del Microcontrolador, como digitales.

La línea:

TRISB=0; //Configuro el Port B como Salida.

Tal cual lo describe el comentario del programa, es empleada para configurar los pines del Puerto B como salida. Entre los que se encuentra RB0.

La línea:

while(1){

En esta línea, la instrucción while (mientras) es empleada para generar un loop infinito, dado que en nuestro programa, la condición nunca ha de valer 0 (false o falso). Observe también al igual que vimos en el Capítulo VI, el empleo de la llave izquierda '{' a fin de establecer las instrucciones que han de ser contenidas dentro del cuerpo de la instrucción while.

La línea:

LATB=0X01;

En esta línea, encendemos el LED conectado al pin RB0, del Registro LATB. Observe que '0X' indica que el valor es hexadecimal, y '01' hexadecimal, equivale a 00000001 binario, con lo que estamos indicando que el pin a ser seteado, es el pin 0 (RB0).

La línea:

}

La llave derecha '}' indica el fin del cuerpo de la instrucción while.

La línea:

```
return;
```

La instrucción "return" es empleada para indicar que el programa terminó con éxito.

La línea:

La llave hacia la derecha, indica el cierre del cuerpo de la función main, y fin de programa.

Empleo de la instrucción do...while:

EJEMPLO 8.3

Consigna:

Realizar el ejemplo anterior, EJEMPLO 8.2, introduciendo al menos cuatro modificaciones a las líneas de código empleadas.

Desarrollar empleando el Microcontrolador 18F4610, un programa (proyecto) en Lenguaje C, el cual permita realizar el ejemplo visto en el Capítulo VII – Ejemplo 7.7: configurar los pines del PORT B como salida, y encender un diodo LED conectado a RB0.

CIRCUITO ELÉCTRICO

Observe que la consigna (software) ha cambiado respecto al ejemplo 8.2, pero el circuito eléctrico (hardware), es el mismo.

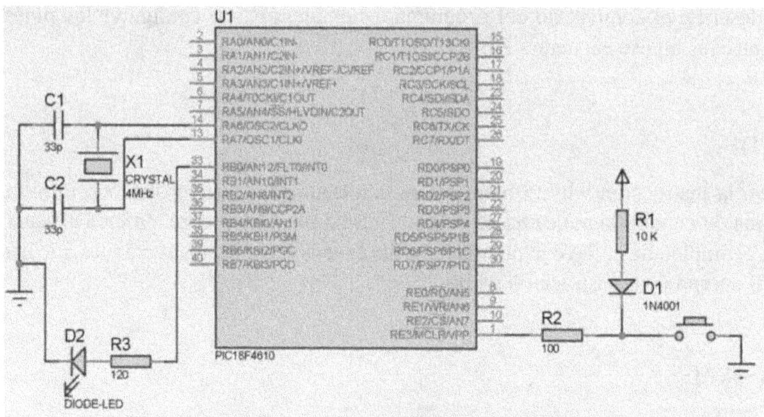

Figura 8.3. Circuito Eléctrico Ejemplo 8.3.

Resolución – Desarrollo del Programa:

```
/*Ejemplo: 8.3
 * File:   main.c
 * Author: YIYE ROCHA DIAZ
 *
 * Created on XX de julio de 20XX, XX:XX
 */

#include <xc.h>

// PIC18F4610 Configuration Bit Settings

// CONFIG1H
#pragma config OSC = XT   // Oscillator Selection bits (XT oscillator)
#pragma config FCMEN = OFF  // Fail-Safe Clock Monitor Enable bit (Fail-Safe Clock Monitor disabled)
#pragma config IESO = OFF // Internal/External Oscillator Switchover bit (Oscillator Switchover mode disabled)

// CONFIG2L
#pragma config PWRT = ON // Power-up Timer Enable bit (PWRT enabled)
#pragma config BOREN = SBORDIS // Brown-out Reset Enable bits (Brown-out Reset enabled in hardware only (SBOREN is disabled))
#pragma config BORV = 3   // Brown Out Reset Voltage bits (Minimum setting)

// CONFIG2H
#pragma config WDT = OFF// Watchdog Timer Enable bit (WDT disabled (control is placed on the SWDTEN bit))
#pragma config WDTPS = 32768  // Watchdog Timer Postscale Select bits (1:32768)

// CONFIG3H
#pragma config CCP2MX = PORTC// CCP2 MUX bit (CCP2 input/output is multiplexed with RC1)
#pragma config PBADEN = ON //PORTB A/D Enable bit (PORTB<4:0> pins are configured as analog input channels on Reset)
#pragma config LPT1OSC = OFF// Low-Power Timer1 Oscillator Enable bit (Timer1 configured for higher power operation)
#pragma config MCLRE = OFF// MCLR Pin Enable bit (RE3 input pin enabled; MCLR disabled)

// CONFIG4L
#pragma config STVREN = ON// Stack Full/Underflow Reset Enable bit (Stack full/underflow will cause Reset)
#pragma config LVP = OFF // Single-Supply ICSP Enable bit (Single-Supply ICSP disabled)
#pragma config XINST = OFF // Extended Instruction Set Enable bit (Instruction set extension and Indexed Addressing mode disabled (Legacy mode))

// CONFIG5L
#pragma config CP0 = OFF// Code Protection bit (Block 0 (000800-003FFFh) not code-protected)
#pragma config CP1 = OFF// Code Protection bit (Block 1 (004000-007FFFh) not code-protected)
#pragma config CP2 = OF // Code Protection bit (Block 2 (008000-00BFFFh) not code-protected)
#pragma config CP3 = OFF// Code Protection bit (Block 3 (00C000-00FFFFh) not code-protected)

// CONFIG5H
#pragma config CPB = OFF// Boot Block Code Protection bit (Boot block (000000-0007FFh) not code-protected)

// CONFIG6L
#pragma config WRT0 = OFF // Write Protection bit (Block 0 (000800-003FFFh) not write-protected)
#pragma config WRT1 = O     // Write Protection bit (Block 1 (004000-007FFFh) not write-protected)
#pragma config WRT2 = OFF// Write Protection bit (Block 2 (008000-00BFFFh) not write-protected)
#pragma config WRT3 = OFF// Write Protection bit (Block 3 (00C000-00FFFFh) not write-protected)

// CONFIG6H
#pragma config WRTC = OFF // Configuration Register Write Protection bit (Configuration registers (300000-3000FFh) not write-protected)
#pragma config WRTB = OFF// Boot Block Write Protection bit (Boot block (000000-0007FFh) not write-protected)

// CONFIG7L
#pragma config EBTR0 = OFF// Table Read Protection bit (Block 0 (000800-003FFFh) not protected from table reads executed in other blocks)
#pragma config EBTR1 = OFF// Table Read Protection bit (Block 1 (004000-007FFFh) not protected from table reads executed in other blocks)
#pragma config EBTR2 = OFF// Table Read Protection bit (Block 2 (008000-00BFFFh) not protected from table reads executed in other blocks)
#pragma config EBTR3 = OF // Table Read Protection bit (Block 3 (00C000-00FFFFh) not protected from table reads executed in other blocks)
```

```
// CONFIG7H
#pragma config EBTRB = OFF// Boot Block Table Read Protection bit (Boot block (000000-0007FFh) not protected from table reads executed in other blocks)

void main(void)

    ADCON1bits.PCFG=0b00001111; // Configuro todos los puertos como digitales.
    TRISB=0b00000000;             //Configuro los Pines del Port B como Salida.

        LATB=0b00000001;

    while(1);

    return;
```

Explicación de la sintaxis del programa:

De acuerdo a la consigna del ejercicio, se realizaron cuatro modificaciones en las líneas de código, respecto al Ejemplo 8.2. Observe ellas fueron las siguientes:

modificación:

Se reemplazó la línea de código: TRISB=0; //Configuro el Port B como Salida.

Por la línea de código: TRISB=0b00000000; //Configuro los Pines del Port B como Salida.

En la cual en vez de configurar a 0 todo el Puerto (Registro TRISB), se configura a 0 cada Pin (como salida).

modificación:

Se reemplazó la línea de código: while(1){

Por la línea de código: do{

Observe que a fin de ejercitar también con las instrucciones aprendidas en el Capítulo VI – Lenguaje C, se reemplaza el uso de la instrucción while, por el de la instrucción do...while, empleando entonces la estructura de ésta.

modificación:

Se reemplazó la línea de código: LATB=0X01;

Por la línea de código: LATB=0b00000001;

En esta línea de código de programa, se reemplaza la escritura en hexadecimal del valor correspondiente a setear el bit 0 del Registro LATB, por la equivalente escritura en binario. Observe entonces que el Compilador interpreta ambas.

modificación:

Se emplea la instrucción while(1); como cierre de la instrucción do...while. Donde además recuerde del Capítulo VI, la evaluación de continuación de ciclo, se ejecuta al final. Se produce nuevamente un bucle infinito.

Empleo de la instrucción if:

EJEMPLO 8.4

Realizar la consigna de los ejemplos anteriores, Ejemplos 8.2 y 8.3, empleando la instrucción if.

CIRCUITO ELÉCTRICO

Observe nuevamente que volvemos a modificar el programa (software), pero el hardware sigue siendo el mismo. Este es el mismo concepto empleado para las descargas de actualización de software, en los dispositivos electrónicos.

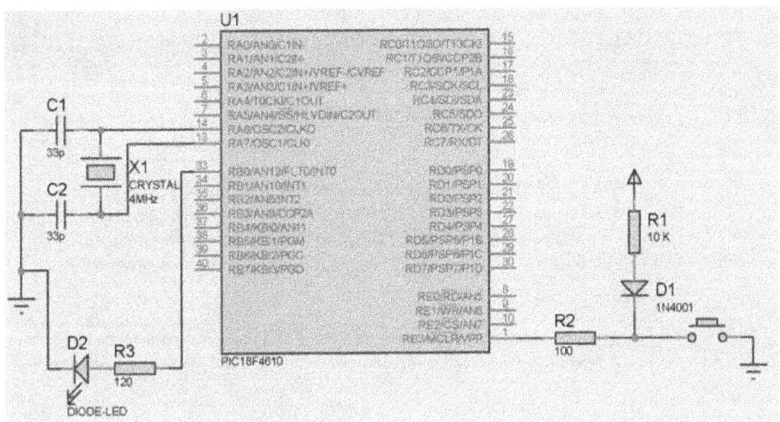

Figura 8.4. Circuito Eléctrico Ejemplo 8.4.

Resolución – Desarrollo del Programa:

```
/*Ejemplo: 8.4
 * File:   main.c
 * Author: YIYE ROCHA DIAZ
 *
 * Created on XX de julio de 20XX, XX:XX
 */

#include <xc.h>

// PIC18F4610 Configuration Bit Settings

// CONFIG1H
#pragma config OSC = XT    // Oscillator Selection bits (XT oscillator)
#pragma config FCMEN = OFF  // Fail-Safe Clock Monitor Enable bit (Fail-Safe Clock Monitor disabled)
#pragma config IESO = OFF // Internal/External Oscillator Switchover bit (Oscillator Switchover mode disabled)

// CONFIG2L
#pragma config PWRT = ON // Power-up Timer Enable bit (PWRT enabled)
#pragma config BOREN = SBORDIS // Brown-out Reset Enable bits (Brown-out Reset enabled in hardware only (SBOREN is disabled))
#pragma config BORV = 3    // Brown Out Reset Voltage bits (Minimum setting)

// CONFIG2H
#pragma config WDT = OFF// Watchdog Timer Enable bit (WDT disabled (control is placed on the SWDTEN bit))
#pragma config WDTPS = 32768  // Watchdog Timer Postscale Select bits (1:32768)
```

```
// CONFIG3H
#pragma config CCP2MX = PORTC// CCP2 MUX bit (CCP2 input/output is multiplexed with RC1)
#pragma config PBADEN = ON //PORTB A/D Enable bit (PORTB<4:0> pins are configured as analog input channels on Reset)
#pragma config LPT1OSC = OFF// Low-Power Timer1 Oscillator Enable bit (Timer1 configured for higher power operation)
#pragma config MCLRE = OFF// MCLR Pin Enable bit (RE3 input pin enabled; MCLR disabled)

// CONFIG4L
#pragma config STVREN = ON// Stack Full/Underflow Reset Enable bit (Stack full/underflow will cause Reset)
#pragma config LVP = OFF // Single-Supply ICSP Enable bit (Single-Supply ICSP disabled)
#pragma config XINST = OFF // Extended Instruction Set Enable bit (Instruction set extension and Indexed Addressing mode disabled (Legacy mode))

// CONFIG5L
#pragma config CP0 = OFF// Code Protection bit (Block 0 (000800-003FFFh) not code-protected)
#pragma config CP1 = OFF// Code Protection bit (Block 1 (004000-007FFFh) not code-protected)
#pragma config CP2 = OF // Code Protection bit (Block 2 (008000-00BFFFh) not code-protected)
#pragma config CP3 = OFF// Code Protection bit (Block 3 (00C000-00FFFFh) not code-protected)

// CONFIG5H
#pragma config CPB = OFF// Boot Block Code Protection bit (Boot block (000000-0007FFh) not code-protected)

// CONFIG6L
#pragma config WRT0 = OFF // Write Protection bit (Block 0 (000800-003FFFh) not write-protected)
#pragma config WRT1 = O    // Write Protection bit (Block 1 (004000-007FFFh) not write-protected)
#pragma config WRT2 = OFF// Write Protection bit (Block 2 (008000-00BFFFh) not write-protected)
#pragma config WRT3 = OFF// Write Protection bit (Block 3 (00C000-00FFFFh) not write-protected)

// CONFIG6H
#pragma config WRTC = OFF // Configuration Register Write Protection bit (Configuration registers (300000-3000FFh) not write-protected)
#pragma config WRTB = OFF// Boot Block Write Protection bit (Boot block (000000-0007FFh) not write-protected)

// CONFIG7L
#pragma config EBTR0 = OFF// Table Read Protection bit (Block 0 (000800-003FFFh) not protected from table reads executed in other blocks)
#pragma config EBTR1 = OFF// Table Read Protection bit (Block 1 (004000-007FFFh) not protected from table reads executed in other blocks)
#pragma config EBTR2 = OFF// Table Read Protection bit (Block 2 (008000-00BFFFh) not protected from table reads executed in other blocks)
#pragma config EBTR3 = OF // Table Read Protection bit (Block 3 (00C000-00FFFFh) not protected from table reads executed in other blocks)

// CONFIG7H
#pragma config EBTRB = OFF// Boot Block Table Read Protection bit (Boot block (000000-0007FFh) not protected from table reads executed in other blocks)

void main(void)

  ADCON1bits.PCFG=0b00001111; // Configuro todos los puertos como digitales.
  TRISB=0b00000000;              //Configuro el Pin RB0 del Port B como Salida.

   if(1){
     LATB=0b00000001;


  return;
```

Explicación de la sintaxis del programa:

Observe que nuevamente la configuración de Fusibles y Puertos, es similar a la empleada para los ejemplos anteriores.

De acuerdo a la consigna del ejemplo, se emplea la instrucción de selección simple if, a fin de encuestar si la condición es True (1) produciendo al igual que hicimos con el empleo de las instrucciones while y do...while, un bucle infinito.

if(1){

Recuerde del Capítulo VI, que si "if", la condición a ser evaluada es verdadera, se ejecuta el cuerpo de la instrucción if, es decir las instrucciones que se encuentran contenidas entre las llaves '{' izquierda y '}' derecha.

CONCLUSIONES DE LOS EJEMPLOS 8.2, 8.3 y 8.4.

En el ejemplo 8.2 empleamos la instrucción "while". En el ejemplo 8.3 empleamos la instrucción "do...while". Y en el ejemplo 8.4, empleamos la instrucción "if" a fin de realizar la misma acción.

Vimos también que podemos modificar el software, sin necesidad de modificar el hardware.

Ejercitamos con el IDE MPLAB X, al cual experimentamos que podemos emplear como un compilador estándar de C.

Detalle de implementación – importante:

Tenga presente que si bien la consigna de los ejemplos, es similar al ejemplo 7.7 programado en Lenguaje Ensamblador, es importante entender que cuando seteamos un 1 lógico en el pin RB0 del Microcontrolador para encender un diodo LED, estamos realizando la misma acción que necesitaríamos realizar para excitar un foto diodo presente en un optoacoplador, el cual excita internamente un foto triac (MOC 3061), en aplicaciones de control de potencia.

EJEMPLO 8.5

Consigna:

Desarrollar empleando el Microcontrolador 18F4610, un programa (proyecto) en Lenguaje C, el cual permita realizar el ejemplo visto en el Capítulo VII – Ejemplo 7.8: configurar los pines del PORT B como salida, y mostrar el número 3 en un display de 7 segmentos conectado entre los pines RB0-7 (no se emplea el punto decimal).

CIRCUITO ELÉCTRICO

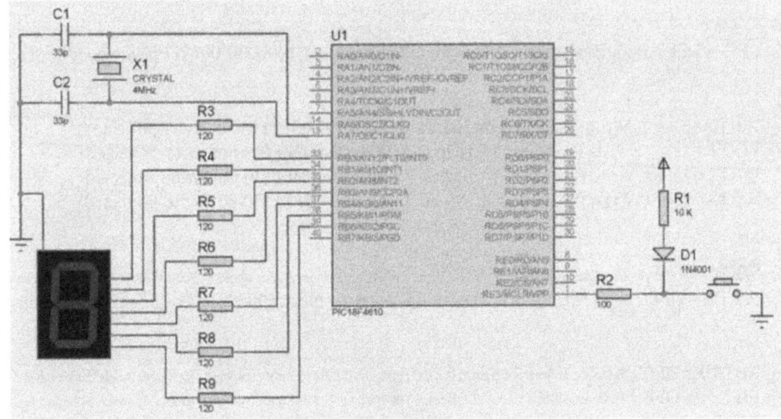

Figura 8.5. Circuito Eléctrico Ejemplo 8.5.

Resolución – Desarrollo del Programa:

```
/*Ejemplo: 8.5
 * File:   main.c
 * Author: YIYE ROCHA DIAZ

 * Created on XX de julio de 20XX, XX:XX


#include <xc.h>

// PIC18F4610 Configuration Bit Settings

// CONFIG1H
#pragma config OSC = XT    // Oscillator Selection bits (XT oscillator)
 pragma config FCMEN = OFF  // Fail-Safe Clock Monitor Enable bit (Fail-Safe Clock Monitor disabled)
#pragma config IESO = OFF // Internal/External Oscillator Switchover bit (Oscillator Switchover mode disabled)

// CONFIG2L
#pragma config PWRT = ON // Power-up Timer Enable bit (PWRT enabled)
 pragma config BOREN = SBORDIS // Brown-out Reset Enable bits (Brown-out Reset enabled in hardware only (SBOREN is disabled))
#pragma config BORV = 3    // Brown Out Reset Voltage bits (Minimum setting)

// CONFIG2H
#pragma config WDT = OFF// Watchdog Timer Enable bit (WDT disabled (control is placed on the SWDTEN bit))
#pragma config WDTPS = 32768  // Watchdog Timer Postscale Select bits (1:32768)

// CONFIG3H
#pragma config CCP2MX = PORTC// CCP2 MUX bit (CCP2 input/output is multiplexed with RC1)
 pragma config PBADEN = ON //PORTB A/D Enable bit (PORTB<4:0> pins are configured as analog input channels on Reset)
#pragma config LPT1OSC = OFF// Low-Power Timer1 Oscillator Enable bit (Timer1 configured for higher power operation)
#pragma config MCLRE = OFF// MCLR Pin Enable bit (RE3 input pin enabled; MCLR disabled)

// CONFIG4L
#pragma config STVREN = ON// Stack Full/Underflow Reset Enable bit (Stack full/underflow will cause Reset)
#pragma config LVP = OFF // Single-Supply ICSP Enable bit (Single-Supply ICSP disabled)
#pragma config XINST = OFF // Extended Instruction Set Enable bit (Instruction set extension and Indexed Addressing mode disabled (Legacy mode))

// CONFIG5L
#pragma config CP0 = OFF// Code Protection bit (Block 0 (000800-003FFFh) not code-protected)
#pragma config CP1 = OFF// Code Protection bit (Block 1 (004000-007FFFh) not code-protected)
#pragma config CP2 = OF // Code Protection bit (Block 2 (008000-00BFFFh) not code-protected)
#pragma config CP3 = OFF// Code Protection bit (Block 3 (00C000-00FFFFh) not code-protected)

// CONFIG5H
#pragma config CPB = OFF// Boot Block Code Protection bit (Boot block (000000-0007FFh) not code-protected)

// CONFIG6L
#pragma config WRT0 = OFF // Write Protection bit (Block 0 (000800-003FFFh) not write-protected)
#pragma config WRT1 = O    // Write Protection bit (Block 1 (004000-007FFFh) not write-protected)
#pragma config WRT2 = OFF// Write Protection bit (Block 2 (008000-00BFFFh) not write-protected)
#pragma config WRT3 = OFF// Write Protection bit (Block 3 (00C000-00FFFFh) not write-protected)

// CONFIG6H
#pragma config WRTC = OFF // Configuration Register Write Protection bit (Configuration registers (300000-3000FFh) not write-protected)
#pragma config WRTB = OFF// Boot Block Write Protection bit (Boot block (000000-0007FFh) not write-protected)

// CONFIG7L
#pragma config EBTR0 = OFF// Table Read Protection bit (Block 0 (000800-003FFFh) not protected from table reads executed in other blocks)
#pragma config EBTR1 = OFF// Table Read Protection bit (Block 1 (004000-007FFFh) not protected from table reads executed in other blocks)
#pragma config EBTR2 = OFF// Table Read Protection bit (Block 2 (008000-00BFFFh) not protected from table reads executed in other blocks)
#pragma config EBTR3 = OF // Table Read Protection bit (Block 3 (00C000-00FFFFh) not protected from table reads executed in other blocks)
```

```
// CONFIG7H
#pragma config EBTRB = OFF// Boot Block Table Read Protection bit (Boot block (000000-0007FFh) not protected from table reads executed in other blocks)

void main(void)
{
  ADCON1bits.PCFG=0b00001111; // Con 4 unos configuro todos los puertos digitales.
  TRISB=0;                    //Configuro el Port B como Salida.

   while(1){
     LATB=0X4F;
   }

   return;
}
```

Explicación de la sintaxis del programa:

En la línea:

#include <xc.h>

Se incluye la biblioteca xc.h

En las líneas:

// PIC18F4610 Configuration Bit Settings

La configuracion de fusibles, es similar a los ejemplos anteriores.

Las líneas:

void main(void)
{

Indican inicio de la funcion main.

La línea:

ADCON1bits.PCFG=0b00001111;

Es empleada para configurar todos los puertos como digitales.

En la línea:

TRISB=0;

Se configuran los pines del Port B (registro TRISB) como salida.

En la línea:

while(1){

La instrucción while "mientras", es empleada nuevamente para generar un loop infinito.

La línea:

LATB=0X4F;

Es empleada para enviar al PORT B (registro LATB), el valor hexadecimal 4F, equivalente al binario 01001111, necesario para encender los segmentos a, b, c, d, g los cuales indican el número 3.

La línea:

Indica cierre de la instrucción while.

En la línea:

return;

La instrucción "return" es empleada para indicar que el programa terminó con éxito.

La línea:

Indica cierre del cuerpo de la función main, y fin de programa.

EJEMPLO 8.6

Consigna:

Desarrollar empleando el Microcontrolador 18F4610, un programa (proyecto) en Lenguaje C, el cual permita realizar el ejemplo visto en el Capítulo VII – Ejemplo 7.9: configurar el pin RB0 como entrada, el pin RA0 como salida. Conectar un pulsador al pin RB0, y en caso de haber sido pulsado (nivel eléctrico 1), encender un diodo LED, conectado al pin RA0.

CIRCUITO ELÉCTRICO

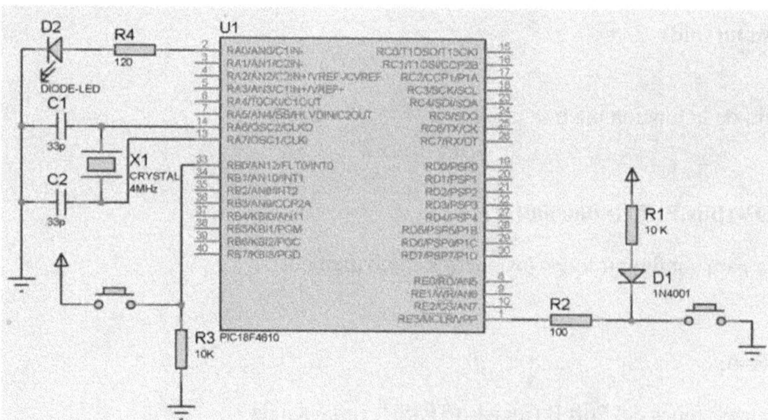

Figura 8.6. Circuito Eléctrico Ejemplo 8.6.

Resolución – Desarrollo del Programa:

```
/*Ejemplo: 8.6
 * File:   main.c
 * Author: YIYE ROCHA DIAZ

 * Created on XX de julio de 20XX, XX:XX

#include <xc.h>
```

```
// PIC18F4610 Configuration Bit Settings

// CONFIG1H
#pragma config OSC = XT    // Oscillator Selection bits (XT oscillator)
#pragma config FCMEN = OFF  // Fail-Safe Clock Monitor Enable bit (Fail-Safe Clock Monitor disabled)
#pragma config IESO = OFF // Internal/External Oscillator Switchover bit (Oscillator Switchover mode disabled)

// CONFIG2L
#pragma config PWRT = ON // Power-up Timer Enable bit (PWRT enabled)
#pragma config BOREN = SBORDIS // Brown-out Reset Enable bits (Brown-out Reset enabled in hardware only (SBOREN is disabled))
#pragma config BORV = 3    // Brown Out Reset Voltage bits (Minimum setting)

// CONFIG2H
#pragma config WDT = OFF// Watchdog Timer Enable bit (WDT disabled (control is placed on the SWDTEN bit))
#pragma config WDTPS = 32768  // Watchdog Timer Postscale Select bits (1:32768)

// CONFIG3H
#pragma config CCP2MX = PORTC// CCP2 MUX bit (CCP2 input/output is multiplexed with RC1)
#pragma config PBADEN = ON //PORTB A/D Enable bit (PORTB<4:0> pins are configured as analog input channels on Reset)
#pragma config LPT1OSC = OFF// Low-Power Timer1 Oscillator Enable bit (Timer1 configured for higher power operation)
#pragma config MCLRE = OFF// MCLR Pin Enable bit (RE3 input pin enabled; MCLR disabled)

// CONFIG4L
#pragma config STVREN = ON// Stack Full/Underflow Reset Enable bit (Stack full/underflow will cause Reset)
#pragma config LVP = OFF // Single-Supply ICSP Enable bit (Single-Supply ICSP disabled)
#pragma config XINST = OFF // Extended Instruction Set Enable bit (Instruction set extension and Indexed Addressing mode disabled (Legacy mode))

// CONFIG5L
#pragma config CP0 = OFF// Code Protection bit (Block 0 (000800-003FFFh) not code-protected)
#pragma config CP1 = OFF// Code Protection bit (Block 1 (004000-007FFFh) not code-protected)
#pragma config CP2 = OF // Code Protection bit (Block 2 (008000-00BFFFh) not code-protected)
#pragma config CP3 = OFF// Code Protection bit (Block 3 (00C000-00FFFFh) not code-protected)

// CONFIG5H
#pragma config CPB = OFF// Boot Block Code Protection bit (Boot block (000000-0007FFh) not code-protected)

// CONFIG6L
#pragma config WRT0 = OFF // Write Protection bit (Block 0 (000800-003FFFh) not write-protected)
#pragma config WRT1 = O     // Write Protection bit (Block 1 (004000-007FFFh) not write-protected)
#pragma config WRT2 = OFF// Write Protection bit (Block 2 (008000-00BFFFh) not write-protected)
#pragma config WRT3 = OFF// Write Protection bit (Block 3 (00C000-00FFFFh) not write-protected)

// CONFIG6H
#pragma config WRTC = OFF // Configuration Register Write Protection bit (Configuration registers (300000-3000FFh) not write-protected)
#pragma config WRTB = OFF// Boot Block Write Protection bit (Boot block (000000-0007FFh) not write-protected)

// CONFIG7L
#pragma config EBTR0 = OFF// Table Read Protection bit (Block 0 (000800-003FFFh) not protected from table reads executed in other blocks)
#pragma config EBTR1 = OFF// Table Read Protection bit (Block 1 (004000-007FFFh) not protected from table reads executed in other blocks)
#pragma config EBTR2 = OFF// Table Read Protection bit (Block 2 (008000-00BFFFh) not protected from table reads executed in other blocks)
#pragma config EBTR3 = OF // Table Read Protection bit (Block 3 (00C000-00FFFFh) not protected from table reads executed in other blocks)

// CONFIG7H
#pragma config EBTRB = OFF// Boot Block Table Read Protection bit (Boot block (000000-0007FFh) not protected from table reads executed in other blocks)

#define Switch PORTBbits.RB0

void main(void)
{

   ADCON1bits.PCFG=0b00001111; // Con 4 unos configuro todos los puertos digitales.
   TRISA=0;                    //Configuro el Port A como Salida.
   TRISB=0X01;                 //Configuro el Pin 0 del PORT B como entrada.
```

```
while(1){
  LATA=0X00;
 while(Switch != 0){
   LATA=0X01;



return;
```

Explicación de la sintaxis del programa:

En la línea:

#include <xc.h>

Se incluye la biblioteca xc.h

En las líneas:

// PIC18F4610 Configuration Bit Settings

La configuracion de fusibles, es similar a los ejemplos anteriores.

En la línea:

#define Switch PORTBbits.RB0

Se declara la constante simbólica switch, a fin de asociar el pulsador, al Pin RB0 del PORT B.

Las líneas:

void main(void)

Indican inicio de la funcion main.

La línea:

ADCON1bits.PCFG=0b00001111;

Es empleada para configurar todos los puertos como digitales.

En la línea:

TRISA=0; //Configuro el Port A como Salida.

Tal cual lo indicado en el comentario, se configura el PORTA como salida. Recuerde que el diodo LED, está conectado a RA0.

En la línea:

TRISB=0X01; //Configuro el Pin 0 del PORT B como entrada.

Tal cual lo indicado también en el comentario, se configura el Pin 0 del PORTB como entrada. Recuerde que el pulsador, está conectado a RB0.

En la línea:

while(1){

La instrucción while “mientras”, es empleada nuevamente para generar un loop infinito. Aunque está vez, existe otra condición ‘while’ anidada dentro del cuerpo de ésta.

La línea:

LATA=0X00;

Se escribe todo el Puerto A a ‘0’, a fin de mantener apagado el diodo LED conectado en el Pin RA0, hasta que la condición ‘while’ siguiente, sea falsa.

La línea:

while(Switch != 0){

Como dijimos antes, esta instrucción while se encuentra dentro del cuerpo de la instrucción while principal (la que genera un loop). Cuando la condición deje de ser verdadera (es decir que el valor presente en el switch deje de valer cero), se cumplirá la instrucción contenida dentro del cuerpo de esta instrucción switch (es decir que se prenderá el diodo LED conectado a RA0).

Observe nuevamente en las instrucciones while, el empleo de las llaves para apertura y cierra del cuerpo de instrucción.

En la línea:

LATA=0X01;

Si la condición while ‘mientras’ anterior, deja de ser verdadera (si la tecla fue pulsada y switch = 1), se envía un 1 lógico al Pin RA0 del PORT A, a fin de encender el diodo LED.

Las líneas:

```
    }
}
```

Indican respectivamente el cierre de las instrucciones while. Observe que la primera llave (de arriba hacia abajo), corresponde a la segunda instrucción while.

En la línea:

return;

la instrucción “return” es empleada para indicar que el programa terminó con éxito.

La línea:

```
}
```

Indica cierre del cuerpo de la función main, y fin de programa.

Empleo de la instrucción if...else:

EJEMPLO 8.7

Consigna:

Desarrollar empleando el Microcontrolador 18F4610, un programa (proyecto) en Lenguaje C, el cual permita realizar el ejemplo anterior, ejemplo 8.6 con las siguientes modificaciones:

1) El pulsador debe ser conectado al pin RA1.

2) Se debe emplear la instrucción "if", con una instrucción de selección compuesta "if...else", anidada en el cuerpo de ésta.

CIRCUITO ELÉCTRICO

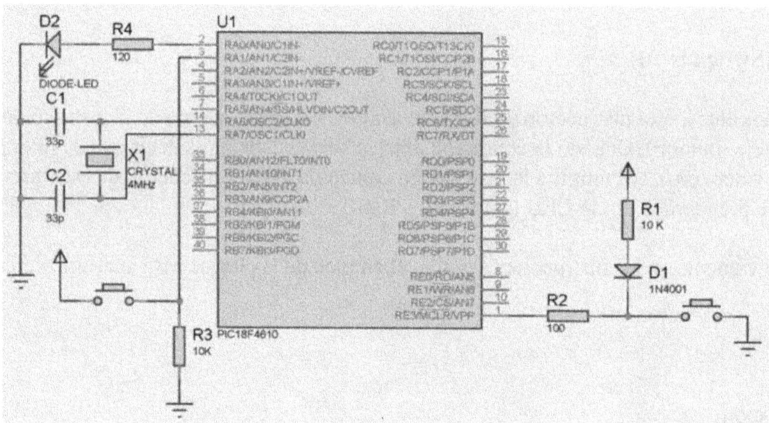

Figura 8.7. Circuito Eléctrico Ejemplo 8.7.

Resolución – Desarrollo del Programa:

```
/*Ejemplo: 8.7
 * File:   main.c
 * Author: YIYE ROCHA DIAZ

 * Created on XX de julio de 20XX, XX:XX


#include <xc.h>

// PIC18F4610 Configuration Bit Settings

// CONFIG1H
#pragma config OSC = XT    // Oscillator Selection bits (XT oscillator)
#pragma config FCMEN = OFF  // Fail-Safe Clock Monitor Enable bit (Fail-Safe Clock Monitor disabled)
#pragma config IESO = OFF // Internal/External Oscillator Switchover bit (Oscillator Switchover mode disabled)

// CONFIG2L
#pragma config PWRT = ON // Power-up Timer Enable bit (PWRT enabled)
#pragma config BOREN = SBORDIS // Brown-out Reset Enable bits (Brown-out Reset enabled in hardware only (SBOREN is disabled))
#pragma config BORV = 3    // Brown Out Reset Voltage bits (Minimum setting)
```

```
// CONFIG2H
#pragma config WDT = OFF// Watchdog Timer Enable bit (WDT disabled (control is placed on the SWDTEN bit))
#pragma config WDTPS = 32768 // Watchdog Timer Postscale Select bits (1:32768)

// CONFIG3H
#pragma config CCP2MX = PORTC// CCP2 MUX bit (CCP2 input/output is multiplexed with RC1)
#pragma config PBADEN = ON //PORTB A/D Enable bit (PORTB<4:0> pins are configured as analog input channels on Reset)
#pragma config LPT1OSC = OFF// Low-Power Timer1 Oscillator Enable bit (Timer1 configured for higher power operation)
#pragma config MCLRE = OFF// MCLR Pin Enable bit (RE3 input pin enabled; MCLR disabled)

// CONFIG4L
#pragma config STVREN = ON// Stack Full/Underflow Reset Enable bit (Stack full/underflow will cause Reset)
#pragma config LVP = OFF // Single-Supply ICSP Enable bit (Single-Supply ICSP disabled)
#pragma config XINST = OFF // Extended Instruction Set Enable bit (Instruction set extension and Indexed Addressing mode disabled (Legacy mode))

// CONFIG5L
#pragma config CP0 = OFF// Code Protection bit (Block 0 (000800-003FFFh) not code-protected)
#pragma config CP1 = OFF// Code Protection bit (Block 1 (004000-007FFFh) not code-protected)
#pragma config CP2 = OF // Code Protection bit (Block 2 (008000-00BFFFh) not code-protected)
#pragma config CP3 = OFF// Code Protection bit (Block 3 (00C000-00FFFFh) not code-protected)

// CONFIG5H
#pragma config CPB = OFF// Boot Block Code Protection bit (Boot block (000000-0007FFh) not code-protected)

// CONFIG6L
#pragma config WRT0 = OFF // Write Protection bit (Block 0 (000800-003FFFh) not write-protected)
#pragma config WRT1 = O     // Write Protection bit (Block 1 (004000-007FFFh) not write-protected)
#pragma config WRT2 = OFF// Write Protection bit (Block 2 (008000-00BFFFh) not write-protected)
#pragma config WRT3 = OFF// Write Protection bit (Block 3 (00C000-00FFFFh) not write-protected)

// CONFIG6H
#pragma config WRTC = OFF // Configuration Register Write Protection bit (Configuration registers (300000-3000FFh) not write-protected)
#pragma config WRTB = OFF// Boot Block Write Protection bit (Boot block (000000-0007FFh) not write-protected)

// CONFIG7L
#pragma config EBTR0 = OFF// Table Read Protection bit (Block 0 (000800-003FFFh) not protected from table reads executed in other blocks)
#pragma config EBTR1 = OFF// Table Read Protection bit (Block 1 (004000-007FFFh) not protected from table reads executed in other blocks)
#pragma config EBTR2 = OFF// Table Read Protection bit (Block 2 (008000-00BFFFh) not protected from table reads executed in other blocks)
#pragma config EBTR3 = OF // Table Read Protection bit (Block 3 (00C000-00FFFFh) not protected from table reads executed in other blocks)

// CONFIG7H
#pragma config EBTRB = OFF// Boot Block Table Read Protection bit (Boot block (000000-0007FFh) not protected from table reads executed in other blocks)

#define Switch PORTAbits.RA1

void main(void)
{

  ADCON1bits.PCFG=0b00001111; // Con 4 unos configuro todos los puertos digitales.
  TRISA=0X02;  //Configuro los Pines del PORT A, RA0 como salida y RA1 como entrada.

  if(1){

    if(Switch != 0){
      LATA=0X01;
    }else{
      LATA=0X00;
    }

  }

  return;
}
```

Explicación de la sintaxis del programa:

En la línea:

#include <xc.h>

Se incluye la biblioteca xc.h

En las líneas:

// PIC18F4610 Configuration Bit Settings

La configuracion de fusibles, es similar a los ejemplos anteriores.

En la línea:

#define Switch PORTAbits.RA1

Se declara la constante simbólica switch, a fin de asociar el pulsador al Pin RA1 del PORT A.

Las líneas:

void main(void)

Indican inicio de la funcion main.

La línea:

ADCON1bits.PCFG=0b00001111;

Es empleada para configurar todos los puertos como digitales.

En la línea:

TRISA=0X02; **//Configuro los Pines del PORT A, RA0 como salida y RA1 como entrada.**

Tal cual lo indicado en el comentario, se configura el Pin RA0 como salida (LED), y el Pin RA1 (switch) como entrada, ambos Pines del PORT A. Recuerde tambien que el Hexadecimal 02 es equivalente al binario 00000010.

En la línea:

if(1){

Se emplea la instrucción de selección simple if, a fin de reemplazar la instrucción de repetición while. El efecto, es el mismo, es decir que se genera un bucle infinito, y se desarrollan las acciones contenidas dentro del cuerpo de la instrucción.

En la línea:

if(Switch != 0){

Se anida la instrucción de selección compuesta if...else, dentro del cuerpo de la instrucción if. En esta segúnda instucción if, se evalúa que 'si' la condición es distinta de cero (si la llave fue presionada se obtiene un 1 lógico) se cumple la instrucción contenida dentro del cuerpo de ésta instrucción (es decir que se prenderá el diodo LED conectado al PIN RA0).

En la línea:

LATA=0X01;

Si se cumple la condición de que switch sea distinto de 0 (vale 1), se enciende el diodo LED conectado al Pin RA0.

Recuerde que en la instrucción de selección compuesta if...else, si no se cumple la condición if, "entonces" se ejecuta la instrucción contenida dentro del cuerpo de la instrucción else (es decir, mantener apagado el diodo LED).

En la línea:

}else{

La primera llave, llave derecha "}" cierra el cuerpo de la instrucción if anterior. Luego, sino se cumplió la condición if, "entonces" se ejecuta la instrucción contenida dentro del cuerpo de la instrucción else (se mantendrá apagado el LED). Recuerde también la sintaxis de la instrucción if...else, en la cual la instrucción else emplea también llave de inicio y cierre.

En la instrucción:

LATA=0X00;

Se escribe todo el Puerto A a '0', a fin de mantener apagado el diodo LED conectado en el Pin RA0, hasta que la condición 'if' siguiente, sea falsa.

Las líneas:

```
        }
}
```

Indican respectivamente el cierre de las instrucciones else (primera llave derecha), y la primera instrucción if empleada (segunda llave derecha).

En la línea:

return;

La instrucción "return" es empleada para indicar que el programa terminó con éxito.

La línea:

}

Indica cierre del cuerpo de la función main, y fin de programa.

EJEMPLO 8.8

Consigna:

Desarrollar empleando el Microcontrolador 18F4610, un programa (proyecto) en Lenguaje C, el cual permita realizar el ejemplo visto en el Capítulo VII – Ejemplo 7.10: configurar el pin RA1 como entrada, el pin RA2 como salida, conectar un pulsador al pin RA1, y en caso de haber sido pulsado (estado eléctrico 1), hacer sonar un buzzer conectado al pin RA2.

CIRCUITO ELÉCTRICO

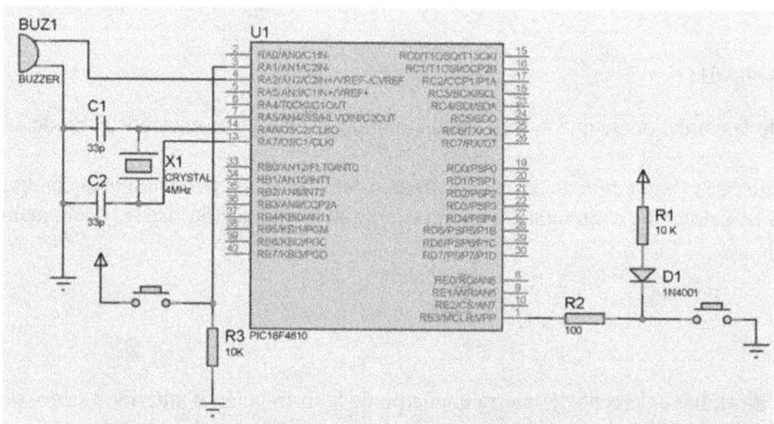

Figura 8.8. Circuito Eléctrico Ejemplo 8.8.

Resolución – Desarrollo del Programa:

```
/*Ejemplo: 8.8
 * File:   main.c
 * Author: YIYE ROCHA DIAZ

 * Created on XX de julio de 20XX, XX:XX


#include <xc.h>

// PIC18F4610 Configuration Bit Settings

// CONFIG1H
#pragma config OSC = XT    // Oscillator Selection bits (XT oscillator)
#pragma config FCMEN = OFF  // Fail-Safe Clock Monitor Enable bit (Fail-Safe Clock Monitor disabled)
#pragma config IESO = OFF // Internal/External Oscillator Switchover bit (Oscillator Switchover mode disabled)

// CONFIG2L
#pragma config PWRT = ON // Power-up Timer Enable bit (PWRT enabled)
#pragma config BOREN = SBORDIS // Brown-out Reset Enable bits (Brown-out Reset enabled in hardware only (SBOREN is disabled))
#pragma config BORV = 3   // Brown Out Reset Voltage bits (Minimum setting)

// CONFIG2H
#pragma config WDT = OFF// Watchdog Timer Enable bit (WDT disabled (control is placed on the SWDTEN bit))
#pragma config WDTPS = 32768  // Watchdog Timer Postscale Select bits (1:32768)

// CONFIG3H
#pragma config CCP2MX = PORTC// CCP2 MUX bit (CCP2 input/output is multiplexed with RC1)
#pragma config PBADEN = ON //PORTB A/D Enable bit (PORTB<4:0> pins are configured as analog input channels on Reset)
#pragma config LPT1OSC = OFF// Low-Power Timer1 Oscillator Enable bit (Timer1 configured for higher power operation)
#pragma config MCLRE = OFF// MCLR Pin Enable bit (RE3 input pin enabled; MCLR disabled)

// CONFIG4L
#pragma config STVREN = ON// Stack Full/Underflow Reset Enable bit (Stack full/underflow will cause Reset)
#pragma config LVP = OFF // Single-Supply ICSP Enable bit (Single-Supply ICSP disabled)
#pragma config XINST = OFF // Extended Instruction Set Enable bit (Instruction set extension and Indexed Addressing mode disabled (Legacy mode))
```

```
// CONFIG5L
#pragma config CP0 = OFF// Code Protection bit (Block 0 (000800-003FFFh) not code-protected)
#pragma config CP1 = OFF// Code Protection bit (Block 1 (004000-007FFFh) not code-protected)
#pragma config CP2 = OF // Code Protection bit (Block 2 (008000-00BFFFh) not code-protected)
#pragma config CP3 = OFF// Code Protection bit (Block 3 (00C000-00FFFFh) not code-protected)

// CONFIG5H
#pragma config CPB = OFF// Boot Block Code Protection bit (Boot block (000000-0007FFh) not code-protected)

// CONFIG6L
#pragma config WRT0 = OFF // Write Protection bit (Block 0 (000800-003FFFh) not write-protected)
#pragma config WRT1 = O    // Write Protection bit (Block 1 (004000-007FFFh) not write-protected)
#pragma config WRT2 = OFF// Write Protection bit (Block 2 (008000-00BFFFh) not write-protected)
#pragma config WRT3 = OFF// Write Protection bit (Block 3 (00C000-00FFFFh) not write-protected)

// CONFIG6H
#pragma config WRTC = OFF // Configuration Register Write Protection bit (Configuration registers (300000-3000FFh) not write-protected)
#pragma config WRTB = OFF// Boot Block Write Protection bit (Boot block (000000-0007FFh) not write-protected)

// CONFIG7L
#pragma config EBTR0 = OFF// Table Read Protection bit (Block 0 (000800-003FFFh) not protected from table reads executed in other blocks)
#pragma config EBTR1 = OFF// Table Read Protection bit (Block 1 (004000-007FFFh) not protected from table reads executed in other blocks)
#pragma config EBTR2 = OFF// Table Read Protection bit (Block 2 (008000-00BFFFh) not protected from table reads executed in other blocks)
#pragma config EBTR3 = OF // Table Read Protection bit (Block 3 (00C000-00FFFFh) not protected from table reads executed in other blocks)

// CONFIG7H
#pragma config EBTRB = OFF// Boot Block Table Read Protection bit (Boot block (000000-0007FFh) not protected from table reads executed in other blocks)


#define Switch PORTAbits.RA1

void main(void)
{

  ADCON1bits.PCFG=0b00001111; // Con 4 unos configuro todos los puertos digitales.
  TRISA=0X02;   //Configuro los Pines del PORT A, RA1 como entrada y RA2 como salida.

  while(1){

   if(Switch != 0){
     LATA=0X04;
   }else{
     LATA=0X00;
   }

  }

  return;
}
```

Explicación de la sintaxis del programa:

En la línea:

#include <xc.h>

Se incluye la biblioteca xc.h

En las líneas:

// PIC18F4610 Configuration Bit Settings

La configuracion de fusibles, es similar a los ejemplos anteriores.

En la línea:

#define Switch PORTAbits.RA1

Se declara la constante simbólica switch, a fin de asociar el pulsador al Pin RA1 del PORT A.

Las líneas:

void main(void)

Indican inicio de la funcion main.

La línea:

ADCON1bits.PCFG=0b00001111;

Es empleada para configurar todos los puertos como digitales.

En la línea:

TRISA=0X02; //Configuro los Pines del PORT A, RA1 como entrada y RA2 como salida.

Tal cual lo indicado en el comentario, se configuran los pines del PORTA, RA1 como entrada (switch), y RA2 (al buzzer) como salida. Recuerde nuevamente que el Hexadecimal 02, es equivalente al binario 00000010.

En la línea:

while(1){

La instrucción while "mientras", es empleada nuevamente para generar un loop infinito. Aunque esta vez, existe una instrucción de selección compuesta if...else, anidada dentro del cuerpo de ésta.

En la línea:

if(Switch != 0){

Se anida la instrucción de selección compuesta if...else, dentro del cuerpo de la instrucción while(1). En esta instrucción if, se evalúa que "si" la condición es distinta de cero (si la llave fue presionada se obtiene un 1 lógico) se cumple la instrucción contenida dentro del cuerpo de ésta instrucción (es decir que se hará sonar el buzzer conectado al PIN RA2).

En la línea:

LATA=0X04;

Si se cumple la condición de que switch sea distinto de 0 (valga 1), se envía un "1" lógico al Pin RA2, a fin de hacer sonar el buzzer.

Recuerde entonces que en la instrucción de selección compuesta if...else, si no se cumple la condición if, "entonces" se ejecuta la instrucción contenida dentro del cuerpo de la instrucción else (es decir, mantener en silencio el buzzer).

En la línea:

}else{

La primera llave, llave derecha '}' cierra el cuerpo de la instrucción if anterior. Luego, sino se cumplió la condición if, "entonces" se ejecuta la instrucción contenida dentro del cuerpo de la instrucción else (se mantendrá apagado el LED). Recuerde también la sintaxis de la instrucción if...else, en la cual la instrucción else emplea también llave de inicio y cierre.

En la línea:

LATA=0X00;

Se escribe todo el Puerto A a '0', a fin de mantener apagado el buzzer conectado al Pin RA2, hasta que la condición 'while' siguiente, sea falsa.

Las líneas:

```
    }
}
```

Indican respectivamente el cierre de las instrucciones else (primera llave derecha), y la instrucción while (segunda llave derecha).

En la línea:

return;

La instrucción "return" es empleada para indicar que el programa terminó con éxito.

La línea:

}

Indica cierre del cuerpo de la función main, y fin de programa.

EJEMPLO 8.9

Consigna:

Desarrollar empleando el Microcontrolador 18F4610, un programa (proyecto) en Lenguaje C, el cual permita realizar el ejemplo visto en el Capítulo VII – Ejemplo 7.15: Para el EJEMPLO 7.7, agregar al mismo un delay de 1 segundo.

Realizar programa el cual permita configurar los pines del PORT B como salida, y encender un diodo LED conectado a RB0, mantener el mismo prendido durante 1 segundo, y apagado durante el mismo tiempo (se hace titilar el diodo LED).

"Se debe invocar a la biblioteca Delay.h"

CIRCUITO ELÉCTRICO

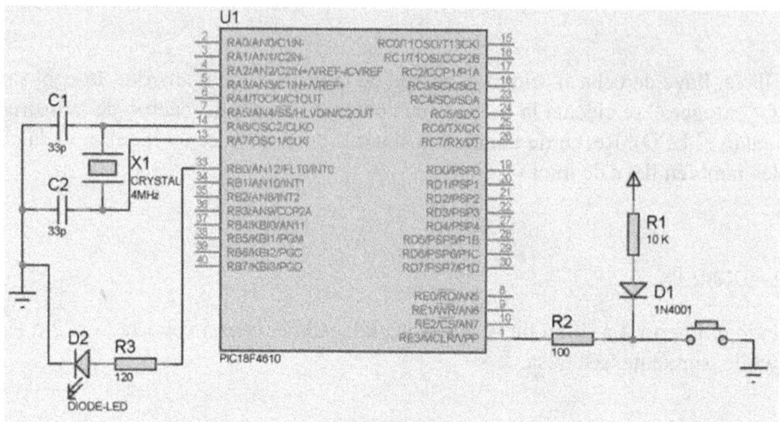

Figura 8.9. Circuito Eléctrico Ejemplo 8.9.

Resolución – Desarrollo del Programa:

```
/*Ejemplo: 8.9
 * File:   main.c
 * Author: YIYE ROCHA DIAZ

 * Created on XX de julio de 20XX, XX:XX


#include <xc.h>
#include <delays.h>

// PIC18F4610 Configuration Bit Settings

// CONFIG1H
#pragma config OSC = XT    // Oscillator Selection bits (XT oscillator)
#pragma config FCMEN = OFF  // Fail-Safe Clock Monitor Enable bit (Fail-Safe Clock Monitor disabled)
#pragma config IESO = OFF // Internal/External Oscillator Switchover bit (Oscillator Switchover mode disabled)

// CONFIG2L
#pragma config PWRT = ON // Power-up Timer Enable bit (PWRT enabled)
#pragma config BOREN = SBORDIS // Brown-out Reset Enable bits (Brown-out Reset enabled in hardware only (SBOREN is disabled))
#pragma config BORV = 3    // Brown Out Reset Voltage bits (Minimum setting)

// CONFIG2H
#pragma config WDT = OFF// Watchdog Timer Enable bit (WDT disabled (control is placed on the SWDTEN bit))
#pragma config WDTPS = 32768  // Watchdog Timer Postscale Select bits (1:32768)

// CONFIG3H
#pragma config CCP2MX = PORTC// CCP2 MUX bit (CCP2 input/output is multiplexed with RC1)
#pragma config PBADEN = ON //PORTB A/D Enable bit (PORTB<4:0> pins are configured as analog input channels on Reset)
#pragma config LPT1OSC = OFF// Low-Power Timer1 Oscillator Enable bit (Timer1 configured for higher power operation)
#pragma config MCLRE = OFF// MCLR Pin Enable bit (RE3 input pin enabled; MCLR disabled)

// CONFIG4L
#pragma config STVREN = ON// Stack Full/Underflow Reset Enable bit (Stack full/underflow will cause Reset)
#pragma config LVP = OFF // Single-Supply ICSP Enable bit (Single-Supply ICSP disabled)
#pragma config XINST = OFF // Extended Instruction Set Enable bit (Instruction set extension and Indexed Addressing mode disabled (Legacy mode))
```

```
// CONFIG5L
#pragma config CP0 = OFF// Code Protection bit (Block 0 (000800-003FFFh) not code-protected)
#pragma config CP1 = OFF// Code Protection bit (Block 1 (004000-007FFFh) not code-protected)
#pragma config CP2 = OF // Code Protection bit (Block 2 (008000-00BFFFh) not code-protected)
#pragma config CP3 = OFF// Code Protection bit (Block 3 (00C000-00FFFFh) not code-protected)

// CONFIG5H
#pragma config CPB = OFF// Boot Block Code Protection bit (Boot block (000000-0007FFh) not code-protected)

// CONFIG6L
#pragma config WRT0 = OFF // Write Protection bit (Block 0 (000800-003FFFh) not write-protected)
#pragma config WRT1 = O    // Write Protection bit (Block 1 (004000-007FFFh) not write-protected)
#pragma config WRT2 = OFF// Write Protection bit (Block 2 (008000-00BFFFh) not write-protected)
#pragma config WRT3 = OFF// Write Protection bit (Block 3 (00C000-00FFFFh) not write-protected)

// CONFIG6H
#pragma config WRTC = OFF // Configuration Register Write Protection bit (Configuration registers (300000-3000FFh) not write-protected)
#pragma config WRTB = OFF// Boot Block Write Protection bit (Boot block (000000-0007FFh) not write-protected)

// CONFIG7L
#pragma config EBTR0 = OFF// Table Read Protection bit (Block 0 (000800-003FFFh) not protected from table reads executed in other blocks)
#pragma config EBTR1 = OFF// Table Read Protection bit (Block 1 (004000-007FFFh) not protected from table reads executed in other blocks)
#pragma config EBTR2 = OFF// Table Read Protection bit (Block 2 (008000-00BFFFh) not protected from table reads executed in other blocks)
#pragma config EBTR3 = OF // Table Read Protection bit (Block 3 (00C000-00FFFFh) not protected from table reads executed in other blocks)

// CONFIG7H
#pragma config EBTRB = OFF// Boot Block Table Read Protection bit (Boot block (000000-0007FFh) not protected from table reads executed in other blocks)

int main(void)
{
  ADCON1bits.PCFG=0b00001111; // Con 4 unos configuro todos los puertos digitales.
  TRISB=0;                    //Configuro el Port B como salida

  while(1){

    LATB=0X01;
    Delay10KTCYx(100);
    LATB=0X00;
    Delay10KTCYx(100);
  }

  return;
}
```

Explicación de la sintaxis del programa:

En la línea:

#include <xc.h>

Se incluye la biblioteca xc.h

En la línea:

#include <delays.h>

Se incluye la biblioteca delays.h, necesaria para el empleo de retardos. Recuerde lo dicho en el capítulo VII, respecto a la existencia de ésta biblioteca en los compiladores de C.

En las líneas:

// PIC18F4610 Configuration Bit Settings

La configuracion de fusibles, es similar a los ejemplos anteriores.

Las líneas:

void main(void)

Indican inicio de la funcion main.

La línea:

ADCON1bits.PCFG=0b00001111;

Es empleada para configurar todos los puertos como digitales.

En la línea:

TRISB=0; //Configuro el Port B como salida

Tal cual lo indicado en el comentario, configuramos todos los pines del PORTB a 0, necesario para configurar el pin RB0 como salida.

En la línea:

while(1){

La instrucción while "mientras", es empleada nuevamente para generar un loop infinito.

En la línea:

LATB=0X01;

Se pone a 1 el pin RBO, a fin de encender el diodo LED.

En la línea:

Delay10KTCYx(100);

Se invoca a la subrutina Delay, seteando los parámetros necesarios para obtener 1s de retardo. Recuerde del Capítulo VII, la relación entre Ciclos de Máquina y Ciclos de Reloj. El cálculo de valores de seteo, se desarrolla de la siguiente forma:

$$10K \cdot \frac{4}{4\ MHZ} \cdot 100 = 1s$$

10K es una función de multiplicador.
TCY = 4/Fosc = Frecuencia del oscilador.
i = puede tomar valores entre 0 y 255. En este caso i = 100.

En la línea:

LATB=0X00;

Transcurrido 1s, se pone a cero el registro LATB, a fin de apagar el diodo LED conectado al pin RBO.

En la línea:

Delay10KTCYx(100);

Se invoca nuevamente a la subrutina Delay, a fin de mantener apagado el diodo LED durante 1s.

La línea:

}

Indica cierre de la instrucción while.

En la línea:

return;

La instrucción "return" es empleada para indicar que el programa terminó con éxito.

La línea:

}

Indica cierre del cuerpo de la función main, y fin de programa.

EJEMPLO 8.10

Consigna:

Desarrollar empleando el Microcontrolador 18F4610, un programa (proyecto) en Lenguaje C, el cual permita realizar el ejemplo visto en el Capítulo VII – Ejemplo 7.16: realizar el Ejemplo 7.8: configurar los pines del PORT B como salida, y mostrar el número 3, en un display de 7 segmentos conectado entre los pines RB0-7 (no se emplea el punto decimal). Mantener el display encendido durante 1 segundo, y apagado durante el mismo tiempo (se hace titilar el display de 7 segmentos).

"Se debe invocar a la biblioteca Delay.h"

CIRCUITO ELÉCTRICO

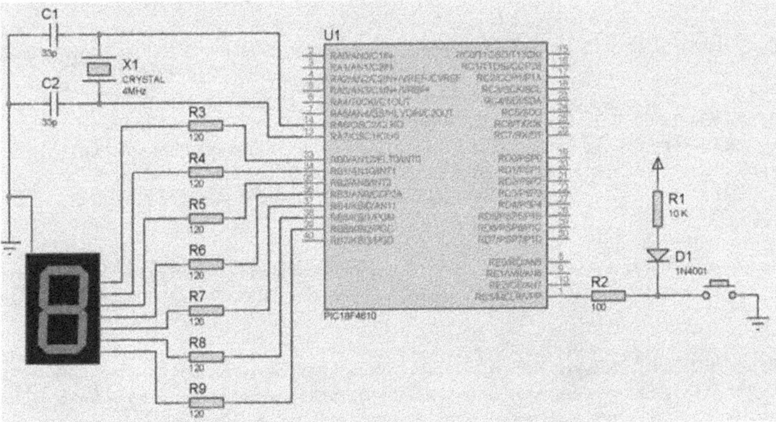

Figura 8.10. Circuito Eléctrico Ejemplo 8.10.

Resolución – Desarrollo del Programa:

```
/*Ejemplo: 8.10
 * File:   main.c
 * Author: YIYE ROCHA DIAZ

 * Created on XX de julio de 20XX, XX:XX


#include <xc.h>
#include <delays.h>

// PIC18F4610 Configuration Bit Settings

// CONFIG1H
#pragma config OSC = XT    // Oscillator Selection bits (XT oscillator)
#pragma config FCMEN = OFF  // Fail-Safe Clock Monitor Enable bit (Fail-Safe Clock Monitor disabled)
#pragma config IESO = OFF // Internal/External Oscillator Switchover bit (Oscillator Switchover mode disabled)

// CONFIG2L
#pragma config PWRT = ON // Power-up Timer Enable bit (PWRT enabled)
#pragma config BOREN = SBORDIS // Brown-out Reset Enable bits (Brown-out Reset enabled in hardware only (SBOREN is disabled))
#pragma config BORV = 3    // Brown Out Reset Voltage bits (Minimum setting)

// CONFIG2H
#pragma config WDT = OFF// Watchdog Timer Enable bit (WDT disabled (control is placed on the SWDTEN bit))
#pragma config WDTPS = 32768  // Watchdog Timer Postscale Select bits (1:32768)

// CONFIG3H
#pragma config CCP2MX = PORTC// CCP2 MUX bit (CCP2 input/output is multiplexed with RC1)
#pragma config PBADEN = ON //PORTB A/D Enable bit (PORTB<4:0> pins are configured as analog input channels on Reset)
#pragma config LPT1OSC = OFF// Low-Power Timer1 Oscillator Enable bit (Timer1 configured for higher power operation)
#pragma config MCLRE = OFF// MCLR Pin Enable bit (RE3 input pin enabled; MCLR disabled)

// CONFIG4L
#pragma config STVREN = ON// Stack Full/Underflow Reset Enable bit (Stack full/underflow will cause Reset)
#pragma config LVP = OFF // Single-Supply ICSP Enable bit (Single-Supply ICSP disabled)
#pragma config XINST = OFF // Extended Instruction Set Enable bit (Instruction set extension and Indexed Addressing mode disabled (Legacy mode))

// CONFIG5L
#pragma config CP0 = OFF// Code Protection bit (Block 0 (000800-003FFFh) not code-protected)
#pragma config CP1 = OFF// Code Protection bit (Block 1 (004000-007FFFh) not code-protected)
#pragma config CP2 = OF // Code Protection bit (Block 2 (008000-00BFFFh) not code-protected)
#pragma config CP3 = OFF// Code Protection bit (Block 3 (00C000-00FFFFh) not code-protected)

// CONFIG5H
#pragma config CPB = OFF// Boot Block Code Protection bit (Boot block (000000-0007FFh) not code-protected)

// CONFIG6L
#pragma config WRT0 = OFF // Write Protection bit (Block 0 (000800-003FFFh) not write-protected)
#pragma config WRT1 = O    // Write Protection bit (Block 1 (004000-007FFFh) not write-protected)
#pragma config WRT2 = OFF// Write Protection bit (Block 2 (008000-00BFFFh) not write-protected)
#pragma config WRT3 = OFF// Write Protection bit (Block 3 (00C000-00FFFFh) not write-protected)

// CONFIG6H
#pragma config WRTC = OFF// Configuration Register Write Protection bit (Configuration registers (300000-3000FFh) not write-protected)
#pragma config WRTB = OFF// Boot Block Write Protection bit (Boot block (000000-0007FFh) not write-protected)

// CONFIG7L
#pragma config EBTR0 = OFF// Table Read Protection bit (Block 0 (000800-003FFFh) not protected from table reads executed in other blocks)
#pragma config EBTR1 = OFF// Table Read Protection bit (Block 1 (004000-007FFFh) not protected from table reads executed in other blocks)
#pragma config EBTR2 = OFF// Table Read Protection bit (Block 2 (008000-00BFFFh) not protected from table reads executed in other blocks)
#pragma config EBTR3 = OF // Table Read Protection bit (Block 3 (00C000-00FFFFh) not protected from table reads executed in other blocks)
```

```
// CONFIG7H
#pragma config EBTRB = OFF// Boot Block Table Read Protection bit (Boot block (000000-0007FFh) not protected from table reads executed in other blocks)

int main(void)
{

  ADCON1bits.PCFG=0b00001111; // Con 4 unos configuro todos los puertos digitales.
  TRISB=0;                    //Configuro el Port B como salida

  while(1){

    LATB=0X4F;
    Delay10KTCYx(100);
    LATB=0X00;
   Delay10KTCYx(100);

  }

  return;
}
```

Explicación de la sintaxis del programa:

En la línea:

#include <xc.h>

Se incluye la biblioteca xc.h

En la línea:

#include <delays.h>

Se incluye la biblioteca delays.h, necesaria para el empleo de retardos.

En las líneas:

// PIC18F4610 Configuration Bit Settings

La configuracion de fusibles, es similar a los ejemplos anteriores.

Las líneas:

void main(void)
{

Indican inicio de la funcion main.

La línea:

ADCON1bits.PCFG=0b00001111;

Es empleada para configurar todos los puertos como digitales.

En la línea:

TRISB=0; //Configuro el Port B como salida

Configuramos los pines del PORT B (Registro TRISB) como salida.

En la línea:

while(1){

La instrucción while "mientras", es empleada nuevamente para generar un loop infinito.

En la línea:

LATB=0X4F;

Es empleada para enviar al PORTB (registro LATB), el valor hexadecimal 4F, equivalente al binario 01001111, necesario para encender los segmentos a, b, c, d, g los cuales indican el número 3.

En la línea:

Delay10KTCYx(100);

Se invoca a la subrutina Delay, seteando los parámetros necesarios para obtener 1s de retardo. El cálculo de valores de seteo, se desarrolla nuevamente de la siguiente forma:

$$10K \cdot \frac{4}{4\ MHZ} \cdot 100 = 1s$$

Donde:

10K es una función de multiplicador.
TCY = 4/Fosc = Frecuencia del oscilador.
i = puede tomar valores entre 0 y 255. En este caso i = 100.

En la línea:

LATB=0X00;

Transcurrido 1s, se apagan todos los segmentos.

En la línea:

Delay10KTCYx(100);

Se invoca nuevamente a la subrutina Delay, a fin de mantener apagado el display de 7 segmentos durante 1s.

La línea:

Indica cierre de la instrucción while.

En la línea:

return;

La instrucción "return" es empleada para indicar que el programa terminó con éxito.

La línea:

Indica cierre del cuerpo de la función main, y fin de programa.

Empleo de la instrucción for

EJEMPLO 8.11

Consigna:

Desarrollar empleando el Microcontrolador 18F4610, un programa (proyecto) en Lenguaje C, el cual permita realizar el Ejemplo 8.9 pero empleando la instrucción **for**, a fin de repetir el proceso de encendido/apagado del diodo LED, durante 5 iteraciones.

Realizar programa el cual permita configurar los pines del PORT B como salida, y encender un diodo LED conectado a RB0, mantener el mismo prendido durante 1 segundo, y apagado durante el mismo tiempo (se hace titilar el diodo LED).

"Se debe invocar a la biblioteca Delay.h"

CIRCUITO ELÉCTRICO

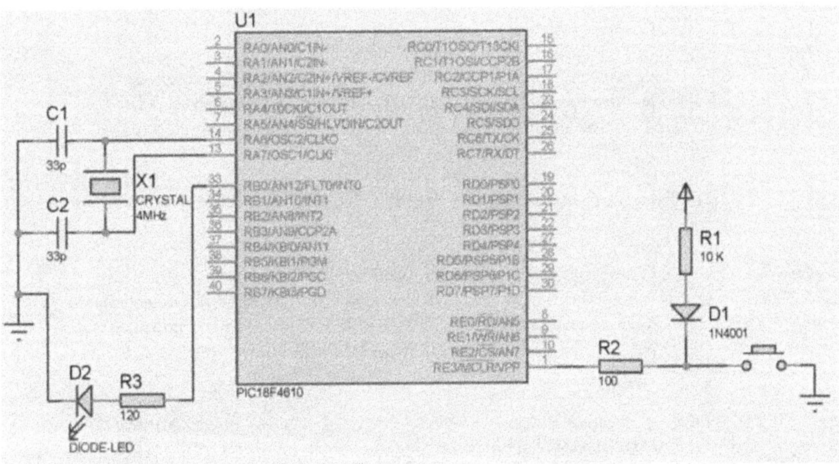

Figura 8.11. Circuito Eléctrico Ejemplo 8.11.

Observe que nuevamente, se produce una modificación en el software, pero el hardware no sufre modificación, respecto al Ejemplo 8.9.

Resolución – Desarrollo del Programa:

```
/*Ejemplo: 8.11
 * File:   main.c
 * Author: YIYE ROCHA DIAZ
 *
 * Created on XX de julio de 20XX, XX:XX
 */

#include <xc.h>
#include <delays.h>

// PIC18F4610 Configuration Bit Settings

// CONFIG1H
#pragma config OSC = XT     // Oscillator Selection bits (XT oscillator)
#pragma config FCMEN = OFF  // Fail-Safe Clock Monitor Enable bit (Fail-Safe Clock Monitor disabled)
#pragma config IESO = OFF  // Internal/External Oscillator Switchover bit (Oscillator Switchover mode disabled)
```

```
// CONFIG2L
#pragma config PWRT = ON // Power-up Timer Enable bit (PWRT enabled)
#pragma config BOREN = SBORDIS // Brown-out Reset Enable bits (Brown-out Reset enabled in hardware only (SBOREN is disabled))
#pragma config BORV = 3   // Brown Out Reset Voltage bits (Minimum setting)

// CONFIG2H
#pragma config WDT = OFF// Watchdog Timer Enable bit (WDT disabled (control is placed on the SWDTEN bit))
#pragma config WDTPS = 32768  // Watchdog Timer Postscale Select bits (1:32768)

// CONFIG3H
#pragma config CCP2MX = PORTC// CCP2 MUX bit (CCP2 input/output is multiplexed with RC1)
#pragma config PBADEN = ON //PORTB A/D Enable bit (PORTB<4:0> pins are configured as analog input channels on Reset)
#pragma config LPT1OSC = OFF// Low-Power Timer1 Oscillator Enable bit (Timer1 configured for higher power operation)
#pragma config MCLRE = OFF// MCLR Pin Enable bit (RE3 input pin enabled; MCLR disabled)

// CONFIG4L
#pragma config STVREN = ON// Stack Full/Underflow Reset Enable bit (Stack full/underflow will cause Reset)
#pragma config LVP = OFF // Single-Supply ICSP Enable bit (Single-Supply ICSP disabled)
#pragma config XINST = OFF // Extended Instruction Set Enable bit (Instruction set extension and Indexed Addressing mode disabled (Legacy mode))

// CONFIG5L
#pragma config CP0 = OFF// Code Protection bit (Block 0 (000800-003FFFh) not code-protected)
#pragma config CP1 = OFF// Code Protection bit (Block 1 (004000-007FFFh) not code-protected)
#pragma config CP2 = OF // Code Protection bit (Block 2 (008000-00BFFFh) not code-protected)
#pragma config CP3 = OFF// Code Protection bit (Block 3 (00C000-00FFFFh) not code-protected)

// CONFIG5H
#pragma config CPB = OFF// Boot Block Code Protection bit (Boot block (000000-0007FFh) not code-protected)

// CONFIG6L
#pragma config WRT0 = OFF // Write Protection bit (Block 0 (000800-003FFFh) not write-protected)
#pragma config WRT1 = O   // Write Protection bit (Block 1 (004000-007FFFh) not write-protected)
#pragma config WRT2 = OFF// Write Protection bit (Block 2 (008000-00BFFFh) not write-protected)
#pragma config WRT3 = OFF// Write Protection bit (Block 3 (00C000-00FFFFh) not write-protected)

// CONFIG6H
#pragma config WRTC = OFF    // Configuration Register Write Protection bit (Configuration registers (300000-3000FFh) not write-protected)
#pragma config WRTB = OFF// Boot Block Write Protection bit (Boot block (000000-0007FFh) not write-protected)

// CONFIG7L
#pragma config EBTR0 = OFF// Table Read Protection bit (Block 0 (000800-003FFFh) not protected from table reads executed in other blocks)
#pragma config EBTR1 = OFF// Table Read Protection bit (Block 1 (004000-007FFFh) not protected from table reads executed in other blocks)
#pragma config EBTR2 = OFF// Table Read Protection bit (Block 2 (008000-00BFFFh) not protected from table reads executed in other blocks)
#pragma config EBTR3 = OF // Table Read Protection bit (Block 3 (00C000-00FFFFh) not protected from table reads executed in other blocks)

// CONFIG7H
#pragma config EBTRB = OFF// Boot Block Table Read Protection bit (Boot block (000000-0007FFh) not protected from table reads executed in other blocks)

int main(void)

  ADCON1bits.PCFG=0b00001111; // Con 4 unos configuro todos los puertos digitales.
  TRISB=0;                    //Configuro el Port B como salida.


  for ( x =1; x <=5; x++ ){

    LATB=0X01;
    Delay10KTCYx(100);
    LATB=0X00;
    Delay10KTCYx(100);
```

```
    while(1){

    LATB=0X00;

    }

    return;
}
```

Explicación de la sintaxis del programa:

En la línea:

#include <xc.h>

Se incluye la biblioteca xc.h

En la línea:

#include <delays.h>

Se incluye la biblioteca delays.h, necesaria para el empleo de retardos.

En las líneas:

// PIC18F4610 Configuration Bit Settings

La configuracion de fusibles, es similar a los ejemplos anteriores.

Las líneas:

```
void main(void)
{
```

Indican inicio de la funcion main.

La línea:

ADCON1bits.PCFG=0b00001111;

Es empleada para configurar todos los puertos como digitales.

En la línea:

TRISB=0; //Configuro el Port B como salida

Configuramos los pines del PORT B (Registro TRISB) como salida.

En la línea:

int x;

Tal cual aprendimos en el Capítulo VI, declaramos la variable entera x, la cual hemos de emplear en la instrucción for, como contador de iteraciones.

En la línea:

for (x =1; x <=5; x++){

Tal cual la consigna del ejemplo, empleamos la instrucción for, a fin de repetir (iterar) el proceso de encendido/apagado del diodo LED, 5 veces. En la sintaxis empleada, se establece que se cumplen las instrucciones contenidas dentro del cuerpo de la instrucción for, hasta que x sea <= 5. Recuerde que la instrucción for, emplea también la llave '{' izquierda, para indicar el inicio del cuerpo de la instrucción.

En la línea:

LATB=0X01;

Se pone a 1 el pin RBO, a fin de encender el diodo LED.

En la línea:

Delay10KTCYx(100);

Se invoca a la subrutina Delay, seteando los parámetros necesarios para obtener 1s de retardo. El cálculo de valores de seteo, se desarrolla de la siguiente forma:

$$10K \cdot \frac{4}{4\ MHZ} \cdot 100 = 1s$$

Donde:

10K es una función de multiplicador.
TCY = 4/Fosc = Frecuencia del oscilador.
i = puede tomar valores entre 0 y 255. En este caso i = 100.

En la línea:

LATB=0X00;

Transcurrido 1s, se pone a 0 el pin RBO a fin de apagar el diodo LED.

En la línea:

Delay10KTCYx(100);

Se invoca nuevamente a la subrutina Delay, a fin de mantener apagado el diodo LED durante 1s.

En la línea:

La llave derecha, cierra el cuerpo de la instrucción for.

En la línea:

while(1){

La instrucción while "mientras", es empleada nuevamente para generar un loop infinito, dentro del cual, y una vez producidas las 5 iteraciones, se mantendra apagado el diodo LED.

En la línea:

LATB=0X00;

Se pone a cero el registro LATB, a fin de apagar el diodo LED conectado al pin RB0.

En la línea:

}

La llave derecha, cierra el cuerpo de la instrucción while.

En la línea:

return;

La instrucción "return" es empleada para indicar que el programa terminó con éxito.

La línea:

}

Indica cierre del cuerpo de la función main, y fin de programa.

EJEMPLO 8.12

Desarrollar empleando el Microcontrolador 18F4610, un programa (proyecto) en Lenguaje C, el cual permita realizar el Ejemplo 8.10 pero empleando la instrucción **for,** a fin de repetir el proceso de encendido/apagado del display, durante 5 iteraciones (repeticiones): Configurar los pines del PORT B como salida, y mostrar el número 3, en un display de 7 segmentos conectado entre los pines RB0-7 (no se emplea el punto decimal). Mantener el display encendido durante 1 segundo, y apagado durante el mismo tiempo (se hace titilar el display de 7 segmentos).

"Se debe invocar a la biblioteca Delay.h"

CIRCUITO ELÉCTRICO

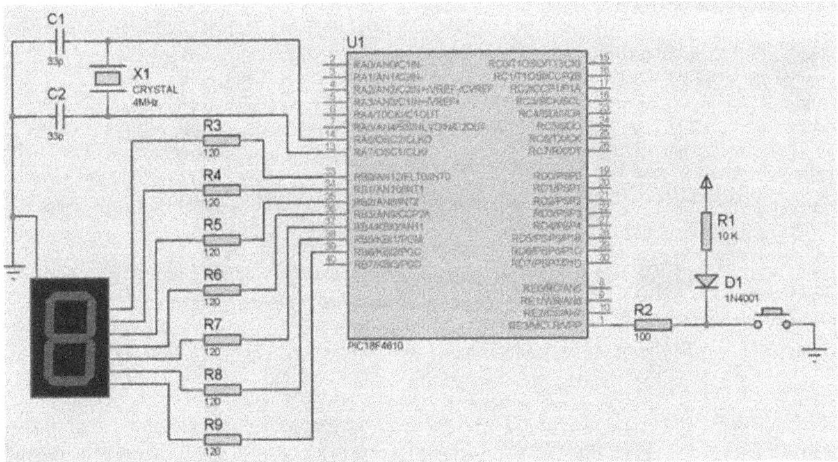

Figura 8.12. Circuito Eléctrico Ejemplo 8.12.

Observe que nuevamente, se produce una modificación en el software, pero el hardware no sufre modificación, respecto al Ejemplo 8.10.

Resolución – Desarrollo del Programa:

```
/*Ejemplo: 8.12
 * File:   main.c
 * Author: YIYE ROCHA DIAZ

 * Created on XX de julio de 20XX, XX:XX


#include <xc.h>
#include <delays.h>

// PIC18F4610 Configuration Bit Settings

// CONFIG1H
#pragma config OSC = XT   // Oscillator Selection bits (XT oscillator)
#pragma config FCMEN = OFF  // Fail-Safe Clock Monitor Enable bit (Fail-Safe Clock Monitor disabled)
#pragma config IESO = OFF // Internal/External Oscillator Switchover bit (Oscillator Switchover mode disabled)

// CONFIG2L
#pragma config PWRT = ON // Power-up Timer Enable bit (PWRT enabled)
#pragma config BOREN = SBORDIS // Brown-out Reset Enable bits (Brown-out Reset enabled in hardware only (SBOREN is disabled))
#pragma config BORV = 3   // Brown Out Reset Voltage bits (Minimum setting)

// CONFIG2H
#pragma config WDT = OFF// Watchdog Timer Enable bit (WDT disabled (control is placed on the SWDTEN bit))
#pragma config WDTPS = 32768  // Watchdog Timer Postscale Select bits (1:32768)

// CONFIG3H
#pragma config CCP2MX = PORTC// CCP2 MUX bit (CCP2 input/output is multiplexed with RC1)
#pragma config PBADEN = ON //PORTB A/D Enable bit (PORTB<4:0> pins are configured as analog input channels on Reset)
#pragma config LPT1OSC = OFF// Low-Power Timer1 Oscillator Enable bit (Timer1 configured for higher power operation)
#pragma config MCLRE = OFF// MCLR Pin Enable bit (RE3 input pin enabled; MCLR disabled)

// CONFIG4L
#pragma config STVREN = ON// Stack Full/Underflow Reset Enable bit (Stack full/underflow will cause Reset)
#pragma config LVP = OFF // Single-Supply ICSP Enable bit (Single-Supply ICSP disabled)
#pragma config XINST = OFF // Extended Instruction Set Enable bit (Instruction set extension and Indexed Addressing mode disabled (Legacy mode))

// CONFIG5L
#pragma config CP0 = OFF// Code Protection bit (Block 0 (000800-003FFFh) not code-protected)
#pragma config CP1 = OFF// Code Protection bit (Block 1 (004000-007FFFh) not code-protected)
#pragma config CP2 = OF // Code Protection bit (Block 2 (008000-00BFFFh) not code-protected)
#pragma config CP3 = OFF// Code Protection bit (Block 3 (00C000-00FFFFh) not code-protected)

// CONFIG5H
#pragma config CPB = OFF// Boot Block Code Protection bit (Boot block (000000-0007FFh) not code-protected)

// CONFIG6L
#pragma config WRT0 = OFF // Write Protection bit (Block 0 (000800-003FFFh) not write-protected)
#pragma config WRT1 = O   // Write Protection bit (Block 1 (004000-007FFFh) not write-protected)
#pragma config WRT2 = OFF// Write Protection bit (Block 2 (008000-00BFFFh) not write-protected)
#pragma config WRT3 = OFF// Write Protection bit (Block 3 (00C000-00FFFFh) not write-protected)

// CONFIG6H
#pragma config WRTC = OFF// Configuration Register Write Protection bit (Configuration registers (300000-3000FFh) not write-protected)
#pragma config WRTB = OFF// Boot Block Write Protection bit (Boot block (000000-0007FFh) not write-protected)

// CONFIG7L
#pragma config EBTR0 = OFF// Table Read Protection bit (Block 0 (000800-003FFFh) not protected from table reads executed in other blocks)
#pragma config EBTR1 = OFF// Table Read Protection bit (Block 1 (004000-007FFFh) not protected from table reads executed in other blocks)
#pragma config EBTR2 = OFF// Table Read Protection bit (Block 2 (008000-00BFFFh) not protected from table reads executed in other blocks)
#pragma config EBTR3 = OF // Table Read Protection bit (Block 3 (00C000-00FFFFh) not protected from table reads executed in other blocks)
```

```
// CONFIG7H
#pragma config EBTRB = OFF// Boot Block Table Read Protection bit (Boot block (000000-0007FFh) not protected from table reads executed in other blocks)

int main(void)
{
  ADCON1bits.PCFG=0b00001111; // Con 4 unos configuro todos los puertos digitales.
  TRISB=0;                    //Configuro el Port B como salida.

  int x;

  for ( x =1; x <=5; x++ ){

    LATB=0X4F;
    Delay10KTCYx(100);
    LATB=0X00;
    Delay10KTCYx(100);
  }

  while(1){

  LATB=0X00;

  }

  return;
}
```

Explicación de la sintaxis del programa:

En la línea:

#include <xc.h>

Se incluye la biblioteca xc.h

En la línea:

#include <delays.h>

Se incluye la biblioteca delays.h, necesaria para el empleo de retardos.

En las líneas:

// PIC18F4610 Configuration Bit Settings

La configuracion de fusibles, es similar a los ejemplos anteriores.

Las líneas:

void main(void)
{

Indican inicio de la funcion main.

La línea:

ADCON1bits.PCFG=0b00001111;

Es empleada para configurar todos los puertos como digitales.

En la línea:

TRISB=0; //Configuro el Port B como salida

Configuramos los pines del PORT B (Registro TRISB) como salida.

En la línea:

int x;

Declaramos la variable entera x, la cual hemos de emplear en la instrucción for, como contador de ite-

En la línea:

for (x =1; x <=5; x++){

Tal cual la consigna nuevamente del ejemplo, empleamos la instrucción for, a fin de repetir (iterar) el proceso de encendido/apagado del display de 7 segmentos, 5 veces. En la sintaxis empleada, se establece que se cumplen las instrucciones contenidas dentro del cuerpo de la instrucción for, hasta que x sea <= 5. La llave '{' izquierda, indica el inicio del cuerpo de la instrucción for.

La línea:

LATB=0X4F;

Es empleada para enviar al PORTB (registro LATB), el valor hexadecimal 4F, equivalente al binario 01001111, necesario para encender los segmentos a, b, c, d, g los cuales indican el número 3.

En la línea:

Delay10KTCYx(100);

Se invoca a la subrutina Delay, seteando los parámetros necesarios para obtener 1s de retardo. El cálculo de valores de seteo, se desarrolla de la siguiente forma:

$$10K \cdot \frac{4}{4\,MHZ} \cdot 100 = 1s$$

Donde:

10K es una función de multiplicador.
TCY = 4/Fosc = Frecuencia del oscilador.
i = puede tomar valores entre 0 y 255. En este caso i = 100.

En la línea:

LATB=0X00;

Transcurrido 1s, se apagan todos los segmentos.

En la línea:

Delay10KTCYx(100);

Se invoca nuevamente a la subrutina Delay, a fin de mantener apagado el display de 7 segmentos durante 1s.

En la línea:

La llave derecha, cierra el cuerpo de la instrucción for.

En la línea:

while(1){

La instrucción while "mientras", es empleada nuevamente para generar un loop infinito, dentro del cual, y una vez producidas las 5 iteraciones, se mantendra apagado el display de 7 segmentos.

En la línea:

LATB=0X00;

Se pone a cero el registro LATB, a fin de apagar el display.

En la línea:

}

La llave derecha, cierra el cuerpo de la instrucción while.

En la línea:

return;

La instrucción "return" es empleada para indicar que el programa terminó con éxito.

La línea:

}

Indica cierre del cuerpo de la función main, y fin de programa.

HERRAMIENTAS DE TRABAJO (HARDWARE)

Al igual que hicimos en el Capítulo VII – MICROCONTROLADORES EN LENGUAJE ASSEMBLER, vamos ahora a detallar cuáles son las herramientas necesarias (hardware), para la programación del Microcontrolador y posterior implementación.

Figura 8.13 Hardware necesario para el trabajo con µC 18F4610.

El Hardware necesario para el trabajo con Microcontroladores en Lenguaje C, es el siguiente:

- Notebook o PC de escritorio.
- IDE MPLAB X.
- Programador – PICkit3 (en nuestro caso).
- Placa complementaria al programador, la cual debe incluir el circuito de cristal y capacitores, además de incluir las siguientes conexiones:

Figura 8.14. Pines de conexión Programador-Placa.

Observe de la figura 8.14, que el programador posee a la salida 6 pines, los cuales deben ser conectados a la placa que contendrá el Microcontrolador a programar, de la siguiente forma:

Pin del Programador	Pin en la Placa al µC
1 $\overline{MCLR}$/VPP	4 $\overline{MCLR}$
2 VDD (+)	14 VDD (+)
3 Vss Ground	5 Vss (-)
4 PGD (ICSPDAT)	13 RB7 Serial Programming Data
5 PGC (ICSPCLK)	12 RB6 Serial Programming Clock
6 no se emplea.	No se emplea.

IMPORTANTE:

Para el trabajo con Microcontroladores en Lenguaje C, empleamos el sistema **ICE** (Emulador En Circuito), descrito en el Capítulo VII, a fin de realizar la programación del µC sobre la placa de entrenamiento por nosotros desarrollada, lo que nos aporta entre otras ventajas, el no perder tiempo en poner y sacar el µC de una placa grabadora.

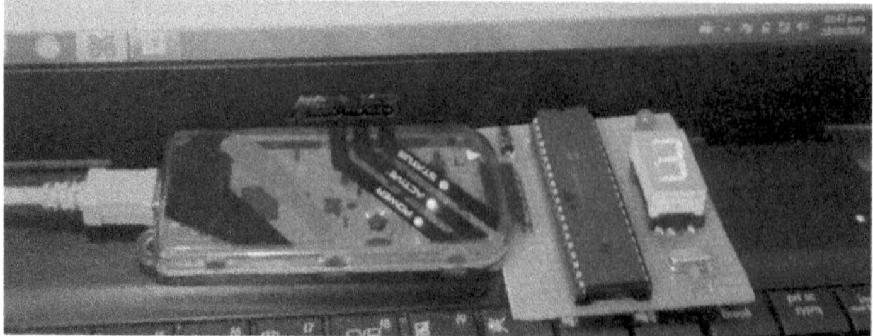

Figura 8.15. Placa de entrenamiento con sistema ICE.

Debugger-System – Device With On-Board ICE Circuitry

Recuerde del Capítulo VII: Debugger-System – Device With On-Board ICE Circuitry (Sistema Depurador – de Dispositivo en la Placa de Circuito, con Emulador En Circuito **ICE**).

PICkit 3

El **PICkit3**, es un **depurador** y **programador** en circuito, de la Empresa Microchip.

Para el desarrollo de la placa de entrenamiento, se empleó también el mismo sistema de montaje propuesto en el Capítulo II – Electrónica Analógica.

BIBLIOGRAFÍA

BOYLESTAD, Robert L.: *Introducción al análisis de circuitos*. Pearson – Prentice Hall, 2004.

DEITEL, Harvey M. y DEITEL, Paul J.: *C/C++ CÓMO PROGRAMA*R. Pearson – Prentice Hall, 2004.

FLOYD, Thomas L.: *Fundamentos de Sistemas Digitales*. Prentice Hall, 2000.

MARSTON, R.M.: CIRCUITOS DIGITALES TTL. Paraninfo, 1996.

MICROCHIP: Data Sheets.

www.ingramcontent.com/pod-product-compliance
Lightning Source LLC
Chambersburg PA
CBHW082350270326
41935CB00013B/1568

* 9 7 8 9 5 0 5 5 3 2 5 7 5 *